E. RAGON

Premiers
Exercices latins

TREIZIÈME ÉDITION

(84ᵉ à 86ᵉ mille)

PARIS

J. DE GIGORD, Éditeur

RUE CASSETTE, 15

1920

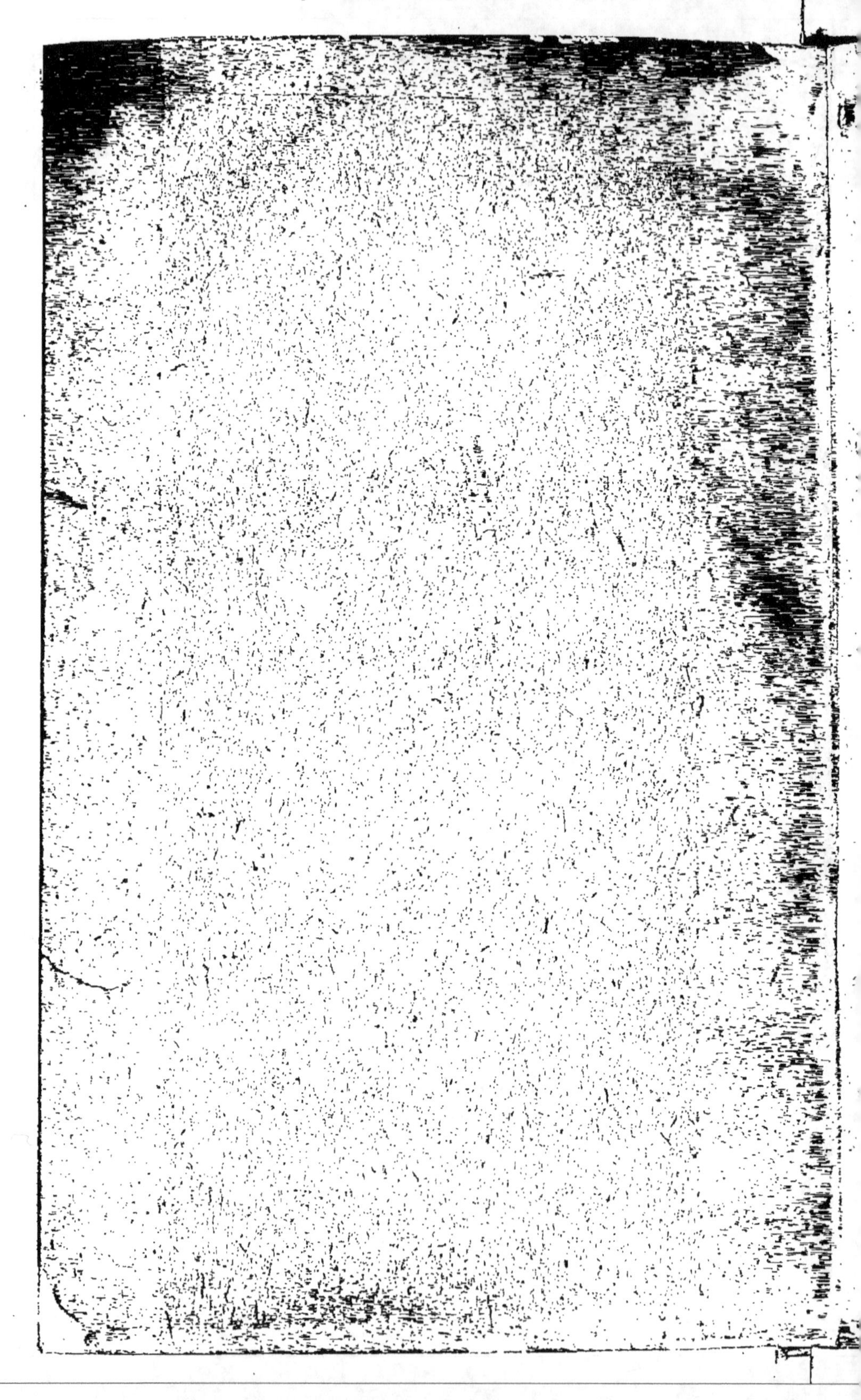

Premiers
Exercices latins

OUVRAGES DE E. RAGON

Grammaire française. In-12.
    Cours PRÉPARATOIRE, avec exercices et gravures.
    — ÉLÉMENTAIRE, avec exercices.
    — MOYEN.
    — SUPÉRIEUR.
Exercices français. Cours MOYEN.
    — Cours SUPÉRIEUR.
Syllabaire et méthode de lecture.
Analyse logique, leçons et exercices.
Morceaux choisis de poètes et de prosateurs français. In-12.
    Cours ÉLÉMENTAIRE.
    — MOYEN.
    — SUPÉRIEUR.
Cahier de conjugaisons françaises.
    — déclinaisons latines.
    — conjugaisons latines.
    — déclinaisons grecques.
    — conjugaisons grecques.
Grammaire latine. In-12.
Petite grammaire latine.
Premiers exercices latins, avec double lexique.
Exercices latins sur la syntaxe, avec lexique.
Notions d'accentuation latine, avec exercices.
Cent vingt versions latines données au baccalauréat.
    — — — en feuillets détachés.
Grammaire grecque. In-8°.
Précis de grammaire grecque. In-12.
Premiers exercices grecs, avec double lexique.
Thèmes grecs sur la syntaxe, avec lexique.
Chrestomathie grecque, renfermant tous les mots usuels.
Deux cents versions grecques (seconde et rhétorique).
Tableau des verbes irréguliers de la langue attique.
S. J. Chrysostome. — Éloge des saints Martyrs. Homélie après le tremblement de terre.
S. Grégoire de Nazianze. — Éloge funèbre de Césaire.
Cicéron. — Pro Archia poeta.
Démosthène. — Sept Philippiques.
Fables d'Esope, avec lexique.
Homère. — Iliade. Chants Iᵉʳ, VI, IX, XVIII et XXII.
    Chaque chant séparément.
    — Odyssée. Chants Iᵉʳ, VI, XI et XXII.
    Chaque chant séparément.
    — Petite Odyssée.
Lucien. — Dialogues des morts, avec lexique.
    — Le Songe ou le Coq.
Lucrèce. — Extraits.
Plutarque. — Vie de César.
Xénophon. — La Cyropédie, livre II.
    Entretiens de Socrate, livre Iᵉʳ.

DIJON. — IMP. DARANTIERE.

Premiers
Exercices latins

VERSIONS ET THÈMES FACILES

SUR LA PREMIÈRE PARTIE DE LA GRAMMAIRE

AVEC UN DOUBLE LEXIQUE

PAR

E. RAGON

AGRÉGÉ DE L'UNIVERSITÉ

TREIZIÈME ÉDITION

(84e à 86e mille)

PARIS

J. DE GIGORD, ÉDITEUR

RUE CASSETTE, 15

1920

PROPRIÉTÉ DE

J. de Gigord.

AVERTISSEMENT

Dans ce volume, chaque exercice est précédé de *tous* les mots qui y figurent, et qui n'ont pas encore figuré dans les exercices de même espèce (versions ou thèmes). Les mots déja employés ne sont pas répétés, mais se trouvent sans exception dans les deux lexiques qui terminent l'ouvrage. Grâce à ces listes de mots, les commençants économiseront à la fois beaucoup de temps et un peu d'ennui. Nous avons mis un soin extrême à rendre ces mots très exactement, par l'expression la plus juste et la plus précise possible. Ainsi, ce n'est pas au hasard que nous traduisons *procella* par « tempête, ouragan » et *tempestas* par « orage »; *flumen* par « cours d'eau, rivière » et *amnis* par « fleuve »; *pluvia* par « pluie » et *imber* par « pluie, averse »; *fera* par « animal sauvage » et *bestia* par « bête féroce », etc., etc.

Tout le latin de ce volume est imprimé systématiquement en italique; chaque page renferme deux exercices complets, une version et un thème, avec leur vocabulaire, sans qu'on ait à tourner la page pour trouver les mots.

Dans le texte, les mots entre parenthèses donnent la traduction ou l'explication de celui qui précède; les mots entre crochets ne se traduisent pas; les mots unis par des traits d'union forment une expression unique.

PREMIERS EXERCICES LATINS

NOTIONS PRÉLIMINAIRES

§ 8. — Emploi des cas.

Transcrire les exercices suivants, en indiquant entre parenthèses le cas qui convient aux mots en italique. Ex. : L'amour
de la patrie (génitif) est sacré.

1. *Les enfants* jouent. — *Le soleil* brille. — *Le
chien* aboie, *la brebis* bêle, *les lions* rugissent. — *La
laine des brebis* est utile. — Le visage est *le miroir de
l'âme.* — Les lettres sont *la culture de l'esprit.* — *La
modestie* est *une vertu,* — *Le travail* est *un trésor.* —
Le maître commande, *l'esclave* obéit. — La jeunesse
est le printemps *de la vie.* — Les fruits *des arbres*
sont agréables. — L'herbe *des champs* est abon-
dante. — Phèdre fut *un poète.* — Alexandre fut le
vainqueur *de Darius.* — Les œuvres *de Virgile* sont
admirables. — Le monde est l'œuvre *de Dieu.* — Le
courage *des soldats* est le salut *de la patrie.* — *La
jacinthe* est *une fleur.*

2. Pratiquons *la vertu.* — Cultivons *le jardin.* —
Aimons *le prochain.* — Demande *pardon.* — *L'orgueilleux* aime *les louanges.* — *Pierre* tire *l'épée.* — *L'éloquence* touche *les cœurs.* — *Le soleil* réchauffe *la
terre.* — *La violence du vent* a brisé *les plantes.* —
Ne lis pas *de mauvais livres.* — J'ai mangé *des
fruits.* — Dieu a donné *des ailes* à l'oiseau, *des cornes*
aux bœufs, *des griffes* aux tigres. — Je n'ai pas *de
pain.* — L'avare amasse *de l'argent.* — *Le visage de
l'homme* regarde *le ciel.* — J'aime *les fleurs* des
champs, l'air *des montagnes, la vue* de la mer. — *Le
chant* des oiseaux plaît à tout le monde. — J'aime *le
chant* des oiseaux.

3. *Seigneur,* vous êtes *bon.* —*Poètes,* vous charmez *les hommes.* — *Enfants,* soyez *compatissants.* — *Soldats,* défendez le sol *de la patrie.* — Obéissons *à Dieu.* — Rendons grâces *au Seigneur.* — Dieu a donné la force *à l'homme,* la douceur *à la femme,* la joie *aux enfants,* la sagesse *aux vieillards.* — L'écho répond *à la voix.* — Peu *me* suffit. — Aide-*moi.* — Ouvre-*moi* la porte. — *A qui* appartient ce livre? — *De qui* a-t-on pillé la maison? — Donnez *aux malheureux.* — Les discordes civiles sont funestes *à la patrie.* — Alexandre *mourant* confia son anneau *à Perdiccas.*

4. Beaucoup de gens se trompent *par inattention.* — L'âme du sage n'est pas abattue *par l'adversité.* — Les tyrans se rendent odieux *par l'injustice* de leurs ordres. — Ils le frappèrent *d'un bâton.* — Il mourut *de faim* dans la prison. — La côte était sans cesse battue *des vagues.* — Je pleure *de joie,* et non *de chagrin.* — Enfants, n'obéissez pas *par crainte du châtiment,* mais *par amour du devoir.* — Les malheureux se consolent *par l'espoir* d'une vie meilleure. — Les hommes s'enrichissent *par le travail.* — Périclès mourut *de la peste.* — Notre ville a connu les horreurs *de la peste.*

5. *Dieu* a créé *le ciel* et *la terre. Le premier homme* fut *Adam* et *la première femme* fut *Ève.* Ils étaient très *heureux.* Dieu *les* avait placés dans le paradis terrestre, mais *leur* avait défendu de manger *des fruits* d'un certain *arbre.* Ils désobéirent et furent chassés *du paradis.* Accablés *de chagrin,* ils connurent alors *le travail* et *la fatigue.* Malheureux *Adam,* pourquoi as-tu désobéi *à la volonté de Dieu?* La mort et la maladie ont été *la punition* de ta faute; *tu nous* as laissé un triste *héritage;* heureusement *le Fils de Dieu* nous a apporté *le pardon* et *le salut.*

PREMIERE DÉCLINAISON

TRADUIRE EN FRANÇAIS

NOTES. — Les noms en *a* qui ne sont pas suivis de m. sont du féminin. — Dans les mots de trois ou quatre syllabes, la pénultième est brève (*gloria*), à moins d'indication contraire (*poëta*), ou à moins que la voyelle soit suivie de deux consonnes (*columba*).

Aqua, eau	*Lætitia*, alégresse	*Catēna*, chaîne
Terra, terre	*Nauta*, m., matelot	*Ala*, aile
Agricola, m., laboureur	*Causa*, cause	*Musca*, mouche
Mensa, table	*Gloria*, gloire	*Cauda*, queue
Hora, heure	*Poëta*, m., poëte	*Columba*, colombe

6. *Aqua, aquas, aquarum. — Terram, terras, terra. — Agricolæ* (nom.), *agricolis* (dat.), *o agricolæ. — Mensæ* (gén.), *mensarum, mensis* (abl.). — *Horam, horæ* (nom.), *horas. — Lætitia nautarum. — Causa lætitiæ. — Gloria poetarum. — Catenarum, catenis* (abl.), *catenam. — Alæ muscæ, ala muscarum. — Cauda columbæ, caudæ columbarum. — Alis* (dat.) *columbæ. — Aquæ* (gén.), *aquæ* (dat.), *aquæ* (nom). — *Causā, causarum, causis* (abl.).

TRADUIRE EN LATIN

Etoile, *stella*	Ombre, *umbra*	Poëte, *poëta*, m.
Raisin, *uva*	Foule, *turba*	Colombe, *columba*
Faute, *culpa*	Matelot, *nauta*, m.	Aigle, *aquila*
Forêt, *silva*	Fable, *fabula*	Et, *et*.

7. L'étoile, les étoiles, aux étoiles. — Au raisin, par le raisin, les raisins (acc.). — De la faute, par la faute, les fautes. — La forêt (acc.), les forêts (acc.), par les forêts. — De l'ombre, à l'ombre, les ombres. — L'ombre des forêts. — Les matelots, aux matelots, les matelots (acc.). — Par la faute des matelots, par les fautes du matelot. — La foule, de la foule, par la foule. — Les fables des poëtes. — Les colombes et les aigles, aux colombes et aux aigles, des colombes et des aigles. — La foule des étoiles, les ombres de la forêt.

Nota. — Étudier l'indicatif présent du verbe sum, je suis, § 115.

Græcia, Grèce	Luna, lune	Statua, statue
Patria, patrie	Amicitia, amitié	Regina, reine
Sicilia, Sicile	Vita, vie	Filia, fille
Insula, île	Ignavia, lâcheté	Gallia, France
Præda, proie	Inopia, indigence	Justitia, justice

8. *Græcia est patria poetarum. — Sicilia est insula. — Columbæ sunt præda aquilarum. — Aquila habet (a) alas; aquilæ habent (ont) alas. — Silva parat (fournit) umbram; silvæ agricolis parant (fournissent) umbram. — Nautæ spectant (regardent) lunam et stellas. — Amicitia ornat (embellit) vitam. — Ignavia est causa inopiæ. — Statuæ poetarum ornant (embellissent) patriam. — Regina habet (a) filiam. — Gallia est patria justitiæ. — Aquæ rigant (arrosent) terram. — Nautæ vastaverunt (ont ravagé) insulas. — Laudo (je loue) vitam agricolarum et nautarum.*

Terre, *terra*	Italie, *Italia*	Gloire, *gloria*
Plante, *planta*	Langue, *lingua*	Fille, *filia*
Habitant, *incola*, m.	Grèce, *Græcia*	Couronne, *corona*
Rose, *rosa*	Victoire, *victoria*	Fuite, *fuga*
Minerve, *Minerva*	Allégresse, *lætitia*	Perse, *Persa*, m.
Déesse, *dea*	Matelot, *nauta*, m.	Mouche, *musca*
Sagesse, *sapientia*	Patrie, *patria*	Araignée, *aranea*

9. La terre produit (*gignit*) des plantes. — L'aigle est l'habitant des forêts. — Je cueille (*colligo*) des raisins et des roses. — Minerve est la déesse de la sagesse. — Les habitants de l'Italie aimaient (*amabant*) la langue de la Grèce. — La victoire donne (*dat*) de l'allégresse aux matelots et de la gloire à la patrie. — Les filles de la reine sont parées (*ornantur*) de couronnes. — La Grèce fut sauvée (*servata est*) par la fuite des Perses. — La mouche est la proie de l'araignée. — Les Perses attaquent (*adoriuntur*) les habitants de la Grèce. — L'aigle ne prend pas (*non capit*) les mouches.

Industria, activité
Perfuga, æ, transfuge
Non, ne... pas
Femina, femme
Cena, repas
Diäna, Diane

Latöna, Latone
Ira, colère
Sæpe, souvent
Lacrima, larme
Parsimonia, économie
Ara, autel

Puella, jeune fille
Concordia, concorde
Discordia, discorde
Tristitia, tristesse
Latebra, retraite
Fera, animal sauvage

10. *Industria incolarum causa est victoriæ.* — *Perfugæ non amant* (aiment) *patriam.* — *Gloria non deest* (manque) *poetis Græciæ.* — *Feminæ parant* (préparent) *cenam agricolis.* — *Hora cenæ adest* (est arrivée). — *Diana, dea silvarum, filia Latonæ fuit* (était). — *Ira sæpe est causa lacrimarum.* — *Parsimonia ornat* (embellit) *vitam agricolarum.* — *Puellæ ornant* (ornent) *aram.* — *Concordia lætitiam, discordia tristitiam parit* (enfante). — *Umbra et latebræ silvarum tegunt* (cachent) *feras.*

Trompette, *tuba*
Bataille, *pugna*
Eau, *aqua*
Ile, *insula*
Tempête, *procella*
Vigilance, *vigilantia*

Lune, *luna*
Obscurité, *umbra*
Science, *scientia*
France, *Gallia*
Muse, *Musa*
Herbe, *herba*

Poète, *poëta,* m.
Toile, *tela*
Reine, *regina*
Rome, *Roma*
Flûte, *tibia*
Lyre, *lyra*

11. Les trompettes annoncent (*nuntiant*) la bataille et la victoire. — L'eau entoure (*circumdat*) les îles; les îles sont-entourées (*circumdantur*) par l'eau. — La tempête effraie (*terret*) les matelots; les matelots sont-effrayés (*terrentur*) par la tempête. — La vigilance des habitants a sauvé (*servavit*) la patrie. — La lune dissipe (*fugat*) l'obscurité et éclaire (*illustrat*) la terre. — France, tu es la patrie de la science et des Muses. — L'eau manque (*deest*) aux herbes et aux plantes. — Jeunes filles, ornez-vous (*ornamini*) de couronnes et chantez (*canite*) la gloire des poètes de la France. — Les toiles des araignées prennent (*capiunt*) les mouches. — Rome est la reine de l'Italie. — Matelots, cessez (*finite*) la bataille. — Les Muses sont-charmées (*delectantur*) par la flûte et la lyre, par les flûtes et les lyres.

DEUXIÈME DÉCLINAISON

§ 15. — Noms en *us*.

NOTE. — Les noms en *us* qui ne sont pas suivis de f. sont du masculin.

Animus, esprit, âme
Annus, an, année
Campus, plaine
Equus, cheval
Rosa, rose

Hortus, jardin
Ludus, jeu
Lupus, loup
Populus, peuple
Dominus, seigneur

Rivus, ruisseau
Servus, esclave, serviteur
Gula, gueule
Populus, f. peuplier

12. *Animum, animo* (abl.), *animos.* — *Annus, anni, annorum.* — *Campi* (gén.), *campi* (nom.), *o campi.* — *Equum, equorum, equos.* — *Rosa horti, rosæ hortorum.* — *Ludis* (dat.), *ludis* (abl.). — *O lupe, lupo* (dat.), *lupo* (abl.). — *Gula lupi, gulæ luporum.* — *Populum, populos.* — *Rivi* (nom.) *camporum et silvarum.* — *Servus domini, servi dominorum.* — *Ludos populi.* — *Populus horti, populi hortorum.* — *Aquas rivi.* — *Servus servorum populi.*

Esprit, *animus*
An, année, *annus*
Plaine, *campus*
Cheval, *equus*
Jardin, *hortus*
Jeu, *ludus*
Gueule, *gula*

Loup, *lupus*
Ruisseau, *rivus*
Ane, *asinus*
Grand-père, *avus*
Cheveu, *capillus*
Jeune fille, *puella*
Poirier, *pirus*, f.

Ormeau, *ulmus*, f.
Œil, *oculus*
Maître, *herus*
Esclave, *servus*
Larme, *lacrima*
Cerf, *cervus*
Sicile, *Sicilia*

13. L'esprit, à l'esprit, les esprits. — Les années (acc.), de l'année, l'année (acc.). — La plaine (acc.). — Du cheval, les chevaux. — Au jardin, par le jardin. — Aux jeux, par les jeux. — La gueule (acc.) des loups. — Les loups des forêts. — L'eau des ruisseaux. — Anes, des ânes, aux ânes. — Les cheveux du grand-père. — Le grand-père de la jeune fille. — Les poiriers, les ormeaux du jardin. — Aux poiriers des jardins. — L'œil (acc.) du maître. — Le maître des esclaves. — Les larmes du cerf, les larmes (acc.) des cerfs. — Aux maîtres et aux esclaves de la Sicile.

Nota. — La préposition *in* signifie « en, dans, sur, à »; elle se construit en général avec l'ablatif; mais s'il s'agit d'aller d'un lieu à un autre, il faut l'accusatif.

En latin, le complément et l'attribut se placent souvent avant le verbe.

Nilus, Nil
Fluvius, fleuve
Ægyptus, f., Égypte
Deus, Dieu
Discipulus, disciple, écolier.

Non, ne pas, et non
Pirus, f., poirier
Mercurius, Mercure
Nuntius, messager
Græcus, Grec
Romanus, Romain

Hasta, lance
Gladius, glaive
Ventus, vent
Morbus, maladie
Crocodilus, crocodile
Ripa, rive, bord

14. *Nilus est fluvius Ægypti.* — *Sum servus Dei, non populi.* — *Discipuli non sunt servi.* — *Sunt* (il y a) *piri in hortis agricolarum.* — *Mercurius nuntius deorum fuit* (était). — *Ignavia Græcorum causa fuit* (fut) *victoriæ Romanorum.* — *Romanis non deerant* (manquaient) *hastæ et gladii.* — *Venti sæpe morbos parant* (amènent). — *Ludi Græcorum Romanos non delectabant* (charmaient). — *Crocodilus est incola Nili, fluvii Ægypti.* — *Populi habitant* (se plaisent) *in ripis fluviorum.* — *Græcorum et Romanorum discipuli sumus.*

Laboureur, *agricola*, m.
Poule, *gallina*
Pigeon, *columba*
Aile, *ala*
Mantoue, *Mantua*
Virgile, *Virgilius*

Mollesse, *luxuria*
Souvent, *sæpe*
Maladie, *morbus*
Rhône, *Rhodanus*
Seine, *Sequana*, m.
Fleuve, *fluvius*

Romain, *Romanus*
Gaulois, *Gallus*
Belge, *Belga*, m.
Indigence, *inopia*
Aliment, *cibus*
Agneau, *agnus*

15. Les laboureurs ont (*habent*) des chevaux, des ânes, des poules, des pigeons. — Mercure, messager des dieux, avait (*habebat*) des ailes. — Mantoue est la patrie de Virgile. — La mollesse amène (*parat*) souvent des maladies. — Le Rhône et la Seine sont des fleuves de France. — Les Romains vainquirent (*vicerunt*) les Gaulois et les Belges. — La reine soulage (*lenit*) l'indigence des habitants et donne (*dat*) des aliments aux laboureurs. — Un agneau buvait (*bibebat*) l'eau d'un ruisseau; un loup dévora (*voravit*) l'agneau

§ 16. — Noms en *er*.

Liber, bri, livre.	Caper, pri, chevreau	Gener, eri, gendre
Ager, agri, champ	Aper, apri, sanglier	Socer, eri, beau-père
Magister, tri, maître,	Liber, beri, Bacchus	Vir, viri, homme, mari
précepteur	Pagina, f., la page	Faber, bri, forgeron

16. *Agrum, agrorum, agros. — Magistri* (gén.), *magistri* (nom.) — *Capro* (dat.), *capris* (abl.). — *Aper, apri* (nom.), *apris* (dat.) — *O Liber, Liberi, Liberum. — Pagina libri, paginæ librorum. — Herbas agri, herbam agrorum. — Magistri pueri, magister puerorum. — Gulam apri. — Equus viri, equi virorum. — Puerorum ludis, pueri ludus. — Filia soceri, filiæ generi. — Caper est in horto, apri sunt in silvis, magistri sunt in schola, liber est in mensa. — Agricolæ fabros nutriunt* (nourrissent), *fabri agricolis prosunt* (rendent des services).

Écuyer, armiger, eri	Enfants, liberi, orum	Disciple, discipulus
Couleuvre, coluber, bri	Seigneur, dominus	Maître, magister, tri
Ouvrier, faber, bri	Livre, liber, bri	Audace, audacia
Prêtre, presbyter, eri	Enfant, puer, eri	Homme, vir, viri

17. De l'écuyer, les écuyers, aux écuyers. — La couleuvre (acc.), les couleuvres (acc.). — A l'ouvrier, aux ouvriers. — O prêtre, du prêtre, les prêtres. — Les enfants de l'ouvrier, les enfants (acc.) des ouvriers. — Le prêtre (acc.), les prêtres (acc.) du Seigneur. — Les livres de l'enfant, le livre des enfants. — Aux disciples de Bacchus. — Il y a (est) de la science dans les maîtres, des fables dans les livres, de l'audace dans les hommes, de la sagesse dans les prêtres, de l'allégresse dans les enfants. — Les chevaux des écuyers. — A la science des maîtres et des prêtres

Nᴏᴛᴇ. — « Il y a » se rend par *est* avec un sujet au singulier, par *sunt* avec un sujet au pluriel.

Lætitia, joie	*Super* (acc.), au-dessus	*Alexander*, Alexandre
Schola, école	de	*Filius*, fils
Semper, toujours	*Modestia*, modestie	*Philippus*, Philippe
Jocus, badinage	*Minister, tri*, ministre	*Persa*, m., Perse

18. *Libri pueris lætitiam parant* (procurent). — *Socer generum amat* (aime), *socerum gener.* — *Pueros libri sæpe delectant* (récréent). — *In schola pueris libri non desunt* (manquent). — *Uvæ pueros et puellas semper delectant* (réjouissent). — *Jocus puerorum animum delectat* (récrée). — *Discipulus non est super magistrum.* — *Modestia pueros et viros, puellas et feminas ornat* (embellit). — *Ministri domino non desunt.* — *Est aqua in rivis, sunt herbæ in agris.* — *Alexander, filius Philippi, vicit* (vainquit) *Persas, Persæ timebant* (craignaient) *Alexandrum.*

Cœur, *animus*	Dieu, *Deus*	Couteau, *culter, tri*
Pirate, *pirāta*, m.	Médecin, *medicus*	Glaive, *gladius*
Champ, *ager, gri*	Gendre, *gener, eri*	Lance, *hasta*
Élève, *discipulus*	Sanglier, *aper, apri*	Œuvre, *opera*, f.
Ami, *amicus*	Fermier, *villicus*	Colère, *ira*
Fils, *filius*	Colon, *colŏnus*	

19. Les jeux des enfants réjouissent (*delectant*) le cœur des maîtres. — Les pirates envahissent (*invadunt*) l'île, les laboureurs labourent (*arant*) les champs. — Élèves, obéissez (*parēte*) aux maîtres. — Ami, donne (*da*) des livres aux fils du laboureur. — O hommes, obéissez à Dieu. — Le médecin a guéri (*sanavit*) la maladie de [son] gendre. — Les laboureurs envoient (*mittunt*) [leurs] enfants dans les champs. — Les sangliers ont ravagé (*vastaverunt*) le champ du fermier, les champs des colons. — Les ouvriers font (*faciunt*) des couteaux, des glaives, des lances; les couteaux, les glaives, les lances sont l'œuvre des ouvriers. — Crains (*time*) la colère du maître.

§ 17. — Noms en *um*.

NOTE. — Dans les deux premières déclinaisons, le génitif singulier du nom de ville désigne aussi le lieu où l'on est. Ex. : *Roma*, Rome; *sum Romæ*, je suis à Rome.

Aratrum, charrue	*Collum*, cou	*Periculum*, danger, péril
Auxilium, secours	*Prœlium*, combat	
Maria, Marie	*Præmium*, récompense	*Velum*, voile
Christiānus, chrétien	*Regnum*, royaume	*Lugdūnum*, Lyon
Bellum, guerre	*Telum*, trait, javelot	*Lilium*, lis

20. *Aratri, aratrorum. — Auxilium, auxilia, auxiliis* (abl.). *— Maria est auxilium christianorum. — Bella, bellorum, bellis* (dat.). *— Collo* (dat.) *colubri, colla colubrorum. — Prœlii, prœliorum. — Prœlia belli. — In bello sunt prœlia, in regno Dei sunt præmia. — Periculo* (abl.), *periculorum. — Viri tela, nautæ vela, agricolæ aratra tractant* (manient). *— Maria, fer* (apporte) *auxilium christiano in periculis, da* (donne) *victoriam in prœliis. — Sum Lugduni. — Lilia agrorum succiduntur* (sont coupés) *aratro.*

Charrue, *aratrum*	Page, *pagina*	Danger, *periculum*
Spectacle, *spectaculum*	Vin, *vinum*	Exemple, *exemplum*
Feuille, *folium*	Œuf, *ovum*	Récompense, *præmium*
Peuplier, *populus*, f.	Espagne, *Hispania*	Lyon, *Lugdūnum*

21. A la charrue, par la charrue, par les charrues. — La charrue du laboureur. — O spectacle, du spectacle, les spectacles de la vie. — A la feuille du peuplier, aux feuilles des peupliers, les feuilles et les pages du livre. — Les vins de France, aux vins d'Espagne. — Les œufs des poules, aux œufs des pigeons, l'œuf d'une poule. — Pour les enfants le vin est souvent un danger, pour les jeunes filles Marie est un exemple, pour les maîtres la gloire des disciples est une récompense. — Nous sommes à Lyon.

NOTE. — Étudier l'imparfait de l'indicatif du verbe *sum*.

Cælum, ciel	Ferrum, fer	Stultitia, sottise
Domicilium, séjour	Plumbum, plomb	Præsidium, défense
Cervus, cerf	Vitium, vice, défaut	Vallum, retranchement
Beneficium, bienfait	Scutum, bouclier	Murus, mur
Gratia, grâce	Arma (plur.), armes	Oppidum, ville
Vinculum, lien	Ornamentum, ornement	Corinthus, f., Corinthe
Aurum, or	Superbia, orgueil	Thebæ, f. pl., Thèbes
Argentum, argent	Signum, signe	Incendium, incendie

22. Deus est dominus cæli et terræ. — Silvæ et campi sunt domicilia cervorum. — Beneficium et gratia sunt vincula concordiæ et amicitiæ. — In terra est aurum, argentum, ferrum, plumbum. — Vitia sunt morbi animi. — Gladii, scuta, hastæ erant arma Romanorum. — Aurum et argentum ornamentum sunt templorum Dei. — Superbia puerorum signum est stultitiæ. — Viri sunt præsidium patriæ. — Valla et muri oppida servant (sauvent). — Corinthus et Thebæ sunt oppida Græciæ. — Piratæ oppida insulæ incendio delent (détruisent) et agros incolarum vastant (ravagent).

Gaule, Gallia	Instrument, instrumentum	Joie, gaudium
Armes, arma, orum	Confiance, fiducia	Chrétien, christianus
Zèle, studium	Cause, causa	Or, aurum
Activité, industria	Péril, periculum	Argent, argentum
Écolier, discipulus	Don, donum	Temple, templum
Quantité, copia		Orge, hordeum

23. Les habitants de la Gaule ont (*habent*) des armes. — Les maîtres louent (*laudant*) le zèle et l'activité des écoliers. — Les ouvriers ont une quantité d'instruments. — La confiance est souvent une cause de péril. — Les dons du grand-père étaient les récompenses des enfants. — Le vin réjouit (*delectat*) le cœur de l'homme. — Les œufs des poules et des pigeons sont une joie pour les enfants et les jeunes filles. — Chrétiens, vous ornez (*ornatis*) d'or et d'argent les temples de Dieu, car (*nam*) vous aimez (*amatis*) Dieu. — L'orge est l'aliment des chevaux et des ânes.

§ 18. — Adjectifs des deux premières déclinaisons.

Note. — Étudier la déclinaison de *bonus*, bon, § 44.

A décliner simultanément :

24. *Magna insula*, la grande île
Parvus nidus, le petit nid
Alta populus, le haut peuplier
Doctus magister, le savant professeur

Præmium, récompense	*Novus*, nouveau	*Pius*, pieux
Dignus, digne	*Antiquus*, ancien	*Gratus*, agréable
Falsus, faux	*Malus*, mauvais	*Medicus*, médecin
Nuntius, message	*Cibus*, aliment	*Verus*, vrai

25. *Digna præmia, digni præmii. — Falsus nuntius, falso nuntio* (abl.). — *Novi libri* (nom.), *novi libri* (gén.), *novos libros. — Antiqua fabula, antiquā fabulā, antiquis fabulis* (dat.). — *Malum cibum, malo cibo* (abl.), *malis cibis* (dat.), *malorum ciborum. — Pie puer, pius puer, pio puero* (dat.), *pios pueros. — Donum gratum, grata dona, gratis donis* (abl.). — *Nova et antiqua beneficia. — Bonos et malos medicos. — Veri et falsi nuntii* (nom.), *verorum et falsorum nuntiorum.*

Agréable, *gratus*	Vrai, *verus*	Orgueil, *superbia*
Message, *nuntius*	Faux, *falsus*	Danube, *Ister*, tri
Pieux, *pius*	Femme, *femina*	Limite, *terminus*
Mauvais, *malus*	Rhin, *Rhenus*	Empire, *imperium*
Ancien, *antiquus*	Modération, *modestia*	

26. Un agréable message, aux agréables messages. — De pieuses jeunes filles, les pieuses jeunes filles (acc.), de la pieuse jeune fille. — Un méchant enfant, du méchant enfant, les méchants enfants. — O ancien maître, ô anciens maîtres, aux anciens maîtres. — Un vrai œuf de poule, de vrais œufs de poule. — Les faux cheveux des femmes, aux faux cheveux de la femme. — La modération est bonne, l'orgueil est mauvais. — Le Rhin et le Danube étaient les limites de l'empire romain.

Note. — Étudier le parfait de l'indicatif du verbe *sum*.

Fortūna, fortune	*Spatium*, espace	*Notus*, connu de (dat.)
Cæcus, aveugle	*Longus*, long	*Molestus*, désagréable
Figūra, forme	*Ramus*, rameau	*Memoria*, mémoire
Varius, varié	*Vestimentum*, vêtement	*Sempiternus*, éternel
Numerus, nombre	*Desiderium*, désir	*Oculus*, œil
Marathonius, de Mara-then	*Officium*, devoir	*Elephantus*, éléphant
Lignum, bois	*Lingua*, langue	*Caverna*, trou
Durus, dur	*Multus*, nombreux, beaucoup de	*Talpa*, taupe
		Profundus, profond

27. *Fortūna cæca est. — Figura gladiorum varia est. — Numerus Persarum in prœlio Marathonio magnus fuit. — Lignum hastæ durum est. — Spatium anni longum est. — Columbæ in altis ramis sedent* (se tiennent). *— Vestimenta populorum antiquorum varia fuerunt. — Desiderium cæli in animo christiani magnum est. — Officia discipulorum non semper grata sunt. — Audacia nautarum magna fuit. — Lingua græca multis Romanis nota erat. — Ignavia discipulorum magistris molesta est. — Bona memoria est magnum Dei beneficium. — Veræ amicitiæ sempiternæ sunt. — Oculi elephantorum parvi sunt. — Cavernæ talparum sunt profundæ.*

Bienfait, *beneficium*	Rare, *rarus*	Statue, *statua*
Grand, *magnus*	Beau-père, *socer, eri*	Éloquence, *eloquentia*
Nombreux, *multus*	Cher, *carus*	Grec, *græcus*
Amitié, *amicitia*	Nécessaire, *necessarius*	Beaucoup de, *multus*
Homme de bien, *vir bonus*	Peuple, *populus*	Connu de, *notus* (dat.)
Précieux, *pretiosus*	Postérité, *posteri, orum*	Rive, *ripa*
	Magnifique, *magnificus*	Pittoresque, *amœnus*

28. Les bienfaits de Dieu sont grands et nombreux. — L'amitié des hommes de bien est précieuse. — Les gens de bien ne [sont] pas rares, les hommes méchants sont nombreux. — Le beau-père est cher à [son] gendre, le gendre [est cher] à [son] beau-père. — Les bons élèves donnent (*dant*) une grande joie aux maîtres. — Les livres sont nécessaires aux élèves. — Les anciens peuples de la Grèce et de l'Italie ont laissé (*reliquerunt*) à la postérité de magnifiques statues. — Grande a été la gloire de l'éloquence des Grecs et des Romains. — Beaucoup d'îles sont connues des matelots. — Les rives de la Seine sont pittoresques.

Récapitulation sur les deux premières déclinaisons.

29. Transcrire les noms suivants en indiquant leur genre et le nom sur lequel ils se déclinent.

Afer, Afri, Africain
Antrum, antre
Ara, autel
Decemvir, viri, décemvir
Digitus, doigt
Fraxinus, frêne
Gemma, pierre précieuse
Homērus, Homère
Imperium, commandement
Janua, porte
Lignum, bois

Menander, dri, Ménandre
Numa, Numa (empereur)
Philosophus, philosophe
Pratum, pré
Prophēta, prophète
Radius, rayon
Rota, roue
Tabernaculum, tente
Talpa, taupe
Taurus, taureau
Unda, onde

30. Mettre les noms suivants au cas indiqué :

SINGULIER

Voc. *Afer, decemvir, Homerus, Numa, philosophus, propheta, taurus.*

Gén. *Antrum, ara, digitus, janua, lignum, Menander, propheta.*

Dat. *Afer, digitus, fraxinus, imperium, janua, Numa, pratum, radius.*

Acc. *Decemvir, gemma, lignum, rota, tabernaculum, taurus.*

Abl. *Ara, fraxinus, imperium, lignum, Numa, radius, tabernaculum, unda.*

PLURIEL

Nom. *Afer, decemvir, fraxinus, gemma, imperium, janua, pratum, rota.*

Voc. *Afer, antrum, janua, philosophus, propheta, talpa, taurus, unda.*

Gén. *Antrum, ara, decemvir, gemma, imperium, janua.*

Dat. *Ara, fraxinus, imperium, philosophus, tabernaculum, taurus, unda.*

Acc. *Afer, antrum, ara, digitus, gemma, lignum, philosophus, pratum.*

Abl. *Antrum, decemvir, gemma, janua, pratum.*

Norz. — « L'élève a un livre » peut se rendre par « un livre est à l'élève », *discipulo est liber.*

Sanus, sain	*Consilium,* conseil	*Noxius,* nuisible
Lætus, joyeux	*Amicus,* ami	*Verbum,* parole
Rectus, droit	*Fidus,* fidèle	*Monumentum,* monument
Via, voie	*Homērus,* Homère	
Opulentus, opulent	*Æschylus,* Eschyle	*Fossa,* fossé
Italia, Italie	*Clarus,* illustre	*Que* (après un mot), et

31. *Populi altæ fluvii ripas ornant* (embellissent). — *Liberi agricolarum et nautarum sani et læti sunt.* — *Recta via bona est.* — *Corinthus opulentum Græciæ oppidum fuit.* — *In Sicilia, insula magna Italiæ, multa oppida sunt.* — *Pueri, audite* (écoutez) *consilia bona fidi amici.* — *Homerus et Æschylus poetæ clari Græcorum erant.* — *Procellæ et agris et hortis noxiæ sunt.* — *Sum in schola et verba magistri audio* (j'écoute). — *Amice, si* (si) *Romæ es, vides* (tu vois) *monumenta antiquorum Romanorum.* — *Romani oppida vallis fossisque muniebant* (fortifiaient).

Eternel, *æternus*	Ne... pas, non pas, *non*	Violent, *violentus*
Ville, *oppidum*	Dur, *durus*	Corinthe, *Corinthus,* f.
Mur, *murus*	Combat, *prœlium*	Enseignement, *doctrina*
Elevé, *excelsus*	De Marathon, *Marathonius* (adjectif)	Philosophe, *philosophus*
Olympe, *Olympus*		Studieux, *studiōsus*
Séjour, *domicilium*	Funeste, *perniciōsus*	Lis, *lilium*
Bois, *lignum*	Vent, *ventus*	Violette, *viola*

32. Dieu est éternel. — Les villes des Romains avaient des murs élevés. — Les Grecs et les Romains avaient des temples magnifiques. — L'Olympe était le séjour des dieux et des déesses. — Le bois du peuplier n'est pas dur. — Le combat de Marathon fut funeste, non pas aux Grecs, mais (*sed*) aux Perses. — Les vents violents causent (*parant*) aux matelots beaucoup de dangers. — J'étais à Corinthe, écoutant (*audiens*) l'enseignement des philosophes. — Les fables des Grecs charment (*delectant*) les esprits des écoliers studieux. — Amis, vous êtes studieux; vous donnez (*datis*) de la joie au maître. — Dieu a donné (*dedit*) aux jardins les lis, les violettes et les roses; aux enfants, des maîtres, des livres et des jeux.

NOTE. — *Meus*, mon, le mien; *tuus*, ton, le tien; *suus*, son, le sien, se déclinent comme *bonus*.

Vocabulum, mot	*Gaudium*, joie	*Eurōpa*, Europe
Scriba, m., copiste	*Pluvia*, pluie	*Asia*, Asie
Callidus, adroit	*Planta*, plante	*Sparta*, Sparte
Beătus, heureux	*Memoria*, souvenir	*Flagrum*, fouet
Præceptum, précepte	*Beneficus*, bienfaisant	*Coluber, bri*, couleuvre
Malum, pomme	*Pecunia*, argent	*Herba*, herbe

33. *Multa vocabula linguæ latinæ discipulis meis nota sunt. — Scriba amici mei callidus est. — Amici, beati sumus, si* (si) *præceptis Dei paremus* (nous obéissons). — *Uvæ et mala parvis liberis amici mei gaudium parant* (causent). — *Pluvia plantis horti mei non nocuit* (a nui). — *Discipuli, memoria tenete* (gardez) *magistrorum verba et præcepta. — Viri benefici meam inopiam leniunt* (soulagent) *cibis et pecunia. — Alexander Magnus multarum terrarum Eurōpæ et Asiæ dominus fuit. — Spartæ, pueri flagris cædebantur* (étaient battus). — *Sæpe coluber latet* (se cache) *in herba.*

Mémoire, *memoria*	Numa, *Numa*, m.	Fer, *ferrum*
Divin, *divinus*	Route, *via*	Poison, *venenum*
Ame, *animus*	Habile, *peritus*	Parole, *verbum*
Troie, *Troja*	Pardon, *venia*	Païen, *paganus*
Ruse, *dolus*	Mot, *vocabulum*	Victime, *hostia*
Scythe, *Scytha*, m.	Violence, *violentia*	

34. Enfant, exerce (*exerce*) ta mémoire. — Le divin médecin guérit (*sanat*) les maladies des âmes. — Grecs, vous avez pris (*expugnavistis*) Troie par la ruse. — Les Scythes n'avaient pas de temples. — Tullus Hostilius succéda (*successit*) à Numa Pompilius. — Les étoiles montrent (*monstrant*) la route aux matelots habiles. — Méchant esclave, demande (*roga*) pardon. — Seigneur, calmez (*seda*) d'un mot la violence des vents. — Ton fils est mort (*interiit*) par le fer; ton ami, par le poison. — Les mauvaises paroles sont le poison de l'âme. — Les païens immolaient (*immolabant*) des victimes aux dieux.

TROISIÈME DÉCLINAISON

NOMS IMPARISYLLABIQUES

§ 24. — Nominatif sans désinence.

NOTE. — La préposition *cum*, avec, veut l'ablatif; la préposition *inter*, parmi, veut l'accusatif.

NOMS MASCULINS

Carcer, carceris, prison
Consul, consulis, consul
Dolor, dolōris, douleur
Flos, floris, fleur
Leo, leōnis, lion
Lepus, lepŏris, lièvre

NOMS FÉMININS

Arbor, arbŏris, arbre
Imago, imaginis, image
Mulier, mulieris, femme
Nátio, natiōnis, nation
Virgo, virginis, vierge
Tellus, tellūris, terre

35. *Carceris, in carcere, in carceribus.* — *Consuli, consulem, consules.* — *Dolore, dolorum, doloribus* (abl.). — *Florem, flores, floribus* (dat.). — *O leo, leone, leonum.* — *Leporis, lepŏrum, lepores.* — *Arbori, in arbore, in arboribus.* — *Imago, imaginum, imaginibus* (abl.). — *O mulier, mulieris, mulierum.* — *Nationes, nationibus* (dat.). — *Virgo virginum Maria est.* — *Telluris, tellure.* — *Sunt inter virgines.*

36. De la prison, des prisons. — Aux consuls, avec les consuls. — De la douleur, à la douleur, avec douleur. — A la fleur, des fleurs, parmi les fleurs. — O lion, avec le lion, parmi les lions. — Au lièvre, aux lièvres, parmi les lièvres. — L'arbre (acc.), par l'arbre, par les arbres. — De l'image, des images, aux images. — Avec une femme, aux femmes, parmi les femmes. — De la nation, des nations. — De la vierge, une vierge (acc.), avec les vierges. — Dans la terre.

A décliner simultanément :

37. *Magnus dolor,* la grande douleur.
Pia virgo, la pieuse vierge.
Bona mulier, la bonne femme.

Ros, roris, m., rosée
Purus, pur
Corōna, f. couronne
Victor, ōris, m., vain-
  queur
Cicero, onis, m., Cicéron
Orator, oris, m., orateur
Defensor, oris, m., dé-
  fenseur
Venator, m., chasseur
Apud (acc.), chez

Anser, eris, m., oie
Juno, onis, f., Junon
Odor, oris, m., odeur
Color, oris, m., couleur
Imperator, oris, m., em-
  pereur
Augustus, i, m., Auguste
Prædo, onis, m., brigand
Viator, oris, m., voya-
  geur
Mos, moris, m., habitude

Mores, morum, m. pl.,
  mœurs
Tacitus, i, m., Tacite
Scriptor, oris, m., écri-
  vain
Germanus, Germain
Timor, oris, m., peur
Pœna, f., châtiment
Homo, inis, m., homme
Colloquium, m., conver-
  sation

38. *Ros cæli purus est. — Coronæ erant præmia victorum. — Cicero, orator romanus, multorum Romanorum defensor fuit. — Multi cervi præda venatorum fuerunt. — Apud Romanos anseres aves Junonis deæ erant. — Odores et colores florum varii sunt. — Imperator Augustus erat amicus multorum poetarum et oratorum. — Prædones viatoribus sæpe magna pericula parant* (causent)*. — Mali mores puerorum magistris magnum dolorem parant. — Tacitus, scriptor romanus, mores antiquorum Germanorum laudat* (loue)*. — Persæ domini Asiæ fuerunt, Romani victores Græcorum. — Timor pœnæ multos homines vitiis absterret* (détourne)*. — Bonos mores corrumpunt* (corrompent) *colloquia mala.*

Auteur, auctor, oris, m.
Vie, vita, f.
Homme, homo, inis
Crainte, timor, oris, m.
Commencement, initium
Précepteur, præceptor,
  oris, m.

Agréable, jucundus
Parfum, odor, oris, m.
Belliqueux, bellicōsus
Orateur, orator, oris, m.
Courage, fortitūdo, inis,
  f.
Guerrier, bellicus

Remarquable, egregius
Discours, oratio, onis, f.
Joli, lepidus
Couleur, color, oris, m.
Cicéron, Cicero, onis, m.
Passereau, passer, eris,
  m.

39. - Dieu est l'auteur de la vie des hommes. — La crainte de Dieu est le commencement de la sagesse. — Tes fleurs, enfant, charment (*delectant*) ton précepteur par leur agréable parfum. — Beaucoup de nations sont belliqueuses. — L'orateur a loué (*laudavit*) le courage guerrier par un remarquable discours. — Les fleurs de mon jardin ont (*habent*) un parfum agréable et une jolie couleur. — Nous avons (*habemus*) les livres de Cicéron, orateur romain. — Soyez (*estote*), ô enfants, agréables à Dieu et aux hommes. — Il y a des passereaux dans mon jardin.

NOMS NEUTRES

Note. — La préposition *sine*, sans, se construit avec l'ablatif. La finale *ŏris* est brève dans les noms neutres, mais longue (*ōris*) dans les noms masculins et féminins (sauf *arbor, arbŏris*).

A décliner simultanément :

40. *Mutum pecus, pecŏris*, le bétail muet.
Clarum lumen, luminis, la brillante lumière.
Novum vulnus, vulneris, une nouvelle blessure.

Caput, capitis, tête.	*Fœdus, fœderis*, traité	*Marmor, marmoris*, marbre
Corpus, corporis, corps	*Frigus, frigoris*, froid	*Nomen, nominis*, nom
Crus, cruris, jambe	*Gramen, graminis*, gazon	*Ver, veris*, printemps
Ebur, eboris, ivoire		

41. *Capitis, capite, capita.* — *Corpori, cum corpore, inter corpora.* — *Crure, crura, cruribus* (dat.). — *Ebur, eboris, ebore.* — *Fœderis, fœderum, fœdera.* — *Frigore, frigorum, cum frigoribus.* — *Gramen* (acc.), *gramina, inter gramina.* — *Marmoris, marmore, marmoribus* (dat.). — *Nomini, cum nomine, inter nomina.* — *Veris, veri, vere.* — *Caput corporis, cum capitibus corporum.* — *Vulnus capitis, vulnera crurum.* — *O lumen stellarum.* — *Lumine lunæ.* — *Carceres sine lumine.*

Vierge, *virgo, inis*, f.	Image, *imago, inis*, f.	Sans, *sine* (abl.)
Fleur, *flos, floris*, m.	Blessure, *vulnus, eris*, n.	Arbre, *arbor, oris*, f.

42. O tête, à la tête, aux têtes. — Du corps, les corps, des corps. — La jambe, à la jambe, avec les jambes. — A l'ivoire, avec de l'ivoire. — Au traité, les traités, par les traités. — Le froid (acc.), les froids, parmi les froids. — Au gazon, sur le gazon, sur les gazons. — Les marbres des temples. — Gloire au nom du Seigneur ! — Les noms des vierges. — La fleur est l'image du printemps. — La blessure du corps, les blessures de l'âme. — Corps sans tête, année sans froid, arbres sans feuilles, fleurs sans nom.

Carmen, *inis*, n., poème
Virgilius, *i*, m., Virgile
Latinus, latin
Mirus, admirable
Onus, *eris*, n., embarras
Agmen, *inis*, n., bataillon
Mel, *mellis*, n., miel
Jucundus, agréable

Societas, *ätis*, f., alliance
Sidus, *eris*, n., constellation
Trojanus, de Troie
Firmus, solide
Latus, *eris*, n., flanc
Judex, *icis*, m., juge

Scelus, *eris*, n., crime
Improbus, méchant
Latus, large
Pes, *pedis*, m., pied
Plerumque, d'ordinaire
Mens, *mentis*, f., intelligence
Sanus, sain

43. *Carmina Virgilii, poetæ latini, mira sunt.* — *Nomina multorum poetarum et oratorum clara sunt.* — *Bella agricolis sæpe magna onera afferunt* (causent). — *Magnum agmen Romanorum incedebat* (s'avançait). — *Purum mel pueris jucundus cibus est.* — *Fœdere societatem confirmavimus* (nous avons scellé). — *Fœdus fecimus* (nous avons fait) *cum Romanis.* — *Lumen siderum nautis jucundum est.* — *Equus Trojanus firma latera habebat* (avait). — *Judicibus non semper nota sunt scelera improborum hominum.* — *Elephanti magna capita, latos pedes, parvos oculos habent* (ont). — *Plerumque sana mens est in corpore sano.*

Lion, *leo, onis,* m.
Vigueur, *robur, oris,* n.
Corps, *corpus, oris,* n.
Ciel, *cælum,* n.
Œuvre, *opus, eris,* n.

Douleur, *dolor, oris,* m.
Poids, *pondus, eris,* n.
Gazon, *gramen, inis,* n.
Pré, *pratum,* n.
Présent, *munus, eris,* n.

Astre, *sidus, eris,* n.
Éclair, *fulgur, uris,* n.
Timide, *timidus*
Foudre, *fulmen, inis,* n.
Gênant, *incommodus*

44. Le lion a (au lion est) une grande vigueur de corps. — Le ciel et la terre sont les œuvres de Dieu. — Petites blessures causent (*parant*) de grandes douleurs. — Grand était le poids de mes armes; accablé (*fessus*) par le poids de [mes] armes et par [ma] blessure, je tombai (*cecidi*) sur le gazon du pré. — Dieu a comblé (*cumulavit*) les hommes de présents et de bienfaits. — Médecin, soigne (*cura*) ta blessure. — La lune, les étoiles, les astres ornent (*ornant*) le ciel. — Les éclairs épouvantent (*terrent*) les hommes timides; les hommes timides sont épouvantés (*terrentur*) par la foudre et les éclairs. — Le poids du corps est gênant.

§ 35. — Nominatif en s.

Eques, ĭtis, m., cavalier
Necessarius, nécessaire
Dux, ducis, m., chef
Miles, itis, m., soldat
Rex, regis, m., roi
Princeps, ipis, prince
Justus, juste
Probus, honnête
Solācium, consolation
Aristoteles, is, m., Aristote

Plato, onis, m., Platon
Præceptor, oris, m., précepteur
Macĕdo, ŏnis, m., Macédonien
Romulus, i, Romulus
Remus, i, m., Rémus
Pastor, oris, m., berger
Custos, odis, m., gardien
Obses, idis, m., otage

Cæsar, ăris, m., César
Paries, ĕtis, f., muraille
Clamor, oris, m., oris, clameur
Capĭtolium, n., Capitole
Calamitas, atis, f., malheur
Initium, n. commencement
Felicitas, atis, f., bonheur

45. *Equiti equus necessarius est. — Oratores et poetæ Græcorum et Romanorum sæpe duces militum fuerunt. — Multa sunt regum et principum officia. — Justus judex probis hominibus magnum solacium est. — Aristoteles, discipulus Platonis, præceptor fuit Alexandri Magni, regis Macedonum. — Romulus et Remus duces pastorum erant. — Custodes viarum latronibus molesti sunt. — Multi liberi principum Galliæ erant obsides Cæsaris. — Templi parietes coronis ornemus (ornons). — Anseres Junonis clamore suo custodes Capitolii fuerunt. — Calamitates hominibus sæpe causa et initium felicitatis fuerunt.*

Premier, primus
Fidèle, fidus
Caton, Cato, onis, m.
Défenseur, defensor, m.
Liberté, libertas, atis, f.
Volupté, voluptas, atis
Nuisible, noxius
Passion, cupiditas, atis

Argent, pecunia, f.
Forfait, facinus, oris, n.
Pauvreté, paupertas, atis, f.
Déshonneur, ignominia
Compagne, comes, itis
Paresse, pigritia, f.
Remède, remedium, n.

Contre, adversus (acc.)
Mort, mors, mortis, f.
Louange, laus, laudis, f.
Impie, impius
Juge, judex, icis, m.
Long, longus
Paix, pax, pacis, f.
Animal sauvage, fera, f.

46. Les premiers hommes étaient bergers et laboureurs. — Les rois ont (aux rois sont) de fidèles gardiens. — Caton fut le défenseur de la liberté romaine. — Les voluptés sont nuisibles aux hommes. — La passion de l'argent est la cause de beaucoup de forfaits. — La pauvreté et le déshonneur sont les compagnes de la paresse. — Il n'y a pas de remède contre la mort. — Les louanges du maître sont agréables aux bons élèves. — Impies, craignez (*timete*) le juste juge. — Une longue paix n'est pas agréable aux soldats belliqueux. — Les hommes appellent (*nominant*) le lion le roi des animaux sauvages.

Note. — Les locutions qui indiquent le temps où une chose se fait, comme *en été, en hiver, de jour, de nuit, le matin, le soir, du temps de*, se rendent par le simple ablatif.

Sacerdos, ôtis, prêtre
Pietas, átis, f., piété
Æstas, atis, f., été
Calor, oris, m., chaleur
Hiems, ĕmis, f., hiver
Libertas, atis, f., liberté
Æquitas, atis, f., équité
Auctoritas, atis, f., autorité
Dignitas, atis, f., dignité
Plebs, ebis, f., plèbe, peuple
Lex, legis, f., loi
Nobilitas, atis, f., noblesse
Radix, icis, f., racine
Amœnitas, atis, f., agrément
Conjuratio, onis, f., conjuration
Catilina, m., Catilina
Civitas, atis, f., cité, république
Periculosus, dangereux
Contio, onis, f., assemblée
Tribūnus, i, m., tribun
Pars, partis, f., partie
Cupiditas, atis, f., passion

47. *Sacerdotes docent* (enseignent) *pietatem et Dei timorem.* — *Æstate calor, hieme frigus multis hominibus molestus est.* — *Libertas tua meæ libertati non sit* (soit) *noxia.* — *Laudemus* (louons) *æquitatem, auctoritatem, dignitatem antiquorum judicum.* — *Plebem romanam duræ leges nobilitatis opprimebant* (accablaient). — *Altæ arbores multas radices habent* (ont). — *Hiemi non desunt* (manquent) *amœnitates.* — *Conjuratio Catilinæ civitati romanæ periculosa fuit.* — *In contionibus magna erat tribunorum plebis auctoritas.* — *Oculi sunt pars capitis.* — *Dux bonus et suas et militum cupiditates coercet* (réprime). — *Milites duci parent* (obéissent).

Roi, *rex, regis*, m.
Chef, *dux, ducis*, m.
Soldat, *miles, itis*, m.
Gardien, *custos, odis*, m.
Société, *societas, atis*, f.
Ephore, *ephorus, i*, m.
Pouvoir, *potestas, atis*, f.
Lacédémonien, *Lacedæmonius*
Froid, *frigus, oris*, n.
Otage, *obses, idis*, m.
Respect, *reverentia*, f.
Traité, *fœdus, eris*, n.
Repas, *cena*, f.
Hôte, *hospes, itis*, m.
Pied, *pes, pedis*, m.
Eléphant, *elephantus, i*, m.
Large, *latus*
Signe, *signum*, n.
Vertu, *virtus, ūtis*, f.

48. Les rois sont les chefs des soldats et les gardiens des lois. — La société des méchants est nuisible aux bons; fuyez (*fuge*) la société des méchants. — Les éphores des Lacédémoniens avaient (*habebant*) un grand pouvoir. — En hiver, le froid est la cause de beaucoup de maladies. — Les Gaulois livrèrent (*tradiderunt*) aux Romains de nombreux otages; la vie des otages assurait (*firmabat*) le respect du traité. — Il prépara (*paravit*) un grand repas pour [ses] amis et [ses] hôtes. — Les pieds des éléphants sont larges. — Le roi est le gardien de la loi. — Le respect des prêtres est un signe de vertu.

§ 26. — Génitif exceptionnel en *ium*.

Urbs, urbis, f., ville	*Mons, montis*, m., montagne	*Clarus*, brillant
Ædificium, n., édifice	*Nox, noctis*, f., nuit	*Lux, lucis*, f., lumière
Magnificus, magnifique	*Conditor, oris*, m., fondateur	*Fons, fontis*, m., source
Arx, arcis, f., citadelle		*Nilus*, m., le Nil
Origo, ginis, f., origine		*Ingenuus*, libéral
Flumen, inis, n., rivière	*Gens, gentis*, f., nation	*Ars, artis*, f., art
Cacumen, inis, n., cime	*Merito*, à juste titre	*Dens, dentis*, m., dent
Nix, nivis, f., neige	*Per*, pendant (acc.)	*Molestus*, ennuyeux

49. *Magnarum urbium ædificia magnifica sunt. — Urbi meæ firma arx est. — Multæ et magnæ urbes parvam originem habent* (ont). *— In ripis fluminis multæ arces erant. — Hieme montium cacumen nive oppletum* (couverte) *est; agrorum et urbium viæ nivibus obsessæ* (encombrées) *sunt. — Pluvia noctis floribus et plantis noxia fuit. — Conditores urbium gentes merito colunt* (honorent). *— Per noctes hiemis claram siderum lucem sæpe videmus* (nous voyons). *— Fontium Nilus celat* (cache) *origines. — Ingenuarum artium præcepta magistri tradunt* (enseignent) *discipulis. — Dolores dentium molesti sunt.*

Force, *robur, oris*, n.	Bientôt, *mox*	Grenouille, *rana*, f.
Annibal, *Hannibal, alis*	Charme, *suavitas, atis*, f.	Rat, *mus, muris*, m.
Gros, *magnus*	D'été, *æstivus*	Amour, *amor, oris*, m.
Armée, *agmen, inis*, n.	Été, *æstas, atis*, f.	Parents, *parentes, um*
Sommet, *culmen, inis*, n.	Cime, *cacumen, inis*, n.	Naturel, *insitus*
Cité, *civitas, atis*, f.	Blancheur, *candor, oris*	Pénates, *penates, ium*,
Cupidité, *avaritia*, f.	Homère, *Homerus, i*, m.	m.
Procès, *lis, litis*, f.	Guerre, *bellum*, n.	Capitole, *Capitolium*, n.

50. Les citadelles sont la force des villes. — Annibal franchit (*superavit*) avec une grosse armée les sommets des montagnes. — Rome a été la reine des cités. — La cupidité est une source de procès. — Bientôt nous goûterons (*captabimus*) le charme des nuits d'été. — En été, nous buvons (*bibimus*) avec joie l'eau des sources. — Sur les cimes des montagnes resplendit (*splendet*) la blancheur des neiges éternelles. — Homère a chanté (*cecinit*) la guerre des grenouilles et des rats. — L'amour des parents est naturel à l'homme. — Les Pénates du peuple romain étaient dans le Capitole.

Récapitulation sur les noms imparisyllabiques.

Honor, m., honneur
Geometria, f., géométrie
Jus, juris, n., droit
Scientia, f., science
Religio, onis, f., religion
Cato, onis, m., Caton
Roma, f., Rome
Pax, pacis, f., paix

Polyphēmus, i, m., Polyphème
Cyclops, ōpis, m., Cyclope
Grex, gregis, m., troupeau
Nimius, excessif
Proverbium, proverbe

Vox, vocis, f., voix
Voluptas, atis, f., plaisir
Contemptio, onis, f., mépris
Numitor, oris, m., Numitor
Nepos, ōtis, m., petit-fils

51. *Fuit in magno honore apud Græcos geometria, apud Romanos jus et legum scientia. — Homines in dolore et lacrimis nascuntur* (naissent). *— Sæpe homo homini lupus est. — In Deo sunt religionis origines. — Multi prædones erant in insulis. — Scripsit* (a écrit) *Cato librum de Originibus Romæ. — Requiescat* (qu'il repose) *in pace. — Polyphēmo cyclōpi magni greges erant. — Graminibus nocent* (nuisent) *nimii calores, arboribus nimia frigora. — Pastores sunt custodes pecorum. — Falsum est proverbium : Vox populi, vox Dei. — Vera voluptas est voluptatum contemptio. — Romulus et Remus erant Numitoris nepotes.*

D'abord, *primum*
Repaire, *receptaculum*
Voleur, *fur, furis*, m.
Brigand, *latro, onis*, m.
Rivale, *æmula*, f.
Carthage, *Carthago, inis*, f.
Coutume, *consuetūdo, inis*, f.
Cruel, *sævus*
Vaste, *vastus*

Solitude, *solitūdo, inis*.
Remarquable, *conspicuus*
Intrépide, *impavidus*
Mœurs, *mores, um*, m.
Rude, *rusticus*
Grandeur, *magnitūdo, inis*, f.
Goût, *studium*, n.
Entretien, *sermo, onis*, m.

Assemblée, *contio, onis*
Chef, *princeps, ipis*, m.
Conjuration, *conjuratio, onis*, f.
César, *Cæsar, aris*, m.
Exilé, *exul, ulis*, m.
Femme, *conjux, ugis*, f.
Grue, *grus, gruis*, f.
Dénonciateur, *trice, index, icis*
Meurtre, *nex, necis*, f.

52. Rome fut d'abord un repaire de voleurs et de brigands ; plus tard (*postea*) elle fut la rivale de Carthage et la reine des nations. Il y avait alors en Gaule des coutumes cruelles et de vastes solitudes. — Les Gaulois étaient remarquables par un courage intrépide, par des mœurs rudes, par la grandeur de la taille (du corps), par le goût des entretiens, des assemblées, des discours. — Cassius et Brutus furent les chefs de la conjuration contre (*in*, acc.) César. — Les exilés quittent (*relinquunt*) [leur] patrie avec [leurs] femmes et [leurs] enfants. — Les grues furent les dénonciatrices du meurtre d'Ibicus.

NOMS PARISYLLABIQUES

§ 27. — Noms masculins et féminins.

A décliner simultanément :

53. *Ensis ferreus*, l'épée de fer.
Vulpes fulva, le renard fauve.
Imber sanguineus, la pluie de sang.

Auris, f., oreille — *Imber, bris, m., pluie, averse* — *Nubes, f., nuage* — *Civis, m., citoyen, cea, citoyen* — *Navis, f., vaisseau, navire* — *Piscis, m., poisson* — *Clades, f., défaite* — *Multitudo, inis, f., multitude* — *Rupes, f., roche, rocher* — *Hostis, m., ennemi* — *Vallis, f., vallée* — *Grando, inis, f., grêle* — *Venter, tris, m., ventre* — *Amnis, m., fleuve*

54. *Aure, aures, auribus* (dat.) — *Civem, civi, civium.* — *Clades hostium, clade civium.* — *Inter hostes, cum hoste.* — *Imbris et grandinis, imbres et grandines.* — *Multitudo navium, cum multis navibus.* — *Navis longa, navis longæ, naves longæ.* — *Cælum sine nube, flumen sine piscibus, valles sine arboribus, montes sine rupibus.* — *Cauda piscium, herba vallium.* — *Ventris, ventri, ventre.* — *Imbrem et grandinem condunt* (renferment) *latera nubium.* — *Imber auget* (grossit) *flumina et amnes.*

Tête, caput, itis, n.   Messager, nuntius, i, m.,   Général, dux, ducis, m.

55. Les oreilles de l'âne. — Tête sans oreilles. — Tes concitoyens, de tes concitoyens, à tes concitoyens. — Messager d'une défaite, messagers des défaites. — Le général des ennemis. — Les ennemis de la patrie. — Les pluies de l'hiver, printemps sans pluie. — Parmi les vaisseaux, sans vaisseaux. — Multitude de nuages. — L'ombre des vallées. — Parmi les durs rochers. — De la roche dure, par le dur rocher. — Les poissons des fleuves, le ventre des poissons. — Les fleuves de la France arrosent (*interfluunt*) de riches plaines et de pittoresques vallées.

Ovum, n., œuf	Princeps, ipis. m., pre-	Etiam, même, aussi
Avis, is, f., oiseau	mier	Facinus, oris, n., action
Damnum, n., dommage	Crimen, inis, n., accu-	Egregius, distingué
Demosthenes, is, m., Dé-	sation.	Imperator, oris, m., gé-
mosthène	Advēna, m., étranger	néral en chef
Orator, m., orateur.	Amœnus, pittoresque	Semper, toujours

56. *Ova avium sunt cibus hominum. — Damnum imbris sæpe magnum est. — Demosthenes et Cicero principes antiquorum oratorum fuerunt. — Boni cives patriam amant* (aiment). *— Magna est gloria Demosthenis, principis oratorum Græcorum, et Ciceronis, principis oratorum Romanorum. — Jura plebis romanæ sæpe fuerunt causa discordiæ civium. — Falsa crimina etiam bonis civibus nocent* (nuisent). *— Multi advenæ magnas urbes, altos montes vallesque amœnas Galliæ visunt* (visitent). *— Etiam hostes facinora egregia imperatoris laudant* (louent). *— Ripæ magnorum amnium non semper amœnæ sunt.*

Ennemi, hostis, is, m.	Empereur, imperător,	Feu, ignis, is, m.
Ville, urbs, urbis, f.	oris, m.	Meurtre, cædes, is, f.
Après, post (acc.)	Néron, Nero, onis, m.	Incendie, incendium, n.
Siège, obsidio, onis, m.	Condition, condicio, onis	Renard, vulpes, is, f.
Citoyen, concitoyen, ci-	f.	Proie, præda, f.
vis, is, m.	Oreille, auris, is, f.	Carnage, cædes, is, f.
Rempart, præsidium, n.	Plainte, querela, f.	Des deux côtés, utrim-
Cruauté, crudelitas, atis	Pays, regio, onis, f.	que.

57. Mes soldats ont pris (*expugnaverunt*) la ville ennemie (des ennemis) après un long siège. — Le courage des citoyens est le rempart de la patrie. — La cruauté de l'empereur Néron épouvantait (*terrebat*) les citoyens. — Les conditions de la paix ont été dures pour les ennemis. — Prête (*præbe*) l'oreille aux plaintes de tes concitoyens. — Les soldats ravagèrent (*vastaverunt*) le pays ennemi (des ennemis) par le fer et le feu, par les meurtres et les incendies. — Les renards attaquent (*adoriuntur*) [leur] proie par la ruse. — Nous sommes citoyens Romains. — Le carnage fut grand des deux côtés.

Note. — La pénultième est généralement longue dans les mots en *anus, arus, atus, ator, inus, osus, udo, unus, urus, utus,* et dans les gén. en *atis, utis.*

Maritimus, de mer	*Vulpes, is,* f., renard	*Fur, furis,* m., voleur
Clangor, oris, m., cri	*Ursus, i,* m., ours	*Latro, onis,* m., larron
Viscera, erum, n., entrailles	*Vultur, uris,* m. vautour	*Vinum,* n., vin
Hostia, f., victime	*Ensis, is,* m., épée	*Uter, utris,* m., outre
Ignis, is, m., feu	*Laqueus, i,* m., corde	*Pellis, is,* f., peau
		Caprinus, de chèvre

58. *Avium maritimarum clangores, imbrem prænuntiant* (présagent). — *Viscera hostiarum igni cremantur* (sont brûlées). — *Latebras vulpium silvæ, ursorum rupes tegunt* (cachent). — *Domicilium habent* (ont) *in rupibus vultures, in aquis pisces, in silvis aves, in urbibus homines.* — *Frigore pereunt* (périssent) *vallium flores, ense hostium liberi, laqueo fures et latrones.* — *Florent* (prospèrent) *civitates concordia civium, discordia hostium, auxilio Dei.* — *Vinum novum in utre novo.* — *Pellibus caprinis fiunt* (sont faites) *utres.*

Alcibiade, *Alcibiades, is,* m.	Cèdre, *cedrus, i,* f.	Polycrate, *Polycrates, is,* m.
Général en chef, *imperator, oris,* m.	Colline, *collis, is,* m.	Défaite, *clades, is,* f.
Athénien, *Atheniensis, is,* m.	Vallée, *vallis, is,* f.	Salut, *salus, utis,* f.
Épée, *ensis, is,* m.	Antre, *antrum,* n.	Quirite, *Quiris, itis,* m.
Queue, *cauda,* f.	Tanière, *latibulum,* n.	Voile, *velum,* n.
Avide, *avidus*	Palais, *ædes, ium,* f.	Barque, *linter, tris,* f.
Egal, *æquus*	Cabane, *tugurium,* n.	Vaisseau, *navis, is,* f.
	Paysan, *agrestis, is,* m.	Pluie, *imber, bris,* m.
	Anneau, *anulus, i,* m.	Vent, *ventus, i,* m.
	Tyran, *tyrannus, i,* m.	

59. Alcibiade était le général en chef des Athéniens. — De l'épée, le laboureur trancha (*secuit*) les oreilles et la queue de l'avide renard. — Dieu voit (*videt*) d'un œil égal les cèdres des collines et les lis des vallées, les antres des lions et les tanières des renards, les palais des rois et les cabanes des paysans. — L'anneau du tyran Polycrate fut retrouvé (*repertus est*) dans le ventre du poisson. — La défaite des ennemis a apporté (*attulit*) le salut à la cité des Quirites. — Les voiles des petites barques et des grands vaisseaux sont déchirées (*lacerantur*) par la pluie et le vent.

§ 28. — Accusatif en *im*, ablatif en *i*.

Puppis, is, f., poupe
Prora, f., proue
Impavidus, intrépide
Turris, is, f., tour
Lapis, idis, m., pierre
Sanitas, atis, f., santé
Vis, vis, f., violence
Altus, haut

Innumerus, **innombrable**
Febris, is, f., **fièvre**
Tussis, is, f., toux
Podagra, f., goutte.
Pestilentia, f., peste
Juxta, près de
Tiberis, is, m., **le Tibre**

Barbarus, barbare
Signum, n., statue
Æneus, d'airain
Lapideus, de pierre
Basis, is, f., piédestal
Rapidus, rapide
Arar, aris, m., Saône
Lentus, lent

60. *Terræ puppim, hostibus proram navis nautæ impavidi advertunt* (présentent). — *Navibus lignum, turribus lapides, hominibus corporis et animi sanitatem montes alti suppeditant* (procurent). — *Vim ventorum magnæ naves altæque turres evincunt* (bravent). — *Innumeri sunt morbi hominum : febri et tussi, dentium et oculorum dolore, podagra et pestilentia laborant* (ils souffrent). — *Juxta Tiberim Barbarorum victori signum æneum in lapidea basi erectum erat* (avait été dressée). — *Aquæ Rhodăni rapidæ, Araris lentæ sunt.*

Faim, *fames, is,* f.
Soif, *sitis, is,* f.
Fièvre, *febris, is,* f.
Travail, *labor, oris,* m.
Souci, *cura,* f.
Violence, *vis, vis,* f.
Hache, *secūris, is,* f.
Féroce, *sævus*

Bourreau, *carnifex, icis,* m.
Martyr, *martyr, yris,* m.
Saône, *Arar, aris,* m.
Loire, *Liger, eris,* m.
Tibre, *Tiberis, is,* m.
Naples, *Neapolis, is,* f.
Vésuve, *Vesuvius, ii,* m.

Toux, *tussis, is,* f.
Hiver, *hiems, emis,* f.
Automne, *autumnus, i,* m.
De Delphes, *Delphicus*
Quantité, *vis, vis,* f.
Et, *atque*

61. Par amour, les hommes supportent (*ferunt*) avec joie la faim et la soif, la fièvre et la douleur, les travaux et les soucis, la violence et la mort. — De [sa] hache, le féroce bourreau trancha (*obtruncavit*) la tête du pieux martyr. — J'ai vu (*vidi*) la Saône et la Loire, Rome et le Tibre, Naples et le Vésuve ; j'ai lavé (*lavi*) mes pieds dans le Tibre et [dans] la Loire. — Nous souffrons (*laboramus*) de la soif en été, de la toux en hiver, de la fièvre au printemps et en automne. — Les Gaulois trouvèrent (*invenerunt*) dans le temple de Delphes une grande quantité d'or et d'argent.

§ 29. — Noms neutres.

Mare, s, n., mer	Historia, f., histoire	Uxor, oris, f., épouse
Collis, is, m., colline	Gallicus, de France	Neptunus, Neptune
Fulgur, uris, n., éclair	Exemplar, aris, n., exemple	Vectigal, alis, n., impôt
Animal, alis, n., animal		Mercator, oris, m., marchand
Genus, eris, n., espèce	Amor, oris, m., amour	
Aer, eris, m., air	Amphitrita, f., Amphi-trite	Litus, oris, n., rivage
Venenum, n., poison		Calcar, aris, n., éperon

62. *Laudate* (louez) *Dominum, maria et flumina, montes et colles, fulgura et nubes, pisces maris, aves cæli, animalia terræ. — Genera animalium varia sunt; sunt multa et varia animalia in terra, in mari, in aere. — Venenum animalibus noxium est. — In historia Gallica sunt multa exemplaria amoris patriæ. — Amphitrita uxor erat Neptuni, dei marium. — Vectigalia mercatoribus molesta sunt. — Mari sunt litora, fluminibus ripæ. — Multa maria antiquis populis nota non fuerunt. — Equites calcaribus equos concitant* (excitent).

Profondeur, altitudo, inis, f.	Désagréable, molestus	Pilote, gubernator, oris, m.
Immense, immensus	Les autres, ceteri, æ, a	Même, etiam
Flotte, classis, is, f.	Filets, rete, is, n.	Plein d'écueils, scopulosus
Cavalier, eques, itis, m.	Chasseur, venator, oris, m.	Asie, Asia, f.
Languissant, languidus	Dangereux, periculosus	Impôt, vectigal, alis, n.
Nourriture, cibus, i, m.	Coussin, pulvinar, aris	

63. La profondeur de la mer est immense. — La flotte des ennemis était sur le rivage de la mer. — Cavalier, pousse (*agita*) ton cheval de l'éperon; les éperons sont nécessaires au cheval languissant. — La nourriture est nécessaire à la vie des animaux. — La faim et la soif sont désagréables aux hommes et aux autres animaux. — Les filets des chasseurs sont dangereux pour les cerfs. — Les statues des dieux reposaient (*erant*) sur des coussins précieux. — Le pilote habile sauve (*servat*) [son] vaisseau même dans une mer pleine d'écueils. — Les peuples de l'Asie payaient (*solvebant*) de gros impôts aux Romains.

§ 30. — Génitif exceptionnel en *um*.

Herodotus, m., Hérodote
Pater, tris, m., père
Juvenis, is, m.; jeune homme
Senex, senis, vieillard
Mater, tris, f., mère
Frater, tris, m., frère
Soror, oris, f., sœur

Canis, is, m., f., chien
Accipiter, tris, m., épervier
Unguis, is, m., griffe
Acutus, aigu
Vates, is, m., devin
Mendacium, n., mensonge

Odiosus, odieux
Indulgentia, f., indulgence
Infinitus, infini
Severitas, atis, f., sévérité
Diuturnus, de longue durée

64. *Herodotum, patrem historiæ, et Homerum, principem Græcorum poetarum, pueri et juvenes colunt* (honorent). — *Modestiam puerorum et juvenum senes laudant* (louent). — *Discordia mater belli, concordia mater pacis est.* — *Fratrum et sororum concordia patrum et matrum gaudium est.* — *Canum dentes, accipitrum ungues acuti sunt.* — *Verba vatum mendacia sunt.* — *Matribus et uxoribus sunt bella odiosa.* — *Indulgentia matrum est infinita; severitas patrum non diuturna est.*

Plusieurs, multi, æ, a
Espèce, genus, eris, n.
Abeille, apis, is, f.
Jeune homme, juvenis, is, m.
Vieillard, senex, is, m.
Chez, apud (acc.)
Autorité, auctoritas, atis

Les sénateurs, patres, um, m.
Terreur, terror, m.
Épouse, uxor, oris, f.
Mère, mater, tris, f.
Illustre, clarus
Plaisir, voluptas, atis, f.
Différent, diversus

Santé, valetudo, inis,
Nombreux, multi, æ, a
Père, pater, tris, m.
Frugalité, frugalitas, atis, f.
Ignorance, ignorantia, f.
Mal, malum, n.

65. Il y a plusieurs espèces d'abeilles. — Pour les jeunes gens et pour les vieillards des amis fidèles sont un précieux don de Dieu. — Chez les Romains grande était l'autorité des sénateurs. — La guerre est la terreur des épouses et des mères. — Les œuvres de Cicéron, illustre orateur, charment (*delectant*) les jeunes gens et les vieillards. — Les plaisirs des jeunes gens et des vieillards sont différents. — La mauvaise santé des enfants cause (*parat*) de nombreux soucis au père et à la mère. — La frugalité est la mère de la bonne santé; l'ignorance est la mère de beaucoup de maux.

Récapitulation sur la troisième déclinaison.

Albus, blanc
Tempus, oris, n., temps
Opus, eris, n., œuvre
Sermo, onis, m., dialogue
Philosophus, i, m., philosophe
Pavo, onis, m., paon
Penna, f., plume
Nitidus, éclatant
Pronus, penché

Incultus, inculte
Solitudo, inis, f., solitude
Nemus, oris, n., bois
Rarus, rare
Pecus, udis, f., tête de bétail
Ruptor, oris, m., violateur
Divinus, divin
Humanus, humain

Contemptor, oris, m., contempteur
Rete, is, n., filet
Bestia, f., bête féroce
Passer, eris, m., passereau
Mus, muris, m., rat
Urbanus, de ville
Rusticus, des champs
Optimates, ium, n., les nobles

66. *Hieme sæpe arbores albæ sunt nive. —* Tempus delebit (détruira) *opera hominum. — Miror* (j'admire) *sermones Platonis, philosophi græci. — Pavonum pennæ nitidæ sunt. — Animalium capita ad terram prona sunt. — Per incultas solitudines nemorum errant* (errent) *raræ pecudes. — Fœderum ruptores estis, divini humanique juris contemptores. — Venatores retibus silvarum bestias capiunt* (prennent). *— Corinthus, urbs opulenta Græciæ, in litore maris sita erat* (située). *— Passeres vulturem, lepores canem timent* (craignent). *— Novi* (je connais) *fabulam muris urbani et muris rustici. — Plebis C. Marius, optimatium C. Sylla princeps erat.*

Art, ars, artis, f.
Eperon, calcar, aris, n.
Animal, animal, alis, n.
Gage, pignus, oris, n.
Solide, firmus
Fleuve, amnis, is, m.
Trouble, turbidus

Fontaine, fons, fontis, m.
Pur, purus
Onde, unda, f.
Mer, mare, is, n.
Salé, salsus
Prison, carcer, eris, m.

Horreur, horror, oris, m.
Dent, dens, dentis, m.
Griffe, unguis, is, m.
Ours, ursus, i, m.
Pierre, lapis, idis, m.
Affreux, fœdus

67. La pauvreté est la mère des arts. — Les cavaliers excitent (*concitant*) des éperons [leurs] chevaux. — Dieu donne (*dat*) même aux animaux les aliments nécessaires à (*ad*) la vie. — Les otages sont le gage d'une paix solide. — L'eau des fleuves est trouble, [celle] des fontaines [est] pure; l'onde de la mer est salée. — Le courage des martyrs a surmonté (*superavit*) l'horreur des prisons, les dents et les griffes des lions et des ours, l'épée et la hache des bourreaux. — De jolies fleurs croissent (*crescunt*) entre les pierres de l'affreuse prison. — Un ours était dans le filet.

Messis, is, f., moisson — Folium, n., feuille — courage
Flavus, jaune — Pratum, n., pré — Sol, solis, m., soleil
Autumnus, i, m., automne — Fama, f., renommée — Fortitudo, inis, f., courage
Pomum, n., fruit — Martyr, yris, m., martyr — Caritas, atis, f., charité
Vitis, is, f., vigne — Virtus, utis, f., vertu, — Valetudo, inis, f., santé

68. *Elephanti dentes ebur præbent* (fournissent). — *Vere, nemora et gramina virent* (verdissent); *æstate, colles et valles messibus flavæ sunt; autumno rubent* (rougissent) *poma et vitium folia; hieme, nive alba sunt prata et agri, silvæ et montes. — Tempus delet* (anéantit) *optimatium et regum nomina, urbium turres et monumenta; non delet poetarum clarorum famam, martyrum virtutem et gloriam. — Da* (donne), *Domine, graminibus rorem, messibus et vitibus solem, fontibus aquas, civibus fortitudinem, christianis caritatem, patri et matri meæ bonam valetudinem.*

Temps, *tempus, oris,* n. — Débat, *contentio, onis,* f. — Troupeau, *pecus, oris,* n.
Clé, *clavis, is,* f. — Nourrice, *nutrix, icis,* f. — Bienheureux, *beatus*
Organe, *index, icis,* m. f. — Source, *fons, fontis,* m. — Laine, *lana,* f.
Vérité, *veritas, atis,* f. — Division, *dissensio, onis,* f. — Lait, *lac, lactis,* n
Interprète, *interpres, etis,* m. f. — Erreur, *error, oris,* m. — Vache, *vacca,* f.
Pensée, *mens, mentis,* f. — Accusation, *crimen, inis,* — Chèvre, *capra,* f.
Raison, *ratio, onis,* f. — Pasteur, *pastor, oris,* m. — Miel, *mel, mellis,* n.
Aussi, *etiam* — Brebis, *ovis, is,* f. — Légume, *olus, eris,* n.
Moisson, *messis, is,* f.

69. Le froid et le temps ont guéri (*sanaverunt*) la blessure de ma tête; ma blessure a été guérie (*sanatum est*) par le froid et le temps. — La langue est la clé des sciences et des arts, l'organe de la vérité, l'interprète de la pensée et de la raison; la langue est aussi la mère des débats, la nourrice des procès, la source des divisions et des guerres, l'organe de l'erreur et des fausses accusations. — Le bon pasteur donne (*dat*) sa vie pour (*pro*, abl.) ses brebis; les brebis sont chères au maître du troupeau. — Bienheureux sont les laboureurs! ils ont (*habent*) la laine des brebis, le lait des vaches et des chèvres, le miel des abeilles, les œufs de poules, les légumes du jardin, les fruits des arbres, l'herbe des prés, les moissons des champs.

Æstivus, d'été
Radius, i, m., rayon
Fervidus, brûlant
Capitolium, n., le Capitole
Rigor, oris, m., inclémence

Perfugium, n., refuge
Supra, au-dessus de (acc.)
Propter, le long de (acc.)
Amnis, is, m., fleuve
Salix, icis, f., saule
Gramineus, de gazon

Merces, ēdis, f., récompense
Insitus, naturel
Impius, impie
Reverentia, f., respect
Laŭs, laudis, f., qualité
Pignus, oris, n., gage

70. *Solis æstivi radii sunt fervidi. — Erant in Capitolio Romano anseres sacri. — Custodibus pecorum non est perfugium adversus* (contre) *cæli rigorem. — Legum servi sunt rex et cives. — Jus est supra leges. — Vitibus nocent* (nuisent) *nimii imbres. — Propter amnis ripas erant salices et populi. — Romanis militibus egregiorum facinorum merces erat corona graminea. — Virgilius poeta magnam auctoritatem habebat* (avait) *apud Augustum imperatorem. — Amor patriæ est homini insitus. — Non est pax impiis. — Sacerdotum et senum reverentia magna laus est pueris et juvenibus. — Pignora pacis sunt obsides.*

Tarquin, *Tarquinius*, i
Collatin, *Collatinus*, i
Consul, *consul, ulis*, m.
Annuel, *annuus*
Prêtre, *sacerdos, otis*, m.
Antoine, *Antonius*, i
Octave, *Octavius*, i
Héritier, *heres, ēdis*, m

Jules, *Julius*, i
Vainqueur, *victor, oris*, m.
Nation, *gens, gentis*, f.
Centurion, *centurio, onis*, m.
Longin, *Longinus*, i
Cohorte, *cohors, ortis*, f.

Tromperie, *fraus, fraudis*, f.
Malhonnêteté, *improbitas, atis*, f.
Neige, *nix, nivis*, f.
A cause de, *propter* (acc.)
Blé, *frumentum*, n.
Mûr, *maturus*

74. Junius Brutus et Tarquin Collatin furent les premiers consuls de Rome. — Le pouvoir des consuls était annuel. — Les rois sont les pasteurs des peuples; les prêtres sont les images de Dieu. — Antoine et Octave furent les héritiers de Jules César. — Le peuple romain fut vainqueur de beaucoup de nations. — Le centurion Longin commandait (*præerat*, dat.) une cohorte de soldats romains. — La malhonnêteté est la source des tromperies. — Les neiges n'effrayèrent pas (*non terruerunt*) les soldats d'Hannibal. — A cause des froids, les blés n'étaient pas mûrs dans la vallée, il n'y avait pas de fleurs dans le jardin.

Assiduus, continuel
Exercitatio, onis, f., exercice
Gladiator, oris, m., gladiateur
Certamen, inis, n., lutte
Cunctus, tout
Fere, presque
Hirundo, inis, f., hirondelle
Paupertas, f., pauvreté
Necessitas, atis, f., nécessité
Præcipuus, principal
Permultus, très nombreux
Ægæus, d'Egée
Patroclus, i, m., Patrocle
Achilles, is, m., Achille
Cadaver, eris, n., cadavre
Vermiculus, i, m., ver
Pulvis, eris, m., poussière
Cinis, eris, m., cendre
Ac, et
Irritus, vain, sans effet
Præsagium, n., prédiction

72. *Assidua exercitatio corpori et menti necessaria est. — Gladiatorum certamina, jucunda Romanis, Græcis semper odiosa fuerunt. — Virgilii carmina cunctis fere gentibus nota sunt. — Hirundines sunt veris nuntii. — Magnum vectigal est parsimonia. — Paupertas et necessitas præcipua sunt artium calcaria. — Sunt permultæ insulæ in mari Ægæo. — Patroclus erat Achillis amicus. — Animalium cadavera præda vermiculorum sunt. — Pulvis ac cinis es, homo, et in pulverem ac cinerem reverteris* (tu retourneras). *— Aderant* (étaient là) *venatores cum canibus et retibus. — Irrita verorum non sunt præsagia vatum.*

Imitateur, *imitator*, oris, m.
Servile, *servus*
Exposé, *obnoxius*
Sorte, *genus*, eris, n.
Maladie, *morbus*, i, m.
Ordinaire, *assuetus*
Vieillesse, *senectus*, utis, f.
Numide, *Numida*, m.
Nom, *nomen*, inis, n.
Grégoire, *Gregorius*, i, m.
Basile, *Basilius*, i, m.
Modèle, *exemplar*, aris n.
Innombrable, *permultus*
Feuillage, *frons*, ndis, f
Crèche, *cubile*, is, n.
Licteur, *lictor*, oris, m
Verge, *virga*

73. Imitateurs, troupeau servile ! — Nous sommes exposés à bien des sortes (plusieurs sortes) de maladies. — Les maladies sont les compagnes ordinaires de la vieillesse. — Massinissa, roi des Numides, fut remarquable par la vigueur de [sa] vieillesse. — Le nom des Tarquins était dangereux pour la liberté romaine — Grégoire et Basile ont été des modèles d'amitié chrétienne. — Sur la terre et dans la mer, il y a d'innombrables espèces de plantes et d'animaux.— Il y a beaucoup de feuillage dans les crèches. — Les lions sont les rois des animaux. — Le miel est un remède contre (*ad*, acc.) la toux. — Les licteurs étaient là (*aderant*) avec des haches et des verges.

QUATRIÈME DÉCLINAISON

Conatus, m., effort	*Fructus*, m., fruit	*Sonitus*, m., bruit, son
Currus, m., char	*Gemitus*, gémissement	*Sumptus*, m., dépense
Cursus, m., course	*Metus*, m., crainte	*Vultus*, m., visage
Exercitus, m., armée	*Motus*, m., mouvement	*Anus*, f., vieille femme
Fluctus, m., flot	*Senatus*, m., sénat	*Nurus*, f., belle-fille, bru

Mettre les noms suivants au cas indiqué :

SINGULIER

74. Voc. *Dominus, senatus, pastor, miles, anus, mulier, nurus, princeps.*

Gén. *Calor, conatus, Gallus, cursus, caritas, exercitus, cubile, metus.*

Dat. *Nauta, Romanus, fluctus, ætas, corpus, fructus, genus, metus.*

Acc. *Motus, rex, senatus, Neapolis, sonitus, lumen, sumptus, animal.*

Abl. *Vultus, vultur, anus, populus, crimen, nurus, corpus, gemitus.*

PLURIEL

75. Nom. *Herba, currus, Græcus, exercitus, soror, fluctus, genus, gemitus.*

Gén. *Fructus, motus, currus, sumptus, ludus, numerus, rivus, corpus.*

Dat. *Famulus, exercitus, morbus, motus, sumptus, nurus, gladius, vulnus.*

Acc. *Tellus, cursus, lepus, sonitus, corpus, philosophus, metus, conatus.*

Abl. *Fluctus, gemitus, motus, sonitus, sonus, morbus, lupus, mus, lepus.*

76. Par l'effort, par les efforts. — Du char, des chars. — La course (acc.), par la course. — Les armées, aux armées. — Au flot, les flots. — Des fruits, aux fruits. — Par un gémissement, par des gémissements. — De la crainte, à la crainte. — Par un mouvement, des mouvements. — O sénat, au sénat. — Les bruits, des bruits. — Par la dépense, par les dépenses. — Du visage, le visage (acc.). — O vieille femme, à la bru de la vieille. — Par crainte du sénat.

Scelestus, criminel	*Legio, onis*, f., légion	*Iniquitas, atis*, f., iné-
Veteranus, i, vétéran	*Saltus, us*, m., vallon	galité
Robur, oris, n., force	boisé	*Locus, i*, m., terrain,
Membrum, n., membre	*Gallus*, Gaulois	lieu
Commodus, avantageux	*Impetus, us*, m., atta-	*Eventus, us*, m., dénoue-
Victus, us, m., vivres	que	ment
Questus, us, m., plainte	*Simul*, en même temps	*Receptus, us*, m., re-
Acerbus, âpre, amer	*Repentinus*, soudain	traite
Insolitus, inaccoutumé	*Tumultus, us*, m., tu-	*Vercingetorix, igis*, m.,
Equitatus, us, m., ca-	multe	Vercingétorix
valerie	*Ascensus, us*, montée	

77. *Metus pœnarum maculat* (gâte) *scelestorum gaudia.* — *Veterani robur erant romanorum exercituum.* — *Stultitia sæpe est causa gemitus.* — *Motus membrorum corpori commodus est.* — *In barbarorum exercitu victus inopia questus acerbos et insolitos motus concitabat* (provoquait). — *Cæsar equitatum in campo, legionem in saltu constituerat* (avait placé). *Galli impetum in Romanos fecerunt* (firent) : *simul ex* (de) *cunctis urbis partibus clamor ortus est* (s'éleva). *Romani, repentino tumultu perterriti* (épouvantés), *ascensu et cursu et iniquitate loci fatigati* (fatigués) *fugerunt* (lâchèrent pied). *Cæsar, cum videret* (lorsqu'il vit) *eventum pugnæ, receptui cani* (sonner) *jussit* (fit). *Fortitudo Vercingetorigis, principis Gallorum, exercitui Romanorum magnam cladem intulit* (infligea).

Caprice, *ludibrium*, n.	Siège, *sedes, is*, f.	Tout, *cunctus*
Fortune, *fortuna*, f.	Sens, *sensus, us*, m.	Retour, *reditus, us*, m.
Hasard, *casus, us*, m.	Port, *portus, us*, m.	Magistrat, *magistratus*,
Inconstant, *varius*	De charge, *onerarius*	*us*, m.

78. Les caprices de la fortune et du hasard sont inconstants. — La tête est le siège de tous les sens. — Dans les ports des Athéniens il y avait des vaisseaux longs et des vaisseaux de charge. — Les fruits des arbres sont agréables à tous les enfants. — Les chars des Gaulois furent funestes aux armées des Romains. — Grande était l'autorité de Cicéron dans le sénat romain. — Le retour du printemps réjouit (*delectat*) les laboureurs. — Les magistrats sont les gardiens des lois. — Le plaisir, agréable aux sens, est souvent funeste à l'âme.

Genu, *us*. n., genou
Specus, *us*, m., caverne
Gelu, *us*, n., gelée
Interitus, *us*, m., mort
Cornu, *us*, n., corne
Ramosus, rameux
Adventus, *us*, arrivée
Strepitus, *us*, m., fracas

Commeatus, *us*, m., répit, congé
Mors, *mortis*, f., mort
Discessus, *us*, m., séparation
Tuba, f., trompette
Atheniensis, *is*, m., Athénien

Diu, longtemps
Imperium, n., empire
Principatus, *us*, m., premier rang
Angustus, étroit
Incommodus, gênant
Altus, profond
Recessus, *us*, retraite

79. *Genua et pedes partes corporis sunt.* — *Specus domicilia ferarum sunt.* — *Gelu multis plantis interitum affert* (apporte). — *Cornua cervorum ramosa sunt.* — *Adventus exercitus romani causa fuit metus hostium.* — *Siderum motus multis hominibus non sunt noti.* — *Multis hominibus sæpe necessarius victus deest* (manque). — *Inter strepitum armorum et belli tumultus leges silent* (sont muettes). — *Rarum commeatum dat* (donne) *mala valetudo.* — *Mors est discessus animi a* (d'avec) *corpore.* — *Tubæ sonitu militibus signum pugnæ datum est* (fut donné). — *Diu Athenienses imperii maritimi principatum tenuerunt* (gardèrent). — *Vallis angusta equitatui incommoda est.* — *Ursi in specubus altis recessus habent* (ont).

Variété, *varietas, atis*, f.
Lac, *lacus, us*, m.
Trasimène, *Trasimēnus*
Chute, *casus, us*, m.
Vacances, *feriæ, arum*
Départ, *discessus, us*, m.
Oiseau, *avis, is*, f.

Esclavage, *servitus, utis*, f.
Vice, *vitium*, n.
Levée, *dilectus, us*, m.
Nouveau, *novus*
Légion, *legio, onis*, f.
Partie, *pars, partis*, f.
Issue, *exitus, us*, m.

Forteresse, *castellum*
Helvétiens, *Helvetii, orum*
Eduens, *Ædui, orum*
Présence, *conspectus, us*, m.
Taureau, *taurus, i*, m.
Coup, *ictus, us*, m.

80. L'automne produit (*fert*) une grande variété de fruits. — Près (*ad*, acc.) du lac Trasimène, Annibal infligea (*intulit*) une défaite à l'armée du consul Flaminius. — Les enfants se réjouissent (*gaudent*) de la chute de la neige et de l'arrivée des vacances; ils s'affligent (*dolent*) du départ des oiseaux. — L'esclavage des vices est sans répit. — César fit (*habuit*) en Italie une levée de nouvelles légions. — La légion était une partie de l'armée romaine. — Annibal avait (*habebat*) des issues dans toutes les parties de [sa] forteresse. — Les Helvétiens ravagèrent (*vastaverunt*) les champs des Eduens en présence de l'armée romaine. — Le taureau frappe (*ferit*) de la corne, d'un coup de corne.

CINQUIÈME DÉCLINAISON

Dies, m. f., jour, journée
Res, chose, objet
Effigies, image
Facies, face, visage
Progenies, race, progéniture
Species, apparence, aspect

Spes, espérance, espoir
Canities, cheveux blancs
Diluvies, inondation
Fides, foi, bonne foi, fidélité
Materies, matière
Mollities, mollesse
Pernicies, perte
Segnities, nonchalance

} Sans pluriel.

Novitas, f., nouveauté
Mundus, i, m., monde
Pulchritudo, inis, f., beauté

Inusitatus, insolite
Lepidus, joli
Panis, is, m., pain
Vanus, vain

Magnitudo, udinis, f., grandeur
Æternus, éternel
Pretiosus, précieux

81. *Lux diei. — Dies antiqui. — Rei novitas. — Effigies rerum mundi. — Pulchritudo faciei. — A progenie in progeniem. — Species inusitata. — Specie lepidus. — Sub specie panis. — Vanæ spes, vanæ spei, vana spes, vana spe. — Canitiei debetur* (est dû) *reverentia. — Diluviei magnitudo. — Fides, spes, caritas sunt virtutes præcipuæ. — Fide vita æterna quæritur* (se gagne). *— Fidei christianæ beneficia. — Materies rerum. — Materie pretiosus. — Ad perniciem currere* (courir).

Fin, finis, is, m.
Nuit, nox, noctis, f.

Sommeil, somnus, i, m.
Opportun, opportunus

Pluie, pluvia, f.
Acheteur, emptor, m.

82. Le premier jour de l'hiver. — **La fin du jour.** — Les jours et les nuits, du jour et de la nuit, au jour et à la nuit. — Beaucoup de choses, une bonne chose. — Mon jour viendra (*veniet*). — Le jour éclaire (*illustrat*) tous les objets. — Le sommeil est l'image de la mort. — Par mollesse et par nonchalance il laissa passer (*amisit*) le jour opportun. — La neige et la pluie sont une cause d'inondation. — Un acheteur de bonne foi. — Un anneau d'une matière précieuse. — Aie (*habe*) bon espoir. — La victoire est en espérance.

Promissum, promesse
Fides, ei, f., confiance, certitude, bonne foi
Species, ei, f., belle apparence
Exitus, us, m., issue, fin
Incertus, incertain

Probitas, atis, f., probité
Ceteri, æ, a, les autres
Acies, ei, f., finesse
Sensus, us, m., sens
Initium, n., commencement
Brevitas, f., brièveté

Ægrotus, malade
Secundæ res, prospérité
Adversæ res, adversité
Aquitania, f., Aquitaine
Garumna, m., Garonne
Meridies, ei, m., midi
Spartanus, de Sparte
Hercules, is, Hercule

83. *Multa fidem promissa levant* (diminuent). — *In libro non speciem, sed fidem quæro* (je cherche). — *Exitus multarum rerum incertus est.* — *Vis spei magna est in animis hominum.* — *Germani fide et probitate ceteras gentes non superant* (surpassent). — *Multæ feræ acie sensuum hominem superant.* — *In cunctis rebus exitum videamus* (considérons). — *Initia cunctarum rerum parva sunt.* — *Brevitas dierum ægrotis hominibus non est jucunda.* — *In rebus secundis beneficia Dei recordare* (rappelle-toi); *in rebus adversis, auxilium Dei roga* (demande). — *Aquitania a Garumna ad meridiem pertinebat* (s'étendait). — *Reges Spartanorum ex progenie Herculis erant.*

Plaine, planities, ei, f.
Front, frons, ntis, f.
Humain, humanus
Infortuné, infortunatus
Fidélité, fides, ei, f.
Consolation, solacium
Gaîté, hilaritas, atis, f.

D'ordinaire, plerumque
Honnêteté, integritas, atis, f.
De bonne famille, ingenuus
Grands, optimates, ium
Cavalerie, equitatus, us

Ligne de bataille, acies, ei, f.
Impétuosité, impetus, us, m.
Saleté, incultus, us, m.
Aspect, facies, ei, f.
Cachot, carcer, eris, m.

84. Dans la plaine de Marathon, Miltiade, général des Athéniens, fut vainqueur de l'armée des Perses. — Le front et les yeux sont des parties de la face humaine. — Pour un homme infortuné la fidélité de [ses] amis est une grande consolation. — La gaîté du visage est d'ordinaire le signe de l'honnêteté. — Les otages des Gaulois de bonne famille étaient pour César des gages solides de la fidélité des chefs et des grands. — La face d'un homme est souvent l'image de [son] âme. — La cavalerie rompit (*fregit*) la ligne de bataille des ennemis par son impétuosité. — L'aspect du cachot était affreux de saleté.

Récapitulation sur les cinq déclinaisons.

Transcrire les noms qui suivent en indiquant sur quel modèle
ils se déclinent.

85. *Aper, apri,* m., sanglier
Arundo, inis, f., roseau
Arx, arcis, f., citadelle
Auris, is, f., oreille
Bovile, is, n., étable
Cautes, is, f., récif
Clipeus, i, m., bouclier
Duumvir, iri, m., duum-
vir
Fatum, i, n., destin
Fur, furis, m., voleur
Furcifer, eri, m., coquin
Genu, us, n., genou
Guttur, uris, n., gosier
Hannibal, alis, m., An-
nibal
Later, eris, m., brique

Lacunar, aris, n., lam-
bris
Latus, eris, n., flanc
Luctus, us, m., deuil
Lutetia, æ, f., Lutèce
Omen, inis, n., présage
Papaver, eris, n., pavot
Pars, partis, f., partie
Plebs, plebis, f., plèbe
Pons, pontis, m., pont
Rabies, ei, f., rage
Tribunal, alis, n., tri-
bunal
Uxor, oris, f., épouse
Veritas, atis, f., vérité
Venter, tris, m., ventre
Vox, vocis, f., voix

Mettre les noms suivants au cas indiqué :

SINGULIER

86. Gén. *Arundo, clipeus, latus, luctus, veritas.*
Dat. *Aper, fur, later, papaver, uxor, Lutetia.*
Acc. *Hannibal, tribunal, auris, later, latus.*
Abl. *Hannibal, tribunal, clipeus, luctus, bovile.*

PLURIEL

87. Nom. *Aper, arx, bovile, fatum, fur, guttur.*
Gén. *Aper, arx, vox, bovile, cautes, fur, genu.*
Dat. *Arundo, fatum, fur, furcifer, genu.*
Acc. *Later, latus, clipeus, luctus, aper, venter.*

Trouver le nominatif singulier des noms suivants, en consultant
la grammaire ou le lexique.

88. *Studiis, corpora, vulneribus, cantui, altarium,
canum, calcari, custodem, virginem, hiemem, nube,
lintre, re, genibus, enses, clade, mures, muros, nivis,
ossa, noctibus, fructibus, apum, fratres, genero, folia, Virgili, spei, popule, cubili, turres, viri, vi, senibus, hominum, juvenum, capitum, luminum, rerum,
mulierum, socerum.*

Manus, us, f., main	*Sabinus,* Sabin, ine	*Decemvir, iri,* m., décemvir
Item, aussi, de même	*Difficultas, atis,* f., difficulté	*Sævitia,* f., rigueur
Fragmen, inis, n., débris	*Sed,* mais	*Invisus,* odieux, détesté
Flamma, f., flamme	*Oblectamentum,* n., agrément	*Irritamentum,* n., aiguillon
Atque, et	*Aura,* f., souffle	*Vastus,* vaste
Voluntas, atis, f., volonté	*Turbidus,* agité	*Consilium,* n., dessein

89. *Arma antiqua manus, ungues dentesque fuerunt*
Et lapides et item silvarum fragmina rami
Et flamma atque ignes. (LUCRÈCE.)
Pii viri voci et voluntati Dei obtemperant (obéissent). — *Sabinæ virgines causa fuerunt belli Romanorum et Sabinorum.* — *Lingua latina multas difficultates habet* (offre), *sed etiam multa oblectamenta.* — *Ventorum auræ mare turbidum faciunt* (rendent). — *Decemvirorum sævitia plebi invisa erat.* — *Aurum et argentum cupiditatum irritamenta sunt.* — *Spem longam et vasta consilia senes deponunt* (quittent), *finem laborum cernunt* (voient).

Aristote, *Aristoteles, is.*	Ombrage, *umbra,*	Plume, *penna,* f.
Philosophie, *philosophia,* f.	Hêtre, *fagus, i,* f.	Paon, *pavo, onis,* m.
Alexandre, *Alexander, dri,* m.	Figuier, *ficus, i,* f.	Chant, *cantus, us,* m.
	Funeste, *funestus*	Alouette, *alauda,* f.
	Venin, *virus, i,* n.	Enéide, *Æneis, idis,* f.
Philippe, *Philippus, i,* m.	A travers, *per* (acc.)	Géorgiques, *Georgica, orum,* n.
Berger, *pastor, oris,* m.	Troupeau, *armentum,* n.	

90. La variété des arbres et des plantes charme (*delectat*) les yeux de l'homme. — La tempête fut nuisible aux vaisseaux de César. — Le ciel et la terre célèbrent (*prædicant*) les louanges de Dieu. — Aristote, illustre maître de philosophie, éleva (*educavit*) Alexandre, fils de Philippe. — Les bergers se reposent (*recubant*) sous l'ombrage d'un hêtre ou d'un figuier. — Le funeste venin se répand (*serpit*) a travers les troupeaux. — Les plumes des paons charment (*delectant*) les yeux, le chant des alouettes [charme] les oreilles. — Je lis (*lego*) avec plaisir les œuvres de Virgile Maron, le très illustre auteur de l'Énéide et des Géorgiques.

Oblivio, onis, f., oubli	*Anhelitus, us,* m., res-	*Ultio, onis,* f., vengean-
Quia, parce que	piration	ce
Præco, onis, m., hé-	*Artus, us,* m., membre	*Contrarius,* contraire
raut	*Malesuadus,* mauvais	*Massilia,* f., Marseille
Ante, avant (acc.)	conseiller	*Narbo, onis,* m., Nar-
Idus, uum. f., ides	*Fames, is,* f., faim	bonne
Mensis, is, m., mois	*Raptor, oris,* m., ravis-	*Scopulus, i,* m., écueil
Maius, i, m., mai	seur	*Donum,* n., don
Æger, gra, pénible	*Luxuries, ei,* f., luxe	*Ebrietas,* f., ivresse
Fessus, fatigué	*Invidia,* f., envie	*Jurgium,* n., dispute

91. *Nomina multorum in oblivione sunt, quia virtutis præco defuit* (a fait défaut). — *Æstate et autumno, fructus in hortis sunt.* — *Ante idus mensis Maii veniet* (viendra) *pater meus.* — *Æger anhelitus quatit* (secoue) *fessos artus.* — *Malesuada fames raptores lupos agitat* (pousse). — *Christianæ virtuti luxuries et mollities, invidia et ultio contrariæ sunt.* — *Massilia et Narbo, Galliæ urbes, ad meridiem spectant* (regardent). — *Scopulus navis puppim illisit* (fracassa). — *Flores sunt veris ornamentum, odorum fons, solis et telluris donum.* — *Ebrietas vitiorum fons est, iras et jurgia alit* (elle entretient).

Rarement, *raro*	Malice, *malitia,* f.	Vacarme, *strepitus, us*
Belle-mère, *socrus, us*	Depuis, *a* (abl.)	Voiture, *reda,* f.
Bienveillant, *benignus*	Coq, *gallus, i,* m.	Chariot, *plaustrum,* n.
Bête, *bestia,* f.	Jusqu'à, *ad* (acc.)	Son, *sonus, i,* m.
Cirque, *circus, i,* m.	Coucher, *occasus, us,* m.	Cliquetis, *crepitus, us*
Enflammé, *incensus*	Soleil, *sol, solis,* m.	Bruit, *sonitus, us,* m.
Rage, *rabies, ei,* f.	Marteau, *malleus, i,* m.	Aboiement, *latratus, us*
Cours d'eau, *flumen,*	Forgeron, *faber, bri,* m.	Chien, *canis, is,* m.
inis, n.	Voix, *vox, vocis,* f.	Hennissement, *hinnitus,*
Glace, *glacies, ei,* f.	Marchand, *mercator,*	*us,* m.
Corbeau, *corvus, i,* m.	*oris,* m.	Cri, *clamor, oris,* m.

92. Rarement les belles-mères sont bienveillantes pour les belles-filles. — Les bêtes du cirque, enflammées de rage, déchiraient (*lacerabant*) les martyrs de [leurs] dents et de [leurs] griffes. — En hiver les cours d'eau se condensent (*concrescunt*) en glace (abl.). — Le renard trompa (*decepit*) le corbeau par ruse et par malice. — Depuis le chant des coqs jusqu'au coucher du soleil j'entends (*audio*) les marteaux des forgerons, les voix des marchands, le vacarme des voitures et des chariots, les sons de la trompette, le cliquetis des armes, le bruit des flots, les aboiements des chiens, les hennissements des chevaux, les cris de la foule.

§ 37. — Noms irréguliers ou difficiles

Mettre les noms suivants au cas indiqué :

SINGULIER

93. Vocat. *Deus, agnus, filius, Jesus, Tartarus.*
Gén. *Filius, vesper, tonitruum, bos, vas, requies, domus, Jesus.*
Dat. *Caro, Jupiter, iter, supellex, Jesus, domus, respublica, sus.*
Acc. *Humus, vas, requies, vis, domus, Jesus.*
Abl. *Vesper, tonitruum, vas, requies, vis, supellex, domus, jusjurandum.*

PLURIEL

94. Nom. *Deus, locus, jocus, frenum, Tartarus, carbasus, balneum, bos.*
Gén. *Deus, balneum, jugerum, tonitruum, bos, caro, vas, vis, domus.*
Dat. *Deus, jugerum, tonitruum, bos, vas, vis, sus, domus.*
Acc. *Locus, jocus, frenum, balneum, tonitruum, caro, vas, vis, domus.*

Péché, *peccatum*, n.	Platon, *Plato, onis*, m.	Fracas, *fragor, oris*, m.
Monde, *mundus, i*, m.	Admirable, *mirandus*	Fourrage, *pabulum*, n.
Genre, *genus, eris*, n.	Spirituel, *facetus*	Son, *furfures, um*, m.
Riant, *lætus*	Permis, *licitus*	Fatigue, *labor, oris*, m.

95. Agneau de Dieu, vous effacez (*tollis*) les péchés du monde. — Jésus, fils de Dieu, vous êtes le salut du genre humain. — Visiter (*visere*) des lieux riants et pittoresques. — Platon a (*habet*) des passages admirables. — Les plaisanteries spirituelles sont permises. — Carguez (*contrahite*) les voiles. — Venir (*venire*) le matin, s'en aller (*abire*) le soir. — Les bains sont agréables. — Un champ de plusieurs arpents. — Il posa (*posuit*) le mobilier à terre. — Le fracas du tonnerre. — Les chairs des bœufs et des pourceaux. — Donnez (*date*) du fourrage aux bœufs, du son aux pourceaux. — L'aigle et le tonnerre de Jupiter. — Du vase, aux vases. — Avec le repos. — Avec violence, avec les forces humaines. — La fatigue du chemin. — Le nombre des maisons. — Rester (*manere*) à la maison.

Jesus, u, m., Jésus
Lacedæmonius, Lacé-
démonien
Quod, parce que
Vires, ium, f., forces
Salus, utis, f., salut
Respublica, f., État, gou-
vernement
Suprēmus, suprême
Lac, lactis, n., lait
Caro, carnis, f., chair,

viande
Scytha, m., Scythe
Primus, premier
Spelunca, grotte
Domus, us, f., maison,
demeure
Venatio, onis, f., chasse
Humus, i, f., sol, terre
Frons, frondis, f., feuil-
lage
Cubile, is, n., lit

Intestinus, intérieur (ci-
vil)
Perniciosus, funeste
Pinus, i, f., pin
Cybēla, f., Cybèle
Quercus, us, f., chêne
Jupiter, Jovis, m., Ju-
piter
Laurus, i, f., laurier
Apollo, inis, m., Apollon
Dicatus, dédié

96. *O Jesu, fili Mariæ, et deus et homo es. — La-cedæmoniis magnum robur erat, quod corporis vires semper exercebant* (ils exerçaient). *— Salus reipublicæ suprēma lex esto. — Lacte, melle, carne Scythæ vescuntur* (se nourrissent). *— Primis hominibus silvæ et speluncæ domum præbebant* (fournissaient), *plantæ et arbores cibum, venatio carnem, humus et frondes cubilia, ferarum pelles vestimentum. — Bella intestina reipublicæ romanæ perniciosa fuerunt. — Pinus Cybēlæ, quercus Jovi, laurus Apollini dicata erat. — Magnæ urbes opulentis domibus ornantur* (sont embellies).

Frère, *frater, tris,* m.
Sœur, *soror, oris,* f.
Concorde, *concordia,* f.
Bergerie, *ovile, is,* n.
Étable, *bubile, is,* n.

Domaine, *prædium,* n.
Serviteur, *famulus, i,*
m.
Père de famille, *pater-
familias,* m.

Économe, *parcus*
Abondance, *abundantia,*
f.
Sans atteinte, *inviolatus*
Vase, *vas, vasis,* n.

97. O Dieu bon, donnez (*da*) une longue vie à mon père et à ma mère; donnez à mes frères et sœurs l'amour de la concorde; aux jeunes gens, la sagesse de l'âme et les forces du corps; aux vieillards, le repos et la paix — Il y avait beaucoup d'agneaux et de brebis dans la bergerie, beaucoup de bœufs dans l'étable, beaucoup d'arpents dans le domaine, beaucoup de serviteurs dans la maison. — Les bons pères de famille sont économes. — L'abondance des pluies a détruit (*diluit*) la riante moisson et le travail des bœufs. — La foi du serment resta (*mansit*) sans atteinte. — Il y avait à Corinthe une grande quantité de vases.

Benignus, bienveillant
Majestas, atis, f., majesté
Vicinus, voisin de (dat.)
Iter, itineris, n., chemin
Turba, f., foule
Refertus, encombré
Requies, ētis, f., repos
Agger, eris, m., digue
Supellex, ectilis, f., mobilier
Flumen, inis, n., courant
Terminus, i, m., limite
Mane, le matin
Vespere, le soir
Pater familias, m., père de famille
Apis, apis, f., abeille
Fatigatus, fatigué

98. *Benigna majestas in facie vultuque Jesu erat. — Hortus vicinus est meæ domui. — Itinera turba referta erant. — Carnis voluptates requiem non dant* (donnent). *— Vi atque impetu fluminis ruptus est* (a été rompue) *agger; in domos aqua irrupit* (a fait irruption); *domuum supellex periit* (est perdu). *— Terminos habent* (ont) *vires hominis. — Ad Deum mane et vespere mentem tuam erige* (élève). *— In domo patris familias sunt multi liberi. — Apes rempublicam habent* (ont). *— Fatigatis necessaria requies est.*

Voyage, iter, itineris, n.
Endroit, locus, i, m.
Contrée, regio, onis, f.
Tremblement, motus, us, m.
D'or, aureus
Cour, cohors, ortis, f.
Luxe, luxuria, f.
Gouvernement, respublica, f.
Monarchie, regnum, n.
Domination, dominatus, us, m.
Démocratie, libertas, atis, f.
Attribut, insigne, is, n.
Jupiter, Jupiter, Jovis

99. Après le voyage nous goûterons (*carpemus*) le repos. — Plusieurs endroits de la contrée furent secoués (*convulsa sunt*) par un tremblement de terre. — Chez les anciens Romains, il n'y avait pas de statues d'or des dieux. — Entre le jardin et la maison il y a une cour. — Le luxe des maisons était grand chez les Romains. — Les bergers se nourrissent (*vescuntur*) de la chair et du lait des brebis. — Dans les vases il y avait beaucoup de lait. — Il y a plusieurs espèces de gouvernements, la monarchie, l'oligarchie (= la domination des grands), la démocratie. — L'aigle et la foudre étaient les attributs de Jupiter. — Les crimes des mauvais citoyens furent la cause de la ruine de la république.

§ 38. — Noms défectifs.

Bacchus, i, m., Bacchus
Tenebræ, arum, f., ténèbres
Altitudo, inis, f., hauteur
Mœnia, ium, remparts
Opes, opum, f., puissance
Castra, orum, n., camp

Insidiæ, arum, f., embûches, surprise
Post, après (acc.)
Dama, æ, f., daim
Bos, bovis, m., bœuf
Conscientia, f., conscience
Divitiæ, arum, f., richesses

Situs, situé
Angustiæ, arum, f., filé, isthme
Fauces, ium, f., gorge
Dicionem, f., domination
Lectio, onis, f., lecture
Tædium, n., ennui
Vices, ium, f., changement

100. *Thebæ sunt patria Bacchi, dei uvarum et vini. — Tenebræ longarum noctium ægrotis hominibus non sunt jucundæ. — Altitudo mœnium hostibus perniciosa fuit. — Firma mœnia sunt præsidium urbium. — Græci in campo Marathonio Persarum opes fregerunt* (brisèrent). *— Galli castra Romanorum insidiis expugnaverunt* (forcèrent). *— Grata est aurora nautis post longas tenebras. — In silvis sunt latebræ damarum, in domibus sunt domicilia boum. — Bona conscientia præstat* (est préférable) *divitiis. — Corinthus sita est in angustiis atque in faucibus Græciæ. — Cuncta maria in dicione Romanorum erant. — Lectionis tædium vicibus levatur* (est allégé). *— Hostium insidias vita* (évite).

Remparts, mœnia, ium
Hauteur, altitudo, inis, f.
Retranchement, vallum
Athènes, Athēnæ, arum, f. pl.
Lettres, litteræ, arum, f.
Petit, non magnus

Marais, palus, udis, f.
Camp, castra, orum, n.
Lyre, fides, ium, m.
Chagrin, ægritudo, inis, f.
Sous, sub (abl.)
Thémistocle, Themistocles, is, m.

Pirée, Piræus, i, m.
Persuasion, persuasio, onis, f.
Prières, preces, cum, f.
Coups, verbera, erum
Changement, vices, f. pl.
Riche, dives, itis, m.
Pauvre, pauper, eris, m.

101. Les remparts de la ville surpassaient (*superabant*) en hauteur le retranchement des ennemis. — Athènes fut la mère des arts et des lettres. — Il y avait un petit marais entre le camp des Romains et [celui] des Belges. — L'art de la lyre est une consolation dans la solitude et dans les chagrins. — Il y avait une source sous les remparts de la ville. — Thémistocle fortifia (*munivit*) le Pirée, port d'Athènes, par de longs remparts. — La persuasion s'opère (*fit*) par les prières et la raison, non par les armes et les coups. — Le changement est agréable aux riches et aux pauvres.

§ 39. — Noms de sens variable.

Pauci, æ, a, peu nombreux
Frumentum, n., blé
Copia, f., abondance, quantité
Litteræ, arum, f., lettres, littérature
Hannibal, alis, m., Annibal
Copiæ, arum, f., troupes

Hamilcar, aris, Amilcar
Hispania, f., Espagne
Carthaginiensis, is, m., Carthaginois
Commeatus, us, m., provisions
Fortuna, f., fortune
Vicem, f., vicissitude
Finis, is, m., fin

Fines, ium, m., territoire
Bona, orum, n., biens
Boni, orum, m., gens de bien
Partes, ium, f., parti
Sal, salis, m., sel, bon mot
Plautinus, de Plaute
Rusticus, grossier

102. *Paucis agricolis est magna frumenti copia.* — *Multos Romanos litteræ Græcorum delectabant* (charmaient). — *Pax artibus et litteris favet* (est favorable). — *Hannibal, Hamilcaris filius, copiis Carthaginiensium in Hispania præerat* (commandait). — *Militibus Cæsaris magna erat copia frumenti et commeatus.* — *Cervus gemebat* (déplorait) *duram fortunæ vicem.* — *Finis coronat* (couronne) *opus.* — *Iter in Gallorum fines fecit* (il fit). — *Partem bonorum concessit* (il céda); *partes bonorum secutus est* (il suivit). — *Sales Plautini sæpe sunt rustici.*

Fortune, *fortunæ, arum*
Sujétion, *servitus, utis,* f.
Possesseur, *possessor, oris,* m.
Tite-Live, *Titus Livius*
Parti, *partes, ium,* f.
Pompée, *Pompeius, i,* m.
Ignorant, *ignarus*
Étude, *studium,* n.

Ornement, *ornamentum*
Habitation, *ædes, ium,* f.
Christ, *Christus, i,* m.
Sel, *sal, alis,* m.
Marin, *maritimus*
Temple, *ædes, is,* f.
Vesta, *Vesta,* f.
Voisinage, *vicinia,* f.
De Salluste, *Sallustianus*

Parc, *horti, orum,* m.
Savant, *doctus*
Sûr, *tutus*
Naufrage, *naufragium*
Cimon, *Cimo, onis,* m.
Miltiade, *Miltiades, is,* m.
Troupes, *copiæ, arum,* f.
Thrace, *Thrax, acis,* m.
Considérable, *magnus*

103. Une grande fortune est une grande sujétion pour [son] possesseur. — Tite-Live avait été (*fuerat*) du parti de Pompée. — Pour les hommes ignorants les livres ne sont pas des instruments d'études, mais des ornements de l'habitation. — La mort est la fin de la vie. — Les disciples du Christ sont le sel de la terre. — Il y a deux espèces de sel : le sel marin et le sel gemme (*montanus*). — On arriva (*ventum est*) au (*ad,* acc.) temple de Vesta; dans le voisinage était le parc de Salluste. — La fortune des savants est sûre; elle ne craint pas (*non timent*) l'incendie ou le naufrage. — Cimon, fils de Miltiade, mit en fuite (*fugavit*) les troupes considérables des Thraces.

§ 40-42. — Noms grecs.

Honestus, honorable, noble
Poëma, atis, n., poème
Æneas, æ, m., Énée
Violentus, violent
Gorgias, æ, m., Gorgias
Protagoras, æ, m., Protagoras
Sophista, m., sophiste

Ænēis, idis, f., Énéïde
Auctor, oris, m., auteur
Maro, onis, m., Maron
Pausanias, æ, m., Pausanias
Cultus, us, m., parure
Vestitus, us, costume
Patrius, de la patrie
Dores, um, m., Doriens

Heraclides, æ, m., Héraclide
Peloponnēsus, i, f., Péloponèse
Agamemnon, onis, m., Agamemnon
Lis, litis, f., querelle
Orbis, is, m., cercle, univers

104. *Poetæ, honestis poematis animos militum firmate* (affermissez) *et honorem vestrum augete* (augmentez). —, *Ænean violenta procella jactavit* (ballota). — *Fama Gorgiæ et Protagoræ sophistarum clara erat.* — *Æneidis auctor Virgilius Maro est.* — *Homeri poemata nota sunt.* — *Pausanias non solum mores, sed etiam cultum vestitumque patrium mutavit* (quitta). — *Heraclidæ, progenies Herculis, duces fuerunt Dorum in Peloponneso.* — *Inter Agamemnona et Achillem lis orta est* (s'éleva). — *Virgilius res Æneæ in Æneide narravit* (a raconté). — *Alexander Macedonas duxit* (mena) *ad finem orbis.*

Épaminondas, Epaminondas, æ, m.
Thébain, Thebanus
Toujours, semper
Pouvoir, imperium, n.
Étranger, alienus
Macédonien, Macedo, onis, m.

Fixe, certus
Arcadien, Arcas, adis, m.
Comète, comētes, æ, m.
Chevelure, coma, f.
De feu, igneus
Poésie, poēsis, is, f.
Renommée, fama, f.

Puissance, vires, ium, f.
Temps, ævum, n.
Air, aer, aeris, m.
Éther, æther, eris, m.
Xénophon, Xenophon, ontis, m.
Socrate, Socrates, is, m.
Depuis, post (acc.)

105. Depuis (*post*) la mort d'Épaminondas les Thébains obéirent (*paruerunt*) toujours à un pouvoir étranger. — Philippe, roi des Macédoniens, méditait (*moliebatur*) la perte des cités de la Grèce. — Il n'y avait pas de jour fixe pour les assemblées des Arcadiens. — Les comètes ont (*habent*) une chevelure de feu, et décrivent (*ducunt*) dans le ciel un cercle immense. — Homère est le père de la poésie; la renommée des poèmes d'Homère défie (*contemnit*) la puissance du temps. — Il y a une grande différence (*multum interest*) entre l'air et l'éther. — Platon et Xénophon furent disciples de Socrate.

ADJECTIFS

Adjectifs des deux premières déclinaisons.

Niger, gra, noir	*Bellicosus,* belliqueux	*Sacer, cra,* sacré
Ruber, bra, rouge	*Pulcher, chra,* beau	*Fanum,* n., temple
Piger, gra, paresseux	*Regio, onis,* f., contrée	*Dexter, tra,* droit
Asper, era, rude, inflexi-	*Noster, tra,* notre	*Socius, i,* m., allié
ble	*Prosper, era,* prospère	*Sinister, tra,* gauche
Miser, era, malheureux	*Ater, tra,* sombre	*Hispanus, i,* Espagnol

106. *Equi ducis non sunt nigri, sed albi et rubri. — Pigri discipuli, magistris non sunt grati. — Boni sunt beati, improbi sunt miseri. — Antiqui Germani asperi et bellicosi fuerunt. — Vita misero homini longa est. — Sunt pulchræ regiones in patriâ nostrâ. Viri probi inopiam miserorum leniunt* (adoucissent). *— In pace prosperæ sunt artes et litteræ. — Bonis benignæ, malis asperæ debent* (doivent) *esse* (être) *leges. — Atræ nubes in cælo erant. — Effigies sacræ in fano sunt. — In dextra ala socii, in sinistra Galli et Hispani erant.*

Droit, *dexter, tra*	Incursion, *incursio, onis,* f.	Malade, *æger, gra*
Gauche, *sinister, tra*		Malheureux, *miser, era*
Rude, *asper, era*	Au delà de, *trans* (acc.)	Noir, *niger, gra*
Barbare, *barbarus*	Laborieux, *industrius*	Libre, *liber, era*
Germain, *Germanus*	Paresseux, *piger, gra*	Devoir, *officium,* n.
Fréquent, *creber, bra*	Beau, *pulcher, chra*	Par, *propter* (acc).

107. L'aile droite des Grecs mit en fuite (*fugavit*) l'aile gauche des Perses. — Les Scythes étaient une nation rude et barbare. — Les Germains faisaient (*faciebant*) de fréquentes incursions au delà du Rhin. — Le maître loue (*laudat*) les élèves laborieux, mais il punit (*punit*) les paresseux. — Cherchons (*quæramus*) non pas les beaux livres, mais les bons livres. — Ma mère était malade, et j'étais malheureux. — Les yeux et les cheveux de ma sœur sont noirs. — Les esclaves obéissent (*parent*) par crainte, les hommes libres par devoir.

Adjectifs de la troisième déclinaison.

§ 46. — Adjectifs imparisyllabiques.

Potens, puissant	*Præda*, f., butin	*Solo, onis*, m., Solon
Tyrus, i, f., Tyr	*Consilium*, stratagème	*Sapiens*, sage
Audax, acis, audacieux	*Demens*, fou	*Epaminondas, æ*, m.,
Præstans, excellent	*Diligens*, soigneux	Epaminondas
Ingens, considérable	*Ferox, ocis*, intraitable	*Infelix, icis*, infortuné

108. *Antiquis temporibus, potens fuit Tyrus, patria audacium nautarum. — Multis Græciæ civitatibus præstantes leges erant. — Ingens fuit præda Græcorum in pugna Marathonia. — Imperatorem legionum Romanarum audacia Hannibalis consilia eluserunt* (trompèrent). *— Dementes homines ceteris hominibus sæpe magna pericula parant* (occasionnent). *— Probi viri in officiis suis diligentes sunt. — Ferocem animum filii pater castigavit* (corrigea). *— A Solone, viro sapiente, bonas leges accepit* (reçut) *civitas Atheniensium. — Epaminondas prudentia præstanti erat. — Inopiam agricolarum infelicium miseror* (je plains).

Imprudent, *imprudens*	Envers, *erga* (acc.)	Avisé, *prudens*
Innocent, *innocens*	Prisonnier, *captivus*	Perroquet, *psittacus, i*, m.
Parfois, *aliquando*	Florissant, *florens*	
Violent, *vehemens*	Sage, *sapiens*	Brillant, *fulgens*
Orage, *tempestas*	Enorme, *ingens*	Hérode, *Herodes, is*, m.
Equinoxe, *æquinoctium*	Butin, *præda*, f.	Juif, *Judæus, i*, m.
Maint, *multus*	Heureux, *felix, icis*	Multitude, *multitudo, inis*, f.
Clément, *clemens*	Conseil, *consilium*, n.	

109. Par l'erreur de juges imprudents, des hommes innocents ont parfois été condamnés (*damnati sunt*). — Les violents orages de l'équinoxe font périr. (*perdunt*) maints vaisseaux. — Les vainqueurs furent cléments envers les prisonniers. — Dans une ville florissante, les arts sont en honneur. — Alexandre le Grand gratifia (*donavit*) de présents magnifiques Aristote, sage philosophe de la Grèce. — Les vainqueurs emportèrent (*tulerunt*) un énorme butin. — Tant que (*donec*) tu seras heureux, tu compteras (*numerabis*) beaucoup d'amis. — Enfant, obéis (*pare*) aux conseils des hommes avisés. — Les plumes des perroquets sont brillantes. — Hérode, roi des Juifs, massacra (*trucidavit*) une multitude d'enfants innocents.

§ 47. — Génitif pluriel en *um*.

Satis, assez
Memor, ŏris, qui se sou-
   vient
Dives, *itis*, riche
Pauper, *eris*, pauvre
At, mais
Par, *paris*, égal
In, en.

Conspectus, *us*, m., pré-
   sence
Ferax, *acis*, productif
Frequens, nombreux
Familia, f., famille
Vox, *vocis*, f., parole
Supplex, *icis*, suppliant
Vetus, *eris*, vieux

Troja, f., Troie
Jam, déjà
Prope, près de (acc.)
Puber, *eris*, de l'adoles-
   cence
Ætas, *atis*, f., âge
Verbum, *i*, n., parole
Moriens, mourant

110. *Homines non sunt beneficiorum Dei satis me-mŏres. — Vita divitum hominum multas voluptates habet* (a) ; *vita pauperum, multas miserias ; at divites et pauperes pares sunt in conspectu Dei. — Pauci, sed feraces agri frequentem pauperis agricolæ familiam nutriunt* (nourrissent). *— Memores simus præceptorum Jesu magistri nostri. — Voces et lacrimæ supplicum mulierum animos hostium non moverunt* (touchèrent). *— Æneas patrem, veterem hominem, ex incendio Trojæ servavit* (sauva). *— Filii regis jam prope puberem ætatem erant. — Memori mente omnia patris morientis verba teneo* (je garde).

Survivre, *sum supers-*
   tes, stitis
Suppliant, *supplex, icis*
Coriolan, *Coriolanus, i*
Volsques, *Volsci, orum*
Ancien, *vetus, eris*
Votre, *vester, tra*

Se souvenir, *sum me-*
   mor (gén.)
Oublieux, *immemor*
   (gén.)
Injure, *injuria*, f.
Ecriture, *scriptūra*, f.
Saint, *sacer, cra*

Testament, *testamen-*
   tum, n.
Vieux, *vetus, eris*
Outre, *uter, tris*, m.
Sol, *solum*, n.
Fécond, *uber, eris*
De retour, *redux, ŭcis*

111. Les vieillards survivent souvent à leurs enfants. — Le discours des vieillards suppliants ne toucha point (*non movit*) le cœur de Coriolan, général des Volsques. — Soldats, souvenez-vous toujours de votre ancienne gloire. — Grande est la gloire guerrière des anciens Romains. — Les chrétiens sont oublieux des injures. — L'Écriture Sainte comprend (*continet*) l'Ancien et le Nouveau Testament. — Ne mettez pas (*ne posueris*) du vin nouveau dans une vieille outre. — Le sol de la Gaule est fécond. — Tous les exilés étaient de retour. — Que les œuvres anciennes disparaissent (*recedant*); que tout soit nouveau.

§ 49. — Adjectifs parisyllabiques en *is*.

Exemplum, n., exemple
Omnis, e, tout
Utilis, e, utile
Impotens, qui n'est pas maître
Crudelis, e, cruel
Tenuis, e, mince
Timotheus, i, m., Timothée
Prudentia, f., prudence
Diligentia, f., activité

Insignis, e, éminent
Cyzicus, i, f., Cyzique
Obsidio, onis, f., siège
Hortulus, i, jardinet
Dulcis, e, doux
Suavis, e, suave
Liberalis, e, généreux
Erga, envers (acc.)
Hospes, itis, m., hôte
Thrasybulus, i, m., Thrasybule

Æqualis, e, contemporain
Neque, ni
Miltiades, is, m., Miltiade
Parus, i, f., Paros
Copiosus, plein de ressources
Floreus, florissant
Commeatus, us, m., convoi

112. *Exempla clarorum et sapientium virorum omnibus hominibus utilia sunt. — Homines iræ impotentes sæpe crudeles sunt. — Egregiis facinoribus raros et tenues honores tribuebant* (accordaient) *Græci antiquiorum temporum. — Timotheus, imperator prudentia et diligentia insignis, Cyzicum obsidione liberavit* (délivra) — *In hortulo meo dulci avium cantu suavique florum odore recreor* (je suis récréé). — *Græci antiqui liberales erga hospites erant. — Thrasybulum Atheniensem æquales neque magnitudine animi neque amore patriæ superaverunt* (surpassèrent). — *Miltiades Parum, insulam copiosam et florentem, omni commeatu privavit* (priva).

Tarente, Tarentum, n.
Place, *oppidum*, n.
Méridional, *australis*, e
Tout, *omnis*, e
Utilité, *utilitas, atis*, f.
Douceurs, *deliciæ*, f. pl.
Saint, *sanctus*

Fidèle, *fidelis*, e
Porséna, Porséna, m.
Étrusque, *Etruscus*, i
Incroyable, *incredibilis*
Choc, *impetus, us*, m.
Ennemi, *hostilis*, e
Presque, *fere*

Soulèvement, *tumultus, us*, m.
Rossignol, *luscinia*, f.
Le monde, *homines*, um
Délicieux, *suavis*, e
Pélopidas, Pelopidas, æ
Contemporain, *æqualis*,

113. Tarente était une place florissante de l'Italie méridionale. — Tous les peuples aiment (*amant*) les rois sages et cléments. — Connais-tu (*novistine*) l'utilité et les douceurs d'une amitié sainte et fidèle ? — Les Romains épouvantèrent (*terruerunt*) Porséna, roi des Étrusques, par leur incroyable audace. — Les Romains soutinrent (*sustinuerunt*) le choc violent de la cavalerie ennemie. — Presque tous les esclaves épouvantèrent les habitants de l'Italie par un soulèvement violent. — Les rossignols charment (*delectant*) tout le monde par leur chant délicieux. — Pélopidas était contemporain d'Épaminondas.

§ 50. — Adjectifs parisyllabiques en *er*.

Alacer, cris, alerte	*Pedester, tris,* de pied	*Equester, tris,* de cavalier, de chevalier
Constans, ferme	*Multum,* beaucoup	
Themistocles, is, m., Thémistocle	*Classis, is,* f. flotte	*Salüber, bris,* salutaire
	Terrester, tris, de terre	*Quies, etis,* f., repos
Exsul, ulis, exilé	*Acer, cris,* vif	*Supra,* au-dessus de
Celeber, bris, fréquenté	*Principatus, us,* m., suprématie	*Ordo, inis,* m., ordre
Nervii, m. pl., Nerviens		*Senatorius,* de sénateur
Gens, gentis, f., peuplade	*Ticinus, i,* m., Tésin	*Campester, tris,* de plaine
Belgæ, arum, m., Belges	*Flumen, inis,* n. fleuve	

114. *Boni milites in periculis alacres sunt et constantes.* — *Themistocles exsul in celebri urbe Peloponnesi habitavit* (habita). — *Nervii, Belgarum gens, pedestribus copiis multum valebant* (étaient puissants). — *Græci Persarum et classem et exercitus terrestres fugaverunt* (mirent en fuite). — *Acre semper fuit certamen Lacedæmoniorum et Atheniensium de principatu.* — *Apud Ticinum flumen equestre prœlium fuit.* — *Fesso corpori salūbris est quies.* — *Apud Romanos, supra plebem erant ordo senatorius et equester.* — *In loco campestri erant castra consulis.*

Ioniens, *Iōnes, um,* m.	Absent, *absens*	Remarquable, *insignis, e*
Sardes, *Sardes, ium,* f.	Audacieux, *audax, acis*	Salubre, *salüber, bris*
Peuplé, *celeber, bris*	Alerte, *alacer, eris*	Fécondité, *ubertas, atis,* f.
Secours, *auxilium,* n.	Place forte, *oppidum,* n.	
De pied, *pedester, tris*	Région, *regio, onis,* f.	Palestine, *Palæstina,* f.
Séquanes, *Sequăni, orum,* m.	Boisé, *silvester, tris*	Terrestre, *terrester, tris*
	Marécageux, *paluster, tris*	
Arioviste, *Ariovistus, i*		Séjour, *domicilium,* n.

115. Les Ioniens prirent (*expugnaverunt*) Sardes, place peuplée de l'Asie, avec (par) le secours des Athéniens. — Du premier choc la cavalerie dispersa (*fudit*) les troupes de pied des ennemis. — Les Séquanes craignaient (*timebant*) la cruauté d'Arioviste même absent. — Nos soldats, audacieux et alertes, gagnèrent (*petierunt*) en courant (par la course) les remparts de la place ennemie. — Les places fortes des Germains étaient dans des régions boisées et marécageuses. — La Gaule est remarquable par un ciel salubre et par la fécondité de ses champs. — La Palestine a été le séjour terrestre de Dieu.

Récapitulation sur les adjectifs.

Ædui, orum, m., Éduens	*Minotaurus, i,* m., le Minotaure	*Continens terra,* le continent
Sequăni, orum, m., Séquanes	*Monstrum,* n., monstre	*Classiarius, i,* m., marin
Casus, us, évènement	*Terribilis, e,* terrible	*Fortis, e,* courageux
Subsidium, n., renfort	*Communis, e,* commun	*Tigris, is,* f., tigre
Atticus, i, m., Atticus	*Artemisium,* n., Artemisium	*Mitis, e,* pacifique
Singularis, e, rare	*Euboea,* f., Eubée	*Sus, suis,* m., sanglier
Opus, eris, n., action		*Ferox, ocis,* impétueux

116. *Ædui et Sequăni potentes Galliæ populi erant.* — *Mercatores frequentes in Galliam veniunt* (viennent). — *Cæsar, quia Britannorum consilia ignorabat* (il ignorait), *ad omnes casus subsidia comparaverat* (avait réuni). — *Atticus Ciceroni in omnibus periculis singularem fidem præbuit* (témoigna). — *Caritas verbo et opere tristitiam infelicium hominum mitigat* (adoucit). — *Minotaurus monstrum erat terribili facie.* — *Classis communis Græciæ apud Artemisium inter Euboeam continentemque terram cum classiariis regis Persarum dimicavit* (se battit). — *Leo fortis est, tigris crudelis, mitis elephantus, sus ferox, equus acer.*

Patrimoine, *res familiaris*	Vierge, *virgo, inis,* f.	Illustre, *illustris, e*
Héritage, *hereditas, atis,* f.	Courageux, *fortis, e*	Aïeul, *avus, i,* m.
	Vercingétorix, *Vercingetorix, igis,* m.	Festins, *epulæ, arum,* f.
Content de, *contentus* (abl.)	Prudence, *consilium,* n.	Tigellin, *Tigellinus, i,*
	Activité, *diligentia,* f.	Fréquenté, *celeber, bris*
Prospère, *prosper, era*	Alpes, *Alpes, ium,* f.	Convive, *conviva,* m.
Amazone, *amazon, onis*	Gros, *ingens*	Pourri, *puter, tris*
		Rivage, *litus, or..,* n.

117. Il accrut (*auxit*) son patrimoine par des héritages. — Soyez contents de [votre] patrimoine, et vous serez heureux et prospères. — Les Amazones, vierges courageuses et belliqueuses, occupaient (*occupabant*) une contrée de l'Asie. — Les Gaulois écoutaient (*audiebant*) Vercingétorix, chef remarquable par sa prudence et son activité. — Annibal franchit (*superavit*) les cimes des Alpes avec une grosse armée. — Chantons (*canamus*) les combats et la gloire des saints [nos] illustres aïeux. — Les festins de Tigellin étaient fréquentés par un grand nombre de convives. — Il y avait un vaisseau pourri sur le rivage de la mer.

Magna (Petite syntaxe, § 51).

NOTE. — Dans les phrases telles que « Il est honteux de mentir », l'adjectif se met au neutre : *Turpe est mentiri.*

Splendor, oris, m., splendeur	Gravis, e, lourd	Inclitus, insigne
Impar, inégal, inférieur	Insuetus, non habitué	Sermo, onis, m., langage
Fulgor, oris, m., éclat	Xerxes, is, m., Xercès	Veritas, atis, f., vérité
Lenis, e, doux	Refertus, comblé	Simplex, icis, simple
Draco, onis, m., Dracon	Pondus, eris, m., poids	Continens, tempérant
Lycurgus, i, m., Lycurgue	Contentus, satisfait	Saturnus, i, m., Saturne
	Equester, tris, équestre	Statura, f., taille
	Clelia, f., Clélie	Humilis, e, bas

118. *Solis splendori impar auri fulgor est. — Leges Solonis lenes sunt, Draconis terribiles, Lycurgi sapientes. — Omne onus grave est insuetis. — Xerxes, refertus omnibus fortunæ bonis, non pedestribus, non equestribus copiis, non infinito pondere auri contentus erat. — In Via sacra equestris statua erat Cleliæ, inclitæ virtutis præmium. — Veritatis sermo est simplex. — Vir continens sine pecunia dives est. — Utile est linguam latinam discere (apprendre). — Saturni temporibus, omnia omnibus communia erant. — Romani erant statura humili. — Tristitia infelicium hominum bona spe lenitur (s'adoucit).*

De montagne, montanus	Acharné, atrox, ocis	Tout, omnia
Vif, acer, acris	Caractère, indoles, is, f.	Vénal, venalis, e
Peste, pestilentia, f.	Différent, dispar, aris	Avant, ante (acc.)
Vigueur, firmitas, f.	Mais, sed	Iphicrates, Iphicrates, is, m.
Soin, cura, f.	Semblable, similis, e	
Attentif, diligens	Dessein, consilium, n.	Bouclier, clipeus, i, m.
Longtemps, diu	Pervers, pravus	Court, brevis, e
Douteux, anceps, ipitis	Péril, discrimen, inis, n.	Petit, minutus

119. L'air des montagnes est vif et salubre. — Contre la peste, la vigueur du corps et un soin attentif de la santé est fort utile (*multum prodest*). — Le combat fut longtemps douteux, souvent les combats restent (*manent*) douteux. — Une bataille acharnée eut lieu (fut) entre les Gaulois et les Germains. — Mes frères étaient de caractère différent (abl.), mais de semblable visage. — Par les desseins pervers de citoyens audacieux Rome fut parfois en grand péril. — A Rome tout était vénal. — Avant Iphicrate, les soldats Athéniens avaient (aux soldats étaient) de grands boucliers, de courtes lances, de petites épées.

§ 52-54. — Comparatifs et superlatifs.

120. A mettre au comparatif et au superlatif :

Amarus, amer	*Clemens*, clément
Altus, haut	*Constans*, ferme
Jucundus, agréable	*Audax*, audacieux
Brevis, court	*Felix*, heureux
Suavis, délicieux	*Solers*, ertis, industrieux
Mitis, doux	*Velox*, prompt

Comparatif suivi de l'ablatif.

(Petite syntaxe, § 66.)

Avarus, avare	*Cogitatio*, f., pensée	*Existimatio*, onis, f.,
Rhodănus, i, m., Rhône	*Oratio*, onis, f., parole	honneur
Subtilis, e, subtil	*Prudens*, avisé	*Noster*, tra, notre
Densus, dense	*Nihil*, n., rien... ne	*Opinio*, f., réputation
Natura, f., nature	*Carus*, cher	*Tutus*, sûr

*121. Pauper miser est, avarus miserior est pau-
pere. — Rhodănus velocior est Arari. — Ferrum
durius et utilius est auro, aurum pretiosius est ferro.
— Aer aqua subtilior est; aqua aere densior est. —
Natura arte pulchrior est. — Velocior est cogitatio
oratione. — Senes prudentiores sunt juvenibus. —
Bonis civibus nihil carius existimatione est. — Copiæ
nostræ alacriores hostibus sunt. — Bona opinio tu-
tior pecunia est.*

Exil, *exsilium*, n.	Efficace, *præstans*	Robuste, *robustus*
Pénible, *gravis*, e	Utile, *utilis*, e	Tigre, *tigris*, idis, f.
Agile, *agilis*, e	Précepte, *præceptum*, n.	Infanterie, *peditatus*
Noble, *nobilis*, e	Cadeau, *donum*, n.	us, m.

122. Le vin vieux est plus agréable que le vin nouveau. — L'exil est plus pénible que la pauvreté. — La
chèvre est plus agile que la brebis. — L'âme est plus
noble que le corps. — Les exemples sont plus effi-
caces et plus utiles que les préceptes. — La vie des
chevaux et des chiens est plus courte que la vie des
hommes. — Ton cadeau est plus précieux que tous les
autres cadeaux de mes amis. — Les lions sont plus
robustes que les tigres, les tigres sont plus féroces
que les lions. — Athènes était plus fréquentée que
les autres villes de la Grèce. — Au lieu de (*pro*, abl.)
courtes lances, Iphicrate [en] donna (*dedit*) à l'infanterie de plus longues.

Comparatif suivi de *quam*.

(Petite syntaxe, § 66.)

Nemo, m., personne... ne	*Vester, tra, trum*, votre	*Peccatum*, n., péché, faute
Aristides, is, m., Aristide	*Cupidus*, désireux (gén.)	*Turpis, e*, honteux
	Rectus, droit	*Calamitas*, f., malheur
	Oblïquus, détourné	

123. *Æstate, noctes breviores sunt quam dies; hieme, longiores. — Græci oratores clariores fuerunt quam oratores romani.—In Græcia nemo fuit sapientior quam Socrates, nemo justior quam Aristides. — Maria nautis et navibus periculosiora sunt quam flumina. — Pulchriores flores in vestro quam in nostro horto sunt. — Nihil dulcius est homini quam patria. — Romanis breviores gladii erant quam Germanis. — Epaminondas gloriæ quam pecuniæ cupidior fuit. — Recta itinera breviora sunt quam obliqua. — Cogitatio velocior est quam ventus; peccata turpiora sunt quam calamitates.*

Adversité, *res adversæ*	Salutaire, *salüber, bris*	Futur, *futurus*
Prospérité, *res secundæ*	Petit, *parvus*	Patient, *patiens*
Sucré, *dulcis, e*	Au sujet de, *de* (abl.)	Léger, *levis, e*

124. Le cheval est plus courageux que l'âne. — L'été est plus agréable aux hommes et aux animaux que l'hiver. — Les maladies de l'âme sont plus funestes que les maladies du corps. — Dans l'adversité les hommes sont souvent plus avisés que dans la prospérité. — Le miel est plus sucré que les raisins. — Le lait est plus salutaire aux petits enfants que les autres aliments.—L'or est plus précieux que l'argent. — Les chrétiens ont (*habent*) au sujet de la vie future des espérances plus agréables que les païens. — Soyons (*simus*) patients et tous nos maux seront plus légers.

Superlatifs.

(Petite syntaxe, § 67.)

Benignus, affectueux	*Mores, um,* m., carac-	*Cantus, us,* m., chant
Antiquitas, atis, f., an-	tère	*Luscinia,* f., rossignol
tiquité	*Maturus,* mûr	*Cor, cordis,* n., cœur
Similitudo, inis, f., res-	*Uva,* raisin	*Patens,* exposé à
semblance	*Innocens,* innocent	*Pars, partis,* f., partie

125. *Deus est benignissimus pater. — Cicero et Demosthenes clarissimi oratores antiquitatis fuerunt. — Similitudo morum firmissimum vinculum amicitiæ est. — Pulcherrimus ex filiis hominum fuit Jesus. — Multi divites infelicissimi sunt; multi pauperes beatissimi. — Maturissimæ uvæ dulcissimum vinum præbent* (donnent). *— Romulus bellicosissimus ex regibus Romanorum fuit. — Hieme dies brevissimi, æstate longissimi sunt. — Aliquando homines innocentissimi condemnati sunt* (ont été condamnés). *— Cantu suavissimo lusciniarum delector* (je suis charmé). *— Cor est pars corporis vulneri patentissima.*

Caligula, Caligula, m.	*Civil, civilis, e*	*Carie, Caria,* f.
Spartiates, Spartiatæ.	*Rapide, rapidus*	*Productif, locuples, ětis*
Vaillant, fortis, e	*Timide, timidus*	*Contrée, regio, onis,* f.

126. Socrate fut le plus sage de tous les Grecs. — Un bon fils est très cher à [son] père. — Caligula et Néron furent les plus cruels de tous les empereurs romains. — Les Spartiates étaient les plus vaillants, les Athéniens [étaient] les plus savants des Grecs. — Les guerres civiles furent très funestes aux Romains. — Rome est la plus illustre des villes de l'Italie. — Le Rhône est un fleuve très rapide. — La brebis est très timide. — La liberté était très chère aux Romains. — Athènes était le séjour des poètes et des philosophes les plus illustres. — La Carie était la contrée la plus productive de l'Asie.

§ 55. — Adjectifs en *er*.

127. A mettre au comparatif et au superlatif :

Asper, era, erum, rude.	*Tener, era, erum,* tendre.
Alacer, cris, cre, alerte.	*Saluber, bris, bre,* salubre.
Pulcher, chra, chrum, beau.	*Uber,* fécond, abondant.

Olfactus, us, m., odorat	*Portus, us,* m., port	*Medicus, i,* m. médecin
Visus, us, m., vue	*Remedium,* n., remède	*Stimulus, i,* aiguillon
Celer, eris, rapide	*Acer, cris,* énergique	*Ingenium,* n., talent

128. *Sensus multarum bestiarum acriores sunt quam sensus hominum; in canibus acerrimus est sensus olfactus; in avibus, visus.* — *Homeri carmina pulcherrima sunt omnium græcorum carminum.* — *Corinthus omnium græcarum urbium divissima et celeberrima erat.* — *Tribuni plebis acerrimi defensores erant plebis romanæ.* — *Non omnibus hominibus acerrimi oculi sunt.* — *Post celerrimum cursum navis ad portum appulit* (aborda). — *Remedia acerrima medicus adhibuit* (employa). — *Laus est acerrimus stimulus ingenii.*

Arabes, *Arabes, um,* m.	Vestibule, *atrium,* n.	Isocrate, *Isocrates, is,* m.
Rapide, *celer, eris*	Patricien, *patricius*	
Parfum, *odor, oris,* m.	Mets, *cibus, i,* m.	Grêle, *gracilis, e*
Sort, *sors, sortis,* f.	Simple, *simplex, icis*	Chevreau, *hædus, i,* m.
Ancêtre, *avus, i,* m.	Sain, *saluber, bris*	Tendre, *tener, era*

129. Les chevaux des Arabes sont les plus rapides de tous. — Le parfum des violettes est très vif au printemps. — La mort du père prépare (*parat*) souvent aux fils le plus malheureux sort. — A Rome, de très belles images des ancêtres ornaient (*ornabant*) le vestibule des maisons patriciennes. — Les mets les plus simples sont les plus sains. — Les anciens ont écrit (*scripserunt*) de très belles choses. — Isocrate avait une voix très grêle. — La chair des chevreaux et des agneaux est très tendre. — Les impies sont les plus malheureux de tous les hommes.

§ 56-57. — Adjectifs en *ilis*, *dicus*, etc.

130. A mettre au comparatif et au superlatif :

Facilis, facile
Nobilis, fameux
Maleficus, malfaisant
Similis, semblable

Malevolus, malveillant
Docilis, facile à instruire
Habilis, maniable
Providus, prévoyant

Ædificium, habitation
Somnus, i, m., sommeil
Benevolus, bienveillant
Dissimilis, e, différent (daL)

Difficilis, e, difficile
Myrica, f., bruyère
Arbuscula. f., arbuste
Salomon, onis, Salomon
Theopompus, i, m.,

Théopompe
Maledicus, médisant
Suessiones, um, m.
Soissonnais
Placidus, paisible

131. *Boni, cives rei publicæ utilissimi sunt. — Principes magnificentiora ædificia habent quam cives. — Somnus morti simillimus est. — Aristides liberalissimus et benevolentissimus erat omnium æqualium Atheniensium. — Nemo hominibus benevolentior est quam Deus. — Mores barbarorum moribus Græcorum dissimillimi erant. — Lingua latina multis pueris difficillima res est. — Humillima arbuscula est myrica. — Magnificentissimum templum Salomon ædificavit* (bâtit). *— Theopompus maledicentissimus scriptor fuit. — Suessionum agri fertilissimi erant. — Dulci et altæ quieti placida mors simillima est.*

Facile, *facilis,* e
Difficile, *difficilis,* e
Ennuyeux, *molestus*
Funérailles, *funus,* eris

Prince, *princeps,* ipis
Xanthippe, *Xanthippa,* f.
Réputation, *fama,* f.
Médisant, *maledicus*

Titus, *Titus,* i, m.
Bienveillant, *benevolus*
Complimenteur, *blandus*
Généreux, *munificus*

132. Les conseils des vieillards avisés sont très utiles aux enfants et aux jeunes gens. — Le travail le plus facile n'est pas toujours le plus agréable ; le travail le plus difficile n'est pas toujours le plus ennuyeux. — Les funérailles des rois et des princes sont plus magnifiques que les funérailles des autres hommes. — Xanthippe, femme de Socrate, l'homme le plus sage des Grecs, avait (*habebat*) la réputation d'une femme très médisante. — Tout commencement est très difficile. — Titus fut un prince très bienveillant. — Les hommes les plus complimenteurs ne sont pas les plus généreux

§ 58-60. — Adjectifs sans comparatif ou sans superlatif.

Maxime, le plus, très	*Novissimus*, le dernier	*Prædives*, très riche
Contrarius, opposé	*Imperitus*, incapable	*Deinde*, ensuite, puis
Juventus, utis, f., jeu-nesse	*Invidus*, envieux	*Adamus*, i, m., Adam
Magis, plus	*Mutus*, muet	*Admodum*, extrême-ment
Temerarius, téméraire	*Potior*, préférable	*Xenophon, ontis*, m., Xénophon
Senectus, utis, vieillesse	*Jobus*, i, m., Job	
	Primum, d'abord	

133. *Vitium res maxime contraria virtuti est.* — *Juventus magis temeraria est quam senectus.* — *Equitatus Cæsaris agmen hostium novissimum fugavit* (mit en fuite). — *Homines imperitissimi sunt maxime invidi.* — *Magis mutus erat quam piscis.* — *In regno cælorum primi erunt novissimi, et novissimi primi.* — *Virtus potior est quam divitiæ.* — *Jobus primum fuit prædives, deinde pauperrimus.* — *Nihil est magis album quam nix.* — *Viri maxime pii sunt etiam felicissimi.* — *Adamus admodum senex mortuus est* (mourut). — *Nihil magis falsum est.* — *Egregius scriptor est Xenophon, sed magis egregius Plato.*

Très, *maxime*	**Matinal**, *matutinus*	**Paris**, *Lutetia*, f.
Sobre, *sobrius*	**Zélé**, *sedulus*	**Approprié**, *idoneus*
Modestie, *modestia*, f.	**Plus**, *magis*	**Plus jeune**, *junior*
Pain, *panis, is*, m.	**Légitime**, *legitimus*	**Énée**, *Æneas, æ*, m.
Sonore, *canorus*	**Bien**, *bonum*, n.	**Héros**, *heros, ōis*, m.

134. L'âne est très sobre. — La modestie est très nécessaire aux enfants. — Le pain est plus nécessaire que le vin ; il est le plus nécessaire des aliments. — Le fer est plus sonore que le bois. — De tous les oiseaux le coq est le plus matinal. — Le maître est plus zélé que les serviteurs. — Il n'y a rien [de] plus légitime que de faire (*facere*) le bien et d'empêcher (*impedire*) le mal. — Paris est une ville plus nouvelle que Lyon ; Lyon est une ville plus vieille que Paris. — Il cherchait (*quærebat*) un endroit plus approprié à un camp. — La sœur est plus jeune que le frère. — Énée fut le plus pieux des héros.

§ 62. — Comparatifs et superlatifs irréguliers.

Melior, meilleur	*Optimus*, le meilleur	*Dictator*, m., dictateur
Tarquinius, i, Tarquin	*Exitium*, n., perte	*Plures*, plus nombreux
Superbus, le Superbe	*Maximus*, très grand	*Culex*, icis, moucheron
Pessimus, très méchant	*Plurimi*, la plupart	*Vespa*, f., guêpe

135. *Pax melior est quam bellum. — Vinum vetus novo melius est. — Tarquinius Superbus, rex Romanorum, pessimus et crudelissimus homo fuit. — Catilina optimorum civium rei publicæ exitium meditabatur* (médilait). *— Mens sana in corpore sano maximum donum Dei est. — Filii optimorum patrum sunt aliquando pessimi. — Litteræ D. O. M. significant* (signifient) : *Deo optimo maximo. — Plurimæ insulæ maris Ægæi fertiles et opulentæ sunt. — Consulibus minor potestas erat quam dictatoribus. — Plura sciunt* (savent) *senes quam juvenes. — Musca major est culice, minor ape et vespa.*

Glorieux, *honestus*	Nombre, *numerus*, i, m.	Syracuse, *Syracüsæ*, f.
Meilleur, *melior*	Moindre, *minor*	Sicile, *Sicilia*, f.
Honteux, *turpis, e*	Défense, *defensio, onis,*	Incident, *res, rei*, f.
Le meilleur, *optimus*	f.	Le moindre, *minimus*
Gens de bien, *boni*, m.	Pire, *pejor*	Important, *gravis, e*
De Salamine, *Salaminius*	Mensonge, *mendacium*	Jambe, *crus, cruris*, n.
nius	Plus de, *plures, a*	Mince, *tenuis, e*

136. Une guerre glorieuse est meilleure qu'une paix honteuse. — Cicéron a été le meilleur des orateurs romains. — Tous les gens de bien aiment (*amant*) le Dieu très bon [et] très grand. — A (*in*) la bataille de Salamine le nombre des vaisseaux grecs était moindre que le nombre des vaisseaux des Perses. — L'erreur est mauvaise, la défense de l'erreur est pire, le mensonge est très mauvais. — Les Romains honoraient (*colebant*) plus de dieux que les Gaulois. — Syracuse était la plus grande et la plus belle des villes de Sicile. — Les moindres incidents ont souvent été la cause des guerres les plus importantes. — Les meilleurs chevaux ont (*habènt*) les jambes très minces.

§ 64. — Comparatif et superlatif des adverbes.

Par, paris, m., pareil
Facile, facilement
Parce, modérément
Judas, æ, m., Judas
Macchabæus, m., Macchabée
Judæus, i, m., Juif
Fortiter, courageusement

Assyrius, i, m., Assyrien
Apricus, ensoleillé
Feliciter, avec succès
Injuste, injustement
Molestia, f., ennui
Constanter, fermement
Paulus, i, m., Paul
Æmilius, i, m., Emile

Magnifice, magnifiquement
Concursus, us, m., choc
Fortuna, f., hasard
Plus, davantage
Prudentia, f., calculs
Aquila, f., aigle
Dilucide, clairement
Vere, exactement

137. *Parés cum paribus facillime congregantur* (s'assemblent). — *Vinum, parcissime sumptum* (pris), *non nocet* (nuit). — *Judas Macchabæus, dux Judæorum, fortissime dimicans* (en combattant) *adversus Assyrios occidit* (périt). — *In collibus apricis veniunt* (viennent) *felicius uvæ.* — *Jesus injustissime damnatus est* (fut condamné). — *Cato senectutis molestias constantissime tulit* (supporta). — *Paulus Æmilius magnificentissime triumphavit* (triompha). — *In prœlii concursu fortitudo militum atque fortuna plus valent* (ont de l'influence) *quam ducis prudentia.* — *Aquilæ magnos montes magis incolunt* (habitent) *quam parvos.* — *Loquere* (parle) *dilucidius et verius.*

Clairement, dilucide
Personne... ne, nemo, m.
Mieux, melius
Satellite, satelles, itis, m.
Affaire, res, rei, f.

Surtout, maxime
Vite, celeriter
Autrefois, olim
Fortune, divitiæ, f. pl.
Malade, ægrotus
Hier, heri

Plus mal, pejus
Très peu, minime
Mais, at
Paul, Paulus
Encore, etiam
Moins, minus

138. César écrivait (*scribebat*) très clairement ; personne n'a écrit (*scripsit*) plus clairement. — L'amour des citoyens protège (*tuetur*) mieux un prince que les armes des satellites. — Je sais (*scio*) parfaitement (très bien) toute l'affaire. — Les fables plaisent (*placent*) à tout le monde, surtout aux enfants. — Marche (*i*) plus vite que tes compagnons. — Nous traversons (*transimus*) la mer plus sûrement qu'autrefois. — Laisse (*relinque*) à tes enfants une bonne réputation plutôt (plus) qu'une grande fortune. — Le malade va (*valet*) plus mal qu'hier ; il va très mal. — Pierre est très peu savant, mais Paul est encore moins savant que Pierre. — Je chante (*cano*) mieux que les autres.

Récapitulation sur les comparatifs et superlatifs

Vetus, eris, ancien   *Honestus,* glorieux   *Prudens,* éclairé
Luctuosus, attristant   *Præstantior,* préférable   *Infēlix,* malheureux

139. *Orationes Demosthenis, clarissimi oratoris Græcorum, multis discipulis difficiliores sunt quam orationes Ciceronis, clarissimi oratoris veterum Romanorum. — Nihil Græcis perniciosius, nihil Philippo jucundius fuit quam discordia græcarum civitatum. — Omnium calamitatum luctuosissima est bellum. — Optima rerum pax est. — Honesta mors præstantior est quam vita turpis. — Omnium legionum milites castra vallis firmissimis munierunt (fortifièrent). — Hannibal ex imperatoribus Carthaginis prudentissimus et infelicissimus fuit. — Ferrum magis necessarium est quam aurum et argentum.*

Probité, *probitas,* f.   Métier, *ars, artis,* f.   Catilina, *Catilina,* m.
Préférable, *præstantior*   Agriculture, *agricul-*   Clair, *clarus*
Noblesse, *nobilitas, atis,*   *tura,* f.   Lumière, *lux, lucis,* f.
   f.   Rien... ne, *nihil,* n.   Inférieur, *inferior*
Richesse, *divitiæ,* f. pl.   Souhaitable, *optabilis, e*   Richesses, *divitiæ*

140. La probité et l'honnêteté de la vie sont préférables à la noblesse et à la richesse. — La plus belle partie du corps humain est le visage. — La terre est grande, le soleil plus grand, la lune plus petite. — Le déshonneur est pire que la mort. — Le lion est le plus courageux de tous les animaux. — L'agriculture est le plus utile de tous les métiers. — Rien n'est plus précieux que le temps, rien n'est plus souhaitable que la sagesse. — La patrie est plus chère que la vie aux bons citoyens. — Les desseins de Catilina étaient plus clairs que le jour (la lumière). — Une bonne santé est plus souhaitable que de grandes richesses. — Personne n'était plus bienveillant pour [ses] inférieurs que l'empereur Titus

Taciturnus, silencieux
Corvus, i, m., corbeau
Ocior, plus rapide
Tardus, lent
Testudo, inis, f., tortue
Candidus, blanc

Eloquentia, f., éloquence
Unicus, unique
Gracilis, e, effilé
Simulatio, onis, f., faux semblant
Pejor, pire

Odium, n., haine
Nequissimus, misérable, le pire
Minimus, le moindre
Prætor, oris, m., préteur

144. *Proverbium dicit* (dit) : *Taciturnior statuâ, nigrior corvo, ocior vento, tardior testudine, candidior nive. — Romani eloquentiam rem difficillimam existimabant* (regardaient comme). *— Homines doctissimi non semper probissimi, opera difficillima non semper utilissima sunt. — Filius unicus non est puerorum beatissimus : melius est multos fratres et sorores habere* (avoir). *— Cervis gracillimi pedes et pulcherrima cornua sunt. — Amoris simulatio pejor odio est. — Homines nequissimi Ciceroni insidias fecerunt* (tendirent). *— De minimis rebus non curat* (se soucie) *prætor.*

Défaut, *vitium*, n.
D'autrui, *aliēnus*
Au contraire, *autem*
Intègre, *integer, gra*

Adolescence, *adolescentia*, f.
Différence, *differentia, æ*, f.

Périlleux, *periculosus*
Joseph, *Josēphus*, i, m.
Saint, *sanctus*
Calme, *placidus*

142. Il est très facile de blâmer (*vituperare*) les défauts d'autrui, très difficile au contraire de réprimer (*coercere*) ses [propres] passions. — Thémistocle remplaça (*emendavit*) les défauts de [son] adolescence par des mœurs très intègres. — Notre roi est très bon et très bienveillant. — Rien n'est pire qu'une mauvaise langue. — Il vaut mieux (il est meilleur) mener (*agere*) une vie pauvre et sûre qu'une vie riche et périlleuse. — Il est plus facile de commander (*imperare*) aux animaux qu'aux hommes. — Le chemin le plus court n'est pas toujours le plus facile. — Il y a plus de différences entre les hommes qu'entre les autres animaux. — La vie de Joseph fut très sainte et très intègre ; la mort des justes est très calme.

Adjectifs numéraux.

§ 70-72. — Unus, duo, tres.

Décliner simultanément :

143. *Unus domĭnus,* un seul maître.
Una domus, une seule maison.
Nullus rex, nul roi.
Nonnullus civis, plus d'un citoyen.
Tota terra, la terre entière.
Solus dominus, le maître seul.
Ambo consules, les deux consuls.
Tria templa, les trois temples.

Plures, a, plusieurs
Horatius, m., Horatius
Cocles, itis, m., Coclès
Jussum, n., ordre

Ullus, quelque, aucun
Mora, f., retard
Dedecus, oris, n., déshonneur

Duo, deux
Tragicus, tragique
Sophocles, is, Sophocle
Euripides, is, Euripide

144. *Unus Deus est; mundus est opus unius Dei, non plurium. — Nullus homo mortem effugiet* (évitera). *— Unus vir, Horatius Cocles, toti hostium exercitui obstitit* (tint tête). *— Socrates soli sapientiæ vacabat* (s'appliquait). *— Gloria soli virtuti debetur* (est due). *— Fac* (exécute) *jussa sine ulla mora. — Lectio jucundior est quam ullus ludus. — Paupertas nullum dedecus habet* (entraîne). *— Duobus maribus Gallia alluitur* (est baignée). *— Athenæ sunt trium tragicorum poetarum patria, Æschyli, Sophoclis, Euripidis.*

Chagrin, mæror, m.
Plus d'un, *nonnullus*
Bonté, *bonitas, atis,* f.
Tigre, *Tigris, idis,* m.

Euphrate, *Euphrates, is,*
Poème, *poema, atis,* n.
Personne, *persona,* f.
Esprit, *spiritus, us,* m.

Commandement, *imperium,* n.
Pendant, *per*
Cerbère, *Cerberus, i,* m.

145. Le temps seul adoucira (*leniet*) mon chagrin. — Plus d'un enfant préfère (*anteponit*) le jeu à l'étude. — La nature entière manifeste (*ostendit*) la bonté de Dieu. — Le Tigre et l'Euphrate sont deux grands fleuves. — Homère a fait (*fecit*) deux très beaux poèmes. — Il y a trois personnes en Dieu, le Père, le Fils et le Saint-Esprit. — Les consuls n'avaient le commandement que pendant une année (pendant une seule année). — Cerbère avait trois têtes. — Les amis sont une seule âme en deux corps.

§ 73. — Adjectifs cardinaux.

(Étudier les §§ 76-77.)

Centum, cent	*Quingenti*, cinq cents	*Pænitens*, repentant
Ignavus, lâche	*Trecenti*, trois cents	*Nonaginta*, quatre-vingt-dix
Tredecim, treize	*Spartiata*, m., Spartiate	
Ducenti, deux cents	*Thermopylæ, arum, f.,* Thermopyles	*Novem*, neuf
Quadraginta, quarante		*Viginti*, vingt
Quattuor, quatre	*Propter*, à cause de	*Reliquus*, restant
Septem, sept	*Peccator*, m., pécheur	*Archon, ontis,* archonte

146. *Unus vir fortis utilior est quam centum ignavi. — Alexander Magnus tredecim annos regnavit* (régna). *— Ducentos quadraginta quattuor annos septem Romanorum reges regnaverunt* (régnèrent). *— Quingenti milites necati sunt* (furent tués). *— Magna fuit fortitudo trecentorum Spartiatarum ad Thermopylas. — Majus gaudium erit in cælo propter unum peccatorem pænitentem quam propter nonaginta novem justos. — Procella duo et viginti naves evertit* (a fait périr), *reliquæ in portu sunt. — Rei publicæ Atheniensium novem archontes, Lacedæmoniis duo reges, Romanis duo consules præerant* (commandaient à). *— Una lex omnibus civibus sit* (soit).

Espace, *spatium*, n.	Douze, *duodecim*	Semaine, *hebdomas, adis,* f.
Trois cents, *trecenti*	Apôtre, *apostolus, i,* m.	
Soixante, *sexaginta*	Mois, *mensis, is,* m.	Sept, *septem*
Cinq, *quinque*	Trente, *triginta*	Cinq cents, *quingenti*
Cent, *centum*	On, *vel*	Eumène, *Eumenes, is,* m.
Grâce, *gratia,* f.	Vingt, *viginti*	
Neuf, *novem*	Heure, *hora,* f.	Treize, *tredecim*
Quatre, *quattuor*	Saison, *tempus, oris,* n.	Plusieurs, *plures, a*
Évangéliste, *evangelista*	Doigt, *digitus, i,* m.	Douteux, *incertus*

147. L'année est un espace de trois cent soixante-cinq jours. — La guerre de Cent ans fut très funeste à la France. — Il y a trois Grâces et neuf Muses. — Il y a quatre évangélistes et douze apôtres. — Il y a dans l'année douze mois, dans le mois trente ou trente et un jours, dans le jour vingt-quatre heures. — L'année a quatre saisons, la main a cinq doigts, la semaine a sept jours. — Darius équipa (*comparavit*) contre les Grecs une flotte de cinq cents vaisseaux. — Eumène fut l'ami d'Alexandre pendant treize ans. — Un seul ami fidèle est plus sûr que plusieurs [amis] douteux.

§ 73. — Adjectifs ordinaux et distributifs.

Tertius, troisième
Quartus, quatrième
Quintus, cinquième
Priscus, l'Ancien
Sextus, sixième
Septimus, septième
Superbus, le Superbe
Decimus, dixième
Punicus, punique

Scipio, onis, m., Scipion
Duodecimus, douzième
Septuagesimus, soixante-dizième
Titus, i, m., Titus
Vespasianus, i, m., Vespasien
Hierosolyma, orum, n., Jérusalem

Christus, i, m., Jésus-Christ
Elegia, f., élégie
Versus, us, m., vers
Bini, deux à deux
Duodecim, douze
Quaterni, quatre à la fois
Lectum, n., lit

148. *Septem fuerunt reges romani : primus fuit Romulus, secundus Numa Pompilius, tertius Tullus Hostilius, quartus Ancus Martius, quintus Tarquinius Priscus, sextus Servius Tullius, septimus Tarquinius Superbus. — Anno septimo decimo secundi belli punici Carthaginienses Hannibalem ex Italia revocaverunt* (rappelèrent). *— Tertio bello punico Carthaginem Scipio expugnavit* (prit d'assaut). *— Duabus legionibus, decimæ et duodecimæ, Cæsar nova arma dedit* (donna). *— Anno septuagesimo post Christum Titus, filius imperatoris Vespasiani, Hierosolyma expugnavit. — In elegia versus bini junguntur* (sont groupés). *— Duodecim erant, quaterni in tribus lectis.*

Trois centième, *trecentesimus*
Soixantième, *sexagesimus*
Cinquième, *quintus*
Dizième, *decimus*

Douzième, *duodecimus*
Neuvième, *nonus*
Arminius, *Arminius, i*
Varus, *Varus, i*, m.
Manipule, *manipulus, i*, m.

Trentième, *tricesimus*
Septième, *septimus*
Chacun, *singuli*
Douze (chacun), *duodeni*
Tous ensemble, *universi*
Un à un, *singuli*

149. Le jour est la trois cent soixante cinquième partie de l'année. — Les soldats de la dizième et de la douzième légion prirent (*expugnaverunt*) le camp ennemi (des ennemis). — Brutus et Collatin furent les premiers consuls des Romains. — L'an neuf après le Christ, Arminius, prince des Germains, défit (*superavit*) les légions de Varus. — La cohorte était la dizième partie, le manipule était la trentième partie de la légion romaine. — Nos soldats se battirent (*pugnaverunt*) depuis sept heures jusqu'à la nuit. — Ils reçurent (*acceperunt*) chacun douze arpents. — Ils sont venus (*venerunt*), non pas tous ensemble, mais un à un.

§ 73-75. — Adverbes numéraux, etc.

Mille, mille	*Undequadraginta,* tren-	*Duodequinquagesimus,*
Sedecim, seize	te-neuf	48ᵉ
Quindecim, quinze	*Septingenti,* sept cents	*Triginta,* trente
Pedes, itis, m., fantas-	*Quadringenti,* quatre	*Bis,* deux fois
sin	cents	*Ter,* trois fois
Carthāgo, inis, f., Car-	*Millesimus,* millième	*Quater,* quatre fois
thage	*Sescentesimus,* 600ᵉ	*Quinque,* cinq

150. *Unus amicus mille servis potior est. — In exercitu Alexandri Magni duodecim millia Macédonum erant. — Sedecim millia equitum et quindecim millia peditum in prœlio dimicaverunt* (furent engagés). *— In portu Carthaginis erat classis ducentarum undequadraginta navium. — Xerxes classem mille ducentarum navium ornavit* (équipa) *et exercitum septingentorum millium peditum ac quadringentorum millium equitum paravit* (mit sur pied). *— Anno post Christum millesimo sescentesimo duodequinquagésimo bellum Triginta annorum finitum est* (se termina). *— Bis bina sunt quattuor. — O ter quaterque beati agricolæ! — Bis quinque sunt decem.*

Dix, *decem*	Millième, *millesimus*	Trois fois, *ter*
Mille, *mille*	Deux centième, *ducente-*	Neuf fois, *novies*
Immense, *ingens*	*simus*	Quatre-vingt-dix, *nona-*
Huitième, *octavus*	Soixante-dizième, *sep-*	*ginta*
Chéronée, *Chæronᶜa,* f.	*tuagesimus*	Six, *sex*
Platéen, *Platæensis, is,*	Quarantième, *quadra-*	Fantassin, *pedes, itis,*
m.	*gesimus*	m.
Louis, *Ludovicus, i,* m.	Quatrième, *quartus*	Environ, *circiter*

151. Dix mille Grecs vainquirent (*vicerunt*) l'immense armée des Perses à (*in*) la bataille de Marathon. — L'an 338 avant le Christ Philippe, roi de Macédoine (des Macédoniens) battit (*devicit*) les Grecs à (*ad*) Chéronée. — Neuf mille Athéniens et mille Platéens vainquirent 100.000 Perses dans la plaine de Marathon. — Saint Louis est mort (*mortuus est*) en 1270 après Jésus-Christ. — César fut tué (*necatus est*) l'an 44 avant Jésus-Christ. — Trois fois trois font (sont) neuf; neuf fois dix font quatrevingts-dix. — Dans une légion il y avait six mille fantassins et environ cinq cents cavaliers.

Récapitulation sur les adjectifs numéraux.

NOTE. — Les nombres tels que *sesterlium* (gén. pl.) *decies centena millia*, un million de sesterces, s'abrégeaient ainsi : HS *decies*.

Uva, f., grappe	*Octavus*, huitième	*Ilias, adis*, f., Iliade
Fastidium, n., dégoût	*Semel*, une fois	*Duodevicesimus*, dix-huitième
Salaminius, de Salamine	*Decies*, dix fois	
Prudentia, prévoyance	*Centeni*, cent	*Ludovicus, i*, m., Louis
Ephŏrus, i, m., éphore	*Vicies*, vingt fois	*Duodequadragesimus*, 38e
Exsilium, n., exil	*Verres, is*, m., Verrès	

152. *Vitis fert* (produit) *tres uvas : primam voluptatis, secundam ebrietatis, tertiam fastidii.* — *In pugna Salaminia viri unius prudentia tota Græcia liberata est* (fut sauvée). — *Quinque ephŏri Lacedæmoniorum rempublicam administrabant* (gouvernaient). — *Aristides sexto anno exsilii in patriam revocatus est* (fut rappelé). — *Octava hora est.* — *Bis in mense video* (je vois) *patrem et matrem; semel in anno fratrem.* — *Multi Romani sestertium plus decies centena millia possidebant* (possédaient). — *HS vicies Verres abstulit* (enleva). — *Iliadis liber duodevicesimus pulcherrimus est.* — *Ludovicus decimus quartus natus est* (est né) *anno post Christum millesimo sescentesimo duodequadragesimo.*

Troisième, *tertius*	De la mer, *maritimus*	Huit cents, *octingenti*
Territoire, *ager*, *gri*, m.	Député, *legatus*, *i*, m.	Vingtième, *vicesimus*
Cinquantième, *quinquagesimus*	Crassus, *Crassus*, *i*, m.	Deuxième, *alter*, *era*, *erum*
Sixième, *sextus*	Denier, *denarium*, n.	Iliade, *Ilias, adis*, f.
Parce que, *quod*	Cinquante, *quinquaginta*	Dix (chacun), *deni*
Bord, *ora*, f.	Sesterce, *sestertius*, *i*	Entrevue, *colloquium*

153. Trois vices ont été les plus funestes aux Romains : le luxe, la cupidité, la cruauté. — Arioviste occupa (*occupavit*) le tiers (la troisième partie) du territoire des Séquanes. — L'an 56 avant le Christ César recommença (*renovavit*) la guerre, parce que les cités du bord de la mer avaient retenu (*retinuerant*) les députés de P. Crassus. — Ils reçurent (*acceperunt*) chacun trois deniers — Il viendra (*veniet*) le huitième jour, à six heures. — Cinquante mille sesterces ont été payés (*soluta sunt*). — Il rendit (*reddidit*) 1.800.000 sesterces. — J'ai lu (*legi*) le vingt-deuxième livre de l'Iliade. — César et Arioviste amenèrent (*adduxerunt*) chacun dix compagnons à (*ad*) l'entrevue.

VERBES

§ 115. — Verbe *esse*.

Étudier le § 122, 1°, ainsi que le § 137-139 (petite syntaxe).

Si, ci
Schola, f., classe
Attentus, attentif

Ecclesia, f., église
Sors, sortis, f., sort
Certus, certain

Feriæ, arum, f., vacances
Socius, i, m., allié

154. *Probi filii gaudium patris erunt. — Multi homines feliciores essent, si semper prudentes et probi fuissent. — Discipuli, in schola attenti, in ecclesia pii estote. — Judices semper justi sint. — Hostes fortiores fuissent, si rex in pugna dux exercitus fuisset. — Discipuli memores sint præceptorum magistri. — Si sorte vestra contenti eritis, non pauperes et infelices, sed divites et beati eritis. — Credo (je crois) Christum Deum esse. — In prælio victor fui. — Certum est avaros homines felices non esse. — Brevi tempore feriæ erunt. — Auxilium vestrum sociis utile fuisse certum est. — Homo semper sit mortis memor.*

Vertueux, probus
Attentif, attentus
Si, si
Professeur, præceptor, oris, m.

Sévère, severus
Bienfaisant, beneficus
Adam, Adamus, i, m.
Certain, certus
Rond, rotundus

Mortel, mortalis, e
Froid, frigidus
Chaud, fervidus
Fertile, fertilis, e

155. Soyez vertueux, enfants, et vous serez heureux. — Vous n'avez pas été attentifs, enfants; si vous aviez été attentifs, le professeur n'aurait pas été sévère. — Si tous les hommes étaient bienveillants et bienfaisants, personne ne serait pauvre. — Que tes œuvres soient bonnes et utiles. — Nous serions plus heureux, si Adam avait été plus sage. — Les temps seraient meilleurs, si les hommes étaient meilleurs. — Il est certain [que] la terre est ronde, [que] l'homme est mortel, [que] l'hiver a été froid, [que] l'été sera chaud. — Si c'était toujours l'hiver, la terre ne serait pas fertile.

Impiger, gra, infatiga- 　ble	*Genus, eris.* n., race	*Misericors, ordis*, mi- 　séricordieux
Largus, abondant	*Futura*, n. pl., l'avenir	*Benignus*, bon
Egestas, f., dénument	*Præsentia*, n. pl., le	*Gratus*, reconnaissant
A, loin de (abl.)	présent	*Industrius*, laborieux
Mortalis, e, mortel	*Doctrina*, f., science	*Dum*, tant que
	Autem, mais	

156. *Si impiger fueris* (ou *eris*), *messis tua larga erit et egestas fugiet* (s'enfuira) *a domo tua. — Domini fuimus totius Italiæ. — Fuit tempus quo* (où) *Deus erat, non erat autem mortale genus. — Futura præsentibus meliora erunt. — Aristoteles ait* (dit) *amaras esse doctrinæ radices, dulces autem fructus. — Esto misericors et benignus. — Non erat in castris frumentum. — Omnibus urbis nostræ civibus patria carissima sit. — Beneficiorum Dei memores et Deo semper grati simus. — Estote industrii, pueri; nam vita humana brevissima est. — Doctiores essetis, discipuli, si semper attenti et diligentes fuissetis. — Dum concordia erit inter Gallos, hostes patriæ non erunt periculosi.*

Homme de cœur, *vir 　fortis*	Incertain, *incertus*	Compatissant, *miseri- 　cors, ordis*
Religieux, *religiosus*	Règne, *imperium*, n.	Comme, *sicut*
Présent, *præsens*	Ne... jamais, *nunquam*	Céleste, *cælestis, e*
	Bon, *benignus*	

157. Soyons bons citoyens, gens de cœur, hommes religieux. — Le temps présent est court, l'avenir (les choses futures) est incertain. — Si nous sommes (aurons été) vertueux pendant (dans) la vie, nous serons bienheureux après la mort. — Que les élèves soient chers aux maîtres, [que] les maîtres [le soient] aux élèves. — Néron et Caligula furent les plus cruels des empereurs romains. — Le règne de l'empereur Titus avait été fort court. — Il y aurait plus d'hommes (des hommes plus nombreux) sur la terre, si [ce] n'avait jamais été la guerre, mais toujours la paix. — Votre gloire, ô Grecs, a été grande; vous avez été vainqueurs des Perses. — Soyez bons et compatissants, comme votre Père céleste est bon et compatissant.

§ 115. — Composés de *esse*.

NOTE. — On construit avec le datif les composés de *esse*, sauf *absum*, qui se construit avec la préposition *a* et l'ablatif.

Adesse, être présent, assister	*Obesse*, faire du tort	*Virilis, e*, viril
Abesse, être absent	*Nummus, i, m.*, sesterce	*Ingenium*, n., tempérament
Spectaculum, n., spectacle	*Octingenti*, huit cents	
	Marsupium, n., bourse	*Pars, partis*, f., part
Deesse, manquer	*Inesse*, être dans, être sur	*Superesse*, être de reste, survivre
Præesse, être à la tête	*Coma*, f., chevelure	*Virtus, utis*, f., mérite

158. *Adsum, aderam, adero; abes, aberas, aberis. — Adfui, adfueram; abfuisti, abfueras. — Adsunt, aderant, adfuerunt spectaculo; absunt, aberant, abfuerunt a spectaculo. — Defuisti, deeris officio. — Dux præest, præerat, præerit exercitui; duces præsunt, præerant, præerunt exercitibus. — Frigus obest, oberit, obfuit, obfuerat floribus. — Nummi octingenti marsupio insunt, inerant, infuerunt, infuerant, inerunt. — Comæ insunt capiti. — Paulo virile ingenium inest, inerat. — Tres partes supersunt, supererant, superfuerant. — Centum millia hominum superfuerunt. — Unum deest gloriæ tuæ; nihil desit tuæ virtuti.*

Être dans, *inesse in*	Commander, *præesse*	Bonheur, *felicitas*, f.
Survivre, *superesse*	Être à la tête, *præesse*	Triste, *acerbus*
Être présent, *adesse*	État, *civitas, atis*, f.	République, *respublica, reipublicæ*, f.
Être absent, *abesse*	Manquer, *deesse*	

159. Tous les maux sont dans la paresse. — Elle survécut à [sa] douleur. — Nous sommes, nous étions, nous serons présents; vous étiez, vous avez été, vous serez absents. — Je commande, je commandais, j'ai commandé la flotte. — Il est difficile d'être à la tête d'un État. — Soyons présents; soyez absents de la maison. — Si tu avais été présent, tu aurais été heureux. — Que la crainte soit absente de vos cœurs! — — Beaucoup de choses manquent, manquaient, manqueront à mon bonheur. — Une tête manque, a manqué, avait manqué à la république. — Il est triste pour un père (à un père) de survivre à [ses] enfants.

Quanquam, bien que (indic.)	**mander**	*Tempestas*, *atis*, f., orage
Clarus, célèbre	*Laus*, *laudis*, f., approbation	*Obesse*, nuire
Interesse, prendre part	*Nunc*, maintenant	*Altum mare*, pleine mer
Magistratus, *us*, m., magistrat	*Nonnulli*, m. pl., plusieurs	*Sacra*, n. pl., cérémonies sacrées
Præesse, diriger, com-	*Gloriosus*, glorieux	

160. *In prœlio ignavi absunt, quanquam adsunt.
— Lacedæmonii clarissimæ pugnæ Marathoniæ non
interfuerunt. — Magistratibus leges, populo magistratus præsunt. — Dum felix eris, amici non dee-
runt. — Probis viris laus bonorum hominum non
deerit. — Vires corporis diu abfuerunt, nunc adsunt,
post breve tempus aberunt. — Nonnullis animalibus
pedes desunt. — Multis prœliis interfuisse militibus
gloriosum est. — Vis tempestatis navibus obesset, si
in alto mari essent. — Miseris hominibus adestote. —
Pii homines sacris adsint. — Romanis præerant consules, Atheniensibus archontes, Lacedæmoniis reges.*

Prendre part, *interesse*	Arriver, *adesse*	Prévoyance, *prudentia*
Parole, *oratio*, *onis*, f.	Classe, *schola*, f.	Faire obstacle, *obesse*
Assister à, *interesse*	Non seulement, *non so-lum*	De Troie, *Trojanus*
Joyeux, *lætus*		Troyen, *Trojanus*, *i*, m.
Maintenant, *nunc*	Mais encore, *sed etiam*	Rester, *superesse*

161. Les bons chefs prennent part à tous les dangers des soldats. — L'Athénien Aristide assista à la
bataille de Salamine. — Les hommes seraient semblables aux animaux, si la raison et la parole manquaient aux hommes. — César était en Gaule à la
tête des légions romaines; ils assista à beaucoup de
combats. — Soyez maintenant joyeux, enfants; bientôt les soucis arriveront. — Si de meilleurs généraux
avaient commandé nos troupes, la victoire aurait été
certaine. — En classe, chers élèves, soyez présents
non seulement de corps, mais encore d'esprit. — La
prévoyance de Cicéron fit obstacle aux desseins de
Catilina. — Après la guerre de Troie rien ne resta
aux Troyens; tout fut la proie des Grecs.

§ 115. — *Prosum et Possum*.

Prodesse : être utile, faire du bien à, profiter à, servir, rendre des services.

Civilis, e, civil
Sententia, f., maxime
Pericles, is, m., Périclès
Consilium, n., bon sens, conseil
Otiosus, oisif
Opera, f., action
Fabius, i, m., Fabius
Maximus, i, m., Maximus
Minucius, i, m., Minucius
Posse, pouvoir
Inimicus, i, m., ennemi
Optimus, parfait

162. *Bella civilia Romanis non profuerunt, sed obfuerunt. — Sententiæ poetarum omnibus hominibus prosunt. — Nemini prodesse turpe est. — Rei publicæ profuisse pulchrum est. — Pericles, princeps Atheniensium, auctoritate, eloquentia, consilio civitati suæ profuit. — Nemini prodest vir otiosus. — Consilio et opera amicis prosimus. — Fabius Maximus prudentia plus Romanis profuerat quam Minucius audacia. — Possum quod* (ce que) *non poteram; non possum quod potui. — Inimici obesse poterant Hannibali; amici prodesse non poterant. — Spectaculo adesse non potueram. — Bonum est posse; melius est scire* (savoir); *optimum est posse et scire.*

Écrivain, *scriptor*, m.
Servir, *prodesse*
Dracon, *Draco, onis*, m.
Être utile, *prodesse*
Nuire, *obesse*
Economie, *parsimonia*, f.
Plus, *plus*
Parole, *verbum*, n.
Pouvoir, *posse*
Parce que, *quia*
Élu, *electus*

163. Les livres des anciens écrivains servent aux maîtres et aux disciples. — Les sévères lois de Dracon ne furent pas utiles à la république des Athéniens. — Le luxe nuit, l'économie est utile. — Les bons conseils des vieillards ont souvent été et seront toujours utiles aux jeunes gens. — Il est certain [que] les exemples servent plus que les paroles. — Par le courage et la patience, nous pouvons, nous pouvions, nous aurions pu être heureux. — Personne ne peut servir (*servire*, dat.) deux maîtres. — Je n'ai pas assisté à l'assemblée, parce que je n'ai pas pu. — Rien ne pourra manquer au bonheur des élus. — Il pourrait nuire à mes desseins, s'il était plus avisé.

Récapitulation.

Sicut, comme
Aut, ou
Ne, que ne.., pas
Abesse, être loin
Patrŏnus, i, m., patron
Cliens, entis, m., client
Nunquam, ne... jamais
Deesse, faire défaut
Adolescens, adolescent

Præter, outre (acc.)
Docilitas, atis, f., souplesse
Summus, parfait
Suavitas, atis, f., grâce
Os, oris, n., visage
Africa, f., Afrique
Mediterraneus, méditerranéen

Interesse, se trouver
Virens, verdoyant
Subesse, se cacher sous
Anguis, is, m., serpent
Venenifer, era, venimeux
Interdum, parfois
Plerique, la plupart de
Musa, f., Muse

164. *Sint semper sicut sunt.— Voluptas a dolore non abest. — Apud veteres, patrŏnus clienti nunquam deerat. — Inerat adolescenti Attico, præter docilitatem ingenii, summa suavitas oris. — Inter Eurōpam et Africam Mediterraneum mare interest. — In prœlio Salaminio Themistocles classi Atheniensium præerat. — Sæpe virenti herbæ subest anguis venenifer. — Veteres nostri magistri erunt.— Si omnes divites essent benefici, pauciores homines essent miseri. — Magister adest, attenti simus. — Divitiæ interdum obsunt. — Plerisque juvenibus deest prudentia. — Animus post mortem corpori superest. — Novem Musæ artibus et litteris præerant.*

Naissance, ortus, us, m.
Trépas, obitus, us, m.
Faible, exiguus
Oracle, oraculum, n.

Ambigu, ambiguus
Equitable, æquus
Opulence, opes, um, f.
Désir, cupido, inis, f.

D'Utique, Uticensis
Supplice, supplicium, n
Vestige, vestigium, n.
Sparte , Sparta, f.

165. Entre la naissance et le trépas d'un homme, il y a un faible espace de temps. — Tous les oracles étaient ambigus. — Il y aura toujours des pauvres. — Soyez bons et équitables. — La vertu est meilleure que l'opulence. — Les magistrats commandent aux citoyens, les généraux commandent aux soldats. — Le désir de la gloire a nui à beaucoup [de gens]. — Le pain manque au pauvre, tout manque à l'avare. — L'espérance reste aux hommes les plus malheureux. — Caton d'Utique prit part aux guerres civiles. — Brutus, premier consul des Romains, assista au supplice de ses fils. — Il reste de rares vestiges de Sparte.

PREMIÈRE CONJUGAISON

§ 116. — Voix active.

Présent, imparfait, futur.

Vocare, appeler
Judicium, n., jugement
Pugnare, combattre
Focus, 'i, m., foyer
Pro, pour (abl.)
Laudare, louer

Clamare, crier
Deserta, orum, n., désert
Vitare, éviter
Cur? Pourquoi?
Ignominia, déshonneur

Supplicium, n., supplice
David, idis, m., David
Saltare, danser
Ante, devant (acc.)
Arca, f., arche
Cantare, chanter

166. *Voco, vocabam, vocabo milites ad arma; dux vocat, vocabat, vocabit milites ad pugnam; vocatis, vocabatis, vocabitis malos cives in judicium. — Boni cives pugnant, pugnabunt, pugnabant fortiter pro aris et focis; pugnamus, pugnabimus, pugnabamus pro patria. — Lauda, puer, Dominum; laudate, pueri, Deum. — Clama, si potes clamare; clamarem, si possem. — Vana est vox viri clamantis in desertis. — Vir prudens vitat, vitabit, vitabat periculum; cur, ignave miles, vitas, vitabas periculum? non vitabis ignominiam et supplicium. — David saltabat ante arcam, laudes Domini cantans.*

Prier, orare
Travailler, laborare
Se hâter, festinare
Lentement, lente
Pourquoi? cur?
Souhaiter, optare
Garder, servare

Préparer, parare
Depuis longtemps, jamdudum
Raconter, narrare
Beau, egregius
Action, factum, n.
Combattre, pugnare

Vieux, senex, is, m.
Infirme, invalidus
Autel, ara, f.
Foyer, focus, i, m.
Saluer, salutare
Chanter, cantare
Bois, nemus, oris, n.

167. Prie et travaille; prions et travaillons; priez et travaillez; je prie et je travaille. — Je me hâte, je me hâtais, je me hâterai lentement; hâte-toi, hâtez-vous lentement. Pourquoi ne te hâtes-tu pas? — Si tu souhaites [de] garder la paix, prépare la guerre; depuis longtemps nous préparons, nous préparions la guerre. — Les écrivains racontent, racontaient, raconteront la vie des hommes illustres; il est utile [de] raconter les belles actions. — Je combattrais pour la patrie, si je pouvais: mais je suis vieux et infirme. Combattez, jeunes gens, pour [vos] autels et [vos] foyers. — Salue, saluons, saluez les vieillards; vous saluez les prêtres du Seigneur. — Les oiseaux chantent, chantaient, chanteront dans les bois.

Parfait, plus-que-parfait, futur antérieur.

Tempus legendi (Petite syntaxe, § 140).

Turbare, troubler
Timidus, peureux
Pons, *fontis*, m., fontaine
Obtemperare, obéir

Necessitas, *atis*, f., nécessité
Multa, f., amende
Liber, *era*, indépendant
Recusare, refuser

Servitus, *utis*, f., servitude
Esse, exister
Putare, penser, croire
Luctare, lutter

168. *Timor turbat, turbavit, turbaverat mentem; si timidus essem, timor mentem turbavisset. — Pecora turbaverunt, turbaverant, turbaverint aquam fontis; cur, pueri, turbatis, turbavistis, turbaveratis fontis aquam? — Obtemperavi, obtemperavissem legibus civitatis, si justæ fuissent; dura est necessitas obtemperandi legibus injustis. — Si non obtemperaveris legibus, non vitabis multam et carcerem; si vitaveris iram hominum, non vitabis iram Dei. — Viri fortes et liberi recusant, recusaverunt, recusaverant servitutem. — Puto, semper putavi, necessarium est putare Deum esse. — Dux putabat milites fortiter pugnavisse. — Pugnando et luctando fortiter mortem vitavisti, vitaveras, vitavisses.*

Regarder, *spectare*
Faire venir, *excitare*
Campagne, *rus*, *uris*, n.
Supporter, *tolerare*

Courageusement, *fortiter*
Chaleur, *æstus*, *us*, m.
Fardeau, *onus*, *eris*, n.

Se tromper, *errare*
Créer, *creare*
Veiller, *vigilare*
Lire, *lectitare*

169. Toute la multitude a regardé, avait regardé, regardera les jeux; tous étaient présents, regardant les jeux; le désir de regarder les jeux avait fait venir tous les habitants de la campagne. — J'ai supporté, j'avais supporté, supportons courageusement le poids du jour et de la chaleur; je ne puis supporter le fardeau. — Jésus a prié et travaillé; je prierai et je travaillerai comme mon maître. — Tu t'es trompé, tu t'étais trompé; il est facile de se tromper. — La crainte de se tromper est parfois une cause d'erreur. — Dieu a créé le ciel et la terre; il est certain [que] Dieu a tout créé. — Veille, veillons, veillez; ils ont veillé, ils avaient veillé, ils veilleront [en] lisant et [en] priant.

Legit ad discendum (Petite syntaxe, § 141).

Pyrrhus, i, m., Pyrrhus,	*Occasio, onis,* occasion	*Ornare,* orner
Epirus, i, f., Épire	*Violare,* violer	*Helvetii,* orum, m.,
Bellare, faire la guerre	*Obtemperare,* se sou-	Helvètes
Nominare, nommer	mettre	*Migrare,* émigrer, par-
Spectare, regarder	*Præceptum,* injonction	tir
Peccare, pécher	*In,* dans, pendant	*Sperare,* espérer

170. *Difficillimum est inimicos amare. — Pyrrhus, rex Epiri, multos annos cum populo romano bellavit. — Leonem homines regem animalium nominant. — Defuit tempus ad spectandum. — Vitate, discipuli Christi, omnes peccandi occasiones. — Si patriam amares, leges non violavisses et obtemperavisses magistratuum præceptis. — Si in vita Deum et fratres nostros homines amaverimus, post mortem beatissimi erimus. — Ornamus corpora; ornemus etiam animos. — Helvetii omnia sua oppida cremaverunt; deinde in Galliam migraverunt. — Multi cives urbis nostræ, meliorem fortunam in patria non sperantes, ex patria migraverunt. — Obtemperate, pueri, auctoritati sapientium hominum.*

Occasion, *occasio, onis,* f.	**Approcher,** *appropin-quare*	**Désintéressement,** *integritas, atis,* f.
Massacrer, *trucidare*	**Émigrer,** *migrare*	**Obéir,** *obtemperare*
Commander, *imperare*	**De,** *ex* (abl.)	**Quand,** *cum*
Trembler, *trepidare*	**Donner,** *donare*	**Ravager,** *vastare*
Châtier, *castigare*	**Préserver,** *servare*	**Prendre d'assaut,** *expugnare*
Amender, *emendare*	**De,** *ab* (abl.)	
Brûler, *cremare*	**Ruine,** *interitus, us,* m.	**Bien,** *bene*

171. L'occasion de travailler ne manque à personne. — Brutus massacra dans le sénat C. Jules César. — Commandez à vos passions. — Les soldats courageux ne tremblent pas, ne trembleront pas dans les périls. — Si le professeur châtie un élève paresseux, il amendera les autres. — Comme (*cum,* subj.) les ennemis approchaient, les habitants brûlèrent la ville et émigrèrent de [leur] patrie. — J'ai donné mes vieux livres à mon frère. — Nous préserverons de la ruine [notre] patrie par le courage, la prévoyance, le désintéressement. — Que les bons élèves obéissent à leurs maîtres. — Quand l'armée ennemie aura ravagé nos champs, elle prendra d'assaut notre ville. — Pour bien commander, il est nécessaire d'avoir bien obéi.

Hoc ne feceris (Petite syntaxe, § 135).

Donec, tant que	*Honestum*, n., l'honneur	*Curare*, avoir soin
Numerare, compter	*Certare*, être en lutte	*Superare*, surpasser,
Errare, se tromper	*Ratio, onis,* f., raison	défaire
Humanus, naturel à	*Sutor, oris,* m., cordon-	*Imperare*, commander
l'homme	nier	*Renovare*, recommencer
Perseverare, persévérer	*Crepida,* f., sandale	*Postulare*, exiger
Error, oris, m., erreur	*Judicare*, juger	*Revocare*, rappeler
Diabolicus, diabolique	*Cum*, lorsque	*Navigare*, naviguer
Utilitas, atis, f., intérêt	*Dimicare*, se battre	*Fugare*, mettre en fuite

172. *Donec eris felix, multos numerabis amicos.
— Errare humanum est; perseverare in errore, diabolicum. — Utilitas cum honesto aliquando certat.
— Ratio præsit, cupiditates obtemperent. — Ne, sutor,
supra crepidam judicaveris! — Fortiores sunt milites,
cum dimicant pro aris atque focis. — Cura ut (que)
industria ceteros omnes superes. — Dux imperavit
ut milites prælium renovarent. — Magistratus postulant ut cives legibus obtemperent. — Carthaginienses ex Italia Hannibalem revocaverunt. — Navigare pueris jucundum est; ars navigandi res difficillima est. — Hostem superavisse et fugavisse
gloriosum est.*

Détendre, *laxare*	Montagne, *mons, mon-*	Tuer, *necare*
De temps en temps, *in-*	*tis,* m.	Art militaire, *res mili-*
terdum	Appeler, *vocare*	*taris*
Étésiens, *etesiæ*	Crier, *clamare*	Guérir, *sanare*
Souffler, *flare*	Louer, *laudare*	Prescription, *præceptum*
S'égarer, *deerrare*	Méchant, *improbus*	Puis, *deinde*
Passer la nuit, *pernoc-*	Orner, *ornare*	Enfin, *postremo*
tare	Blesser, *vulnerare*	Gouverner, *gubernare*

173. Il est utile à tout le monde de détendre de
temps en temps son esprit. — Les vents étésiens soufflent pendant l'été. — Mes compagnons s'étaient
égarés; ils passèrent la nuit dans les montagnes,
appelant et criant de toutes [leurs] forces. — Louons
les hommes vertueux, châtions les méchants. — Dieu
a orné la terre de fleurs et d'arbres variés. — Tu as
blessé plus d'ennemis que tu [n'en] as tués. — L'art
militaire est l'art de tuer les hommes. — Les médecins
guériraient ton frère, s'il obéissait aux prescriptions
des médecins. — Je louerais la science des philosophes,
si elle était utile aux hommes. — D'abord les rois, puis
les consuls, enfin les empereurs gouvernèrent Rome.

Note. — Le participe présent se rend souvent par un pro
nom relatif : *amans*, qui aime, qui aimait.

Gubernare, gouverner	*Postulare,* exiger	*Pharao, onis,* m., Pha
Conservare, conserver	*Diligens,* actif	raon
Optare, souhaiter	*Cogitare,* songer	*Hebræus, i,* m., Hébreu
Crœsus, i, m., Crésus	*Quod,* parce que	*Illustrare,* éclairer
Lydia, f., Lydie	*Contra,* contre (acc.)	*Errare,* s'égarer
Servare, sauver	*Necare,* faire périr	*Monstrare,* montrer

174. *Semper Græci doctrinā Romanos superaverunt. — Potentissimus Deus omnes res gubernat et
conservat. — Puer optabam ut (que) dives essem;
nunc opto ut justus sim et sapiens. — Crœsum, infelicem regem Lydiæ, maximæ divitiæ non servaverunt. —
Religio christiana postulat ut omnes homines, etiam
inimicos, amemus. — Diligentes este, pueri, et cogitate
brevem esse vitam. — Cupiditatibus imperare maximum imperium est. — Consul romanus filium, quod
contra imperium cum hoste pugnaverat, necavit. —
Pharao jusserat (avait ordonné) matres Hebræorum
omnes liberos necare. — Luna et stellæ nocte terram
illustrant. — Errantibus monstremus viam!*

Accuser, *accusare*	Dénoncer, *indicare*	Fondateur, *conditor,*
Injuste, *injustus*	Sauver, *servare*	*oris,* m.
Condamner, *damnare*	Assyrien, *Assyrius,* i	Ressemblance, *similitu-*
Désespérer, *desperare*	Observer, *observare*	*do, inis,* f.
Orgueilleux, *superbus*	Porter, *portare*	Caractère, *mores, um,*
Songer, *cogitare*	Lourd, *gravis, e*	m.
Fulvie, *Fulvia,* f.	Élever, *educare*	Entretenir, *conservare*

175. Les Juifs accusèrent Jésus, le plus innocent de
tous les hommes, et un juge injuste condamna le fils
de Dieu. — Dans l'adversité ne désespérons pas ; dans
la prospérité ne soyons pas orgueilleux. — Songe, ô
maître, [que] tes élèves sont des enfants. — Si Fulvie
n'avait pas dénoncé au consul la conjuration de Catilina, Cicéron n'aurait pas sauvé la république romaine.
— Les anciens Assyriens observaient les mouvements
des astres. — Les ânes portent des fardeaux plus
lourds que les chevaux. — Des bergers avaient élevé
Romulus et Rémus, les fondateurs de Rome. — La
ressemblance des caractères prépare et entretient l'a-
mitié.

Deo juvante (§ 136); *Domum empturus sum* (§ 145).

Vacuus, vide	*Cogitare*, penser	*Excitare*, exciter
Coram, en présence de (abl.)	*Vigilare*, veiller	*Satiare*, rassasier
Creare, créer	*Spirare*, respirer	*Sub*, sous
Volare, voler	*Reformidare*, redouter	*Regnare*, être roi
Natare, nager	*Comparare*, se procurer	*Capitolinus*, Capitolin
	Somniare, rêver	*Ædificare*, bâtir

176. *Cantabit vacuus coram latrone viator. — Deus creavit aves ad volandum, pisces ad natandum, homines ad cogitandum et amandum. — Vigilate, milites; mox cum hoste pugnaturi sumus. — Dum spiro, spero. — Judicia hominum ne reformidaveris; Dei judicium et conscientiæ reformida. — Ne solum corpus ornaveris; orna mentem et animum. — Pugnando pro patria, gloriam comparabis. — Multi vigilantes somniant. — Avarum excitant, non satiant divitiæ. — Omnia sub leges mors vocat atra suas. — Voluntas peccandi peccatum est. — Si divitias non optaveris, dives eris. — Regnante Tarquinio Superbo, templum Jovis Capitolini ædificatum est.*

Vanter, *jactare*	Motif, *causa*	Être empereur, *imperare*
Naissance, *genus, eris, n.*	Faire la guerre à, *bellare cum*	Mettre à mort, *necare*
Vanité, *vanitas, atis, f.*	Être là, *adesse*	Quatorzième, *decimus quartus*
Nommer, *nominare*	Assiéger, *oppugnare*	Régner, *regnare*
Ibérie, *Iberia, f.*	Aider, *juvare*	Soixante-dix, *septuaginta*
Appeler, *appellare*	Faire fuir, *fugare*	
Cérès, *Ceres, Cereris, f.*	Tibère, *Tiberius, i, m.*	
Bacchus, *Bacchus, i, m.*		

177. Ne vante pas tes richesses et ta naissance; car tout est vanité. — Les anciens nommèrent d'abord l'Espagne Ibérie. — Les poètes romains appelaient le blé Cérès et le vin Bacchus. — L'art de bien commander est très difficile. — Il n'y a aucun motif de crier ainsi. — Les Romains avaient bien des motifs de faire la guerre aux (avec les) Carthaginois. — Les Gaulois étaient là, avec l'intention d'assiéger (devant assiéger) le camp romain. — Dieu aidant, nous ferons fuir [nos] ennemis. — Tibère étant empereur, les Juifs mirent à mort Jésus-Christ. — Louis XIV a régné en France soixante-douze ans.

Récapitulation sur la voix active.

NOTE. — *Cum*, suivi du plus-que-parfait du subjonctif, se rend par « quand » avec le passé antérieur, ou par le participe passé.

Telum, n., trait
Vulnerare, blesser
Gravis, e, offensant
Interpellare, apostrophe
Male, mal
Tractare, traiter
Chryséis, idis, Chryséis

Mæstus, affligé
Intrare, entrer
Ut, afin que (subj.)
Recuperare, reprendre
Orare, prier
Captiva, f., captive
Liberare, délivrer

Recusare, refuser
Apportare, apporter
Sacrificare, offrir un sacrifice
Missio, onis, f., renvoi
Placare, apaiser
Statim, aussitôt

178. *Tela Apollinis volaverunt in castra Græcorum et multos duces vulneraverunt, quod Agamemno, græci exercitus imperator, sacerdotem Apollinis gravibus verbis interpellaverat et male tractaverat. Chryséis, filia sacerdotis, erat in potestate Agamemnonis. Mæstus sacerdos, pater puellæ, in castra Græcorum intravit ut filiam suam recuperaret atque oravit superbum regem ut (que) captivam liberaret; at Agamemno filiam patri recusavit. Apollo, suis telis in castra Græcorum gravem morbum apportans, servavit puellam. Nam Græci, cum Apollini sacrificavissent, deum puellæ missione placaverunt; statim deus exercitum Græcorum a pestilentia liberavit.*

Agamemnon, *Agamemno, ŏnis*, m.
Compenser, *pensare*
Dommage, *damnum*
Achille, *Achilles, is*, m.
Vaillant, *fortis*
Briséis, *Briséis, idis*, f.
Commandant, *imperator, oris*, m.

Captive, *captiva*, f.
Ordre, *imperium*, n.
Cacher, *dissimulare*
Colère, *ira*, f.
Séparer, *separare*
Le reste de, *reliquus*
Thétis, *Thetis, idis*, f.
Procurer, *conciliare*
Céder, *obtemperare*

Battre, *profligare*
Mettre en fuite, *fugare*
Patrocle, *Patroclus*, i
Brûler, *flagrare*
Désir, *cupiditas, atis*, f
Venger, *vindicare*
De nouveau, *rursus*
Hector, *Hector, ŏris*, m.
Priam, *Priamus, i*, m.

179. Alors Agamemnon, pour compenser le dommage, commande que (*ut*, subj.) Achille, le plus vaillant de tous les Grecs, donne Briséis, sa captive, au commandant de toute l'armée. Achille obéit à l'ordre d'Agamemnon. Mais, sans cacher (ne cachant pas) [sa] colère, il sépare ses troupes du (*a*, abl.) reste de l'armée, et prie la déesse Thétis, sa mère, qu'elle (*ut*) procure aux Grecs la défaite, aux Troyens la victoire. Jupiter, le père des dieux et des hommes, céda aux prières de la déesse; les Troyens battirent et mirent en fuite les troupes des Grecs. Mais, après la mort de Patrocle, Achille, brûlant du désir de venger le meurtre de [son] ami, prit de nouveau part à la guerre et tua Hector, fils du roi Priam, le plus vaillant des Troyens.

PREMIÈRE CONJUGAISON

§ 146. — Voix passive.

180. Mettre les verbes suivants au passif (1re pers. de l'indic. présent et parfait, infin. présent).

Nuntiare, annoncer	*Vituperare*, blâmer	*Prædicare*, publier
Tentare, tenter	*Ignorare*, ignorer	*Collocare*, placer
Verberare, frapper	*Mutare*, changer	*Occupare*, occuper

Note. — Traduire par « on » les verbes précédés d'un asté-risque.

181. *Nuntiatur, nuntiabatur, nuntiatum est, nuntiabitur prœlium. — Tentati sumus, tentatus ero, tentabitur. — Verberaris, verberabantur, verberata eram, verberaremini, verberati essent. — * Vituperor, vituperamur, vituperaberis, vituperatum iri, vituperandus. — Ignorantur, ignorati sunt, ignorabuntur, ignoratus, ignoratum esse. — * Mutabaris, mutatus es, mutaberis, mutatus sit, mutari, mutatum esse. — Prædicamini, prædicabimini, prædicatus eras, prædicati erunt, prædicarentur, prædicatus. — * Collocor, collocabar, collocati sumus, collocabuntur, collocatus sim, collocemur, collocati essetis, collocandus, collocari. — Urbs occupatur, occupabitur, occupata est, occupata esset, occupetur.*

Aimer, *amare*	Tenter, *tentarer*	Ignorer, *ignorare*
Occuper, *occupare*	Frapper, *verberare*	Changer, *mutare*
Annoncer, *nuntiare*	Blâmer, *vituperare*	Publier, *prædicare.*

182. On m'aime, on m'aimait, on m'aimera, on t'a aimé, on t'aimera, on l'avait aimé. — Le lieu est occupé, était occupé, sera occupé, aura été occupé. — Vous êtes annoncés, j'étais anoncé, qu'ils soient annoncés, nous serions annoncés, être annoncé, devoir être annoncé. — On le tente, on le tentait, on les avait tentés, qu'ils fussent tentés, qu'ils eussent été tentés, qu'il faut tenter. — Frappé, qu'il faut frapper, être frappé, avoir été frappé. — On nous blâme, on nous blâmera, on nous a blâmés. — Il était ignoré, il serait ignoré, il aurait été ignoré. — Ils sont changés, ils seront changés. — Vous étiez publiés, être publié.

Amor a Deo (Petite syntaxe, § 156).

Castigare, châtier	*Cremare*, brûler	*Prædicare*, prêcher
Recreare, ranimer	*Obscurare*, obscurcir	*Apostolus, i,* m., apôtre
Expugnare, prendre	*Evangelium,* n., Evan-	*Desiderare*, désirer
d'assaut	gile	*Rigare*, arroser

183. *Bonus rex ab omnibus amatur, amabitur, amatus est. — Castigaris, o piger discipule, castiga- beris, castigareris a magistro. — Homo a Deo creatus est. — Membra hominum noctis quiete recreantur, re- creata erant, recreata essent. — Roma expugnata et cremata est a Gallis. — Multa oppida expugnantur, expugnabantur ab hostibus. — Sol obscuratur, obs- curatus est nubibus. — Evangelium ab apostolis in omnibus terræ regionibus prædicatum est. — Lau- dari dulce est. — Boni discipuli laudantur, laudati sunt, laudabuntur a magistris. — Deus laudetur ab omnibus. — Multi nuntiant urbem ab hostibus ex- pugnatam esse. — Multa ignorantur, ignorata erant, ignorata erunt, semper ignorabuntur ab hominibus. — Desiderant rigari arbores.*

Glorieux, *præclarus*	Injustement, *injuste*	Réprouver, *improbare*
Célébrer, *celebrare*	Fort, *validé*	Placer, *collocare*
Penser, *putare*	Et, *autem* (après un mot)	Désirer, *desiderare*

184. Les glorieuses actions sont célébrées, seront célébrées, ont été célébrées par les poètes ; elles sont racontées, qu'elles soient racontées par les historiens. — Je pense [que] la ville sera prise d'assaut par l'en- nemi. — Frappé injustement, il cria plus fort. — Les lois justes sont observées, seront observées, qu'elles soient observées par tout le monde ; les lois injustes sont blâmées par les hommes et réprouvées par Dieu. — Nous sommes accusés, nous étions accusés injus- tement, nous fûmes condamnés, nous serons con- damnés, nous serions condamnés par un juge injuste. — Tu es placé, petit livre, tu seras placé, tu désires être placé dans beaucoup de mains.

Colenda est virtus (Petite syntaxe, § 158).

Arena, f., sable
Deturbare, culbuter
Adversus, contre (acc.)
Messias, æ, m., Messie

Exspectare, attendre
Frustra, en vain
Nam, car
Sonitus, us, m., son

Rectus, raisonnable
Consilium, n., projet
Probare, approuver
Prudens, expérimenté

185. *Templa Dei ornantur, ornabantur, ornata sunt, ornanda sunt floribus. — Domus ædificatur, ædificetur, ædificata est, ædificata esset in rupe; domus in arena ædificata ventis deturbabitur. — Fortiter pugnandum est adversus hostes. — Messias nunc etiam exspectatur a Judæis. Frustra exspectabitur : nam evangelium orbi terrarum nuntiatum est, nuntiatur, nuntiabitur. — Milites tubæ sonitu excitantur, excitati erant, excitentur ad pugnandum fortiter. — Recta consilia probantur, probabuntur a viris prudentibus. — Non ignoro Galliam occupatam esse a Romanis.*

Éviter, vitare
Surtout, imprimis
Blesser, vulnerare

Vaillamment, fortiter
Attendre, exspectare
Fâcheux, molestus

Délivrer, liberare
Obtenir, impetrare
Récompense, præmium

186. L'erreur est facilement évitée, elle était évitée, qu'elle soit évitée par les sages; toute erreur ne peut pas être évitée; le péché surtout doit être évité. — Il est beau d'être blessé en combattant (acc. du participe) vaillamment pour la patrie; beaucoup de soldats ont été blessés, auraient été blessés, peuvent être blessés. — Tu es attendu, tu étais attendu, on t'a attendu on t'avait attendu, tu seras attendu par tes amis. — Il est fâcheux d'attendre; il est doux d'être attendu. — Le camp est assiégé, a été assiégé, aura été assiégé par l'armée ennemie; je pense [que] le camp sera délivré par nos soldats. — Je pense [que] la récompense a été obtenue par mon frère.

Virtus amatur (Petite syntaxe, § 157).

Malum, n., mal	*Exiguus*, petit, faible	*Lumen, inis*, n., flamme
Sedare, adoucir	*Æmulatio, onis*, f., émulation	*Lucerna*, f., lampe
Patientia, f., patience		*Honorare*, honorer
Vastare, ravager	*Flatus, us*, m., souffle	*Pœna*, f., peine
Cædes, is, f., meurtre	*Calor, oris*, m., chaleur	*Ut... ita*, comme... ainsi
Administrare, accomplir	*Temperare*, tempérer	*Alius*, autre
	Obscurare, éclipser	*Tractare*, traiter

187. *Templa Deo ædificantur. — Mala omnia sedantur patientia. — Ferro et igni regio nostra vastata est. — Principum conjurationis cædes nocte administrata erat. — Ingens Darii exercitus ab exiguis Alexandri copiis superatus est. — Æmulatio laudibus excitatur. — Ventorum flatibus nimii calores in litore maris temperantur. — Obscuratur luce solis lumen lucernæ. — Deus a piis hominibus semper amabitur. — Senes apud Lacedæmonios ab omnibus honorabantur. — Romani a Græcis doctrinā superati sunt. — Mali homines post mortem justis pœnis castigabuntur. — Ut alios tractaveritis, ita ab aliis tractabimini.*

Providence, *providentia*, f.	Agiter, *agitare*	Insolence, *procacitas*, f.
Naturel, *natura insitus*	Évident, *manifestus*	Gratifier, *donare*
Avec raison, *merito*	Racheter, *emendare*	Recommandation, *præceptum*, n.
Exciter, *concitare*	Qualité, *virtus, utis*, f.	Estimer, *magni æstimare*
Aiguillon, *aculeus, i*, m.	Honnêteté, *probitas, atis*, f.	

188. Le monde est gouverné par la providence divine. — Il est naturel [que] les enfants soient aimés de [leurs] parents. — L'agriculture a été louée avec raison par Xénophon. — On excite le cheval par l'éperon, l'écolier par la louange, le bœuf par l'aiguillon. — La mer était agitée par un vent violent. — Il est évident [que] les défauts de Thémistocle ont été rachetés par de grandes qualités. — On loue l'honnêteté, on blâme l'orgueil, on châtie l'insolence. — Tu aurais été gratifié par ton père d'un très beau présent, si tu avais obéi aux recommandations de ton maître. — Que l'honnêteté soit toujours estimée de tout le monde. — A Issus (*apud Issum*), un grand nombre de Perses fut tué par les Macédoniens.

Terror, oris, m., ter- reur	*Cena,* f., souper	*Celta,* m., Celte
Occupare, saisir	*Invitare,* inviter	*Habitare,* habiter
Evitare, éviter	*Aquitanus, i,* m., Aqui- tain	*Scelestus,* criminel
		Emendare, corriger

189. *Cum urbs ab hostibus expugnata esset, omnium civium animi ingenti terrore occupati sunt. — Melior est certa pax quam sperata victoria. — Optamus ut ab optimis hominibus amemur et laudemur. — Etiam occasio peccandi ab hominibus evitetur. — Ad cenam ab amico meo invitatus esses, si in urbe adfuisses. — Multæ urbes a Romanis expugnatæ sunt. — Si ceteros homines honorabis, a ceteris honoraberis. — Honoro omnes probos et ab omnibus probis honoror. — Gallia antiqua ab Aquitanis et Celtis et Belgis habitabatur. — Scelesti homines castigandi sunt, ut (afin que) ceteri emendentur. — Luna non habitatur; quædam (certaines) regiones orbis terrarum habitari non possunt.*

Conjuré, *conjuratus*	Élever, *educare*	Italie, *Italia,* f.
Honorer, *honorare*	Faustulus, *Faustulus, i,* m.	S'égarer, *errare*
Thèbes, *Thebæ,* f. pl.		Si... ne pas, *nisi*
Secourir, *adesse* (dat.)	Dès que, *ubi*	Ramener, *revocare*
Pour que, *ut* (subj.)	Bâtir, *ædificare*	Droit, *rectus*
Habiter, *habitare*	Nation, *gens, gentis,* f.	Chemin, *via,* f.

190. Il vaut (est) mieux être loué par les gens de bien que par les méchants. — Jules César fut massacré dans le sénat par Brutus et d'autres conjurés. — Les magistrats des Romains étaient nommés (créés) par le peuple. — Que les vieillards soient honorés par les jeunes gens. — Thèbes n'aurait pas été prise d'assaut par Alexandre le Grand, si les autres cités avaient secouru les Thébains. — Dieu a créé la terre pour qu'elle fût habitée par les hommes. — Romulus fut élevé par le berger Faustulus; dès que Rome eut été bâtie, il fit la guerre à (*cum*) plusieurs nations de l'Italie. — Je me serais souvent égaré, si je n'avais été ramené par un ami dans le droit chemin.

Pompeïus, i, m., Pompée
Licinius, i, m., Licinius
Sextius, i, m., Sextius
Rogare, proposer (une loi)
Creare, choisir

Ex, parmi, dans
Improbare, désapprouver
Nisi, si… ne pas
Manlius, i, m., Manlius
Arare, labourer
Delectare, réjouir

Necare, assassiner
Expugnare, venir à bout de
Æquus, équitable
Condicio, onis, f., condition
Impetrare, obtenir

191. *Multi duces exercitus nostri in prœlio vulnerati sunt. — Cæsari consilia Pompeïi ab amicis nuntiata sunt. — C. Licinius et C. Sextius legem rogaverunt ut consules non solum ex patribus, sed etiam ex plebe crearentur. — A probis probari, ab improbis improbari magna laus est. — Galli Capitolium expugnavissent, nisi a Manlio servatum esset. — Ager araretur, nisi agricola abesset. — Ne delectemur aliorum hominum calamitatibus. — Nisi hostes superati essent, agri vastati et incolæ omnes necati essent. — Lacte venena expugnantur. — Romani, belli fortunam tentantes et ab hostibus superati, æquas pacis condiciones non impetraverunt.*

Défaire, *superare*
Oie, *anser, eris,* m.
Junon, *Juno, onis,* f.
Destruction, *interitus, us,* m.
Forcer, *expugnare*

Sparte, *Sparta,* f.
Fouet, *flagellum,* n.
Devant, *ad* (acc.)
Diane, *Diana,* f.
Surnommer, *cognominare*

Avide, *avarus*
Rassasier, *satiare*
Gain, *lucrum*
Donter, *domare*
Furieux, *rabidus*
Coups, *verbera, erum,* n.

192. Il est pénible d'être défait et mis en fuite. — Si les oies de Junon n'eussent pas sauvé le Capitole, toute l'Italie eût été ravagée par les Gaulois. — Que Dieu soit aimé et honoré par tous les hommes. — La destruction de la flotte romaine fut annoncée aux Carthaginois. — Le camp de Pompée fut forcé par les soldats de César. — Que des livres utiles soient donnés aux enfants laborieux. — A Sparte, les enfants étaient frappés de fouets devant l'autel de Diane. — Nous n'ignorons pas [qu'] Aristide seul fut surnommé juste par les Grecs. — Un cœur avide n'est rassasié par aucun gain. — On donte par la faim et les coups les éléphants furieux.

Récapitulation sur la voix passive.

Lycus, i, m., Lycus
Constantia, f., fermeté
Tyrannus, i, m., tyran
Vexare, tourmenter

Critias, æ, m., Critias
Conciliare, procurer
Socius, i, m., partisan
Liberare, exenter

Donare, gratifier
Imperium, n., suprématie
Certare, rivaliser

193. *Thrasybulus, Lyci filius, Atheniensis, fide, constantia, magnitudine animi, amore patriæ ab æqualibus non superatus est. Patriam suam a multis tyrannis vexatam liberavit. Critias, dux tyrannorum, contra Thrasybulum armis pugnans in prœlio necatus est. Cum patria liberata et pax conciliata esset, Thrasybulus legem rogavit ut socii tyrannorum omni pœna liberarentur. Parvo præmio contentus, a populo Atheniensium corona donatus est. — A Pyrrho, rege Epiri, multos annos contra populum romanum bellatum est. — Multos annos a Carthaginiensibus cum populo romano de imperio certatum est.*

Complice, *socius, i,* m.
Égorger, *jugulare*
Dévaster, *vastare*
Puissant, *validus*

Leçon, *documentum,* n.
Un jour, *olim*
Soumettre, *debellare*
Ni, *nec*

Autrefois, *quondam*
Jeanne, *Joanna*
Sauver, *servare*
Encore, *etiam*

194. Nous sommes aimés et nous avons été créés par Dieu. — Les complices de Catilina furent égorgés dans la prison. — Je n'ignore pas [que] ma patrie a été dévastée et [que] nos soldats ont été défaits par des ennemis puissants et habiles; mais j'espère [que] la défaite sera une leçon utile pour mes concitoyens et [que] les ennemis seront un jour défaits et battus par nos soldats. Dieu aidant, la France ne sera pas soumise ni occupée par une nation étrangère. Autrefois la France a été sauvée par Jeanne, la pieuse et vaillante vierge; elle peut encore être sauvée par une nouvelle Jeanne. — Il faut prier et travailler.

PRONOMS

§ 79-80. — Pronoms personnels.

Commendare, recommander
In, envers (acc.)
Placare, réconcilier

Omnipotens, tout-puissant
Donare, donner
Venia, f., pardon

Sicut, comme
Potens, maître de (gén.)
Fraus, fraudis, f., perfidie

195. *Serva nos, Domine; in periculo sumus. — Peccas; Deus te castigabit. — Fortuna mihi benigna est. — Tibi nos commendavit senex. — Nunquam in me placari potuit inimicus. — Te, Deus optime, amamus; te, Deus justissime, reformidamus; tibi, Deus omnipotens, obtemperamus : dona nobis bona, veniam, pacem. — Sicut orbis terrarum, ita mei potens sum. — Nihil mihi carius est quam patria. — Mali amici tibi non proderunt, sed oberunt. — Fraus servorum vobis perniciosa fuit. — A me laudabimini, cari discipuli, si diligentes fueritis. — Multi nostrum felices sunt, multi vestrum infelices. — Melior pars nostri est animus.*

Apporter, apportare
Sauvegarde, *tutela*, f.
Adorer, adorare

Vivant, vivus
Lettre, *epistula*, f.
Causer, *parare*

Immortel, *immortalis, e*
Interroger, *interrogare*
Se souvenir, *memor sum*

196. L'amitié nous apporte de vrais et purs plaisirs. — L'amour du peuple, ô roi juste et bon, est pour vous la meilleure sauvegarde. — Nous vous adorons, ô Christ, fils du Dieu vivant. — L'avenir (le temps futur) ne nous est pas connu. — Rien, enfants, ne vous est plus agréable que les jeux. — Ta lettre m'a causé un grand plaisir. — Il y a une âme immortelle en moi, en toi, en nous tous. — Interroge-moi; je t'annoncerai la nouvelle (chose) la plus agréable. — Le mensonge est honteux pour vous comme pour nous (et à vous et à nous). — Sauvez-moi, Seigneur. — Je vous aime, chers élèves; souvenez-vous de moi.

§ 82. — **Pronoms personnels.**

Superbus se laudat (Petite syntaxe, § 159).

Compos, ŏtis, maître de	*Donare*, accorder	*Proditor*, m., traître
Stultus, sot	*Parare*, procurer	*Memoria*, f., souvenir
Prædicare, vanter	*Præceptor*, m., profes-	*Industrius*, laborieux
Stoicus, stoïcien	seur	*Turbare*, troubler
Culpa, faute	*Separare*, séparer	*Nominare*, appeler.

197. *Umbra sui nunc est Roma. — Sapiens sui compos est. — Stulti sese laudant et prædicant. — Philosophi stoici nullius culpæ veniam sibi donabant. — A nobis hostes superati sunt, et nos vobis libertatem paravimus. — Dominus sit vobiscum. — Ego præceptoribus meis semper obtemperavi, tu non obtemperavisti. — Nonnulli homines non sunt sui potentes. — Imperare sibi maximum est imperium. — Naves sociorum a communi classe Græcorum se separaverant. — Nemo nostrum proditor patriæ erit. — Memoria vestri, discipuli attenti et industrii, magistro vestro semper jucunda erit. — Vir fortis in periculis non turbatur. — Nominor leo.*

Commun, *communis, e*	Justice, *justitia*, f.	Blessure, *vulnus, eris*, n.
La plupart de, *plerique*	Affranchir, *liberare*	Guérir, *sanare*
Être éloigné, *abesse a*	Instruit, *doctus*	Appeler, *nominare*
Folie, *insania*, f.	Sans cesse, *semper*	Pierre, *Petrus, i*, m.

198. Moi, je travaille; toi, tu chantes; nous, nous travaillons; vous, vous chantez. — L'amour de soi est commun à la plupart des hommes. — Caton d'Utique se tua après une défaite. — Que la colère soit toujours éloignée de vous; car la colère est une courte folie. — Des amis fidèles me secourront dans l'adversité. — Le secours du médecin [nous] sauvera toi et moi. — Que la paix soit avec toi! — Si nous combattons pour (*pro*) la justice, Dieu sera avec nous. — Affranchistoi de la crainte de la mort; quand tu te seras affranchi de la crainte de la mort, ta vie [en] sera plus heureuse. — L'homme instruit a (*habet*) sans cesse en lui-même ses richesses. — Ta blessure se guérira. — Je m'appelle Pierre.

§ 83-85. — Pronoms possessifs et emploi de suus.

199. A décliner simultanément, en indiquant le sens :

Meus frater	*Mea soror*	*Meum corpus*
Noster equus	*Nostra domus*	*Nostrum mare*
Suus pes	*Sua manus*	*Suum caput*

Paganus, païen
Iracundus, irascible
Sævus, féroce
Autem, au contraire

Mansuetus, bon
Num, est-ce que?
Portare, porter
Vitium, défaut

Demandare, confier
Conciliare, gagner
Bonitas, atis, f., bonté
Salutare, saluer

200. *Dii paganorum iracundi et sævi erant; noster autem mansuetus et misericors est. — Ama, fili mi, et honora patrem et matrem. — Num ignoras omnes homines fratres tuos esse? — Omnia mea mecum porto. — Non ignoro mea vitia; multi homines sua ignorant. — Alexander, rex Macedonum, gloriam Philippi, patris sui, superavit. — Tibi, docte præceptor, liberos nostros demandamus. — Culpa vestra, o homines, miseri estis. — Omnium animos sibi sua bonitate rex noster conciliavit. — Se suaque omnia in tuto collocaverunt. — Dux salutatus est a suis.*

Tarse, *Tarsus, i,* m.
Cilicie, *Cilicia,* f.
S'appeler, *nominari*
Saul, *Saulus, i,* m.
Ensuite, *postea*

Quinze, *quindecim*
Épître, *epistola,* f.
Oisif, *otiosus*
Inutile, *inutilis, e*
Immoler, *immolare*

Gracchus, *Gracchus, i,* m.
Sénateur, *senator, oris*
Tuer, mettre à mort, *necare*

201. Nos défauts sont la cause de presque tous nos maux. — Saint Paul était juif; son père était citoyen de Tarse, en Cilicie. D'abord l'apôtre s'appelait Saul; ensuite il changea son nom et s'appela Paul. Ses quinze épîtres sont très belles. — Les hommes oisifs sont un lourd fardeau pour eux et pour les autres; leur vie est vaine et inutile. — Jésus a été mis à mort par les siens; il a été immolé pour (*pro*) leur salut. — Tibérius Gracchus et son frère furent tués par les sénateurs.

§ 86-90. — **Pronoms démonstratifs.**

202. Décliner simultanément :

Hic durus homo   *Hæc bona mulier*   *Hoc sævum animal*
Iste injustus latro   *Ista mala fraus*   *Istud magnum scelus*
Ille magnus labor   *Illa nobilis puella*   *Illud florens oppidum*
Is docilis puer   *Ea res una*   *Id vetus negotium*

Olim, autrefois
Ebrius, ivre
Titubare, broncher
Jactare, faire entendre
Curare, se soucier de

Minæ, arum, f., menaces
Indicare, dénoncer
Hic... ille, celui-ci, celui-là

Ille... hic, le premier... le second
Res, rei, f., action
Illustris, e, célèbre

203. *Sum Romæ; hæc urbs pulcherrima est. — Olim Romæ fui; urbs illa antiquissima est. — Hic homo ebrius est : ejus et pes et lingua titubat. — Cur ista verba jactas? istas tuas minas non curo. — Catilina improbus homo fuit : Cicero senatui conjurationem ejus indicaverat. — Huic puero nihil jucundius est quam ludus; illi juveni nihil jucundius est quam laudes. — Romulus et Numa Pompilius fuerunt primi reges Romanorum; hic fuit pius, ille bellicosus; res illius illustriores sunt quam res hujus.*

Embellir, ornare
Diriger, præesse (dat.)
Etat, respublica, f.
Endommager, vitiare

Mauvais temps, tempestas, atis, f.
Charmer, delectare
Garder, servare

Précepte, præceptum, n
Imposer, imperare
Vers, versus, us, m.
Plaute, Plautus, i, m.

204. Cette affaire te sera nuisible. — En cette vie personne d'entre nous (de nous) ne sera toujours heureux. — Ces beaux arbres embellissent le jardin de mon ami. — Ces hommes si courageux (très courageux) et si avisés ont dirigé l'État en ce temps-là ; de grandes récompenses leur ont été données par nos concitoyens. — Les vaisseaux des cités de la Grèce prirent part à ce combat ; le mauvais temps en (*earum*) endommagea plusieurs. — Mes amis et moi nous avons été charmés par cette pittoresque contrée ; elle est plus belle et plus fertile que celle-ci. — Garde ces préceptes, mon fils : Dieu nous les a imposés. — Ce vers n'est pas de Plaute.

§ 91-92. — *Idem et ipse.*

Mummius, i, Mummius	*Modus, i,* m., façon	*Curare,* s'occuper de
Belli dux, capitaine	*Insignis, e,* insigne	*Educatio, onis,* f., édu-
Brutus, i, m., Brutus	*Expilare,* piller	cation
Migrare ex, quitter	*Labor, oris,* m., fatigue	*Narrare,* raconter

205. *Sapientes homines se ipsi non laudant. — Carthago et Corinthus eodem anno, hæc a Mummio, illa a Scipione, expugnatæ sunt. — Cæsar et Hannibal clarissimi belli duces fuerunt; illi conjuratio Bruti interitum paravit, hic veneno se ipse necavit. — Deus semper idem fuit, est, erit. — Patres nostri ex hac vita migraverunt : dona eis, Domine, requiem sempiternam. — Non semper eodem modo de iisdem rebus judicas. — Deus optimus est; ama eum, obtempera ei; id necessarium et justum est. — Verres, insignis ille latro, Siciliam expilavit. — Bonus miles labores, pericula, mortem ipsam non recusat. — Ipsi naturam humanam ignoramus. — Bona mater ipsa curat liberorum educationem. — Ipse id nobis narravisti.*

Artisan, *faber, bri,* m.	**S'occuper de,** *tractare*	**Apreté,** *acerbitas, atis,*
Démosthène, *Demosthe-*	(acc.)	f.
nes, is, m.	**Science,** *disciplina,* f.	**Adoucir,** *mitigare*
Illustre, *præclarus*	**Pénible,** *gravis*	**Saveur,** *sapor, oris,* m.
Monde *orbis terræ*	**Produire,** *creare*	**Odyssée,** *Odyssëa,* f.

206. L'homme est lui-même l'artisan de sa fortune. — Ce vin-ci est plus agréable que celui-là. — Démosthène et Cicéron furent d'illustres orateurs : celui-là était grec, celui-ci Romain; la patrie de celui-là est Athènes, la patrie de celui-ci est Rome. — Il y a cinq parties du monde : la plus grande d'entre elles (d'elles) est l'Asie. — Le père et le fils s'occupent de la même science. — Tout travail est pénible à cet homme paresseux. — La terre produit les fruits; le soleil en adoucit l'âpreté et leur donne la saveur. — La vertu est plus précieuse que l'or même. — L'Iliade et l'Odyssée ne sont pas les œuvres d'un seul et même poète. — Tous les citoyens d'un même pays obéissent aux mêmes lois. — Le camp était vaste: il était difficile de le forcer; le général le tenta lui-même.

§ 93-94. — Pronoms ou adjectifs interrogatifs.

207. Décliner simultanément :

Quis homo?	*Quænam fera gens?*
Quisnam populus?	*Quod stultum animal?*
Quæ mulier?	*Quodnam acre bellum?*

Perfectus, parfait
Laborare, travailler
Flumen, inis, n., fleuve
Disciplina, f., étude
Philologia, f., littéra-
ture
Delectare, attirer
Accusare, accuser
Commendare, confier

208. *Quis creavit cælum et terram? Deus. — Cujus hominis virtus perfecta est? Nullius. — Cui utile est laborare? Omnibus hominibus. — Quam regionem habitamus? Galliam. — A quo creati et servati sunt homines? A Deo. — Quod lignum durius est quam quercus? — Quæ animalia sæviora sunt quam tigrides? — Quod flumen Rhodăno rapidius est? — Quid est amicitia dulcius? — Quā disciplinā magis delectaris? Philologiā. — Quidnam tibi deest? quemnam accusas? — Cujus mors nuntiatur? — Qui sunt tibi magistri? — Qua re delectaris?*

Univers, orbis, is. m.
Parcourir, pertustrare
Visiter, visitare
Il convient, par est
Nommer, creare
Qui donc? Quisnam?
Quitter, migrare ex
(abl.)
Poison, venēnum, n.

209. Qui de nous est sans défauts? — Laquelle d'entre vous a frappé cet enfant? — Quelles contrées de l'univers as-tu parcourues? Quels peuples as-tu visités? — Qui convient-il de nommer consul? — De quel poète l'Énéide est-elle l'œuvre? de Virgile. — Qui donc m'appelle? Quelle voix a frappé mes oreilles? — Qu'y a-t-il de plus beau (quelle chose est plus belle) que la vertu? quoi [de] plus cher qu'une mère? — Par quel genre de mort Annibal a-t-il quitté la vie? Par le poison. — Quel défaut est plus honteux pour des enfants que le mensonge? — Qui es-tu? qui appelles-tu? — A quoi le sommeil est-il semblable? de quoi est-il l'image?

§ 95-96. — *Uter, qualis, quantus, quotus?*

Oratio, onis, f., parole	Amazon, onis, f., Amazone	Responsare, répondre
Operosus, travailleur		Paratus, prêt
Infensus, hostile	Interrogare, interroger	Classis, is, f., classe

210. *Quis vestrum, milites, illi pugnæ interfuit? — Quid morti similius est quam somnus? — Quod est optimum donum Dei? Ratio et oratio. — Quisnam pauper esset, si omnes homines operosi aut benefici essent? — Si vera narravero, quis vestrum mihi erit infensus? — Quæ mulieres fuerunt bellicosiores quam Amazones? — Quis Græcorum justior fuit quam Aristides? quis sapientior quam Socrates? — Utrum interrogabo? uter vestrum responsare paratus est? — Quot sunt discipuli in sexta classe? — Uter major belli dux fuit, Cæsar an (ou) Alexander Magnus? — Qualis est istorum oratio? — Quotus es, amice, in tua classe? — Quali amico mea omnia commendavi? — Quantus est ager tuus?*

Chaste, castus	Thrasybule, Thrasybulus, i, m.	Répondre, responsare
Marie, Maria, f.		Aussi...que, tam...quam
Domination, dominatio, onis, f.	Combien de, quot?	Pronom, pronomen, inis.
	Prêt, paratus (inf.)	Durer, durare

211. Qu'y a-t-il [de] meilleur pour l'homme que la raison et la parole? — Quelle femme a été plus chaste et plus sainte que la Vierge Marie? — De qui donc les œuvres sont-elles plus magnifiques que les œuvres de Dieu? — Qui de vous deux m'a appelé? — Qui a délivré Athènes de la domination des Trente tyrans? Thrasybule. — Si je vous interroge, combien seront prêts à répondre? — Quel mal est plus grand que la guerre civile? — Qu'y a-t-il d'aussi nécessaire à l'orateur que la voix? — Combien y a-t-il d'espèces de pronoms? Six espèces. — Combien d'années a duré la guerre de Trente ans? — Duquel des deux annonce-t-on la mort?

§ 97-99. — Pronoms relatifs.

Note. — « Celui qui » se rend par *is qui*; « ce qui » se rend par *id quod.*

Educare, élever	*Artes*, ium, f., études	*Cura*, f., souci
Informare, former	*Exornare*, embellir	*Vacare*, être exempt de
Ulutare, hurler	*Plantare*, planter	(abl.)
Impugnare, attaquer	*Gustare*, goûter	*Lætus*, joyeux

212. *Amo Deum qui me creavit, matrem quæ me educavit, magistros qui me ad scientiam et virtutem informant. — Reformido arma quæ vulnerant, lupos qui ululant, malos homines a quibus virtus impugnatur. — Informa nos, magister bone, ad artes quæ vitam exornant. — Arbores tu plantas, o senex, quarum nos fructus gustabimus. — Rex, cui omnes obtemperant, ipse legibus obtemperat. — Beatus est is qui curis vacat. — Non eum nominamus beatum cui sunt maximæ divitiæ, sed eum qui sorte sua contentus et lætus est. — Omnes res quas Deus creavit optimæ sunt. — Cives urbis quam expugnavistis miserrimi sunt.*

Salomon, *Salomon, onis,* m.	Celui qui, *is qui*	Champ de bataille, *acies, ei,* f.
Juste, *justus*	Défendre, *vetare*	
Accorder, *donare*	Heureux, *beatus*	Recommander, *commendare*
	Trembler, *trepidare*	

213. Un frère est un ami que donne la nature. — Le temple que Salomon avait bâti était magnifique. — Il est juste d'accorder du repos à ceux qui ont travaillé. — Le bon citoyen évite ce que la loi défend. — Heureux sont ceux qui sont contents de leur sort. — Louons ceux dont le courage a sauvé la patrie; nous ne louerons pas ceux qui ont tremblé sur le champ de bataille. — L'incendie par lequel fût brûlée une grande partie de Rome avait été préparé par les Gaulois. — Les discours de Démosthène, dont personne n'a surpassé l'éloquence, se recommandent (§ 159) à nos orateurs. — Heureux sont les pères qui ont de bons et vertueux enfants!

§ 100. — *Qualis, quantus, quot.*

NOTE. — L'adjectif *is* qui accompagne l'antécédent se rend d'ordinaire en français par l'article.

Dominatio, onis, f., domination	*Civitas, atis*, f., droit de cité	*Tantus*, aussi grand
Anglus, i, m., Anglais	*Talis, e*, tel	*Quantus*, que
Vulnerare, blesser	*Qualis, e*, que	*Tot*, autant de
		Quot, que

214. *Ii amici quos divitiæ tibi paraverunt non te sed divitias tuas amant. — Non is bonus est qui se ipse laudat, sed is quem optimi homines laudant. — Memoria ejus virginis a qua patria nostra dominatione Anglorum liberata est, nobis carissima est. — Cæsar iis hostibus qui in prœlio vulnerati erant libertatem donavit. — Frater meus, eo tempore quo tu in Italia fuisti, in Græcia habitavit. — Civitas romana iis urbibus donata est quarum auxilio hostes superati erant. — Iis similis eris quibuscum habitabis. — Ea soror quacum educatus sum e vita migravit. — Amici erga te tales erunt qualis tu erga amicos tuos fueris. — Non tantus sum quantus tu. — Non erunt tot fructus quot flores.*

Se délecter, *delectari*	Faire naître, *conciliare*	Flot, *fluctus, us*, m.
Être utile, *prodesse*	Attaquer, *impugnare*	Aussi grand que, *tantus quantus*
Montrer, *monstrare*	Aussi nombreux que, *tot quot*	
Approuver, *laudare*		Tel que, *talis qualis*

215. Les livres dont vous vous délectez ne vous sont pas toujours utiles. — Montre à ton père le livre que je t'ai donné; il approuve les livres qui te sont utiles. — J'ai eu un ami avec qui tout m'était commun. — Quelle amitié est plus solide que celle qu'a fait naître la ressemblance des caractères? — Quel est le meilleur des poètes grecs? C'est celui que les Grecs ont toujours loué, Homère. — Les Perses qui attaquèrent la Grèce étaient aussi nombreux que les flots de la mer. — Rome n'est pas aussi grande que Paris. — Il était tel que tu es; montre-toi tel que tu es. — Souvent le fils n'est pas tel qu'était le père.

§ 101. — Pronoms relatifs indéfinis.

Note. — En latin, les pronoms relatifs indéfinis sont suivis de l'indicatif, et non du subjonctif.

Quidquid, tout ce qui	*Despectare*, dédaigner	*Observare*, observer
Inutilis, inutile	*Nec*, ni, et ne pas	*Quisquis*, qui que
Dare, donner	*Visitare*, visiter	*Coram*, devant (abl.)

216. *Quidquid honestum est, id est utile; quidquid turpe est, id est inutile. — Quicumque hæc nobis beneficia dabit, ejus semper memores erimus. — Quidquid est in hoc libro, hoc tibi proderit. — Quotcumque sunt scriptores qui Aristidis vitam narraverunt, omnes justitiam ejus prædicant. — Ne despectemus homines miseros, qualescumque sunt. — Is non est liber quicumque vitiorum servus est; nec is dives est cuicumque multæ res desunt. — Quamcumque regionem visitas, mores incolarum observa. — Quisquis es, tibi obtemperandum est. — Quantuscumque es, coram Deo parvus es.*

Intelligent, *ingeniosus*	Pécher, *peccare*	Accueillir, *tractare*
Aimer, *delectari* (abl.)	Envers, *in* (acc.)	Quelque... que, *quicumque*
Latin, *latinus*	Honnête, *integer, gra*	*que*
Tout homme qui, *quisquis*	Misère, *miseria,* f.	Race, *genus, eris,* n.
Se parjurer, *pejerare*	Périssable, *caducus*	Reluire, *micare*
	Mépriser, *despectare*	Saisir, *occupare*

217. Quiconque est intelligent aime la langue latine. — Tout homme qui se parjure pèche envers Dieu. — Tous ceux qui sont honnêtes blâmeront cette action. — Quelque grande que soit ta misère, ne désespère pas. — Tout ce que l'homme bâtit est périssable, quelle qu'en soit la nature (de quelque nature que cela soit). — Méprisons tout ce qui (plur.) est exposé à la mort. — Tes amis, en quelque nombre qu'ils soient, seront bien accueillis par moi. — Jésus a sauvé tous les hommes, de quelque race qu'ils soient. — Tout ce qui reluit n'est pas or. — Quel que soit celui des deux qui sera vainqueur, nous serons exposés aux plus grands dangers. — Celui, quel qu'il soit, que j'aurai salué, saisissez-le.

Pronoms ou adjectifs indéfinis.

§ 103-104. — Composés de quis.

Faber, bri; m., artisan
Fabricare, fabriquer
Nam, car
Discrimen, inis, m., dif-
férence

Cædes, is, f., carnage
Designare, désigner
Cessatio, onis, f., relâ-
che
Jus, juris, n., droit

Numen, inis, n., divinité
Adorare, adorer
Fundamentum, n., fon-
dement

218. *Justitiæ præceptum est : Suum cuique. — Vita uniuscujusque nostrum in manibus Dei est. — Suæ quisque fortunæ faber est. — Sunt bestiæ in quibus est aliquid simile homini. — Si duo homines fabricant idem, non est idem; nam ut auctores dissimiles sunt inter se, ita earum rerum quas fabricaverunt aliquod discrimen est. — Consilia tua, Catilina, nobis nota sunt; unusquisque nostrum ad cædem a te designatus est. — Falsum est quemquam horum quidpiam tale narravisse. — Si quisquam, sapiens ille fuit. — Aliqua cessatio menti necessaria est. — Ne cujusquam jus violaveris. — Num quis Jovis numen adorare possit? — Ecqua domus sine fundamentis ædificari potest?*

Autorité, imperium, n.
Personne, quisquam
Le premier venu, quivis

Tous les jours, quotidie
Corriger, emendare
Est-ce que? num?

Rien, quidquam
Funeste, perniciosus
Se tromper, errare

219. Quelle nation n'adore pas quelque Dieu? — Cet enfant n'obéira jamais à l'autorité de personne. — Chacun aime sa cité. — La vie de chacun de nous est précieuse. — Lis tous les jours quelque chose; corrige tous les jours quelque défaut. — Chacun souhaite le bonheur; le bonheur de chacun est en soi-même. — Est-ce que quelqu'un est plus malheureux que l'impie? — Y a-t-il (*estne*) personne [de] plus heureux que l'homme pieux et sage? — Est-il (*estne*) rien [de] plus beau que la vertu? — Est-il rien [de] plus funeste que le péché? — Si quelqu'un t'a annoncé cela, il s'est trompé.

§ 105. — Composés de *qui*.

Per, pendant	*Artifex, icis,* m., artiste	Satis esse, suffire
Dictitare, répéter	*Ægrotare,* être malade	Utervis, n'importe le-
Facundia, f., éloquence	*Manducare,* manger	quel des deux
Comparare, amasser	*Satis,* assez	

220. *Cuivis dolori remedium est patientia. — Quædam aves per totum annum cantant, quædam certis anni temporibus. — Deus dat cuilibet homini multa beneficia. — Cuilibet regioni sunt amœna loca. — Lacedæmonius quidam dictitabat lunam Spartæ meliorem esse quam lunam Corinthi. — Majores divitias facundia comparavit quam quilibet artifex arte sua. — Themistocles prudentior fuit quam quisquam. — Quædam voluptates pejores sunt calamitatibus. — Canes, cum ægrotant, quasdam salubres herbas manducant. — Quarumdam arborum fructus amari sunt. — Facile divites sumus, si quidvis satis est. — Utrumvis voca.*

Bouclier, *scutum,* n.	Planter, *plantare*	Mettre en déroute, *fu-*
Opinion, *opinio, onis,* f.	De toute espèce, *qualis-*	*pare*
Étrange, *insolens*	*libet*	Armée, *copiæ, arum,* f.
N'importe quel, *quilibet,*	Vaste, *amplus*	Ancêtres, *majores, um,*
quivis, utervis	Si grand que ce soit,	m.
Moyen, *modus,* i, m.	*quantumvis*	S'occuper de, *curare*

224. Les feuilles de certains arbres sont aussi grandes qu'un bouclier. — Les opinions de certains philosophes sont étranges. — Ne lis pas n'importe quels livres, ne dis pas n'importe quoi. — Le sage supporte n'importe quelle fortune, la bonne ou la mauvaise. — Nous tenterons la chose par tous les moyens (n'importe quel moyen). — Ne plante pas des arbres de toute espèce dans toute espèce de terre. — Le port était assez vaste pour une flotte si grande qu'elle fût. — Les soldats d'Alexandre pouvaient attaquer et mettre en déroute une armée, si grande qu'elle fût. — Chez nos ancêtres, [c'était] un homme habile [qui] s'occupait de cela ; maintenant [c'est] le premier venu.

§ 106-107. — *Nemo, nihil, alius, alter.*

Pars, partis, f., point	*Alter... alter,* l'un, l'autre	*Genus, eris,* n., catégorie
Nisi, sauf		
Quotus, en quel nombre?	*Mansuetus,* doux	*Druides, um,* m., druides
Omnino, absolument	*Pessimus,* détestable	
Campania, f., Campanie	*Sævus,* cruel	*Declarare,* faire connaître, dire
Enim, en effet	*Cornu, us,* n., aile	

222. *Nemo est ex omni parte perfectus, nisi solus Deus. — Quotus est orator cui nihil omnino desit? — Ea vina quæ in Campania proveniunt (viennent) meliora sunt quam quæ in aliis Italiæ regionibus. — Quid commune est omnibus hominibus? Spes : hæc enim etiam illis est quibus nihil est aliud. — Vespasiano erant duo filii; alter horum optimus mansuetusque fuit imperator, alter pessimus et sævus. — In Gallia duo erant genera optimatium : alterum Druidum, alterum equitum. — In utroque cornu equites erant. — Uter vestrum medicus est? Neuter. — Uter vestrum ægrotat? Uterque. — Turpe est aliud cogitare, aliud declarare.*

S'envoler, *avolare*	Dénigrer, *detrectare*	Fragile, *fragilis*
Vers, *in* (acc.)	Parfait, *perfectus*	Beauté, *forma,* f.
Autre, *alius*	Respecter, *servare*	Est-il? *Estne?*
Artiste, *artifex, icis,* m.	Droit, *jus, juris,* n.	Éphémère, *fugax, acis*
L'un... l'autre, *alter...*	Quiconque, *quisquis*	Se troubler, *conturbari*
alter	Autrui, *alii, orum*	Insensé, *insanus*

223. Certaines espèces d'oiseaux s'envolent en automne vers d'autres contrées. — De deux artistes l'un dénigre le mérite de l'autre. — Personne de nous n'est parfait. — Les bienfaits de Dieu ne manquent à personne. — Respecte les droits des autres. — Quiconque nuit à autrui se nuit à soi-même. — Rien n'est plus fragile que la beauté; est-il rien [de] plus fragile que la beauté? — Rien n'est plus éphémère que les richesses; est-il rien [de] plus éphémère que les richesses? — Le sage ne se trouble de rien. — L'insensé ne se souvient de rien. — Le méchant n'est aimé de personne, il n'est l'ami de personne, et personne ne l'aime.

§ 108. — Pronoms ou adjectifs corrélatifs.

Darius, i, m., Darius
Pestis, is, f., fléau
Vacuare, dépeupler
Vel, ou
Exstirpare, anéantir
Genus, eris, n., race.

Cupiditas, atis, f., am-
bition
Indoles, is, f., caractère
Animal, alis, n., créa-
ture
Bonum, n., bien

Usurpare, jouir de
Summus, très élevé en
dignité
Joannes, is, m., Jean
Chrysostomus, i, m.,
Chrysostome

224. Quot sunt vobis, Græci, pedites et equites?
Non tot sunt quot Dario, sed meliores. — Nero dictitabat : « Qualis et quantus sum artifex ». — Quæ
pestis tot urbes vacuavit vel tot genera hominum
exstirpavit quot regum cupiditas? — Uniuscujusque
vita talis est qualis indoles. — Quod alium animal
tot bona quot homo usurpat? — Classis Agamem-
nŏnis non tanta erat quantam poetæ narraverunt. —
Quâlescumque summi viri, talis civitas est. — Quotquot sunt in anno dies, tot sunt in terra calamitates.
— In Joanne Chrysostomo tanta pietas inerat quanta
eloquentia. — Tot fratres mihi sunt quot sunt tibi sorores.

Pharisien, Pharisæus,
i, m.
Publicain, publicanus,
i, m.

Dédaigner, despectare
Avare, avarus
Écu, nummus, i, m.
Cependant, tamen

Léonidas, Leonidas, æ,
m.
Renommée, fama, f.
Mais, at

225. Le Pharisien disait (dicebat) : « Je ne suis pas
tel que ce publicain ». Lequel des deux fut [le] plus
agréable à Dieu? L'un dédaignait l'autre; mais celui-
ci était plus juste que celui-là. — Quelque grandes
que soient tes richesses, ô avare, tu es le plus pauvre
de tous les hommes. Je n'ai pas autant d'écus que toi;
cependant je suis plus riche que toi. — Combien êtes-
vous? Nous sommes trois cents. Qui est à votre tête?
Léonidas. Quel sort attendez-vous? La mort pour la
patrie. Quelle récompense vous donneront vos concitoyens? Une renommée immortelle. — Je ne suis
pas aussi grand que toi; mais je suis plus savant.

Récapitulation sur les pronoms.

Mardonius, i, m., Mardonius	*Immortalis*, immortel	*Constare*, être d'accord avec (dat.)
Platææ, â. pl., Platées	*Deterior*, us, Inférieur	*Atque*, et
	Tranquillus, calme	

226. *Semper, carissime amice, tui memor ero. — Exercitus cui Mardonius præerat apud Platæas fugatus est. — Carthago et Corinthus, eodem anno a Romanis expugnatæ sunt. — Nemo nostrum sine vitiis est. — Animus, melior pars nostri, immortalis est, corpus, deterior pars, mortale est. — Non eum nominamus divitem cujus fortunæ maximæ sunt, sed eum cujus animus tranquillus et paucis rebus contentus est. — Quid est amicus? Unus animus in duobus corporibus. — Hoc est commune vitium in magnis liberisque civitatibus, ut invidia gloriæ comes sit. — Vir sapiens semper sibi constat atque vultu eodem est.*

En colère, *iratus*	Le moins, *paucissimæ res*	Navigation, *navigatio, f.*
Qui n'est pas maître de, *impotens* (gén.)	Suffire, *satis esse*	Danser, *saltare*
Très, *admodum*	Extérieur, *externus*	Quelquefois, *aliquando*
Différent, *diversus*	Alors que, *tum cum*	Car, *nam*
Cimbre, *Cimber, bri, m.*	Roche, *rupes, is, f.*	Exercice, *exercitatio, onis, f.*

227. L'homme en colère n'est pas maître de lui. — Les enfants des mêmes parents sont souvent très différents. — Qu'y a-t-il [de] meilleur dans la vie? La justice et la liberté. — La bataille ne fut pas moindre avec les femmes des Cimbres qu'avec les Cimbres eux-mêmes. — Quel est l'homme le plus riche? Celui à qui le moins suffit. — Notre bonheur n'est pas dans les choses extérieures, mais en nous-mêmes. — Les vrais amis se souviennent de nous, même alors que nous sommes malheureux. — Dans les rivières où (dans lesquelles) il y a beaucoup de roches, la navigation est très dangereuse. — Socrate dansait quelquefois; car il pensait [que] un tel exercice est utile à la bonne santé du corps.

Par est, il convient	*Superare*, triompher de	*Adesse*, intervenir
Minus, moins	*Improbus*, acharné	*Jam*, bientôt
Formidare, redouter	*Luxuriá, f.*, luxe	*Superesse*, rester
Omnino, entièrement	*Avaritiá, f.*, cupidité	*Conon, onis, m.*, Conon
Lucrum, n., gain	*Vexare*, désoler	*Imperium, n.*, domina-
Infamiá, f., déshonneur	*Opes, um, f.*, fortune	tion, joug

228. *Quem nominare consulem par est? Alium quemlibet, nam nostrum nemo dignus est. — Non minus quam vestrum quivis formido malum. — Nemo ignorat hominem esse mortalem. — Nullius condicio beata omnino est. — Nemini lucrum cum infamia prodest. — Alter consul dextro cornu, alter sinistro præfuit. — Laudemus ea sola quæ laude digna sunt. — Nihil est quod non superet labor improbus. — Romam pessima ac diversa inter se mala, luxuria atque avaritia, vexabant. — De tantis opibus, nisi adfuerit parsimonia, jam nihil supererit. — Cononis victoria non solum Athenæ, sed etiam tota Græcia, quæ diu sub Lacedæmoniorum fuerat imperio, liberata est.*

Employer, *usurpare*	*Darius, Darius, i, m.*	Odieux, *invisus*
Outil, *instrumentum, n.*	Tant que, *quamdiu*	Exposer, *objectare*
Quelconque, *quilibet*	Lutter, *dimicare*	Agitation, *fluctus, us*
Déterminé, *certus*	Rester en repos, *quietus*	Politique, *civilis*
Engendrer, *generare*	sum	Balloter, *jactare*

229. Un ouvrier emploie non pas des outils quelconques, mais certains outils déterminés. — Rien n'est plus doux que l'amitié; est-il rien de plus doux que l'amitié? — Rarement les héros engendrent des fils semblables à eux. — « Qui aime bien châtie bien » est un vieux précepte. — La mère de Darius, qui avait survécu à son fils, ne survécut pas à Alexandre. — Dieu ne manquera à personne d'entre nous. — Tant que les citoyens luttèrent entre eux, Épaminondas resta en repos, parce que la guerre civile lui était odieuse. — Ceux qui se sont exposés aux agitations politiques ne sont pas plus maîtres d'eux-mêmes (en leur pouvoir) que ceux qui sont ballotés par les agitations de la mer.

DEUZIÈME CONJUGAISON ACTIVE

§ 117. — Présent, imparfait, futur.

Delēre, effacer
Iniquitas, atis, f., iniquité
Deflēre, déplorer
Implēre, remplir
Amphora, f., amphore
Ad, jusqu'à

Summum, n., le haut
Flare, souffler
Formido, inis, f., effroi
Damnum, n., inconvénient
Cibus, i, m., mets
Flēre, pleurer

Parentes, um, m., parents
Parca, f., Parque
Nēre, filer
Stamen, inis, n., fil, trame
Fatalis, de la destinée

230. *Tempus multa delet, delebat, delebit; deleamus memoriam bellorum civilium.* — *Dele, Domine, iniquitates nostras.* — *Deflemus, deflebamus, deflebimus, defleremus, defleamus mortem amicorum; amicus deflebat, deflet, deflebit, defleat sortem amici.* — *Implete amphoram ad summum.* — *Ventus vela implet, implebit; vela impleret, si flaret.* — *Milites implebant locum clamoribus; impleant hostes formidine.* — *Homo non potest sine damno se implere cibis.* — *Imple, o bone puer, spes parentum tuorum.* — *Cur fletis, mulieres? cur flebatis?* — *Flentes narrabant calamitatem suam.* — *Parcæ nent fatalia stamina.*

Combler, *explēre*
Pleurer, *flēre*
Inespéré, *insperatus*
Remplir, *complēre*
Peu à peu, *paulatim*
Disque, *orbis, is,* m.

Accomplir, *complēre*
Destinée, *fatum,* n.
Fortuné, *fortunatus*
Peu d'hommes, *pauci homines*
Filer, *nēre*

Babiller, *blaterare*
Répéter, *dictitare*
Détruire, *delēre*
Il est nécessaire, *necesse est*
Compléter, *supplēre*

231. Les soldats de César comblent, combleront, combleraient ce marais, s'ils pouvaient. — Pleure, pleurons, pleurez; il est quelquefois doux de pleurer. — Cette victoire inespérée comble, comblait, comblera, comblerait mon âme de joie. — La lune remplit peu à peu son disque. — Il accomplit, il accomplissait, il accomplira, qu'il accomplisse sa destinée. — Tu accompliras cent ans, ô fortuné vieillard; peu d'hommes accomplissent une telle vie. — Filez, jeunes filles, la laine des brebis; vous babillez en filant. — Caton répétait sans cesse: Détruisons, nous détruirons, il est nécessaire de détruire Carthage. — Je complète, je compléterai, que je complète ce livre.

§ 117. — Parfait, plus-que-parfait, futur antérieur.

Delēre, détruire	*Complēre*, accomplir, combler	*Explēre*, remplir
Oppugnatio, onis, f., siège	*Ideo,* pour cela	*Sarmentum,* n., sarment
Quotidie, chaque jour	*Octoginta,* quatre-vingts	*Gallus, i,* m., coq
Quando ? quand?	*Replēre,* remplir	*Petrus, i,* m., Pierre
Postea, dans la suite	*Munus, eris,* n., tâche,	*Amare,* amèrement,

232. *Romani deleverunt, deleverant Hierosolyma post longam oppugnationem. — In senatu quotidie dictitabat Cato : « Quando Carthaginem delebimus ? si istam urbem deleverimus, neminem postea formidabimus. » — Quidam multos annos compleverunt, qui non sunt ideo sapientiores. — Plato complevit octoginta annos. — Puer ille replevit, repleverat lætitia parentes; hic patrem gaudio replevisset, si magis industrius fuisset. — Cicero boni consulis munus explevit. — Complevisti, o miles, compleveras, complevisses fossam sarmentis. — Cum gallus ter cantavisset, Petrus amare flevit; liber Evangelii narrat eum flevisse.*

De fond en comble, *penitus*	Espérer, *sperare*	Convenablement, *recte*
Matrone, *matrŏna,* f.	Vers, *carmen, inis,* m.	Charge, *munus, eris,* n.
Tisser, *nēre*	Déplorer, *deflēre*	Quinte-Curce, *Q. Curtius*
Tunique, *tunica,* f.	Si grand, *tantus*	Rapporter, *commemorare*
Époux, *conjux, ugis,* m.	Davantage, *magis*	Meurtre, *nex, necis,* f.
	Remplir, *explēre*	

233. Si vous aviez combattu plus vaillamment, les ennemis n'auraient pas détruit notre ville; ils l'ont détruite de fond en comble. — Les matrones romaines avaient tissé, ont tissé, auront tissé des tuniques pour leurs époux et leurs fils. — Le poète espère [que] le temps ne détruira pas ses vers. — Nous avons déploré, nous avions déploré la mort d'un si grand citoyen; nous l'eussions déplorée davantage, s'il n'y avait un autre citoyen, qui remplira convenablement la même charge. — Quinte-Curce rapporte qu'Alexandre pleura le meurtre de Darius. — Tu as pleuré, tu avais pleuré, tu auras pleuré, tu aurais pleuré, si tu avais été présent à ce spectacle.

§ 129. — Parfait en *ui*, supin en *itum*.

NOTE. — Les verbes *delēre*, *flēre* (*deflēre*), *nēre*, *implēre* (*complēre*, *explēre*, *replēre*, *opplēre*, *supplēre*), sont les seuls qui aient le parfait en *evi* et le supin en *etum*. Les autres ont le parfait en *ui*, et le supin en *itum*.

Habēre, avoir	*Exercēre*, exercer	*Grandis*, gros
Fidelis, fidèle	*Nimius*, trop de	*Pecunia*, f., somme d'argent
Conviva, m., convive	*Nocēre*, nuire	
Tacēre, se taire, taire	*Debēre*, devoir	*Nummus*, i, m., sesterce

234. *Habeo, habui, habueram fidelem amicum; habebas, habebis, habuisses multa pecora; pater ille habet, habuit, habuerat multos liberos; convivæ habent, habebant, habuerunt, habuerant, habebunt coronas in capite. — Non servos habemus, sed amicos. — Nihil habes in domo, neminem habuisti tecum. — Tace; sæpe tacere prodest. — Exercemus, exercuimus; exerceamus memoriam. — Nimii cibi nocent, nocuerunt, nocebunt. — Ne cuiquam nocueris. — Debebam, debui, debueram grandem pecuniam; nunc nemini nummum ullum debeo. — Multa Deo et parentibus et magistris, fili mi, debes.*

Devoir, *debēre*	Se taire, *tacēre*	Inconvénient, *incommodum*, n.
Nier, *negare*	Silence, *silentium*, n.	
Avertir, *monēre*	Qu'est-ce qui? *quid*?	Obéir, *parēre*
Exercer, *exercēre*	Empêcher, *prohibēre*	Plutôt que, *magis quam*
Plaire, *placēre*	Pouvoir, *facultas*, f.	

235. Nous devons aimer Dieu, nos parents, notre patrie, nos amis. — Je ne nie pas [que] je te dois mon salut. — Le maître avertit, avertira, a averti; qu'il avertisse ses élèves. — Pourquoi n'exerces-tu pas, n'as-tu pas exercé davantage ta mémoire? — La modestie et la bonté plaisent, plaisaient, ont plu, avaient plu, plairont à tout le monde. — Je me serais tu, si le silence avait pu être utile. — Taisez-vous, taisons-nous; nous nous tairions, si vous vous taisiez. — Qu'est-ce qui t'empêche de te taire? — Le pouvoir de se taire en temps opportun est précieux. — Le désir de plaire a parfois des inconvénients. — Il est plus facile d'obéir que de commander. — Obéissons à Dieu plutôt qu'aux hommes.

Modus, i, m., mesure
Adhibēre, employer, garder
Indigēre, avoir besoin (gén.)
Parēre, obéir
Placēre, plaire

Gratia, f., reconnaissance
Prytanēum, n., Prytanée
Præbēre, fournir
Sic, ainsi
Monēre, avertir

Timēre, avoir peur de
Aditus, us, m., accès
Patēre, être ouvert
Studēre, s'appliquer à
Valēre, être fort
Mores, um, m., mœurs
Laus, laudis, f., mérite

236. *In omnibus rebus modum adhibere optimum et utilissimum est. — Miseri homines auxilii amicorum indigent. — Improbi homines, qui legibus et præceptis Dei non parent, nobis non placent, non placuerunt, non placebunt. — Athenienses iis civibus quibus respublica magnam gratiam debebat, in prytaneo victum præbebant. — Alexander milites sic monuit : « Ne exercitum Persarum timueritis ». — Si legibus Dei semper parebis, aditus in cælum tibi patebit. — Boni discipuli magistris suis placere studebunt. — Plus valent boni mores quam bonæ leges. — Si tacuisses, te sapientem appellavissem. — Bonis placuisse magna laus est.*

Situation, condicio, onis, f.
Effrayer, terrēre
Châtier, coercēre
Punition, pœna, f.
Déplaire, displicēre

S'appliquer à, studēre
Sot, stultus
Esprit, mens, ntis, f.
Belles-lettres, litteræ, arum, f.
Commandement, præceptum, n.

Avoir peur de, timēre (acc.)
Nuire, nocēre
Aspect, species, ei, f.
Heureux, beatus

237. La situation des Séquanes, qu'effrayait la cruauté d'Arioviste, était fort malheureuse. — Que les élèves obéissent au professeur; car il châtiera par des punitions les élèves qui ne lui auront pas obéi. — Vous déplairez aux hommes avisés, si vous vous appliquez à plaire aux sots. — Je te loue d'avoir (parce que tu as) exercé ton esprit par l'étude des belles-lettres. — Les hommes qui n'ont pas obéi aux commandements de Dieu ont peur de la mort; la mort n'effraiera pas les hommes vertueux. — Il est plus facile de nuire que d'être utile. — L'aspect des Gaulois effraya les Romains. — Celui qui en cette vie obéira à Dieu sera heureux dans la vie éternelle.

Vocabulum, n., mot
Egēre, manquer de (abl.)
Abundare, regorger de
Florēre, être florissant
Bestia, f., animal

Utilitas, *atis*, f., service
Præbēre, rendre
Artes, *ium*, f., conduite
Sidus, *eris*, n., astre
Apparēre, paraître
Terrēre, épouvanter

Prohibēre, empêcher
Eminēre, se distinguer
Oraculum, n., oracle
Curare, faire en sorte
Valēre, se bien porter
Deterrēre, détourner

238. *Memoriam vestram, discipuli, ad latina vocabula exercete. — Alii homines victu egent, alii abundant divitiis. — Artes et litteræ in civitate nostra floruerunt et florent. — Deus bestias creavit, ut hominibus utilitatem præberent. — His malis artibus et tibi et aliis nocebis. — Sidera nobis minima apparent, quanquam maxima sunt. — Mors eos non terrebit qui legibus divinis semper paruerint. — Dux milites prohibuit cives expugnatæ urbis vexare. — Quos non interrogavi, ii taceant. — Socrates modestia et sapientia eminuit. — Oraculum Apollinis apud Græcos maximam auctoritatem habebat. — Cura ut valeas. — Timor pœnæ multos a sceleribus deterruit.*

Réprimer, *coercēre*
Être en fleur, *florēre*
Fournir, *præbēre*
Pomme, *malum*, n.

Poire, *pirum*, n.
Lettre, *litteræ, arum*, f.
Procurer, *præbēre*
Consolation, *solacium*

Être ouvert, *patēre*
Explorer, *explorare*
Se tenir caché, *latēre*
Forêt, *silva*, f.

239. A qui devons-nous les bienfaits les plus grands et les plus nombreux ?, à Dieu. — Le luxe a nui à la république romaine. — Si vous aviez réprimé vos passions, vous seriez plus heureux. — Les Lacédémoniens étaient robustes, parce qu'ils exerçaient sans cesse les forces de [leur] corps. — Les arbres, qui sont en fleur au printemps, nous fourniront des pommes et des poires en automne. — Les arbres en fleur charment les yeux. — Ta lettre avait procuré une grande consolation à ces hommes malheureux. — Toutes les terres et toutes les mers étaient ouvertes aux Romains. — Les cavaliers exploraient la route : ils furent tués par les ennemis qui se tenaient cachés dans les forêts.

Licēre, être permis
Vigēre, être vigoureux
Zephyrus, i, m., Zéphyr
Existimare, s'imaginer
Auricula, f., oreille
Midas, æ, m., Midas
Rhinoceros, otis, m., rinocéros

Juvencus, i, m., jeune taureau
Valēre, avoir du poids
Vulgus, i, n., le vulgaire
Julius, i, m., Julius
Indicium, n., indication
Præmonēre, avertir d'avance

De, de, au sujet de
Pons, pontis, m., pont
Sublicius, de bois
Etruscus, i, Etrusque
Oppugnare, assiéger
Sustinēre, soutenir
Quid? en quoi, à quoi?
Arca, f., coffre

240. *Nemĭni licet leges civitatis violare. — Animi horum puerorum vigent. — Veteres existimabant gallorum cantum leones terrere. — Auricŭlas asini Midas, rex divitissimus, habuit. — Rhinoceros unum cornu habet. — Lupos non timent juvenci. — Plus apud nos valeat ratio quam vulgi opinio. —C. Julium Cæsarem multa indicia de morte præmonuerant. — Oppidum hostis expugnavit et delevit. — Pons sublicius Etruscis iter præbuisset qui Romam oppugnabant, nisi Horatius Cocles eorum impetum sustinuisset. — Quid tibi prodest, o avare, arcam tuam nummis implevisse? multa habens, nihil habes.*

Révolution, circuitus, us, m.
Les autres, reliqui
Admirable, mirus
De loin, e longinquo
Appliquer, adhĭbēre
A propos, opportune
Vautour, vultur, uris, m.

Faible, debilis
Quand, quando
Tenir, tenēre
Détourner de, deterrēre ab
Entreprise, inceptum, n.
Se plaindre, dolēre
Manquer de, carēre (abl.)

Refuser, denegare
Avoir besoin de, indigēre (abl.)
Il faut, oportet
Horace, Horatius, i, m.
Tuer, obtruncare
Trépas, interitus, us, m.
Curiace, Curiatius, i, m.
Emplir, implēre, vi

241. La révolution du soleil, de la lune et des autres astres procure aux hommes un admirable spectacle. — Certaines choses nous effraient davantage de loin. — Si tu n'appliques pas à propos un remède, il ne servira [de] rien. — Il t'est facile, féroce vautour, d'effrayer un faible passereau. — Ton père t'avait averti du (*de*, abl.) danger, quand tu tenais ce chien méchant. — Nous l'avons détourné de son entreprise. — Pourquoi te plains-tu? de quoi manques-tu? je ne t'ai rien refusé des choses dont tu as besoin. — Il faut plaire à Dieu plutôt qu'aux hommes. — Horace tua d'un coup d'épée (par le fer) sa sœur qui pleurait le trépas de Curiace. — La foule des hommes et des femmes emplissait tous les temples

Nequaquam, ne... nullement	*Laus, laudis,* f., compliment	*Plurimum,* extrêmement
Etsi, bien que	*Merēre,* mériter	*Majores,* m. pl., ancêtres
Tenēre, tenir, garder	*Postquam,* après que	*Celer, eris, ere,* prompt
Tamen, cependant	*Exsul, ulis,* m., exilé.	*Egēre,* être dans le besoin
Sedulus, zélé	*Studēre,* étudier (dat.)	
Itaque, aussi	*Diligentia,* f., soin	

242. *Græcis mores Scytharum nequaquam placebant. — Athenienses, etsi prœlium Marathonium memoriā tenebant, tamen Miltiadem accusaverunt. — Sedulus fuisti; itaque præceptoris laudes meres. — Postquam Xerxes Athenas delevit, Athenienses Aristidem exsulem in patriam revocaverunt. — Orationes Ciceronis mihi semper placuerunt. — Moneo vos, cari discipuli, ut litteris latinis cum diligentia studeatis; nam plurimum vobis proderunt. — Majorum vestrorum, milites, gloriam memoria tenete. — Si auxilium sociorum nostrorum celerius fuisset, hostes neque agros nostros vastavissent neque urbes nostras delevissent. — Semper avarus eget.*

Avoir, *habēre*	Comme, *sicut.*	Paisible, *tranquillus*
Plein d'ardeur, *alacer*	Donc, *igitur*	Braver, *sustinēre*
Position, *locus, i,* m.	*Dumnorix, Dumnorix, igis,* m.	Être florissant, *florēre*
Désavantageux, *iniquus*		Prêter, *præbēre*
Mériter, *merēre*	De peur que, ne (subj.)	Flatteur, *adulator,* m.
Éloge, *laus, laudis,* f.	Puissance, *imperium,* n.	Jacob, *Jacōbus, i,* m.
Application, *industria*	Citadelle, *arx, arcis,* f.	Fille, *filia,* f.

243. Vous avez la victoire, soldats, si vous êtes vaillants et pleins d'ardeur; vous tenez l'ennemi dans une position désavantageuse. — Vous vous êtes appliqués à mériter des éloges par votre application; je vous loue donc, comme vous [le] méritez. — César réprima Dumnorix, de peur qu'il ne nuisît à la puissance romaine. — Les ennemis, qui occupaient la citadelle de la ville, effrayaient les paisibles citoyens. — Nos vaisseaux ont bravé la violence des vents. — César avait eu longtemps dans son camp les otages des Éduens. — Du temps (abl. plur.) de l'empereur Auguste, les arts et les lettres furent florissants à Rome. — Ne prête pas l'oreille à ce flatteur. — Jacob eut douze fils et deux filles.

Otium, n., loisir
Negare, nier
Jam non, ne... plus
Nepos, ŏtis, m., petit-fils
Avus, i, m., grand-père

Aliēnus, d'autrui
A tergo, par derrière
Brennus, i, m., Brennus
Macedonia, Macédoine
Princeps, éminent
Ultimus, le dernier

Hortensius, i, m., Hortensius
Principatus, us, m., palme
Janua, f., porte
Dis, Ditis, m., Pluton

244. *Otium non habeo corpus ad talia exercendi. — Non nego me tibi debuisse grandem pecuniam; debui, jam non debeo. — Spes miserorum animum sustinet. — Scelera nepotis deleverunt avi gloriam. — Aliena vitia in* (sous) *oculis, a tergo nostra sunt. — Brennus, Gallorum dux, nemine prohibente, Macedoniam vastavit. — Vitam non minus Deo debemus quam patriæ et parentibus. — Etiam tacendo peccare possumus : sæpe veritatem tacere turpe est. — Principibus placuisse viris non ultima laus est. — Q. Hortensius et M. Tullius Cicero principatum eloquentiæ tenebant. — Noctes atque dies patet atri janua Ditis.*

Repentir, pænitentia, f.
Effacer, delēre
Souvenir, memoria, f.
Mêler, miscēre
Cratère, crater, ĕris, m.
Présenter, præbēre
Coupe, poculum, n.
Scipion, Scipio, onis, m.

Offrir, exhibēre
Simulacre, simulacrum, n.
Sans voix, mutus
Etre exempt, carēre (abl.)
Passion, affectus, us, m.
Puissant, potens

Bienveillance, benignitas, f.
Sauveur, servator, m.
Se manifester, apparēre
Lien, vinculum, n.
Etre muet, silēre
Au milieu de, inter (acc.)
Docilement, modeste

245. Le repentir effacera le souvenir de tes fautes. — Que les jeunes gens exercent non seulement [leur] corps, mais aussi [leur] esprit. — Esclave, mêle dans le cratère du miel et du vin, et présente-nous les coupes. — Scipion offrit aux députés romains le simulacre d'une bataille. — Les animaux sans voix sont exempts des passions humaines. — Nous sommes puissants pour nuire. — La bienveillance de Jésus, notre Sauveur, s'est manifestée à tous les hommes. — Ni la pauvreté, ni les liens ni la mort même n'effraieront le chrétien. — Les lois sont muettes au milieu des armes. — Tu commanderas bien, si tu obéis docilement. — Applique-toi à plaire aux bons, à déplaire aux méchants.

TROISIÈME CONJUGAISON ACTIVE

Legere, lire	*Fabula*, f., fable	*Inanis*, vain
Tantum, seulement	*Sisyphus*, i, m., Sisyphe	*Pectus*, oris, n., cœur
Tribuere, accorder	*Saxum*, n., bloc de	*Tunica*, f., tunique
Oportet, il faut	pierre	*Induere*, mettre, revê-
Suum, n., son bien	*Intermissio*, onis, f.,	tir
Indignus, indigne	cesse	*Galea*, f., casque
Volvere, rouler	*Inferi, orum*, enfers	*E*, du haut de (abl.)

246. *Legis, legebas, legisti, leges libros antiquos et novos; malos libros ne legeris; lege tantum bonos et utiles libros.* — *Omnem honorem ætati et virtuti tribuimus, tribuemus, olim tribuimus, tribueramus, tribuamus; cuique suum tribuere oportet; præmia indignis ne tribueritis.* — *Mare volvit, volvebat, volvet fluctus ad littora; fabulá narrat Sisyphum saxum volvisse sine intermissione in inferis; cur inanes volvis in pectore cogitationes?* — *Albas tunicas induitis, induebatis, induistis, induetis, induissetis; vites se uvis induunt, induent, induerunt.* — *Indue, miles, galeam; hostes e muris saxa volvunt.*

Cueillir, *legere*	Ne... pas encore, *non-*	Traître, *proditor*, m.
Subir, *luere*	*dum*	Établir, *instituere*
Châtiment, *pœna*, f.	Dépouiller, *exuere*	Favorable, *opportunus*
Crime, *scelus, eris*, n.	Vêtements, *vestis, is*, f.	Instituer, *instituere*

247. Nous cueillons, nous cueillions, nous avons cueilli, nous cueillerons des fleurs dans le jardin; je n'ignore pas que tu as cueilli des fleurs dans mon jardin. — Les méchants subissent, subiront, avaient subi, subiraient le châtiment de leurs crimes; le temps de subir les châtiments n'est pas encore présent. — Les soldats romains dépouillèrent, avaient dépouillé Jésus de [ses] vêtements; méchants, pourquoi dépouillez-vous un innocent? Soldats, dépouillez ce traître de [ses] armes; dépouillons-nous de nos défauts. — Le général établit, établissait, établira, établirait, aurait établi ses troupes dans un endroit favorable; je t'instituerai mon héritier; n'établissons pas de lois injustes.

NOTE. — Dans les défenses, la négation *ne* peut être remplacée par d'autres mots négatifs, comme *nemo, nihil, nunquam.* Ex. : Ne dédaigne personne, *neminem* ou *ne quemquam despectaveris.*

Corruere, s'écrouler	Nondum, ne… pas encore	Corrumpere, rupi, corrompre
Arguere, incriminer, trahir	Minuere, diminuer	Colloquium, n., entretien
Degener, eris, dégénéré	Benignitas ; f., bonté	

248. *Statua dei corruit, corruerat, corruet; statuæ deorum corruebant, corruerant; corruerunt Lacedæmoniorum opes; corruite, falsorum deorum templa. — Turpe est fratrem arguere; multi alios sine justa causa arguunt, arguerunt, arguent, arguerent; te arguissem, si in errore fuisses; degeneres animos timor arguit; ne celeres simus ad arguendum. — Sumptus nondum minuimus, sed mox minuemus; sumptus nunc minuimus, olim minueramus, minueremus, si possemus; sumptus minuentes, divitiores erimus; sumptus minue; ne beneficia minueris; cur non potes sumptus minuere? — Nihil de benignitate minuamus. — Corrumpunt, corruperunt bonos mores colloquia mala.*

Élever, *statuere*	Nœud, *nodus, i, m.*	Faiblesse, *facilitas, f.*
Indigne, *indignus*	Marin, *nauta, m.*	Discipline, *disciplina, f.*
Résoudre de, *statuere*	Cordage, *funis, is, m.*	Relever, *restituere*
Faire fondre, défaire, dénouer, délier, payer, relâcher, *solvere*	Favorable, *secundus*	S'écrouler, *corruere*
	Dettes, *æs alienum, æris alieni*	Rétablir, *restituere*

249. Vous élevez, vous éleviez, vous avez élevé, vous éleverez des statues aux hommes illustres; n'élève pas, n'élevons pas, n'élevez pas des statues aux indignes; j'ai résolu, j'avais résolu, j'aurais résolu de t'avertir. — Le soleil fait fondre, a fait fondre, fera fondre la neige; défais, défaisons, défaites ce nœud; tu dénoues, tu dénouais, tu as dénoué tes cheveux; nous te délierons la langue; marins, vous délieriez les cordages, si les vents étaient favorables; je paierais ce que je dois, si j'avais de l'argent; il faut payer [ses] dettes; la faiblesse du général relâche la discipline. — Nous relevons, nous relèverons, nous avons relevé la statue qui s'était écroulée; rétablissez les exilés dans [leur] patrie.

§ 130-131. — Parfait en *i*.

Destituere, abandonner	Tantus, si grand	Genus, eris, n., nature
Ita ut; de telle sorte que	Sagitta, f., flèche	Congruere, se rencontrer
Instituere, régler	Imbuere, imprégner	Intéritus, us, m., ruine
Displicēre, déplaire	Luctus, us, m., deuil	Constituere, résoudre
Gratus, reconnaissant	Toga, f., toge	Diruere, renverser
Tot, tant de	Exuere, ôter	Cogere, coegi, pousser
	Induere, adopter	

250. *In rebus adversis amicos destituisse turpissimum est. — Homines vitam ita instituant ut Deo non displiceat. — Deo grati esse debemus, qui nobis tot et tanta beneficia tribuit. — Improbi homines bonos cives urbis nostræ argūerunt. — Nonnullæ gentes sagittas veneno imbuunt. — Romani, cum in luctu erant, albam togam exuebant. — Pausanias Lacedæmonius vestitum suum mutavit et mores Persarum induit. — Latini lingua, moribus, armorum genere multisque aliis rebus cum Romanis congruebant. — Romani, qui interitum Carthaginis constituerant, post tertium bellum Punicum hanc urbem diruerunt. — Vis ventorum navem in portum coegit.*

Démolir, *diruere*	Ramener, *redigere, egi*	Se battre, *pugnare*
Salien, *Salius, i, m.*	Corcyre, *Corcyra, f.*	Adolescent, *adolescens, entis, m.*
Mars, *Mars, Martis, m.*	Sous, *sub* (acc.)	Passer, *agere*
Abandonner, *destituere*	Puissance, *potestas, f.*	Oisiveté, *otium, n.*
Acte, *factum, n.*	Faire, *agere, egi*	Travail, *opus, eris, n.*
Etre d'accord, *congruere*	Contraindre, *cogere, coegi, coactum*	De cette façon, *sic*
Timothée, *Timotheüs, i*		

251. Thémistocle releva les murs d'Athènes, que les Perses avaient démolis. — Numa établit les Saliens, prêtres de Mars. — Quand la fortune t'aura abandonné, beaucoup d'amis t'abandonneront aussi. — Les actes des hommes ne sont pas toujours d'accord avec [leurs] paroles. — Timothée ramena Corcyre sous la puissance des Athéniens. — Qu'as-tu fait ? tu ne devais pas le faire ? — Il faut rarement contraindre un enfant par les coups. — Le général contraignit les soldats à se battre. — Tu me feras (contraindras à) pleurer. — Que les adolescents passent [leurs] premières années non pas dans l'oisiveté et la paresse, mais dans le travail et les fatigues. — Fais ce que tu fais ; de cette façon tu feras tout bien.

§ 132. — Parfait à redoublement.

Cum, comme
Currere, cucurri, courir
Cadere, cecĭdi, tomber
Cædere, cecĭdi, tailler en pièces, abattre
Discere, didĭci, apprendre
Parcere, peperci, épargner

Leuctra, n. pl., Leuctres
Accidere, ĭdi, arriver
Finitimus, qui touche à
Instituere, résoudre
Ne, de peur que (subj.)
Inermis, sans armes
Imprūdens, sans défiance
Perturbare, déconcerter

Incidere, di, tomber
Pelopidas, æ, Pélopidas
Occupare, s'emparer de
Præsidium, garnison
Pellere, pepuli, chasser
Cornelius, i, Cornélius
Nepos, ōtis, m., Népos
Leviter, légèrement
Tangere, tetigi, toucher à, effleurer

252. *Cum in hostes curreret, ex equo cecidit. — Miltiades pugna Marathonia ingentes Persarum copias cecidit. — Quid jam didicistis, pueri? Linguam latinam brevi tempore discetis, si industrii et seduli eritis. — Cives civibus parcere æquum est. — Apud Leuctra Lacedæmoniis calamitas maxima accidit. — Cæsar silvas castris finitimas cædere instituit, ne inermes imprudentesque milites repentino hostium impetu perturbarentur. — Cura ne in morbum incidas. — Pelopidæ consilio exsules Thebas occupaverunt et præsidium ex arce pepulerunt. — Cornelius Nepos vitam Hannibălis leviter tetigit.*

Apprendre, discere, didĭci
Critias, Critias, æ, m.
Tomber, cadere, cecĭdi
Jérusalem, Hierosolyma, orum, n.
Toucher à, tangere, tetigi (acc.)
Objet, res, rei, f.

Sacré, sacer, cra
Épargner, parcere, peperci (dat.)
Peine, opera, f.
Ilion, Ilium, n.
Tromper, fallere, fefelli
Chanter, canere, cecini
Pérégrination, error, m.

Ulysse, Ulixes, is, m.
Élément, elementum, n.
Orbilius, Orbilius, i, m.
Sédition, seditio, onis, f.
Apaiser, sedare
Demander, poscere, poposci
Rebelle, seditiosus
Tuer, occidere, cĭdi

253. Il vous sera utile d'avoir appris beaucoup de choses]. — Critias, chef des trente tyrans, tomba en combattant vaillamment contre Thrasybule. — Jérusalem ayant été prise d'assaut, Pompée ne toucha à aucun des objets sacrés. — Je n'ai épargné ni ma dépense ni ma peine. — L'orgueilleuse Ilion est tombée et Troie entière est à terre. — Mon espoir m'a trompé. — Homère a chanté dans l'Iliade la colère d'Achille, dans l'Odyssée les pérégrinations d'Ulysse. — Horace apprit les premiers éléments près (ab) d'Orbilius. — La sédition apaisée, le consul demanda que (ut) les soldats rebelles fussent tués. — Alexandre tua son ami.

§ 133. — Parfait en si.

Verbes à labiale.

Scribere, écrire	Ambulare, se promener	Obscure, insensiblement
Contemnere, mépriser	Consumere, passer	Occupare, envahir
Eumenes, is, Eumène	Tullia, f., Tullie	Provincia, f., province
Regius, royal, de roi	Nubere, se marier	Parare, préparer
Ornatus, us, insignes	Serpere, se glisser	Contemnere, traiter
Nomen, inis, n., titre	Per, à travers	sans respect

254. Tibi non scripsi, nam nihil habebam quod ad te scriberem. — Ne Deum contempseris, cui pro tot tantisque beneficiis maximam gratiam debes. — Post Eumenis mortem ii qui Alexandri amici fuerant regium ornatum nomenque sumpserunt. — Alteram diei partem legendo, alteram ambulando consumpsi. — Tullia, Servii Tullii regis filia, Tarquinio nupserat. — Non ignoratis Ciceronem pulcherrimos de senectute deque amicitia libros scripsisse. — Serpit anguis per herbam. — Hoc malum obscure serpens multas jam provincias occupavit. — Si quid turpe paras, pueri ne tu contempseris annos.

Cornélius, Cornelius, i, m.	Archimède, Archimedes, is, m.	mum agmen
Népos, Nepos, otis, m.	Attentivement, attente	Du Péloponèse, Peloponnesiacus
Écrire, scribere, psi	Tracer, describere	Envahir, irrepere, psi
Faire périr, consumere, mpsi	Figure, forma, f.	Se glisser, serpere, psi
Tiers, tertia pars	Poussière, pulvis, veris, m.	Parmi, per (acc.)
Cueillir, carpere, psi	Inquiéter, carpere	Peigner, comere, mpsi
Massacrer, obtruncare	Arrière-garde, novissi-	Soigneusement, accurate

255. Cornélius Népos a écrit la vie de Miltiade et d'autres généraux illustres. — Le fer et la faim avaient fait périr le tiers de l'armée d'Annibal. — Mes sœurs ont cueilli la plus grande partie des fleurs qui étaient dans notre jardin. — Un soldat romain massacra Archimède, qui traçait attentivement des figures sur la poussière. — Nous avons inquiété l'arrière-garde des ennemis pendant trois heures. — La seconde année de la guerre du Péloponèse, la peste avait envahi Athènes. — Cette coutume s'est glissée peu à peu parmi vous. — Avant la bataille les Spartiates peignèrent soigneusement leurs cheveux.

Irrepere, se glisser	*Subscribere*, souscrire	*Tripus*, ŏdis, m., tré-
Sulla, m., Sylla	*Feles*, is, f., chat	pied
Proscribere, proscrire	*Obrepere*, s'approcher	*Aureus*, d'or
Exoptare, convoiter	furtivement (dat.)	*Insculpere*, graver sur
Expromere, mpsi, faire	*Subito*, brusquement	(dat.)
paraître	*Immolare*, immoler	*Apud*, à (acc.)
Agere, egi, faire	*Pallium*, n., manteau	*Sumere de*, faire subir
Votum, n., vœu	*Obnubere*, voiler	à

256. *Nunquam invidia in animum tuum irrepat. — Sit mulier fidelis ei viro cui nupsit. — Sulla non solum inimicos proscripsit, sed etiam eos quorum divitias exoptabat. — Nero crudelitatem in christianos exprompsit. — Decem annos Græci consumpserunt in oppugnatione Trojæ. — Quid ages si fortuna voto tuo subscripserit? — Feles avibus obrepunt easque subito occupant. — Agamemno, filiam immolaturus, caput pallio obnupsit. — Lacedæmonii tripŏdi aureo insculpserunt nomina civitatum quæ apud Platæas dimicaverant. — Cæsar supplicium de Vercingetorige sumpsit.*

Prendre, *sumere, mpsi*	Habitant d'Antioche, *An-*	Tirer de, *promere ex*
Toge, *toga*, f.	*tiochensis, is*, m.	Trésor, *ærarium*, n.
Viril, *virilis*	Enlever, retrancher, *de-*	Débiter, *promere*
Peser en fait, *sumere*	*mere*	Action, *actio, onis*, f.
Mépriser, *contemnere,*	Théodose, *Theodosius, i*	Térence, *Terentius, i*, m.
contempsi	Trop, *nimis*	Plaute, *Plautus, i*, m.
Dénigrer, *carpere*	Gras, *pinguis*	Comédie, *comœdia*, f.

257. Après la dix-septième année les adolescents nobles prenaient la toge virile. — Tu t'es trompé, quand tu as posé en fait [que] la langue latine est fille de la langue grecque. — Si tu es grand, ne méprise personne ; si tu es petit, ne dénigre personne. — Les habitants d'Antioche avaient enlevé la tête aux statues de l'empereur Théodose. — Tu es trop gras ; retranche quelque chose à (*ex*) ta nourriture ; ne retranche rien au travail et aux exercices. — J'ai tiré pour eux beaucoup d'argent du Trésor. — L'art de débiter un discours s'appelle l'action. — Térence a écrit six comédies ; Plaute [en] avait écrit vingt et une.

Verbes à gutturale.

Note. — Tout mot interrogatif entre deux verbes veut le second au subjonctif : Qui es-tu ? *quis es ? J'ignore qui tu es, ignoro quis sis ?*

Dicere, dire	*Cingere,* entourer, cerner	*Fetiales, ium,* m., féciaux
Spectare, considérer		
Indicere, déclarer	*Trahere, traxi,* attirer	*Conciliare,* conclure
Ducere, mener, conduire	*Affligere,* terrasser	*Conducere,* louer

258. *Jesus tribus apostolis dixit : « Quæ spectavistis nemini dixeritis. » — Populus romanus Carthaginiensibus bellum indixit. — Tarquinius Priscus, quintus rex Romanorum, urbem Romam muris cinxit. — Hannibal magnum exercitum in Italiam duxit, ut cum Romanis dimicaret. — Hostes equitatu nostro cingemus. — Cum te in hortum duxero, tibi dicam quid pater mihi scripserit. — Trahit sua quemque voluptas. — Semper dicamus quæ vera sunt. — Una clade Cæsar Helvetios afflixit. — Apud Romanos fetiales bellum indicebant et pacem conciliabant. — Quis conduxerit hanc domum ignoro; majorem hac domum pater meus conducet.*

Dire, *dicere, dixi*	Lieutenant, *legatus, legati,* m.	Corriger, *corrigere, rexi*
Bias, *Bias, antis,* m.		
Mener, *ducere*	Résoudre, *instituere*	Favoriser, *adesse*
Concentrer, *contrahere, traxi*	Recommencer, *renovare*	Égypte, *Ægyptus, i,* f.
	Chérir, *diligere, lexi*	Cléopâtre, *Cleopatra,* f.
Déclarer, *indicere*	Traîner, *vehere, xi*	Négliger, *neglegere*
Son propre, *suus*	Remporter, *reportare*	Intérêt, *res, rei,* f.

259. Je dirai toujours ce qui est vrai ; mais je ne dirai pas tout à tous. — Bias, l'un des sept sages, a dit : « Je porte avec moi tous mes [biens]. » — César mena les légions romaines contre l'ennemi, qui avait concentré toutes ses troupes. — Catilina avait déclaré la guerre à la patrie, aux citoyens, à tous les gens de bien. — Quand César eut réuni les cohortes de ses lieutenants avec sa propre armée, il résolut de recommencer le combat. — Personne n'a plus chéri les hommes que Jésus. — Des chevaux blancs traînèrent le char de celui qui avait remporté la victoire. — Pourquoi, enfants, n'avez-vous pas corrigé vos défauts ? — Antoine favorisa en Égypte le parti de Cléopâtre et négligea les intérêts des Romains.

Dumnorix, igis, m., Dumnorix
Orgetorix, igis, m., Orgétorix
Ducere, prendre (pour femme)
Matrimonium, mariage
Aptus, assorti
Intelligere, lexi, comprendre
Postquam, quand
Undique, de toutes parts
Sumere, prendre
Vincere, vici, vaincre
Hiberna, orum, quartiers d'hiver
Ariovistus, i, Ariovistе
Adjungere, associer
Accurate, avec soin
Viperinus, de vipère
Sanies, ei, f., venin
Tingere, teindre
Memoria tenēre, retenir

260. *Scribere scribendo, dicendo dicere disces. — Dumnorix Orgetorigis filiam in matrimonium duxerat. — Facile intelligimus verum esse hominis naturæ aptissimum. — Temporibus Miltiadis Persarum rex Darius ex Asia in Europam exercitum traduxit. — Hannibal, postquam insidias sibi undique paratas esse intellexit, venenum quod secum semper habebat sumpsit. — Cæsar, postquam Germanos vicit, legiones omnes in hiberna duxit. — Ædui Germanos atque Ariovistum sibi adjunxerant. — Ea quæ dicturus erat accurate scripsit. — Scythæ sagittas viperina sanie tingebant. — Quæ bene intellexi, ea bene memoria teneo.*

Avis, sentential, f.
Thalès, Thales, ētis, m.
Prédire, prædicere
Eclipse, defectus, us, m.
Couvrir, tegere
Eriger, erigere, rexi
Trophée, tropæum, n.
Lier, jungere
Menteur, mendax. ācis
En venir aux mains, *confligere*
Près de, *apud* (acc.)
Régille, Regillus, i, m.
Diriger, regere
Privé, privatus
Comment? *quomodo?*
Public, *publicus*
Entourer, *cingere*
Côté, *pars, partis,* f.
Couronner, *cingere*
Faire passer, *transvehere, xi*
Bretagne, *Britannia,* f.
Ramener, *reducere*

261. Ne dis pas ton avis à n'importe qui. — Thalès, le premier, a prédit une éclipse de soleil. — Les soldats couvrirent leurs têtes de leurs boucliers. — Après la victoire les Grecs érigèrent un trophée. — Ne lie jamais amitié avec les menteurs. — Le dictateur en vint aux mains avec l'ennemi près du lac Régille. — Toi qui n'as pu diriger [tes] affaires privées, comment dirigeras-tu les affaires publiques? — Une île est une terre que les flots entourent de (*ex*) tout côté. — Les jeunes filles couronnèrent leur tête de fleurs. — César avait fait passer son armée en Bretagne; mais il ramena bientôt ses troupes en Gaule.

Verbes à dentale.

Lædere, offenser
Appropinquare, approcher
Porta, f., porte (de ville)
Claudere, fermer
Jugurtha, Jugurtha
Numida, m., Numide
Adherbal, alis, m., Adherbal

Socius, i, m., allié
Cruciatus, us, m., torture
Agri, orum, m., territoire
Dividere, séparer
Illudere, ridiculiser
Luere, subir
Meritus, mérité
Inopia, f., disette

Commeatus, us, m., approvisionnements
Excludere, tenir éloigné
Radere, raser
Obsecrare, conjurer
Diligenter, soigneusement
Attendere, faire attention

262 *Ne quemquam fratrum aut etiam inimicorum læseris. — Cum Romani appropinquarent, hostes portas urbis clauserunt. — Jugurtha, rex Numidarum, dignitatem populi romani læsit; nam Adherbalem, socium populi romani, multis cruciatibus necavit. — Tibi ipse nocebis, si alios læseris. — Rhenus flumen agros Helvetiorum a Germanis divisit. — Ne illudamus auctoritatem magistratuum; nam is qui auctoritatem eorum illuserit meritam pœnam luet. — Hostes Romanos, quibus inopia commeatus erat, a frumento excluserant. — Quibusdam populis mos erat ut capita raderent, cum in luctu erant. — Obsecro vos ut diligenter attendatis.*

Jouer, ludere, si
Se récréer, delectari
Envoyer, mittere, misi
Bithynie, Bithynia, f.
Cassius, Cassius, i, m.
Sous, sub (acc.)
Édifice, ædificium, n.

Incendier, enflammer, incendere, di
Aisément, facile
Contre, contra
Se retirer, concedere, cessi
Allumer, accendere, di

Incendie, incendium, n.
Éteindre, extinguere, xi
Médique, Medicus
Envahir, invadere, si
Mettre, induere
De deuil, lugubris
Raser, radere, si

263. Vous avez joué, enfants? Nous avons joué. — Les enfants se récréent en jouant. — Les Romains envoyèrent des députés en Bithynie. — Les Helvètes avaient tué le consul L. Cassius et fait passer (envoyé) son armée sous le joug; César les contraignit à rétablir les édifices qu'ils avaient incendiés. — Vercingétorix enflamma aisément les Gaulois contre les Romains. — Coriolan exilé se retira chez les Volsques. — Il est plus facile d'allumer un incendie que de l'éteindre. — Dans les guerres médiques, l'Asie envahit l'Europe. — Ils mirent des vêtements de deuil et [se] rasèrent la tête.

Contendere, di, rivali-
ser
Mittere, misi, envoyer
Adulescens, adolescent
Ægates, um, f., Égates
Statuere, résoudre de
Absolvere, terminer
Permittere, remettre,
permettre
Arbitrium, n., décision
Conscribere, psi, enrô-
ler
Datames, is, m., Datame
Pisida, m., Pisidien
Pellere, pepuli, faire
plier
Fundere, fudi, mettre
en déroute
Occidere, di, tuer
Invadere, si, envahir
Sibilare, siffler
Plaudere, si, applaudir
Evadere, si, devenir
Remittere, renvoyer

264. *Cornelius Nepos scribit Aristidem cum The-
mistocle de principatu contendisse. — Pater filium
ad bellum misit; cecidit in prœlio adulescens. —
Carthaginienses, classe (sur mer) apud insulas Ægates a Romanis superati, statuerunt bellum absolvere
eamque rem arbitrio permiserunt Hamilcaris. —
Senatus consuli permisit ut duas legiones conscri-
beret novas. — Primo impetu Datames Pisidas pe-
pulit et fudit, multos occidit, castra hostium expugnavit. — Pestilentia totum populum invaserat. —
Populus eum sibilat; at ipse sibi plaudit. — Ex
paupere dives evasit. — In suam quemque regionem
remisimus.*

Mourir, decedere, cessi
Age, ætas, atis, f.
Perdre, amittere, isi
Expulser, detrudere, si
Unique, unicus
Souffrir de la goutte,
  laborare pedibus.
Confier, permittere
Affaire, causa, f.
Renvoyer, remittere ad
Défendre, defendere, di
Verser, fundere, fudi
Grêle, grando, inis, f.
Meurtrir, contundere,
  tudi
Vigne, vitis, is, f.
Rabattre, contundere
Sottise, stultitia, f.
Adversaire, adversa-
  rius, i, m.
Troupe, manus, us, f.
Mettre en déroute, fun-
  dere
Gros, ingens.

265. Platon mourut dans la quatrevingts-unième
année de [son] âge. — Les cerfs perdent leurs cornes
tous les ans. — Les Romains avaient expulsé les
Carthaginois de (ex) toute la Sicile. — Bien malheureuse est une mère qui a perdu son fils unique. — Le
général, souffrant de la goutte, confia son armée à
son lieutenant. — Ne renvoyez pas l'affaire au sénat.
— J'ai défendu ma patrie et j'ai versé mon sang pour
(pro) elle. — La grêle a meurtri les vignes. — Il est
parfois utile de rabattre la sottise de nos adversaires.
— Ne verse pas de larmes. — Souvent une petite
troupe a mis en déroute une grosse armée.

§ 134. — Parfait en *vi* ou *ui*.

Fatigare, fatiguer
Usque ad, jusqu'à
Quiescere, *evi*, se repo-
ser
Cognoscere, *ovi*, appren-
dre à connaître
Consuescere, *evi*, s'ha-
bituer
Delphicus, de Delphes
Noscere, *novi*, appren-
dre à connaître
Ignoscere, *ovi*, pardon-
ner
Danubius, *i*, m., Danube
Relinquere, laisser
Ducere, *xi*, amener
Desinere, *ivi*, cesser
Debilitare, affaiblir
Eligere, *egi*, choisir
Assuescere, s'habituer
Concurrere, *i*, courir

266. *Milites magnis laboribus fatigati usque ad meridiem quieverunt. — Cæsar fortitudinem septimæ legionis et decimæ cognoverat. — Hannibal venenum, quod semper secum habere consueverat, sumpsit, ne a Romanis necaretur. — In porta templi Delphici hæc erant verba: Nosce te ipsum! — Religio christiana nobis imperat ut inimicis ignoscamus. — Darius in Danubii ripis reliquit principes quos secum ex Asia duxerat. — Desine currere, nam vires tuæ debilitatæ sunt. — Ex pluribus malis minima eligere assuesce. — Ignosce sæpe alteri, nunquam tibi. — Nemo quiescat, cum cives ad arma concurrunt.*

Pardonner, *ignoscere, ovi*
Connaître, *cognoscere, ovi*
Ennemi, *inimicus, i*, m.
S'habituer, *consuescere, evi*
Laisser, *relinquo, liqui*
Ramener, *reducere*
Restant, *reliquus*
Soigneusement, *studiose*
Cultiver, *colere, lui*
Se distinguer, *excellere, ui*
Talent, *peritia*, f.
Acheter, *emere, i*
Donter, *subigere, egi*
Bucéphale, *Bucephalus, i*, m.
Reconnaître, *agnoscere, ovi*

267. Il vaut mieux pardonner aux autres qu'à soi-même. — Il est très difficile de se connaître soi-même. — Qui d'entre vous n'a pas pardonné, qui ne pardonnera pas à [ses] ennemis? — Les médecins s'appliquent à connaître toutes les parties du corps; ceux qui n'ont pas appris à les connaître, ne guériront pas les malades. — Annibal s'était habitué à avoir toujours du poison avec lui. — César laissa deux légions et ramena les quatre autres (restantes). — Les anciens Romains ont soigneusement cultivé leurs champs. — Néron se distingua par l'art de chanter et le talent de diriger les chars. — Alexandre acheta et donta le cheval Bucéphale; celui-ci reconnaissait [son] maître.

Marcus, i, m., Marcus
Portius, i, m., Portius
Consciscere, ivi, donner
Defessus, épuisé
Res, pl., puissance
Crescere, evi, grandir
Sero, tard, trop tard
Gemere, ui, gémir
Dolosus, fallacieux
Corruere, s'écrouler

Fama, f., bruit
Percrebescere, ui, se répandre
Universus, tout à la fois
Assuetus, habituel
Vilescere, être sans valeur
Novi, (de nosco), je connais
Intimus, le plus secret

Sensus, us, m., sentiment
Cyrus, i, m., Cyrus
Medus, i, m., Mède
Adimere, emi, enlever
Alere, ui, nourrir
Ingenium, n., esprit
Sinere, sivi, laisser
Lectio, onis, f., lecture.
Cantus, us, m., chant.

268. *Marcus Portius Cato mortem sibi ipse conscivit. — Milites totius diei labore defessi cum magna voluptate quieverant. — Cum bellicosæ gentes Italiæ superatæ essent, Romanorum res brevi tempore creverunt. — Sero gemuit corvus, qui dolosæ vulpi aures præbuerat. — Concordia parvæ res crescunt, discordia maximæ corruunt. — Postquam fama hostium adventus percrebuit, populus universus ad arma cucurrit. — Assueta vilescunt. — Novit omnia Deus, etiam intimos animi sensus. — Cyrus, Persarum rex primus, imperium Medis ademit. — Alit lectio ingenium. — Cantus tui non sinunt me quiescere.*

Pratiquer, colere, ui
Piété, pietas, f.
Laisser, sinere, sivi
Se reposer, quiescere, evi
Cesser de, desinere, sii
Gémir, gemere, mui
Dauphin, delphinus, i.
Comme, tanquam

Grandir, adolescere, evi
Mot, vocabulum, n.
Vieillir, obolescere, evi
Faire paître, pascere, pavi
S'étendre, accumbere, ubui
Lit, lectus, i, m.

Se coucher, recumbere
Trembler, tremere, ui
Quitter, relinquere, liqui
Poste, locus, i, m.
Nourrir, alere, ui
Génie, ingenium, n.
Eglise, Ecclesia, f,
Songer à, consulere, ui

269. Le cheval reconnut la voix de son maître. — Pratique la justice et la piété. — Tes chants ne m'ont pas laissé me reposer. — Cesse de gémir; tes maux ne sont pas grands. — Les dauphins grandissent vite. — Dans notre langue, comme dans toutes les autres langues, beaucoup de mots ont vieilli. — Jésus dit à Pierre : Fais paître mes agneaux et mes brebis. — Trois convives s'étendaient sur le même lit. — Il se coucha pour se reposer sous le feuillage d'un hêtre. — Ne tremble pas dans le danger, ne quitte pas ton poste dans le combat, ne gémis pas dans la défaite. — Les saintes Écritures ont nourri le génie des Pères de l'Église. — Il a songé non pas à l'État, mais à soi seul.

§ 119. — Verbes en io.

Injuria, 1., injure	Afficere, combler de	Conspicere, io, exi,
Accipere, io, cepi, rece-	Capere, io, cepi, prendre	apercevoir
voir	Fugere, io, gi, fuir	Docere, ui, enseigner
Facere, io, feci, faire	Proficere, avancer	Hanno, onis, Hannon
Ruere, se précipiter	Deficere, reculer	Hodie, aujourd'hui
Interficere, io, feci, tuer	Mores, um, m., conduite	Heri, hier

270. *Melius est injuriam accipere quam facere. — In perniciem ruerem, si fecissem quod imperavisti. — C. Julium Cæsarem ii interfecerunt quos maximis beneficiis affecerat. — Cives arma capiant, ne hostes urbem expugnent. — Fuge periculum; quot homines, si periculum fugissent, in perniciem non ruissent. — Qui proficit in litteris et deficit in moribus, plus deficit quam proficit. — Hostes, cum equites Romanorum conspexissent, fugerunt. — Ratio docet quid facere, quid fugere debeamus. — Carthaginienses quibus Hanno præerat magnum in legiones romanas impetum fecerunt. — Quod rex imperat, cives, facitote. — Quid hodie facies ? te heri nihil fecisse non ignoro.*

Fuir, prendre la fuite,	percussi	Ambassadeur, legatus, i
fugere, io	Marcellus, Marcellus, i	Dédaigner, despicere,
Compagnie, consuetudo,	Vaincre, vincere, vici	io, spexi
inis, f.	Nole, Nola, f.	Associé, socius, i, m.
Tuer, interficere, io, feci	Entreprendre, suscipe-	Prendre, capere, cepi
Épée, gladius, i, m.	re, io, cepi	Le pire, pessimus
Accorder, tribuere	De Tarente, Tarentin,	Renverser, dejicere, jeci
Recevoir, accipere, cepi	Tarentinus.	Démétrius Demetrius,
Frapper, percutere, io,	Offenser, lædere, si	i, m.

271. Fuyez la compagnie des méchants. — Les ennemis prirent la fuite; le général avait tué lui-même de son épée plusieurs ennemis. — Il est plus agréable d'accorder des bienfaits que d'[en] recevoir. — Les cavaliers des Numides frappèrent Marcellus, qui avait vaincu Annibal à (*apud*) Nole. — Les Romains entreprirent la guerre de Tarente, parce que les Tarentins avaient offensé l'ambassadeur des Romains. — Les trente tyrans dédaignèrent Thrasybule à cause du petit nombre de [ses] associés. — Si tu avais pris les armes contre ta patrie, tu serais le pire des hommes. — Les Athéniens renversèrent bientôt les trois cents statues qu'ils avaient élevées à Démétrius.

Perspicere, io, spexi, observer minutieusement, pénétrer
Afficere, io, feci, affliger de
Reducere, xi, ramener
Concutere, io, ussi, ébranler

Marius, i, m., Marius
Se recipere, io, cepi, se retirer
Fides. ei. f.. loyauté
Incipere, comeucer
Celeriter, vite
Cognoscere, ovi, reconnaître

Risus, us, m., sourire
Cimon, onis, m., Cimon
Scyrus,, f., Scyros
Deficere, io, feci, quitter le parti de (*ab.*)
Vacuefacere, io, feci, dépeupler
Ejicere, io, eci, chasser

272. *Is intelliget quanta sit Dei sapientia, qui opera ejus pulcherrima perspexerit. — Thrasybulus eos Athenienses quos Triginta tyranni exsilio affecerant in patriam reduxit. — Marius et Sulla bello civili rempublicam Romanorum concusserunt. — Romani, postquam Belgarum fugientium magnam multitudinem interfecerunt, sese in castra receperunt. — Cæsar ex Gallorum principibus paucos, quorum fidem perspexerat, reliquit in Gallia, reliquos secum in Britanniam duxit. — Cum Nervii castra oppugnare inciperent, Romani ad arma celeriter concurrerunt. — Incipe, parve puer, risu cognoscere maretm. — Cimon Scyrum insulam, cujus incolæ ab Atheniensibus defecerant, vacuefecit incolasque ex insula ejecit.*

Commencer, *incipere, io, cepi*
Attaquer, *invadere, si*
Inspirer, *injicere, io, jeci*
Effroi, *formido, inis, f.*
Faire, *facere, io, feci*

Étudier, *discere*
S'imaginer, *existimare*
Mettre de côté, *abjicere*
Vendre, *vendere, didi*
Serviteur, *servus*
Récompense, *merces, edis, f.*

Caïn, *Caïnus, i, m.*
Mettre au monde, *parere, io, peperi*
Établo, *stabulum, n.*
Achever, *conficere, io, feci*
Lumière, *lumen, inis*

273. Nous ne commencerons pas la guerre; si les ennemis nous attaquent, ils ne nous inspireront pas d'effroi. — Qu'avez-vous fait hier, enfants? que ferez-vous aujourd'hui? Hier nous avons joué, aujourd'hui nous étudierons. — Ne fais rien par colère ou par passion. — Ne t'imagine pas que j'ai mis de côté le souci de ton salut. — Recevoir un bienfait, c'est quelquefois vendre [sa] liberté. — Le bon serviteur recevra une récompense. — L'impie Caïn tua son frère. — La vierge Marie a mis au monde Jésus la nuit dans une étable. — Le soleil a achevé sa course annuelle. — La lune reçoit la lumière du soleil. — Peu de gens dédaignent les richesses : les saints les ont dédaignées.

Récapitulation sur la troisième conjugaison.

Cras, demain
Interrogare, demander à
Divitiacus, Divitiacus
Lædere, si, blesser
Egregius, remarquable
Temperantia, f., modé-
  ration
Elpinice, es, f., Elpinicé
Callias, æ, m., Callias

Pecuniosus, riche en
  argent
Adversus, contraire
Secundus, favorable
Fortuna, bonne for-
  tune
Tribuere, imputer
Treveri, orum, m., Tré-
  vires

Auctoritas, influence
Confirmare, affermir
Minuere, amoindrir
Cedere, cessi, lâcher
  pied
Cælum, n., climat
Animus, i, caractère
Mutare, changer de
Trans, au-delà de

274. *Cras vos interrogabo quid scripseritis et di-
diceritis. — Cæsar Dumnorigem non interfecit, ne
animum fratris ejus Divitiaci læderet, cujus egre-
giam fidem, justitiam, temperantiam cognoverat. —
Elpinice, Cimonis soror, dixit se Calliæ, homini pe-
cunioso, nupturam esse. — Reges Persarum casus
adversos hominibus, secundos fortunæ suæ tribuebant. — In Treverorum civitate duo de principatu
inter se contendebant, Indutiomărus et Cingetorix:
hujus auctoritatem inter cives Cæsar confirmavit,
illius minuit. — In pugna cessisse turpe est. — Cælum, non animum mutant, qui trans mare currunt.*

Aiguiser, acuere
Appétit, fames, is, f.
Marcher, ambulare
Habit, vestis, is, f.
De deuil, lugubris
Mortel, letalis
*Fondre sur, ingruere
  in* (acc.)
Laver, abluere

Cydnus, Cydnus, i, m.
Verrès, Verres, is, m.
Amende, multa, f.
S'exiler, exsulare
Craindre, præmetuere
Pensée, mens, ntis, f.
Application, studium
*Obstacle, impedimen-
  tum, n.*

Opiniâtre, pertinax
Boisseau, modius, i, m.
Oter, detrahere, xi
Nid, nidus, i, m.
Pondre, parere, io
Elever, educere
Petit, pullus, i, m.
Apprendre, docēre
Voler, volare

275. Socrate, avant le repas, aiguisait [son] appétit
en marchant. — Après la défaite de Cànnes les matrones revêtirent des habits de deuil. — Une maladie
mortelle fondit sur Alexandre, qui se baignait dans
le Cydnus (lavait son corps par l'eau du Cydnus). —
Verrès condamné paya une amende énorme et s'exila.
— Crains l'homme (celui) dont les paroles ne sont pas
d'accord avec la pensée. — Démosthène vainquit par
une application opiniâtre les obstacles de la nature.
— Annibal envoya en Afrique trois boisseaux d'an-
neaux d'or qu'il avait ôtés des (a) mains des Romains.
— Les oiseaux font des nids, pondent des œufs, élè-
vent leurs petits et [leur] apprennent à voler.

QUATRIÈME CONJUGAISON ACTIVE

Audire, entendre, écouter	*Oliva*, f., olive, olivier	*Punire*, punir
Preces, um, f., prières	*Dormire*, dormir	*Sons, sontis*, coupable
Custodire, garder	*Jam*, maintenant	*Raro*, rarement
Sepulcrum, n., tombeau	*Requiescere, evi*, se reposer	*Delectari*, être charmé, aimer à

276. *Vocem in silva audio, audivi, audiveram; senes audite, juvenes; preces miserorum audiamus, audiemus, audire debemus; te audiremus, si justa diceres. — Milites romani custodiebant, custodierunt, custodierant sepulcrum Jesu; custodes ipsos quis custodiet? quæ audivisti, memoria custodi; præcepta Evangelii custodiamus. — In horto olivarum Jesus dixit comitibus : « Dormite jam et requiescite. » — Dormis, dormiebas, dormivisti, dormieras, dormies melius post laborem. — Si dormiveris, te puniam. — Punitis, puniebatis, punivistis sontes; ne innocentes puniveritis; boni duces raro puniunt; non delector puniendo.*

Obéir, *obœdire*	Savoir, *scire*	Instruire, *erudire*
Ne savoir pas, *nescire*	Aboyer, *latrare*	Nourrir, *nutrire*

277. Obéis, obéissons, obéissez aux magistrats : celui qui ne sait pas obéir ne saura pas commander; pourquoi n'as tu pas obéi, n'avais-tu pas obéi, n'obéissais-tu pas à l'ordre de ton chef? — Je ne sais pas ce que tu sais; mais tu ne sais pas ce que je sais. — A quoi servent les chiens qui ne savent pas, ne savaient pas, n'ont pas su, ne sauront pas aboyer? — Personne ne sait ce qu'il n'a pas appris; je saurais cela, si je l'avais appris. — Les maîtres instruisent, instruisaient, ont instruit, avaient instruit, instruiront, qu'ils instruisent avec soin leurs élèves. — La terre nourrit, a nourri beaucoup de plantes. — Le soin de nourrir les corps est bon; meilleur est le soin de nourrir les âmes.

Lenire, adoucir   *Obœdire,* obéir   *Delectare,* charmer
Munire, fortifier   *Nescire,* ignorer   *Surgere,* se lever
Etiam, même   *Oratio, onis,* f. discours   *Satis,* assez

278. *Tempus maximos dolores leniet. — Magistratus urbem custodiunt. — Athenienses urbem firmis muris muniverant. — Etiam in puniendo vir sapiens modum adhibebit. — Consiliis sapientium hominum obœdiamus. — Multa audivisse nobis prodest. — Multarum rerum causam nescimus. — In silvis cantantes aves audiamus. — Oratio tua animos audientium delectavit. — Boni cives legibus et magistratibus obœdiunt. — Magister eos discipulos punivit qui præceptis ejus non obœdiverant. — Surgite, pueri; horas octo dormivistis : nam horas octo dormivisse et pueris et senibus satis est. — Malis hominibus obœdire turpe est.*

Garder, *custodire*   Tristesse, *tristitia,* .   Punir, *punire*
Finir, *finire*   Habiller, *vestire*   Fortifier, *munire*
Etre esclave de, *inser-*   Distribuer, *dispertire*   Fossé, *fossa,* f.
   vire (dat.)   Bon, *benignus*   Retranchement, *vallum,*
Adoucir, *lenire*   Ecouter, *audire*   n.

279. Les serviteurs fidèles garderont le patrimoine de [leur] maître. — La mort ne finira pas notre vie. — Ceux-là sont libres qui ne sont pas esclaves de [leurs] passions. — Un bon espoir adoucit souvent la tristesse. — Dieu, qui nourrit les oiseaux et habille les fleurs, nourrira et habillera aussi les hommes. — Le général distribua aux soldats une grande partie du butin. — Le bon Dieu t'écoutera, si tu obéis à ses commandements. — J'ai puni ces enfants; car ils n'avaient pas obéi à mes recommandations. — Dieu nous gardera toujours; nous, obéissons toujours à ses lois. — Il m'est doux d'avoir adouci la douleur de mon ami. — Les Romains fortifiaient un camp par un retranchement et un fossé.

Nescire, ne savoir pas	*Evadere, si*, s'échapper	*Ita*, ainsi
Erudire, instruire	*Impedire*, gêner	*Stabilire*, consolider
Tristis, fâcheux	*Alacritas, atis*, f., em-	*Impertire*, assigner
Finire, finir	pressement	*Pars, partis*, f., part
Expedire, tirer de	*Inservire*, s'assujétir	*Nutrire*, nourrir

280. *Multa nesciremus, nisi ab aliis audivissemus. — Sæpe prodest nescire quid futurum sit. — Aristoteles, clarissimus philosophus, Alexandrum Magnum in græcis litteris erudivit. — Quis tristissimum illud bellum civile finiet? — Filios nostros ita erudiamus ut Deo semper obœdiant. — Patriam periculo expedivisse dulce est. — Pauci hostes e prœlio evaserunt, quod equites nostri fugam eorum impediebant. — Si leges justæ erunt, iis cum alacritate inserviemus, atque ita pacem et concordiam stabiliemus. — Solonis leges populo Atheniensium magnam partem potestatis impertiebant. — Hunc pauperem puerum nutriemus et erudiemus.*

Octroyer, *impertire*	Engourdir, *sopire*	Sonore, *clarus*
Part, *pars, partis*, f.	Au moment que, *cum*	Vaillance, *fortitudo,*
Fléchir, *mollire*	Ithaque, *Ithaca*, f.	*inis*, f.
Courroux, *ira*, f.	Entendre, *audire*	Muraille, *murus, i*, m.

281. Je n'ai octroyé à personne une part de mon fardeau, mais à tous les gens de bien une part de ma gloire. — Coriolan, qui était à la tête de l'armée des Volsques, aurait ravagé les champs des Romains, si [sa] mère et [sa] sœur n'avaient fléchi son courroux. — Le sommeil engourdit Ulysse, au moment qu'il approchait (subj.) d'Ithaque [sa] patrie. — Tu as entendu, tu entends la voix sonore de mon oiseau? — Nous avons, après un long siège, pris d'assaut et démoli la ville, que les ennemis avaient fortifiée. — La vaillance des Spartiates était si grande que (*ut*, subj.) ils ne fortifiaient pas leur ville par des murailles.

§ 121-124. — Remarques sur la conjugaison active.

Juvare, aider
Sanare, guérir
Fugere, io, i, prendre la fuite
Quomodo? comment?

Eleemosyna, f., aumône
Sinistra, main gauche
Dextera, main droite
Scire, savoir
Tolerare, endurer

Injuria, f., injustice
Errare, voyager
Ditare, enrichir
Definire in, limiter à (acc.)

282. *Dic mihi, quis te in hanc urbem duxit? — Dic veritatem, fac tuum officium, duc cæcum. — Natura juvante, morbus sine medicorum auxilio sanatus est. — Duce fugiente, quomodo milites non fugient? — Te faciente eleemosynam, nesciat sinistra tua quid faciat dextera tua. — Servus meus liber esto. — Scito unum Deum esse, non plures. — Scitote me propter vos multas injurias tolerasse. — Te laudassem, si dignus fuisses. — Si minus errasset, minus esset notus Ulixes. — Consul milites ingenti præda ditarat. — Romani dictatoris potestatem in sex menses definierant.*

Promettre, promittere, misi
Je sais, novi
Détendre, emollire
Arc, arcus, us, m.

Poisson, piscis, is, m.
Barque, navicula, f.
Tolérer, tolerare
Insolence, protervitas, atis, f.

Faire part de, impertire
Indigent, indigens
Achever, perficere
Accepter, accipere
Inviter, invitare

283. Fais ce que tu as promis, dis ce que tu sais. — Soyez de fidèles serviteurs de Dieu. — La pluie avait détendu les arcs des soldats. — Vous avez entendu la voix de Dieu : faites ce qu'elle commande. — La multitude des poissons avait rempli la barque. — Sache que je ne tolérerai pas ton insolence. — Si j'avais dit cela, ils ne m'auraient pas écouté. — Je sais [que] tu as fait part de (de, abl.) ton patrimoine aux indigents. — Achève ce que tu as commencé. — Quand Dieu commande (Dieu commandant), il faut obéir. — Je ne pense pas qu'il acceptera mes dons. — Pourquoi ne m'as-tu pas invité? Je t'aurais invité, si j'avais su que tu étais là.

Récapitulation sur la conjugaison active.

Suetonius, i, m., Suétone
Scriptor rerum, historien
Describere, psi, raconter
Ejicere, ejicio, ejeci, bannir
Donare, gratifier de (abl.)
Exercēre, ui, itum, pratiquer

284. *Romani eodem anno Carthaginem et Corinthum deleverunt. — Alexander delevit Thebas, quæ diu floruerant. — Cyrus omnium in exercitu suo militum nomina memoria tenebat. — Ii amici qui in rebus adversis te destituerunt veri amici non fuerunt; nam veræ amicitiæ sempiternæ sunt. — Suetonius, scriptor rerum romanarum, vitam imperatoris Augusti et aliorum imperatorum romanorum descripsit. — Themistocles, quem Athenienses ex patria ejecerant, ad regem Persarum fugit, a quo tribus urbibus donatus est. — Hostes, cum multitudinem Romanorum conspexissent, in castra fugerunt. — Artem scribendi exerce, ut eam discas; nisi hanc artem exercueris, eam non disces.*

Retenir, continēre
Redouter, timēre
Tumulte, tumultus, us
Appius, Appius, i, m.
Claudius, Claudius, i
Habitude, consuetudo, inis, f.
Plus, amptius
Dormir, dormire
Croire, putare
Surpasser, superare
Vertu, probitas, f.

285. Le général retint l'armée dans le camp, parce qu'il redoutait le nombre plus considérable des ennemis. — Un grand tumulte remplit le camp, quand fut annoncé le crime d'Appius Claudius. — Nous apprenons facilement en écoutant. — Les Spartiates n'avaient fortifié leur ville d'aucuns remparts. — L'habitude apprend à supporter le travail, à mépriser la douleur. — Auguste ne dormait pas plus de (que) six heures. — Se taire et écouter, choses les plus difficiles de toutes. S'il dit de pareilles (telles) choses, tu crois que je me tairai? — Chérissons ceux qui surpassent les autres hommes par la vertu et la bonté.

Diogenes, is, Diogène	Fastidire, dédaigner	Fama est, on raconte
Sitire, avoir soif	Servire, être esclave de (dat.)	Invadere, si, attaquer
Puteus, i, m., puits	Orpheus, i, m., Orphée	Percutere, io, cussi, frapper
Proximus, le plus rapproché	Dulcedo, inis, f., douceur	Aspicere, io, considérer
Haurire ex, puiser à	Mollire, adoucir	Mortalis, humain
Urbanus, citadin	Inde, de là	Enim, car
Agrestis, champêtre		Patiens, patient

286. *Legendi semper occasio est, audiendi non semper. — Diogenes, cum sitiebat, aquam e próximo puteo hauriebat. — Urbani agrestes cibos fastidiunt. — Nescire quædam magna pars sapientiæ est. — Scythæ nemini neque serviebant neque imperabant. — Orpheus barbaros hominum mores dulcedine cantus sui mollivit; inde fama est eum lenivisse tigres leonesque. — Galli, hostes invasuri, scutum hasta percutiunt. — Aspicit Omnipotens oculis mortalia justis. — Gallis appropinquantibus, Romani se receperunt ex agris in oppidum propter timorem. — Ne dixeris : « Peccavi, et quid mihi accidit triste ? » Deus enim judex patiens est.*

Égorger, *mactare*	Empêcher, *impedire*	Acheter, *emere, emi*
Mettre le feu, *faces injicere, jeci*	Agrément, *jucunditas, atis, f.*	Trafiquer, *mercaturas facere*
Maison, *tectum, n.*	Beaucoup, *valde*	Pyrrhus, *Pyrrhus, i, m.*
Raser, *solo exæquare*	Faire des progrès, *proficere*	Estimer, *existimare*
Violence, *manus, uum, f. pl.*	Chasser, *pellere, pepuli*	En pays étranger, *peregre*

287. Les Gaulois envahirent la Ville, égorgèrent les vieillards, mirent le feu aux maisons, rasèrent la ville entière par le fer, le feu, la violence. — Les maladies du corps empêchent l'agrément de la vie. — Avoir est meilleur que avoir eu; avoir pleuré est meilleur que pleurer. — Que celui à qui Cicéron plaira beaucoup sache qu'il a fait (soi avoir fait) des progrès. — J'ai couru et je suis tombé. — Jésus chassa du (e) temple et ceux qui achetaient et ceux qui trafiquaient. — L'oracle dit à Pyrrhus : « J'estime [que] tu peux vaincre les Romains. » — Ne crois pas [que] je quitterai ma patrie et que je fuirai en pays étranger.

DEUZIÈME CONJUGAISON PASSIVE

§ 147. — Supin en *etum*.

Norunt = noverunt
Scriptura, f., écriture
Sacer, cra, saint

Propheta, n., prophète
Manifestus, évident
Complēre, remplir

Accedere, essi ad, approcher de
Deflēre, déplorer

288. *Nostra castra deleta sunt, deleta erant, delebuntur ab hostibus; norunt omnes Hierosolyma deleta esse a Romanis post longam obsidionem. — Pulcherrimis et sapientissimis sententiis Sacræ Scripturæ implebantur, impletæ sunt a prophetis et apostolis; urbs tota clamore impleta erat; implenda est amphora ad summum; manifestum est hostes nostros impleri formidine. — Bona spe compleamur; si sarmentis fossa completa esset, ad murum accedere potuissemus. — Mortem boni ducis ab omnibus civibus defleri, defletam esse, defletum iri certum est.*

Combler, *replēre*
S'écrier, *exclamare*
Chaque jour, *quotidie*

289. On pleure, on pleurait, on pleurera, on a pleuré, on avait pleuré, on pleurerait, on aurait pleuré, si nos soldats avaient été battus; il ne faut pas pleurer. — Ta faute est effacée, était effacée, sera effacée, qu'elle soit effacée par le repentir; elle a été effacée par tes larmes. — Nous serons comblés, nous avons été comblés, nous aurions été comblés de joie, si tu avais vaincu [ton] adversaire; rempli de joie, il s'écria : « J'ai vaincu mon ennemi ». — Caton disait chaque jour : « Il faut détruire Carthage; il est nécessaire que (*ut*) Carthage soit détruite; il était nécessaire qu'elle fût détruite; j'espère [que] bientôt elle sera détruite. »

§ 147. — Supin en *issus*,

Imminēre, être menaçant	*Habēre*, tenir, maintenir	*Habēri*, être regardé comme, passer pour
Pecunia, f., argent	*Vincula*, n. pl., les fers	*Summus*, éminent
Captivus, prisonnier	*Continuus*, qui se suit	*Profligare*, battre

290. *Monēmur, monebamur, moniti sumus, monebimur, moniti eramus de periculo; utile est moneri de periculis imminentibus. — Multa pecunia a te debetur, debebatur, debita erat, deberetur; id a me tibi deberi, debitum esse non nego. — Captivi a rege in vinculis habentur, habebantur, habebuntur, habiti erant tres dies. — Tres continuos annos pax habita est. — Alexander a Persis deus habebatur, habitus est, habitus esset, si minus crudelis fuisset. — Summus dux haberis, habeberis, habereris, si hostes profligavisses. — A bonis ducibus exercemur.*

Athlète, *athlēta*, m.	*Négligence*, *negligentia*, f.	*Appliquer*, *adhibēre*
lutte, *luctatio*, *onis*, f.		*Effrayer*, *terrēre*

291. Les corps des athlètes sont exercés, étaient exercés, seront exercés, ont été exercés, auraient été exercés par la lutte; il faut exercer l'esprit; il est utile [que] le corps soit exercé. — Chaque jour, écoliers, vous êtes avertis, vous avez été avertis, vous étiez avertis, vous serez avertis, vous aurez été avertis de votre négligence; il est nécessaire que (*ut*) vous soyez avertis. — Le remède a été, sera, aurait été appliqué au mal; il faut appliquer le remède à cette blessure; le remède ayant été appliqué, la blessure fut guérie. — Je suis effrayé, j'étais effrayé, j'ai été effrayé, je serais effrayé, ne soyons pas effrayés par les orages.

Dionysius, i, m., Denys | Fidem adhibēre, ajou- | Admonēre, avertir
Syracusæ, ārum, f., | ter foi | Placēre, paraître bon
  Syracuse | Ariadna, f., Ariane | Sevērus, sévère
Meluere, craindre | Desertus, désert | Coercēre, châtier
Theseus, i, m., Thésée | Frustra, inutilement | Nero, onis, m., Néron

292. *Dionysius, tyrannus Syracusarum, qui ab omnibus timebatur, semper ipse insidias inimicorum metuebat. — Theseus, si fabulis fides adhibenda est, Ariadnam in insula deserta reliquit. — Romani Gallorum impetu territi sunt. — Cæsar ab uxore frustra admonitus est ut mortis periculum vitaret. — Atheniensibus placuit ut iis quibus civitas magnam gratiam debebat, in Prytaneo victus præberetur. — Qui ducibus non paruerint severis pœnis coercebuntur. — In omnibus rebus modús a vobis adhibeatur. — Crudelitas Neronis tanta erat ut ab omnibus Romanis timeretur.*

Témérité, temeritas, f. | La ville (de Rome), Urbs, | Colombe, columba, f.
Regarder comme, habēre | Urbis, f. | S'effrayer, terrēri
Joseph, Josephus, i, m. | Férocité, sævitia, f. | Bruit, strepitus, us, m.
Étrurie, Etruria, f. | Fermeté, constantia, f. | Difficulté, difficultas, f.

293. Que la témérité soit réprimée par la raison. — Jésus était regardé par les Juifs comme fils de Joseph. — Il vaut mieux être aimé que d'être redouté. — Porséna, roi d'Étrurie, fut détourné du siège de la Ville par l'incroyable audace des Romains. — Beaucoup de méchants ne sont détournés des crimes que par la crainte (sont détournés par la seule crainte) des châtiments. — Si tu te souviens toujours de la mort, tu seras détourné du péché. — La férocité des soldats ayant été réprimée par la fermeté du général, il y eut une grande allégresse dans la ville. — Les colombes s'effraient du moindre bruit. — Nous avions été détournés de notre dessein par la difficulté de la chose.

Fulmen, inis, n., foudre
Neque, non plus
Prudens, sage

Ars, artis, f., moyen
Prohibēre, empêcher, écarter

Pœna, f., punition
Sedes, is, f., séjour
Beatus, bienheureux

294. *Si remédia a vobis adhibita essent, nunc valeretis. — Adhibita remedia non semper ægrotis hominibus prosunt. — Nunquam fulmine territus sum; neque tu territus esses, si prudens esses. — Qui a multis timetur, ipse multos timebit. — Pauperibus cibus a divitibus præbeatur. — Cantu quarumdam avium maxima volüptas nobis præbetur. — Malæ artes ab hostibus adhibitæ sunt ut nostros terrerent. — Sæpe peccavissemus, nisi peccare prohibiti essemus. — Ii pueri qui a præceptore admoniti non paruerunt meritam pœnam luunt. — Qui in hac vita probi fuerint, post mortem a sede beatorum non prohibebuntur.*

Arrivée, adventus, us, m.
Avec succès, feliciter
Faculté, facultas, f.
Cupide, avarus

Écarter, prohibēre
Toit, tectum, n.
Inique, iniquus
Avertir, admonēre ut
Éviter, evitare

Compagnie, consuetudo, inis, f.
Refuser de, recusare
Défendre, prohibēre
Puisque, cum (subj.)

295. La ville entière s'effraya de l'arrivée des ennemis. — Nos soldats auraient combattu plus vaillamment et avec plus de succès, s'ils avaient été exercés par de meilleurs chefs. — Que les facultés de l'âme soient exercées par les enfants. — Parce que vous êtes injustes et cupides, vous êtes redoutés des citoyens. — Il est dur d'être écarté de (a) son toit par des hommes iniques. — Si on t'avertit d'éviter (que tu évites) la compagnie d'un mauvais enfant, ne refuse pas d'obéir à cette recommandation. — Quand Dieu défend, on doit obéir avec joie. — On redoute les méchants, on obéit aux justes, on aime les bons. — Taisons-nous, puisqu'il faut se taire.

Vetustas, atis, f., temp	*Desperare,* se désespé-	*Libenter,* volontiers
Cupidus, avide de (gén.)	rer	*Coercēre,* contenir
Præbēre, accorder	*Vero,* au contraire	*Frenum,* n., frein

296. *Quot operā hóminum vetustate deleta sunt.
— Eodem die quo copiæ Mardonii ad Platæas deletæ
sunt, etiam in Asia adversus Persas dimicatum est.
— Justis legibus parendum est. — Amoris simulatio
pejor odio ab hominibus habetur. — Cimon beneficen-
tissimus omnium Atheniensium habitus est. — Urbis
incolæ inermes a militibus prædæ cupidis terré-
bantur. — Hostibus pax præbita est æquis condicionibus. — Omnia debentur morti. — Spe certa im-
plebar ego, ille vero desperabat. — Ab amicis libenter
moneamur. — Amici monendi sunt, si peccant. —
Equi frenis coercendi sunt.*

Quatre centième, *qua-*	Compléter, *explēre*	*prium est*
dringentesimus	Libéral, *beneficus*	Frontières, *fines, ium,* m.
Quatre-vingtième, *octo-*	Austère, *integer, gra*	Sarment, *sarmentum,* n.
gesimus	Rigide, *rigidus*	Donner l'assaut à, *oppu-*
Armer, *armare*	C'est le propre, *pro-*	*gnare* (acc.)

297. L'an quatre cent quatre-vingt avant Jésus-
Christ Athènes fut détruite par Xercès, roi des Perses.
— Dix mille hommes armés furent complétés par
l'arrivée de Platéens; tous les soldats, à la tête des-
quels étaient dix généraux, brûlaient du désir de combattre. — César était regardé comme libéral et magnifique, Caton comme austère et rigide. — Il faut
exercer la mémoire. — La mort de Cicéron fut pleurée
par tous les bons citoyens. — C'est le propre de la
vraie amitié d'avertir et d'être averti. — Il faut écarter
les ennemis de (*a*) nos frontières. — Le fossé ayant été
comblé avec (par) des sarments, les soldats donnèrent
l'assaut à la ville

TROISIÈME CONJUGAISON PASSIVE

Solvere, délier, dissiper
Funis, is, m., câble
Lætus, riant
Seges, etis, f., moisson

Cannæ, arum, f., Cannes
Notum est, on sait
Cogere, coegi, coactum, contraindre

Subito, subitement
Recedere, cessi, battre en retraite

298. *Equus solvitur, solvebatur, solutus est, solvetur, solvatur ab equite; funis navis solvendus est; curæ nostræ mox solventur. — Vestibus albis sacerdotes induuntur, induebantur, induti erant, induerentur; lætis segetibus agri nostri induti sunt. — Tria millia hominum in hac pugna cæduntur, cæsa sunt, cæsa erant; arbor ferro cæsa cecidit; Romanos ab Hannibale ad Cannas cæsos esse notum est. — Fugere cogor, cogebar, coactus sum, cogar, coactus essem, nisi hostes subito territi recessissent. — Cæcus a cæco duceris, ducebaris, ductus es, duceris, ductus esses.*

Cæci, hæc
Instruction, institutio, onis, f.
Se dire, dici
Le vrai, verum, n.

Fermer, claudere, si, sum
Porte (de maison), janua, f.
Porte (de ville), porta, f.

Avec soin, diligenter
Honorer, colere, ui, cultum
Se passer, être emporté, consumi, sumptus

299. On écrit, on a écrit, on écrira beaucoup de livres; j'espère [que] par vous seront écrits de bons livres; que ceci soit écrit pour (ad) l'instruction des enfants. — Beaucoup de paroles se disent, se sont dites, se diront tous les jours; il faut dire le vrai. — On ferme, on a fermé, on fermera, on fermerait, on avait fermé, qu'on ferme la porte de la maison; il faut fermer les portes de la ville. — Il faut cultiver les champs avec soin; heureux parents, vous êtes honorés, vous étiez honorés par vos enfants. — Les jours et les nuits se passent, se passaient, se sont passés, se passeront dans la crainte; beaucoup de citoyens avaient été emportés par la peste.

Arguere, accuser — de (gén.)
Lædere, si, enfreindre, violer
Alba, f., Albe
Mettius, i, m., Mettius
Suffetius, i, Suffetius.
Albanus, Albain

Fides, ei, f., parole donnée
Humilis, humble
Viola, f., violette
Carpere, psi, cueillir
Furculæ, cularum, f., Fourches
Caudinæ, Caudines

Samnites, ium, m., Samnites
Concludere, si, cerner
Senator, oris, m., sénateur
Dicere, appeler
Conscriptus, conscrit
Appellare, nommer

300. *Sæpe etiam viri boni ab improbis hominibus malorum facinorum arguuntur. — Carthaginiensibus, qui pacis condiciones læserant, a populo romano bellum indictum est. — Alba Longa a Tullo Hostilio diruta est; hæc urbs ab eo non diruta esset, nisi a Mettio Suffetio, duce Albanorum, fides læsa esset. — Autumno maturæ uvæ, vere humiles violæ a nobis carptæ sunt. — In Furculis Caudinis, anno trecentesimo vicesimo uno ante Christum, exercitus romanus a Samnitibus conclusus est. — Senatores, qui a Romanis patres dicebantur, in senatu patres conscripti appellabantur.*

Diviser, dividere, si
Tribu, tribus, us, f.
Servius, Servius, i, m.
Tullius, Tullius, i, m.
Classe, classis, is, f.

Ne... aucun, nullus
Misère, molestia, f.
Amoindrir, minuere
Lysandre, Lysander, dri
Conon, Conon, onis, m.

Amener, ducere
Fin, exitus, us, m.
Mener hors, educere
En venir aux mains, dimicare

301. Le peuple romain fut divisé par Romulus en (*in*, acc.) trois tribus, par Servius Tullius en six classes. — Que les bonnes mœurs ne soient offensées par aucun d'entre vous. — Les portes de la ville ont été fermées, parce que les ennemis approchent. — Les misères de la vie sont amoindries par l'espérance. — Rien n'est plus doux que d'être chéri, rien n'est plus honteux que d'être redouté et méprisé. — Les murs d'Athènes et du Pirée, le port athénien, furent démolis par le Lacédémonien Lysandre et relevés par l'Athénien Conon. — Nos affaires seront dirigées et amenées à (*ad*) bonne fin par Dieu. — L'armée, menée hors (*e*) du camp, en viendra aux mains avec l'ennemi.

Incredibilis, incroyable	*toucher*	*Cingere,* bloquer, entou-
Celeritas, f., célérité	*Abstinēre a,* respecter	rer
Affigere, briser, acca-	*Pellere, pulsum,* chas-	*Probitas,* f., vertu
bler	ser	*Fabricius,* i, m., Fa-
Reficere, io, feci, répa-	*In locum,* à la place	bricius
rer	*Succedere, cessi,* succé-	*Legatus,* i, m., ambas-
Religio, onis, f., scru-	der	sadeur
pule religieux	*Contraherē, tràctum,*	*Pars, partis,* f., côté
Tangere, teligi, tactum,	ressembler	*Ex,* de (abl.)

302. *Cæsar cum incredibili celeritate longas naves, quæ vi ventorum afflictæ erant, brevi tempore
refecit. — Barbari, religione tacti, a templo divino
abstinuerunt. — Cæsa sunt hostium duo millia. —
Tarquiniis pulsis, consules in locum regum succes-
serunt. — Copiis in unum locum contractis, Cæsar
impetum hostium exspectavit. — Urbs obsidione
cincta multis calamitatibus afflicta est. — Cum hostes appropinquarent, consul imperavit ut portæ urbis
clauderentur. — Probitati Fabricii, legati romani,
a Pyrrho magna laus tributa est. — Eurōpa tribus
ex partibus mari cingitur.*

Gouverner, *regere*	Aimer, *diligere, lexi*	Mais aussi, *sed etiam*
Puissance, *potentia,* f.	Non seulement, *non mo-*	Royal, *regius*
Fléau, *malum,* n.	*do*	Ruiner, *solvere, i, utum*

303. Les États qui ne sont pas gouvernés par de
bonnes lois ne seront jamais florissants. — Qu'on gou-
verne les hommes par la raison, non par la force des
armes. — En hiver la terre est couverte de neige. —
La puissance de la république romaine fut amoindrie
par deux fléaux, la cupidité et le luxe. — Cimon était
aimé non seulement par les Athéniens, mais aussi par
tous les Grecs. — De grands honneurs seront accordés à ceux par qui la patrie a été sauvée. — Le pouvoir royal ayant été ruiné par M. Brutus, on créa
deux consuls, qui étaient à la tête de la république
romaine. — Aime, et tu seras aimé.

Dividere, diviser, séparer	*Matrona, f., Marne*	*Quod, de ce que*
Appellare, appeler	*Sequana, m., Seine*	*Quanquam, bien que*
Diversus, différent	*Describere, décrire*	*Absolvere, absoudre*
	Laus, laudis, f., estime	*Dœmnare, condamner*

304. *Gallia omnis erat divisa in partes tres, quarum unam habitabant Belgæ, aliam Aquitani, tertiam Celtæ, qui a Romanis Galli appellabantur; hi omnes lingua, moribus, legibus diversi erant. Galli ab Aquitanis Garumna flumine, a Belgis Matrŏna et Sequăna divisi erant. Horum omnium fortissimi fuerunt Belgæ. — A Tacito, scriptore rerum romanarum, mores veterum Germanorum descripti sunt. — Jam antiquissimis temporibus eloquentiæ magna laus tributa est. — Athenienses Socratem arguerunt quod auctoritatem deorum minuisset; is, quanquam innocens erat, a judicibus non absolutus, sed capitis (à mort) damnatus est.*

Revêtir, *induere*	Sur, *de* (abl.)	De telle sorte que, *ita... ut* (subj.)
Vêtement, *vestis, is, f.*	Des Gaules, *gallicus*	Diriger, *dirigere*
Oter, *exuere*	Rameur, *remex, igis, m.*	Sens, *pars, partis, f.*
Conduire, *ducere*		

305. On vous avait revêtus d'un beau vêtement; pourquoi l'avez-vous ôté? — La puissance des Athéniens fut amoindrie par la guerre du Péloponèse. — Tu seras méprisé par ceux que tu as toi-même méprisés. — Si vous ne vous conduisez pas vous-mêmes, vous serez menés par d'autres. — Plaise à Dieu que (*utinam*) les États soient gouvernés par les lois, [et] les passions par la raison! — A qui d'entre vous de très nombreux et très grands bienfaits n'ont-ils pas été accordés par Dieu? — Sept livres ont été écrits par Jules César sur la guerre des Gaules; l'auteur du huitième livre n'est pas César. — Le pilote avait exercé les rameurs de telle sorte que le vaisseau pouvait être dirigé dans (*in*, acc.) tous les sens.

Cognoscere, cognitum, apprendre
Tegere, couvrir
Pretio, à prix d'argent
Emere, emi, acheter
Ardor, oris, m., ardeur
Paullātim, peu à peu

Exstinguere, inctum, éteindre
Laus, laudis, f., gloire
Falli, se tromper
Defectio, onis, f., éclipse
Prædicere, prédire

Cicăda, f., cigale
Canere, cecini, chanter
Consumi, consumptus, périr
Verti, tourner
Succurrere, secourir (dat.)

306. *Cognito Cæsaris adventu, Ariovistus legatos ad eum misit. — Terra nive tecta hieme quiescit. — Vocabula latina a vobis, discipuli, discantur et memoria teneantur. — Quicumque in prœlio cesserit, contemnetur. — Somnus pretio non emitur. — Ardor pugnantium paullatim exstinctus est. — Vera laus soli virtuti tribuenda est. — Medici sæpe falluntur. — Solis et lunæ defectiones a doctis viris prædicuntur. — Totam æstatem cicădæ cecinerant; hieme fame consumptæ sunt. — Terra vertitur; luna crescit et minuitur. — Miseris succurrendum est. — Multa prædicta sunt quæ nunquam acciderunt.*

Forcer, *cogere, egi, actum*
Reculer, *cedere loco*
De bois, *ligneus*
Entrer, *intrare*
Incendier, *incendere*

Défilé, *angustiæ, arum, f.*
Soumettre, *subigere, egi, actum*
Lecture, *lectio, onis, f.*
Câble, *funis, is, m.*

Rompre, *rumpere, rupi, ruptum*
De lui-même, *ipse*
Inutilement, *frustra*
Lièvre, *lepus, ŏris, m.*
Se nourrir, *ali*

307. César fut forcé de reculer. — Troie n'aurait pas été vaincue, si les Troyens n'avaient pas laissé le cheval de bois entrer dans la ville. — Rome fut incendiée par les Gaulois. — Le défilé des Thermopyles fut défendu par trois cents Spartiates. — Vous savez [que] la Gaule a été soumise par César. — On nourrit l'esprit par la lecture. — Les poèmes d'Homère se liront toujours. — Les câbles se rompirent. — Le feu s'allume et s'éteint, les fruits se cueillent en automne, cela se dit souvent, les portes se ferment d'elles-mêmes, beaucoup de lettres s'envoient inutilement. — Le lièvre se nourrit d'herbe.

308. Verbes à mettre à l'infinitif présent passif :
Tribuere, solvere, cædere, fallere, pellere, tangere, scribere, sumere, dicere, ducere, vehere, coquere, emere, vincere, claudere, defendere, colere.

Sanguis, inis, m., sang
Succumbere, succomber
Dio, onis, m., Dion
Callicrates, is, m., Callicrate
Vincere, vici, victum, vaincre
Sequănus, Séquanais
De, de
Expellere, puli, chasser
Recipere, io, cepi, recevoir
Cincinnatus, i, m., Cincinnatus
Dicere, nommer

309. *Sanguini humano parcendum est. — Iræ non succumbendum est. — Joannes de Jesu dixit : « Oportet illum crescere, me autem minui. » — Dio a nonnullis adulescentibus, quos Callicrates elegerat, occisus est. — Pejus victoribus Sequănis quam Æduis victis accidit : Ariovistus, rex Germanorum, in eorum agris domicilium collocavit partemque agri Sequani, qui erat optimus totius Galliæ, occupavit, et de altera parte Sequanos expulit. — Lex Solonis erat : Qui exsulem receperit, ipse in exsilium mittatur. — Q. Cincinnato aranti nuntiatum est eum dictatorem esse dictum.*

Faire vivre, *alere, ui*
Encourager, *incendere*
Combattre, *dimicare*
Aristide, *Aristides, is,* m.
Extrême, *summus*
Mourir, *decedere*
Aux frais de l'Etat, *publice*
Avarice, *avaritia,* f.
Insatiable, *insatiabilis*
Diminuer, *minuere*
Besoin, *inopia,* f.
De fer, *ferreus*
User, *consumere*
Frottement, *usus, us,* m.
Continuel, *assiduus*
Jeunesse, *juventus, utis,* f.
Discuter, *disputare*

310. L'esprit de l'homme se nourrit en étudiant.— L'honneur fait vivre les arts, et tout le monde est encouragé aux études par la gloire. — Il vaut mieux être offensé que d'offenser. — Celui avec qui Dieu combat ne peut être vaincu. — Les filles d'Aristide, qui était mort dans une extrême pauvreté, furent nourries aux frais de l'État. — L'avarice est toujours insatiable : elle n'est diminuée ni par l'abondance ni par le besoin. — Un anneau de fer s'use par un frottement continuel. — Il est utile [que] la jeunesse soit dirigée. — A trop discuter (en discutant), on perd la vérité.

§ 149. — Verbes en io.

Note. — Dans les composés de *capio, facio, jacio,* l'a se change en i au présent, en e au supin. Ex : *recipio, reficio, rejicio; receptum, refectum, rejectum.*

Tempestas, f., mauvais temps	Metuere, appréhender	Exitus, us, m., fin
Lædere, si, sum, endommager	Conficere, io, exécuter	Parere, io, partum, gagner
Decipere, io, tromper	Respicere, io, surveiller	Injuria, f., injustice
	Suscipere, io, entreprendre	Ingens, considérable

311. *Naves quæ tempestate læsæ erant brevi tempore a militibus refectæ sunt. — Probus eris, si non decipies; prudens, si non decipieris. — C. Julius Cæsar ab iis interfectus est a quibus dominatio unius metuebatur. — Auxilio Lacedæmoniorum portæ portus clausæ sunt et ingens numerus hostium captus est. — Meliora sunt ea quæ natura quam ea quæ arte confecta sunt. — Si minimæ res a me respectæ non essent, bellum a vobis susceptum infelicem exitum habuisset. — Non injuria gloria paritur, sed justitia et virtute. — Capti sunt quadringenti hostes, ingens præda facta.*

De danger, periculosus	Faire prisonnier, capere, io	us, m.
Ajouter, adjicere, io		Ebranler, concutere, io, cussi
Bêcher, fodere, io	Régulus, Regulus, i, m.	
Se fier, fidem habere	Affliger de, afficere, io (abl.)	Marbre, marmor, oris, n.
Tromper, decipere, io		
Acquérir, parere, io	Tourment, cruciatus,	De Paros, Parius

312. Dans les temps de danger, on ajoutait à la légion romaine trois mille fantassins et deux cents cavaliers. — Les jardins des Romains étaient bêchés par des esclaves. — Celui qui se fie à tout le monde sera souvent trompé. — L'amitié des gens de bien ne s'acquiert pas par de mauvaises mœurs. — Le général ennemi fut fait prisonnier dans le combat. — Régulus fut affligé des plus cruels tourments par les Carthaginois. — César fut frappé dans le sénat de vingt-trois blessures. — Toute l'Italie fut ébranlée par la conjuration de Catilina. — Le marbre de Paros, avec (*ex,* abl.) lequel de très belles statues ont été faites par les artistes grecs, était célèbre.

313. Verbes à mettre à l'infinitif présent passif :
Accipere, concipere, parere, jacere, concutere, conspicere, respicere, despicere, interficere, percipere, præficere, suscipere, injicere, subjicere.

Afficere, is, accabler de	*Constituere*, organiser	*Interimere*, emptum, se défaire de, tuer
Gravis, sévère	*Administrare*, gouverner	*Præficere*, io, charger de (dat.)
Interitus, us, m., perte	*Providentia*, f., Providence	*Summa*, f., total
Varus, i, m., Varus	*Obducere*, recouvrir	*Commutatio*, onis, f., changement
Terror, oris, m., épouvante	*Cortex*, icis, m., écorce	*Navalis*, naval
Injicere, io, inspirer	*Præponere*, sui, mettre avant (dat.)	*Conficere*, io, achever
Initio, au commencement		

314. *Gravissimis pœnis ii afficientur a quibus arma contra patriam capta sunt. — Interitu legionum Vari imperator Augustus maximo dolore affectus est. — Magnus terror Triginta tyrannis injectus est a Thrasybulo, quem initio propter parvum numerum copiarum contempserant. — A Deo omnia facta et constituta sunt, providentia divina mundus administratur. — Obducuntur cortice arbores. — Patria amicitiæ præponatur. — Remus a Romulo interemptus est. — Alcibiade summæ imperii præfecto, magna commutatio rerum facta est. — Una pugna navali bellum confectum est.*

Sévère, *gravis*	Lampe, *lucerna*, f.	Royaume, *regnum*, n.
Décréter, *edicere*	Obscurcir, *obscurare*	Choisir, *eligere*, elegi
Envieux, *invidus*	Éclipser, *offundere*	Le reste, *reliqui*, æ, a
Tourmenter, *angere*	Se retirer, *recedere*, cessi	Réduire, *redigere*, egi, actum
Lueur, *lumen*, inis, n.		

315. Les soldats furent punis de châtiments sévères, parce qu'ils avaient méprisé tout ce qui avait été décrété par le consul. — L'envieux est tourmenté par le bonheur d'autrui. — La lueur d'une lampe est obscurcie et éclipsée par la lumière du soleil. — Xercès, qui avait envahi la Grèce, fut forcé de se retirer dans son royaume. — Il vaut mieux être trompé que de tromper. — Si vous choisissez un bon chef, l'affaire commencée aura une heureuse fin. — Jérusalem [une fois] détruite et le temple de Salomon incendié, une grande multitude de Juifs furent tués, le reste fut réduit en esclavage.

Colere, cultum, cultiver
Gravis, pénible
Rumpere, ruptum, rompre
Audire, entendre dire
Verbum, n., le Verbe
In (abl.), parmi

Cassius, i, m., Cassius
Pellere, pulsum, repousser
Jugum, n., joug
Mittere sub, faire passer sous
Diligere, lexi, aimer

Dilectio, onis, f., affection
Efficere, io, rendre
Suavis, aimable
Amittere, missum, perdre
Nocens, coupable

316. *Hunc agrum male coli, illum autem bene cultum esse manifestum est. — Grave est in exsilium mitti cogique patriam relinquere. — Pontem ruptum esse audivimus. — Verbum caro factum est et habitavit in nobis. — L. Cassius consul occisus exercitusque ejus ab Helvetiis pulsus et sub jugum missus est. — Sæpe fallimur. — Lingua latiná sine tædio discitur. — Victis parcitur. — Ædui multis prœliis calamitatibusque afflicti coacti sunt Sequănis dare obsides. — Diligi jucundum est; dilectio enim tutiorem et suaviorem vitam efficit. — Sapiens, amissis omnibus bonis, pauper non est. — Judex damnatur, cum nocens absolvitur.*

Se tromper, *falli*
Bien que, *quanquam* (indic.)
Toutefois, *tamen*
Jeter, *abjicere, io*
Archias, *Archias, æ,* m.

Profit, *utilitas,* f.
Abuser, *decipere, io*
Le vrai, *rectum,* n.
Ce que, *quæ*
Prescrire, *præcipere, io*
Brièvement, *breviter*

Aisément, *facile*
Comprendre, *percipere, io*
Volontiers, *libenter*
Tourner en ridicule, *illudere*

317. Qui d'entre nous ne se trompe souvent? — Bien que la ville eût été prise de force, toutefois les ennemis épargnèrent les citoyens. — Il est honteux de fuir, après avoir jeté ses armes (les armes ayant été jetées). — Le poète Archias était honoré par L. Crassus; sa cause fut défendue par Cicéron dans un très beau discours qu'on lit toujours avec plaisir et profit. — La plupart [des choses] sont plus faciles à dire qu'à faire. — Nous sommes abusés par l'apparence du vrai. — Ce qu'on prescrit brièvement se comprend aisément. — Les vieillards croient volontiers [qu]'ils sont dédaignés et tournés en ridicule.

QUATRIÈME CONJUGAISON PASSIVE

Hedera, f., lierre
Vestire, revêtir
Difficulter, difficilement
Epicurus, i, m., Épicure
Levis, léger
Ergo, donc
Tolerabilis, tolérable
Gravis, violent

Metallum, n., métal
Emollire, amollir
Scylla, f., Scylla
Charybdis, is, f., Charybde
Naufragium, n., naufrage
Insignire, illustrer
Supervacuus, superflu

Fastidire, prendre en dégoût
Quasi, comme
Insuperabilis, infranchissable
Pars, partie (qui plaide)
Diligenter, attentivement
Iniquus, inique

318. *Erudimini, qui judicatis terram. — Alexander ab Aristotele philosopho educatus eruditusque est. — Quædam arbores hedera vestiuntur. — Qui multis invisus est difficulter custoditur. — Epicurus hæc de dolore dicebat : « Si levis dolor est, ergo tolerabilis; si gravis, brevi finietur. » — Nullum est metallum quod non igne emolliatur. — Scylla et Charybdis multis naufragiis insignitæ sunt. — Omne supervacuum fastiditur. — Sapientia, quasi insuperabili vallo, adversus omnes calamitates munimur. — Nisi utraque pars a judice diligenter audita fuerit, sententia erit iniqua.*

Limiter, *finire*
Ecbatane, *Ecbatăna, orum*, n.

Déjocès, *Dejoces, is*, m.
Poème, *carmen, inis*, n.
Même, *vel*

Cruel, *acerbus*
Un jour, *aliquando*
Garder, *custodire*

319. Vous ne serez pas toujours instruits par ceux qui vous instruisent maintenant. — La vie de l'âme ne finira (sera finie) jamais. — Chaque jour on fortifiait le camp des Romains. — L'empire du peuple romain était limité par le Rhin et le Danube. — La citadelle d'Ecbatane avait été fortifiée de sept murs par Déjocès. — Alexandre le Grand, instruit par le philosophe Aristote, lisait volontiers les poèmes d'Homère. — Il faut écouter la voix de Dieu. — Tous les maux, même les plus cruels, finiront (seront finis) un jour. — La ville doit être gardée par les soldats. — Par qui avez-vous été instruits? — Les méchants seront punis par Dieu, les bons recevront des récompenses.

—

Negotium, n., occupation
Impedire, empêcher
Desiderium, n., regret
Absens, absent
Epistola, f., lettre
Fuga, f., fuite
Expedire, débarasser
Exaudire, entendre
Arcēre, se défendre de
Ostentatio, onis, f., ostentation
Minor, petit
Munire, protéger
Morsus, us, m., morsure
Vallum, n., pointe piquante
Arista, f., épi
Aditus, us, m. entrée
Confestim, à l'instant

320. *Solacio etiam corporis dolores leniuntur. — Nisi negotiis variis impeditus essem, ex tuis difficultatibus a me expeditus esses. — Desiderium absentis amici mei epistolis ejus lenitum est. — Auxilio tuo ab illo onere expediar. — Magna pars hostium, quorum fuga ab equitibus nostris impediebatur, in prœlio necata est : pauci evaserunt et fuga vitam servaverunt. — Clamor hostium tantus erat ut a Romanis exaudiretur. — Ut frigus arceamus vestiamur, non ad ostentationem. — Seges contra avium minorum morsus munitur vallo aristarum. — Captivi diligentissime custodiendi sunt. — Domus aditus confestim expediendus est.*

Emporter d'assaut, *expugnare*
Affermir, *stabilire*
Gêner, *impedire*
Suffisamment, *satis*
Combien, *quanto*
Entraver, *impedire*
Vêtir, *vestire*
Robe, *palla*, f.

321. Le Capitole ne fut pas emporté d'assaut par les Gaulois, parce que les cris des oies de Junon avaient été entendus par les défenseurs de la citadelle. — Que la patrie soit bien gardée par [ses] courageux fils! — Après la mort du père ses biens furent distribués à ses fils. — L'État sera affermi par la concorde des citoyens. — Démosthène vainquit par l'exercice les défauts de langue dont son éloquence était gênée. — Si Dieu nous garde, nous serons suffisamment gardés. — Si l'agrément de la vie est entravé par les maladies du corps, combien davantage sera-t-il entravé par les maladies de l'âme? — Que les jeunes filles soient vêtues de robes simples.

Delenire, séduire	*Condire*, assaisonner	*Convicium*, n., injure
Gratia, f., cadeau	*Finire*, terminer	*Imperitus*, sot
Reus, i, m., accusé	*Ferire*, frapper	*Tractus*, us, m., rangée
Blanditiæ, arum, f., caresses	*Excelsus*, élevé	*Olim*, autrefois
	Æquus, serein	*Polire*, civiliser

322. *Judex non deleniatur gratia aut promissis reorum. — A terra, bonâ matre, omnes homines nutriuntur. — Terra vestita est floribus, herbis, arboribus. — Manifestum erat ejus constantiam blanditiis mollitam esse. — Cibi optime condiuntur ludo et exercitatione. — Omnia mala hujusce vitæ morte finientur. — Fulmine sæpe feriuntur excelsæ arbores. Æquo animo audienda sunt imperitorum convicia. — Arbores multis locis afflictæ erant, ut arborum tractu equitatus hostium impediretur. — Nihil certum scitur de quibusdam Africæ regionibus. — Poëtarum cura homines olim politi et eruditi sunt. — Cur impedior facere quod omnibus licet?*

Séduire, *delenire*	Flatteur, *blandus*	Sueur, *sudor*, m.
Discours, *sermo, onis,* m.	Assaisonner, *condire*	Sévir, *sævire*
	Chasse, *venatio, onis,* f.	Enlacer, *irretire*

323. Les douleurs de l'âme sont adoucies, seront adoucies, ont été adoucies par la piété. — Que le brigand soit gardé en prison. — Je pense [que] vous serez punis par le maître. — Ne soyons pas séduits par les paroles flatteuses. — Il faut fortifier cette place-forte. — Les mets assaisonnés par la course et la chasse sont toujours agréables. — Nous avons entendu dire [que] les repas des Lacédémoniens étaient assaisonnés (avoir été ass.) par le travail, la sueur, la soif, la faim. — On sévit, on sévissait, on a sévi, on sévira, il faut sévir contre (*in*, acc.) les mauvais citoyens. — Cela est facile à savoir. — Un énorme sanglier a été enlacé par nos filets.

§ 151-154. — Remarques sur la voix passive.

Circumfundere, fusum, entourer	*Rumpere, ruptum,* briser	*Exclamare,* s'écrier
Vestire, couvrir	*Paulo post,* peu après	*Præcipitare,* précipiter
Quoties, chaque fois que	*Flebilis,* lamentable	*Vero,* or
		Tantum, seulement

324. *Terra tota mari circumfusa est. — Vitibus vestita est hæc regio. — Urbs Atheniensium firmis muris munita erat. — Quoties capiebatur evadebat. — Post mortem consulis omnes milites victi fusique. — Arbores multas tempestate ruptas audivi. — Nondum finitus est labor meus. — Puer totis viribus clamabat : « Occiditur pater meus! Occiditur! » Paulo post flebili voce exclamavit : « Occisus est pater meus! » — Excitatur laude æmulatio. — Mulier e turri ipsa se præcipitavit, quod virum suum interfectum ab hostibus putabat; is vero non interfectus, sed tantum captus erat.*

Pendant, *in* (abl.)	Traitement, *curatio, onis,* f.	Plusieurs, *nonnulli*
Janus, *Janus, i,* m.		Mettre hors de combat, *sauciare*
Embellir, *distinguere*	Employer, *adhibēre*	Téméraire, *temerarius*
Astre, *astrum,* n.	Encore, *adhuc*	S'écarter de, *deerrare ab* (abl.)
Lumineux, *fulgens*	Engager, *committēre*	
Grave, *gravis*	Soudain, *subito*	

325. Pendant la paix le temple de Janus était fermé. — Le ciel est embelli d'astres lumineux. — Pour les maladies graves des traitements dangereux sont employés. — La ville était prise, et quelques habitants défendaient encore leurs maisons. — Deux mille ennemis furent pris. — Je pense que tu as été averti par lui. — Le général écrivit aux sénateurs : « Ne m'envoyez pas de nouveaux secours; j'ai engagé une bataille, mais je suis vaincu et fait prisonnier. » — Soudain une bataille s'engage : plusieurs esclaves sont blessés, le maître est mis hors de combat, les autres prennent la fuite. — Soldat téméraire, tu t'écartes des autres; tu seras pris par l'ennemi. — Les temps anciens sont finis.

VERBES DÉPONENTS

§ 162. — Première conjugaison déponente.

Imitari, imiter
Hortari ad, exhorter à
Labor, oris, m., travail
Venerari, vénérer

Decēre, convenir
Felicitas, f., bonheur
Futurus, futur
Arbitrari, juger

Aversari, se détourner de (acc.
Splendor, m., éclat
Nocturnus, nocturne

326. *Discipulus magistrum imitatur, imitabatur, imitatus est, imitabitur, imitetur; ne malos cives imitemur; magister imitandus est; imitatus magistrum, doctus eris. — Te ad laborem hortor, sæpe hortatus sum, semper hortabor; dux hortaturus erat milites ad fortiter pugnandum; te hortante, id faciam; ne eum ad laborandum hortatus sis. — Parentes veneremur; parentes venerandi sunt; decet parentes venerari; bonus filius parentes veneratur; eos venerando felicitatem sibi parat in hac vita et in futura. — Quid faciendum esse arbitraris, arbitrabaris? — Aversantur splendorem diei animalia nocturna.*

Admirer, *mirari*
Dénigrer, *obtrectare*
Se lamenter, *lamentari*
Déplorer. *lamentari*

Juger, *arbitrari*
Coupable, *nocens*
Penser, *arbitrari*
S'efforcer, *conari*

Avoir en aversion, *aversari*
Hauteur, *culmen, inis*, n.

327. Nous admirons, nous admirions, nous admirerons, nous avons admiré, nous admirerions davantage les œuvres de Dieu, si nous étions sages; il ne faut pas tout admirer; l'habitude d'admirer est préférable à l'habitude de dénigrer. — Les femmes se lamentent aisément, elles se lamentaient, elles se seraient lamentées, elles se lamenteront; on entendait la voix d'une femme qui se lamentait; nous déplorons ce malheur; il faut déplorer ce malheur. — Pourquoi jugez-vous, jugiez-vous, avez-vous jugé [que] je suis coupable? ne pensons pas cela; pense, pensez [que] Dieu a le crime en aversion. — Le général s'efforce, s'efforçait, s'était efforcé d'occuper les hauteurs.

Cogere, egi, forcer à
Lamentari, se lamenter
India, Ã¦, Inde
Vagari, errer
Flagitium, n., forfait
Recordari, se rappeler

Diligens, appliqué
Comitari, accompagner
Vitellius, i, m., Vitellius
Epulari, festoyer
Insidiari, dresser une embuscade

Consolari, consoler
Recordari de, se souvenir de
Versari, se trouver
Precari, prier
Præbere, procurer

328. *Magna erat Ciceronis facundia : lapides lamentari coegisset. — Magnus numerus elephantorum per silvas Indiæ vagatur. — Improbi homines aliquando cum dolore flagitia sua recordabuntur. — Deum imitemur, qui omnibus hominibus maxima beneficia tribuit. — Præceptores vos hortati sunt ut (à ce que) diligentiores essetis. — Hannibal, puer novem annorum, patrem in Hispaniam comitatus est. — Imperator Vitellius quotidie sex horas epulabatur. — Hostes nobis insidiati sunt. — Consolare miseros homines, ut Deus etiam de te recordetur, cum ipse in rebus adversis versabere. — Precare Deum qui tibi ea quæ utilia erunt præbebit.*

Vertueux, bonus
Admirer, admirari
Imiter, imitari
Consoler, consolari

Nombre, numerus, i, m.
Vénérer, venerari
Contempler, contemplari
Puissance, potestas, f.

Respecter, venerari
Considérer comme, arbitrari
Habitant, incola, m.

329. Les enfants vertueux admirent et imitent les exemples des grands hommes. — Si vous aviez imité les exemples des hommes de bien, vous seriez meilleurs et plus sages. — Consolons les hommes malheureux. — Les Grecs et les Romains ont vénéré un grand nombre de dieux que ne vénéraient pas les autres peuples. — Quand nous contemplons les astres du ciel, nous devons admirer la puissance de Dieu. — Chez les Lacédémoniens ne pas respecter un vieillard était la chose la plus honteuse. — Les malheureux se consolent par l'espoir de temps meilleurs. — Socrate se considérait comme habitant et citoyen du monde entier.

Versari cum, fréquen- Conari, tâcher de Restituere, rétablir
ter Gloriari, se glorifier Res, les affaires
Opitulari, soulager Æmulari, prendre pour Adversari, être contrai-
(dat.) modèle re
Conspicari, apercevoir Adulari, flatter (dat.) Consectari, pourchasser
Adhortari, exhorter Cunctari, temporiser Facere, io, feci, rendre

330. *In omni calamitate religio me consolata est. — Grati homines accepta beneficia semper recordabuntur. — Ne versemur cum improbis hominibus. — Miseris opitulari dulce est. — Cæsar, hostes conspicatus, milites adhortatus est ut eos invaderent et castra eorum expugnare conarentur. — Hortensius gloriabatur quod (de ce que) bello civili nunquam interfuisset. — Bonis civibus probitas Fabricii æmulanda est. — Improbi homines etiam aliorum vitiis adulantur. — Unus homo nobis cunctando restituit rem. — Fortuna nobis adversata est. — Statim dimicare dux utile arbitratus est. — Themistocles consectando prædones maritimos mare tutum fecit.*

Rejeter, aspernari Presque, prope Secourir, auxiliari (dat.)
Détester, detestari Tout, omnis Méchanceté, malitia, I.
Peut-être, forte Devant, sub (abl.) Curius Dentatus, Curius
Hésiter, cunctari Labiénus, (Labienus, i, Dentatus
Indutiomarus, Indutio- m. Bien que, cum (subj.)
marus, i, m. En vue de, causa (après Samnites, Samnites,
Aller et venir, vagari le gérondif.) ium, m.

331. Comment consolerai-je ceux qui rejettent la consolation de la religion? — Détestez la compagnie des méchants. — Tu admireras la sagesse de Dieu, si tu contémples (fut. ant.) ses œuvres. — Si nous nous étions efforcés de recommencer la guerre, peut-être aurions-nous été vainqueurs. — N'hésitons pas à prendre les armes. — Indutiomarus allait et venait presque tous les jours avec toute sa cavalerie devant le camp de Labiénus. — J'ai entrepris cette guerre en vue de vous secourir. — Imiter des paroles de bonté, c'est une plus grande méchanceté. — Curius Dentatus, bien qu'il fût très pauvre, rejeta les présents des Samnites.

§ 163. — Deuxième conjugaison déponente.

Res, rei, f., intérêt
Tuēri, considérer
Miserēri, avoir pitié (gén.)
Misericordia, f., pitié
Ornare, faire honneur

Intuēri, considérer
Merēri de, mériter de
Verēri, craindre, respecter
Apud, en présence de
Pollicēri, promettre

Plinius, i, m., Pline
Nunc, aujourd'hui
Statim, sur-le-champ
Exemplum, n., modèle
Insidiæ, arum, f., embuscade

332. *Deus res omnium hominum tuetur. — Miserere pauperum, nam misericordia omnés homines ornat. — Græciæ civitates non semper intuebantur quid communi patriæ utile esset. — Cicero de patria bene meritus est. — Themistocles apud magistratum Lacedæmoniorum non veritus est dicere : « Meo consilio Athenienses urbem muris cinxerunt. » — Ne improbis auxilium pollicitus sis. — Plinius scribit : Nunc pueri statim omnia sciunt, neminém verentur, imitantur neminem, ipsi sibi exempla sunt. — Romani, qui multitudinem hostium non timebant, dixerunt : « Non hostes veremur, sed silvas et insidias. »*

Avoir pitié, *miserēri* (gén.)
Promettre, *pollicēri*
Fréquenter, *versari cum*

Respecter, craindre, *verēri*
Faire périr, *interficere*
Seulement, *tantum*

Extérieur, *facies, ei,* f.
Affirmer, *affirmare*
Bien mériter de, *bene merēri de* (abl.)

333. Dieu aura pitié de tous ceux qui auront eù pitié des malheureux. — Les Romains promirent du secours aux députés d'Athènes contre le roi de Macédoine. — Fréquentez les gens de bien; respectez les vieillards. — Il ne craignit pas de les faire périr. — Je ne cesserai pas de craindre au sujet de Carthage. — Ayez pitié de moi aujourd'hui; autrefois j'ai eu pitié de vous. — Il faut avoir pitié des malheureux. — Ceux qui regardaient seulement l'extérieur d'Agésilas, le méprisaient; ceux au contraire qui connaissaient son caractère et son esprit, l'admiraient grandement. — Les Éduens affirmèrent [qu'] en tout témps ils avaient bien mérité du peuple romain.

§ 164. — Troisième conjugaison déponente.

Loqui, locutus, parler
Labi, lapsus, tomber
Nasci, natus, naître
Ephesius, d'Éphèse
Deflagrare, être brûlé
Irasci, être fâché, s'irriter contre (dat.)

Solvere, payer
In æternum, pour toujours
Vox, vocis, f., mot
Mittere, lâcher
Reverti, revenir
Conjungere, xi, unir

Persequi, cutus, poursuivre
Uti, usus, user de, avoir (abl.)
Ita... ut, de telle sorte que (subj.)
Tueri, protéger

334. *Audi multa, loquere pauca. — Qui aliis insidiantur, sæpe ipsi labuntur. — Eadem nocte qua Alexander natus est, templum Ephesiæ Dianæ deflagravit. — Tibi irascor, qui non solvisti quod pollicitus eras. — Parce, Domine, parce populo tuo; ne in æternum irascaris nobis. — Nescit vox missa reverti. — Miltiades classi septuaginta navium præerat, ut insulas quæ cum Persis se conjunxerant bello persequeretur. — Divitiis ita utimini ut etiam aliis prosint. — Vir bonus amicos tuebitur, inimicis non irascetur. — Qui bona utitur valetudine dives est. — In cælo majore felicitate utemur quam in hac terra usi sumus.*

Suivre, *sequi, cutus*
Naître, *nasci, natus*
Revenir, *reverti, versus*
User de, *uti, usus* (abl.)
Pour, *ut* (subj.)

Peu de, *pauci, æ, a*
Atteindre, *assequi*
Tout ce qui, *omnia quæcumque*
Avant, *ante* (acc.)

S'entretenir, *colloqui, cutus*
S'acquitter, *fungi, nctus* (abl.)
Abuser, *abuti* (abl.)

335. Jésus dit à Pierre : « Suis-moi! » — Personne ne naît, personne n'est né, personne ne naîtra sans défauts. — Suivez, enfants, les exemples des hommes de bien. — Les députés des Gaulois revinrent près de (*ad*) César le troisième jour. — Beaucoup de bêtes féroces usent de violence ou de ruse pour prendre [leur] proie. — Peu d'orateurs ont atteint la gloire de Démosthène et de Cicéron. — Suivons la nature, et évitons tout ce qui est mauvais et honteux. — Avant la bataille, Annibal s'entretint avec Scipion. — Acquitte-toi de ton devoir. — Beaucoup d'hommes ont abusé des bienfaits de Dieu. — Beaucoup de gens s'appliquent à atteindre la gloire; peu l'atteignent.

§ 165. — Déponents en ior.

Congredi, ior, gressus, livrer bataille	Anima, 1., âme	Legatus, i, m., lieutenant
Superior, qui a le dessus	Egredi, sortir	Dividere, si, partager
Ulixes, is, m., Ulysse	Vadere, aller	Pati, ior, passus, souffrir
Error, pérégrination	Paradisus, i, paradis	Progenies, ei, 1., rejeton
Perpeti, ior, perpessus, endurer	Mori, ior, mortuus, mourir	Vincula, orum, n., prison
	Vestigium, n., trace	
	Ingredi, marcher sur	

336. Hannibal, quoties in Italia cum Romanis congressus est, semper superior fuit. — Ulixes, postquam in erroribus suis multa perpessus est, in patriam suam est reversus. — Hannibal tantum terrorem Romanis injecit ut e castris non egrederentur. — Egredere, anima christiana, e tuo corpore, et vade in paradisum. — Corpus nostrum morietur, non animus. — Vestigia patris tui ingredere, qui de civitate nostra bene meritus est. — Alexandro mortuo, legati ejus imperium inter se diviserunt. — Elpinice, Cimonis uxor, dixit se non passuram esse Miltiadis progeniem in vinculis mori. — Moriendum est omnibus hominibus.

Souffrir, pati, ior, passus	Glorieux, decorus	Thucydide, Thucydides, is, m.
Mourir, mori, ior, mortuus	Endurer, perpeti, ior, pessus	Magnésie, Magnesia, 1.
Doux, dulcis	Torture, cruciatus, us	Entrer, ingredi, ior, gressus
	Tourmenter, vexare	

337. Jésus a souffert la mort pour (pro) tous les hommes. — Beaucoup de bons citoyens sont morts pour la patrie : car il est doux et glorieux de mourir pour elle. — Le Christ est né du temps (ætate) de l'empereur Auguste; il est mort du temps de l'empereur Tibère. — Régulus endura d'un cœur courageux toutes les tortures dont il était tourmenté par les Carthaginois. — Le père étant mort, que firent ses fils? — Thucydide raconte [que] Thémistocle mourut de maladie à Magnésie. — Platon est mort en écrivant, à quatrevingts-un ans. — J'entre, j'entrerai, je suis entré, je puis entrer, je serais entré dans cette maison. — Nous mourrons tous.

§ 166. — Quatrième conjugaison déponente.

Partiri, partager	*Opinari*, supposer	*Frustra*, en vain
Mentiri, mentir	*Blandiri*, flatter (dat.)	*Potiri*, s'emparer de
Unquam, jamais	*Opus, eris*, n., besogne	(abl.)
Erubescere, bui, rougir	*Vero*, mais	*Regnum*, n., trône

338. *Milites inter se prædam partiuntur, partie-bantur, partientur, partiti sunt, partirentur. — Vir probus non mentitur, non mentitus est, non mentietur; ne mentiamur unquam; turpe est mentiri; puer mentiturus erubescebat; non opinor illum mentitum esse. — Ne blandiamur pueris; stulti homines pueris blandiuntur. — Iis hominibus qui sæpe mentiti sunt, nemo fidem habebit. — Opus inter vos partimini. — Optimi amici ii erunt qui cum amicis gaudia et dolores partientur. — Si omnes divitias tuas cum pauperibus partireris, Dei vero legibus non obtemperares, ei placere frustra conareris. — Tarquinius regno potitus est.*

Mentir, *mentiri*	**Parler**, *dicere*	(acc.)
Partager, *partiri*	**Lépide**, *Lepidus, i*, m.	**S'emparer de**, *potiri*
Rougir, *erubescere, bui*	**Tirer au sort**, *sortiri*	(abl.)
Accorder. *largiri*	**Soulever, tenter**, *moliri*	**Dion**, *Dio, onis*, m.
Talent, *facultas*, f.	**Au-dessus de**, *supra*	**Denys**, *Dionysius, i*, m.

339. Il ne faut jamais mentir. — Partage ce pain avec ton frère. — Si j'avais menti, je rougirais; mais je ne rougis pas. — Pourquoi mens-tu, pourquoi as-tu menti? — La nature avait accordé à Cicéron une admirable talent de parler. — Antoine, Octave, Lépide s'étaient partagé entre eux l'empire romain. — Les soldats romains tirèrent au sort la tunique du Christ. — Le roi des Perses soulevait une guerre contre les Lacédémoniens. — Que tentes-tu? ce travail est au dessus des forces humaines. — Vieillard, tu ne tenteras pas ce que tu n'as pas tenté jeune homme. — Dion s'empara de toute la partie de la Sicile qui avait été au (*sub*) pouvoir de Denys.

Récapitulation.

Dilabi, *lapsus*, tomber en décadence
Insequi, *cutus*, poursuivre
Elabi, s'échapper
Hilōta, m., ilote

Munus, *eris*, n., rôle
Fungi, s'acquitter de (abl.)
Reverti, retourner
Dementia, f., folie
Arbitrari, croire

Abuti, abuser
Circus, i, m., cirque
Progredi, *ior*, s'avancer
Alloqui, s'adresser à
Ave, salut
Jam, bientôt

340. *Concordia parvæ res crescunt, discordia maximæ dilabuntur. — Equites eos qui fugerant insecuti sunt; pauci eorum ex prœlio elapsi sunt. — Hilotarum magna multitudo agros Lacedæmoniorum colit servorumque munere fungitur. — Multi fortius pro libertate loquuntur quam pugnant. — Homo recordetur non sibi soli se natum esse, sed patriæ, sed suis ! — Pulvis es, o homo, et in pulverem reverteris. — Alexandri dementia tanta fuit ut Jovis filium se arbitraretur. — Utendum est bonis, non abutendum. — Mos erat gladiatoribus in circum progredientibus principem sic alloqui : « Ave, Cæsar imperator, qui jam morientur te salutant. »*

Prudence, *prudentia*, f.
Général, *imperator*, m.
Il est clair, *appāret*
Agir, *agere, egi*
Obtenir, *assequi, cutus*
Doux, *mitis*

Envers, *adversus* (acc.)
Encenser, *blandiri* (dat.)
Profit, *fructus, us*, m.
Redoutable, *gravis*
Ajouter, *adhibēre*
Fable, *fabulæ, arum*

Moissons, *fruges, um*, f.
Sans être labouré, *inaratus*
Naturellement, *natura*
Recevoir en partage, *sortiri*

341. Il faut user de prudence non moins que de courage. — Suivez-moi, soldats, et obéissez à votre général. — Annibal sait vaincre, il ne sait pas user de la victoire. — Il est clair [que] nous sommes nés pour agir. — Auguste, ayant obtenu l'empire, fut doux envers ses ennemis. — Les flatteurs encensent ceux de (a) qui ils attendent quelque profit. — Xercès souleva une guerre redoutable contre les Grecs. — Si nous ajoutons foi à la Fable, la terre, avant Jupiter, accordait à l'homme des moissons sans être labourée. — Thémistocle avait reçu naturellement en partage une mémoire incroyable.

§ 167-169. — Verbes semi-déponents.

Audēre, ausus, oser	*Diffīdere, fisus,* se dé-	*Procedere,* s'avancer
Gaudēre, gavisus, se	fier de (dat.)	*Rubico, onis,* m., le Ru-
réjouir de, aimer (abl.)	*Detegere,* découvrir	bicon
Nuntius. i, m., nouvelle	*Conjuratio, onis,* f.,	*Trajicere,* passer
Impar, ăris, impair	complot	*Alea,* f., dé
Blandus, caressant	*Tamen,* néanmoins	*Jacere, io, jeci,* jeter

342. *Culpam negare audet, audebat, audebit, au-*
sus est, ausus erat, ausus esset, auderet. — Victoria
nostrorum militum gaudemus, gaudeamus, gavisi
sumus, gaudebimus, decet gaudere; puto te hoc nuntio
gavisurum, gavisum esse. — Virgilius dixit : Numero
deus impăre gaudet. — Verbis blandis viri prudentes
diffidunt, diffidebant, diffisi sunt, diffidant; tuæ
virtuti non diffisus eram; bonis civibus non diffiden-
dum est. — Catilina, detecta jam conjuratione, ta-
men in senatum procedere ausus est. — Cæsar,
Rubiconem cum exercitu suo contra leges patriæ
trajicere ausus : « Alea jacta sit », exclamavit.

Avoir coutume, *solēre,*	Rhodien, *Rhodius,* i, m.	Succès, *successus, us,*
solitus	Diagoras, *Diagoras, æ,*	m.
Se promener, *ambulare*	m.	Embrassement, *ample-*
Déjeuner, *prandium,* n.	Couronner, *coronare*	*xus, us,* m.
Se réjouir, *gaudēre, ga-*	Olympie, *Olympia,* f.	Applaudissement, *plau-*
visus (abl.)	Tellement... que, *adeo...*	*sus, us,* m.
Ce que, *ea quæ*	*ut*	Oser, *audēre, ausus*
Se fier, *confīdere, fisus*	Expirer, *exspirare*	Déplorer, *deplorare*

343. J'ai coutume, j'avais coutume, j'ai eu coutume,
j'avais eu coutume de me promener après le déjeuner.
— Ne vous réjouissez pas de ce que je vais vous dire. —
Il se fie, il se fiait, il se fiera, il se fierait, il s'est toujours fié à toi ; il ne se serait pas fié à toi, si tu l'avais
trompé. — Le Rhodien Diagoras, dont les trois fils
furent couronnés le même jour à Olympie, se réjouit
tellement de cet heureux succès qu'il expira (subj.
impf.) au milieu des embrassements de [ses] fils et des
applaudissements de la multitude. — Tu oses nier
cela ? Les autres n'ont pas osé. — Celui qui se réjouit
du malheur d'autrui déplorera bientôt le sien.

VERBES IRRÉGULIERS

§ 172. — Première conjugaison.

Domare, *mui*, donter
Incubare, *bui*, fondre sur (dat.)
Passim, çà et là
Via, f., rue
Insepultus, sans sépulture
Jacere, gésir
Cannensis, de Cannes

Insperatus, inespéré
Reditus, us, m., retour
Attonitus, bouleversé
Repente, soudain
Exanimare, faire expirer
Apertus, ouvert
Explicare, *cui*, déployer
Velociter, avec vitesse

Secare, *cui*, fendre
Vetare, *ui*, défendre
Increpare, *ui*, gronder
Micare, *cui*, étinceler
Sonare, *ui*, retentir
Ploratus, us, sanglot
Hortuli, orum, villa
Molliter, mollement
Recubare, être étendu

344. *Alexander Magnus Persas domuit. — Tempore belli Peloponnesii, violenta pestilentia Athenis incubuit, et cadavera passim per vias insepulta jacebant. — Post Cannensem pugnam, mulier, insperato filii sui reditu attonita, repente exanimata est. — Consul in aperto campo legiones explicuit. — Navis, vento flante, fluctus velociter secuit. — Marcellus, captis Syracusis, vetuit Archimedem interfici. — Corvorum exercitus increpuit. — Gladii in nocte micuerant. — Cujus vox prope me sonuit? — Sonabant omnia mulierum puerorumque ploratibus. — In hortulis quiescit suis, molliter recubans.*

Donter, *domare, ui, itum*
Briller, *micare, ui*
Airain, *æs, æris, n.*
Retentir, *sonare, ui*
Déployer, *explicare, ui,*

itum
Être couché, *cubare, ui, itum*
Défendre, empêcher, *vetare, ui itum*
Étranger, *peregrinus, i*

Monter, *ascendere*
Se retirer, *discedere*
Voler, *furari*
Couper, *secare, ui, sectum*
Corde, *funis, is, m.*

345. Les fables des poètes racontent [que] le Minotaure fut donté par Thésée. — L'airain a retenti : le combat s'engage, les épées brillent, les légions se sont déployées dans la plaine; déjà de nombreux soldats sont couchés à terre, mis hors de combat ou tués. — La loi défend [qu'] un étranger monte sur les murs de la ville. — César avait empêché les députés de se retirer. — Il a toujours été défendu de voler le bien d'autrui. — Prends un couteau et coupe la corde. — Tout animal, même le plus petit de tous, peut être coupé et divisé. — Les médecins lui ont coupé la jambe. — La main avait été coupée.

Irrégularités diverses.

Dare, dedi, donner, subir, faire entendre
Campanus, m., Campanien
Deficere, faire défection
Mus, muris, m., souris
Parere, io, peperi, enfanter
Vulgaris, banal
De, sur, à propos de
Præstare, fournir
Perdiccas, æ, m., Perdiccas
Anulus, i, m., anneau
Constare, stiti, coûter
Cavus, creux, profond
Caverna, f., caverne
Obstupescere, stupui, rester stupéfait
Stare, steti, s'arrêter, se dresser
Viator, m., passant
Sanctus, saint
Calcare, fouler

346. *Si nobis Homeri carmina dederis, ea legemus. — Pulso Hannibale, Campani qui defecerant graves pœnas dederunt. — « Mons murem peperit » vulgare proverbium est de iis qui plura de se pollicentur quam præstant. — Det magister discipulis et præcepta et exempla. — Nemo dat quod non habet. — Deus leges Hebræis dedit. — Brevis a natura nobis vita data est. — Alexander moriens Perdiccæ anulum suum dedit. — Quanti (combien) constitit hic liber ? — Sonuere cavæ gemitumque dedere cavernæ. — Obstupui steteruntque comæ. — Sta, viator ; terra sancta est quam calcas.*

Donner, dare, dedi
Mobile, mobilis
Inquiet, inquietus
Aider, juvare, juvi, jutum
Perdre, pessumdare, dedi
Être debout, stare, steti
Près de, juxta (acc.)
Croix, crux, crucis, f.
S'arrêter, subsister, stare
Devant, ante (acc.)
Porte, ostium, n.
Bienveillance, benevolentia, f.
Aller, vadere
Mettre en vente, venumdare
Prix, pretium, n.
Faire du bien à, juvare, juvi (acc.)
Champs, arva, orum, n.
Salutaire, salutaris

347. Dieu a donné aux hommes la vie, la force, la raison. — Un esprit mobile et inquiet a été donné à l'homme. — Souvent la fortune a aidé les audacieux. — L'audace a perdu beaucoup de gens. — La mère de Jésus était debout près de la croix. — Il s'arrêta devant la porte et n'osa pas entrer. — Sans la bienveillance et la concorde, aucune maison, aucune ville ne pourra subsister. — Jésus dit à un riche adolescent : « Va, mets tes biens en vente et donnes [en] le prix aux pauvres. — Les pluies ont fait du bien aux champs. — Le médecin aide les malades par son art salutaire. — Nous ne pouvons rien sans l'aide de Dieu (Dieu n'aidant pas). — Il a été aidé par moi.

§ 173. — Deuxième conjugaison.

Parfaits en *ui* et en *i*.

Vidēre, di, voir	*Respondēre, di,* répondre	*Censēre, ui,* donner son avis
Obsidēre, sedi, assiéger	*Hesternus,* d'hier	*Cavēre, vi,* éviter
Martha, f., Marthe	*Favēre, favi,* favoriser (dat.)	*Usus, us,* m., besoins
Movēre, vi, émouvoir, exciter	*Spondēre, spopondi,* s'engager	*Providēre,* pourvoir
Interrogatus, à qui on demandait		*Conspectus, us,* m., vue
		Removēre, écarter

348. *Hodie vidi quod nunquam videram. Quid vidisti? — Græci decem annos Trojam obsederunt. — Luctus Marthæ et Mariæ animum Jesu movit. — Anacharsis, interrogatus quid esset in homine pessimum et quid optimum, respondit : Lingua. — Narrate mihi, pueri, quid hesterno die videritis. — Post mortem Cæsaris Antonius odium populi moverat adversus eos qui Cæsarem necaverant. — Cicero Pompeio favit et pro eo spopondit. — Ita Patres censuerunt. — Vir ille prudens insidias inimicorum cavit. — Cæsar omnibus quæ ad usum navium necessaria erant providerat. — Equos e conspectu militum removit.*

Assiéger, *obsidēre, sedi*	Soulever, *movēre, vi*	Répondre, *respondēre, di*
Maintenir en son pouvoir, *oblinēre, ui, tentum*	Considérable, *ingens*	En armes, *armatus*
	Proposer, *censēre, ui*	Le brave, *vir fortis*
	Rôtir, *torrēre, ui*	Emouvoir, *movēre*
Quarante-neuvième, *undequinquagesimus*	Hardiesse, *audacia,* f.	S'émouvoir, *movēri*
	Vouer, *vovēre, vovi*	Voir, *vidēre, di*
Viriathe, *Viriathus, i*	Nerviens, *Nervii, orum*	

349. Les ennemis prirent d'assaut la ville, qu'ils avaient longtemps assiégée, et ils l'ont toujours maintenue en leur pouvoir. — L'an 149 av. J.-C., Viriathe souleva une guerre considérable en Espagne contre les Romains. — Le sénat proposa que (*ut*) Tibère entrât dans la ville. — Ceux dont les flammes de l'incendie avaient déjà rôti les vêtements furent sauvés par la hardiesse d'un seul homme. — Beaucoup de soldats courageux se sont voués à la mort pour [leur] patrie. — Q. Cicéron répondit aux chefs des Nerviens que ce n'était pas l'habitude du peuple romain de recevoir des conditions d'un ennemi en armes. — Le brave ne s'émeut pas du péril. — Ce que vous avez vu est beau ; ce que vous verrez est plus beau encore.

Parfaits en *si*.

Res familiaris, **patrimoine**
Augēre, xi, accroître
Munus, eris, n., présent
Suadēre, si, conseiller
Lugēre, xi, pleurer

Manēre, mansi, rester, se tenir
Afui = abfui
Hærēre, hæsi, être fixé
Præbēre, ui, présenter
Jubēre, jussi, ordonner

Gula, f., gourmandise
Indulgēre, ulsi, satisfaire (dat.)
Legatus, i, m., envoyé
Postulare, réclamer
Deridēre, si, railler

350. *Multi incolæ urbis nostræ parsimonia et diligentia rem familiarem auxerunt. — Dio magnas divitias habebat, quas muneribus Dionysii auxerat. — Demosthenes orator Atheniensibus bellum contra Philippum suasit. — Boni cives interitum civitatis luxerunt. — Pater meus semper in patria mansit; ego tres annos in Italia afui. — Memoria tuorum beneficiorum, Deus, in animis nostris hæsit et semper hærebit. — Talem cibum ægroto homini præbuissemus, si medicus nos præbere jussisset. — Nobis non est notum num (si) hostes in condicionibus pacis manserint. — Turpe est gulæ indulgere. — Græci legatos regis Persarum, qui terram et aquam postulaverant, deriserunt.*

Augmenter, *augēre, xi*
être complaisant, *indulgēre, si*
Briller, *fulgēre, si*
Refuser, *invidēre, di*
Posséder, *possidēre, possedi, possessum*

C'est mieux, *est melius*
Présider, *præsidēre, sedi* (dat.)
Assemblée, *concilium,* n.
Parthe, *Parthus, i,* m.
Décocher, *torquēre, si*
Flèche, *sagitta,* f.

Déconseiller, *dissuadēre, si*
Zéphire, *Zephyrus, i,* m.
Caresser, *mulcēre, si*
Rester, *manēre, mansi, mansum*

351. Thémistocle augmenta la flotte des Athéniens de cent vaisseaux. — Pourquoi as-tu été complaisant aux défauts de ton ami ? — Si les armes des ennemis avaient brillé, nous aurions vu leur armée. — Je ne t'aurais pas refusé cet honneur, si tu l'avais mérité. — Les Séquanes ont possédé une grande partie de la Gaule. — C'eût été mieux, si des hommes avisés eussent présidé cette assemblée. — Les Parthes décochèrent une nuée (beaucoup) de flèches contre (*in*) l'ennemi. — Régulus déconseilla la paix aux Romains. — Les zéphires caressent, ont caressé les fleurs. — Si nous étions restés dans la ville, nous aurions été tués par le vainqueur.

Censor, m., censeur
Censēre, ui, recenser
Deditio, onis, f., sou-
    mission
Lemnus, i, f., Lemnos
Iridēre, si, se moquer de

Detinēre, ui, tentum,
    captiver
Britannia, f., Bretagne
Hiemare, passer l'hiver
Providēre, faire provi-
    sion de

Removēre e conspectu,
    tenir à distance
Ardēre, si, être en feu
Torrēre, ui, tostum, rô-
    tir
Urgēre, ursi, presser

352. *Res familiaris hujus agricolæ labore et par-*
simonia aucta est. — Res familiaris Romanorum a
censoribus censebatur. — Miltiades deditionem in-
sulæ Lemni postulavit, sed ab incolis insulæ irrisus
est. — Sæpe falsa spe detentus sum. — Deus, qui a
nullo homine visus est, ipse omnia videt. — Cæsar
in Britannia non hiemavit, quod frumentum non pro-
visum erat. — Omnes equi a Cæsare e conspectu
remoti sunt, ut militibus nulla spes fugæ esset. —
A Sequanis, quos Cæsar interrogaverat, nihil res-
ponsum est. — Milites flammis ardentium ædificiorum
tosti erant et sagittarum multitudine urgebantur.

Commettre, committere,
    misi, missum
Torturer, tourmenter,
    torquēre, si, tortum
Inquiétude, sollicitudo,
    onis, f.
Remords, pœnitentia, f.

Attente, exspectatio,
    onis, f.
Retenir, retinēre
Julie, Julia, f.
Fiancer, despondēre, di,
    sum
Afin que, ut (subj.)

Affermir, confirmare
Soutenir, sustinēre
Contenir, coercēre
Malmener, vexare
Instruire, docēre, ui,
    ctum
Écrit, scriptum, n.

353. Si quelqu'un commet quelque grand crime,
il sera torturé par l'inquiétude, le remords, l'attente
des châtiments. — Les Athéniens retinrent les députés des Lacédémoniens, parce que Thémistocle
était retenu par les Lacédémoniens. — Julie, fille de
César, avait été fiancée à Pompée, afin que l'amitié
fût affermie entre César et Pompée. — Souvent des
enfants ont été voués à Dieu par des parents pieux.
— Les ennemis ne soutinrent pas le choc des nôtres.
— Si le général avait contenu [ses] soldats, les citoyens n'auraient pas été malmenés et tourmentés. —
Aimez et honorez les maîtres par qui vous avez été
instruits. — Les paroles volent, les écrits restent.

Memoria tenēre, garder dans sa mémoire	*Prævidēre*, *di*, *sum*, prévoir	*Lucēre*, *xi*, luire
Miscēre, *ui*, *mixtum*, troubler	*Forma*, f., forme	*Alienus*, étranger, emprunté
Jubēri, *jussus*, recevoir l'ordre de	*Ita... ut*, de telle sorte que	*Fervor*, m., chaleur
Deridēre, tourner en ridicule	*Mutare*, modifier	*Ardēre*, être brûlé
	Augēre, augmenter	*Rigēre*, être glacé
	Urgēre, tourmenter	*Immanitas*, f., rigueur
		Vincula, n. pl., prison

354. *Quod tibi a sapiente viro suasum est, id semper memoria teneto. — Respublica discordia mixta est. — Milites, si jussi essent pugnare, pugnavissent; at nemo eos pugnare jussit. — Molestum est a stulto homine derideri. — Calamitas tua a me prævisa erat. — Forma reipublicæ romanæ a Sulla dictatore ita mutata est ut auctoritas senatus augeretur. — Milites magna inopia urgebantur. — Luna luce lucet aliena. — Quædam terræ nimio fervore solis ardent, aliæ rigent frigoris immanitate. — Judex jussit reum in vincula duci. — Milites quod jussi sunt facere faciunt.*

Étudier, *studēre* (dat.)	*fessus sum*	Un, *quidam*
Avouer, *confltēri*, *fessus*	Ami, *amator*, m.	Railler, *irridēre*, si
Nier, *infltiari*	En réalité, *reipsa*	Esope, *Æsōpus*, *i*, m.
Craindre de, *verēri*	Mordre, *mordēre*, *momordi*	Noix, *nux*, *nucis*, f.
Paraître, *vidēri*		Sagontin, *Saguntinus*
Digne de, *dignus* (abl.)	Chauve, *calvus*	Alliance, *fldes*, *ei*, f.
Déclarer, *profltēri*, pro-	Tondre, *tondēre*, *totondi*	Place, *locus*, *i*, m.

355. Cicéron étudia la philosophie. — Je ne t'aurais pas puni, si tu avais avoué ta faute. — Le sage avouera ses fautes, le sot [les] niera; ne craignons pas d'avouer nos fautes. — Le sage avoue [qu'] il ignore beaucoup de choses. — Celui qui a avoué [sa] faute paraît plus digne de pardon. — Beaucoup de gens déclarent [qu']ils sont amis de la vertu, peu l'aiment en réalité. — Une mouche mordit la tête d'un chauve. — L'âne fut condamné à mort (*capitis*) parce qu'il avait tondu l'herbe d'un pré. — Un Athénien railla Ésope qui jouait aux noix (abl.). — Les Sagontins restèrent dans l'alliance romaine. — Pourquoi ne peux-tu rester en place?

§ 174. — Troisième conjugaison.

Verbes en uo et à labiale.

Sapere, io, ivi, être sage	Centurio, onis, n., centurion	Exheredare, déshériter
Paris, idis, m., Paris		Assequi, cutus, obtenir
Priamus, i, m., Priam	Arripere, io, ui, saisir	Avarus, cupide
Helĕna, f., Hélène	Cupere, io, ivi, désirer	Stagnare, être stagnant
Rapere, io, ui, enlever	Liberius, trop à sa guise	Profluere, xi, couler
Excisio, onis, f., destruction	Vivere, vixi, vivre	Frui, jouir de (abl.)
	Neglego, xi, négliger	Horti, orum, m., parc

356. *Ne sapiveris plus quam oportet sapere. — Paris, filius regis Priami, Helĕnam, uxorem Menelāi, regis Spartæ, rapuit; Menelaus, post Trojæ excisionem, eam in patriam reduxit. — Centurio, quem plures equites hostium invaserant, hastam militis arripuit. — Id vobis, pueri, inutile est quod cupivistis; quæ vobis nocere possunt, ne ea cupiveritis. — Themistocles, quod liberius vivebat et rem familiarem neglegebat, a patre exheredatus est. — Egregii scriptoris nomen multi cupiverunt, pauci assecuti sunt. — Qui divitias semper cupit, is avarus est. — Quædam aquæ stagnant, quædam profluunt. — Cimon pauperibus permisit ut fructibus hortōrum suorum fruerentur.*

Vivre, *vivere, vixi*	*struxi, structum*	Jouir, *frui* (abl.)
Honnêtement, *bene*	Fille, *virgo, inis,* f.	Boire, *bibere, bi, itum*
Heureusement, *beate*	Ravir, *rapere, ui, ptum*	Avoir soif, *sitire*
Désirer, *cupere, ivi*	Ne pas faire, *omittere, omisi*	Calice, *calix, icis,* m.
Construire, *construo,*		Être sage, *sapere, ivi*

357. La sagesse est l'art de vivre honnêtement et heureusement. — Alexandre vécut trente-trois ans. — Tous les hommes désirent recevoir des éloges. — Les oiseaux ont fait (construit) beaucoup de nids dans notre jardin. — Une guerre fut entreprise contre les Romains par les peuples dont les filles avaient été ravies par les Romains. — Si nous ne faisons pas la guerre, nous ne jouirons jamais de la paix. — Qui a bu boira. — Il est agréable de boire quand on (*quis*) a soif. — Pouvez-vous boire le calice que moi je vais boire? — Ne soyez pas plus sages qu'il [ne] faut. — Quand seras-tu sage? — La mort a ravi l'enfant. — Il avait ce qu'il avait pu ravir.

Verbes à gutturale.

Contumelia, f., affront	*Spargere, si, sum*, dis-séminer	*Committere*, engager
Frangere, fregi, abattre, écraser	*Videri, visus*, paraître	*Non modo*, non seulement
Erigere, erexi, relever	*Ludus, i*, m., école	*Complecti, plexus*, embrasser
Theatrum, n., théâtre	*Durus*, rude	*Morum*, n., mûre
Tanquam, comme	*Colaphus, i*, m., soufflet	*Frons, ntis*, f., front
Assurgere, rexi, se lever devant (dat.)	*Impingo, pegi, pactum*, appliquer	*Tempora, um*, tempes
Sporades, um, f., Sporades	*Conspergere*, émailler	*Pingere, xi*, barbouiller
	Chæronēa, f., Chéronée	*Stringere*, serrer

358. *Themistoclem a patre exheredatum contumelia non fregit, sed erexit. — Virgilio in theatrum intranti multitudo omnis spectantium tanquam principi assurrexit. — Sporades a Græcis insulæ dictæ sunt quæ quasi sparsæ per mare videbantur. — Alcibiades ludi magistro cuidam durum colaphum impegit quia ille Homeri opera se non habere dixerat. — Ver conspergit prata floribus. — Pugna ad Chæronēam commissa, totius Græciæ vires fractæ sunt. — Non modo fortuna ipsa cæca est, sed etiam ii sæpe cæci sunt quos complexa est. — Pueri moris frontem et tempora pingunt. — Ne me ita strinxeris.*

Véturie, *Veturia*, f.	Saisir, *complecti, plexus*	Se lever, *surgere, rrexi*
Briser, calmer, *frangere, fregi, fractum*	Etre suspendu, *pendēre, pependi*	Tirer, *stringere, xi*
Intraitable, *ferox, ocis*	Attacher, *figere, xi, xum*	Vivement, *celeriter*
Orphée, *Orpheus, i*, m.	Faire sortir, *elicere, ui*	Plonger, *mergere, si*
Fléchir, plier, *flectere, flexi*	Roseau, *calamus, i*, m.	Sein, *pectus, oris*, n.
Inflexible, *immitis*	Apelle, *Apelles, is*, m.	Tenir bon, *stare*
Rame, *remus, i*, m.	Peindre, *pingere, xi, pictum*	Continuer, *pergere, perrexi*
		Parler, *loqui, loculus*

359. Véturie, mère de Coriolan, calma par ses larmes et ses prières le cœur intraitable de son fils. — Les chants d'Orphée fléchirent l'inflexible roi du Tartare. — Les rames se brisèrent. — Le sommeil m'a saisi. — Jésus était suspendu à (*e*) la croix, à laquelle on l'avait attaché. — Nous avons fait sortir du feu de (*ex*) cette pierre. — Ne brise pas le faible roseau. — Apelle avait peint Alexandre; Alexandre fut peint par Apelle. — Il se leva soudain, tira son épée vivement et la plongea dans mon sein. — Quand le vent souffle, l'arbre tient bon, le roseau plie (est plié). — Il continua de parler.

Verbes à dentale.

Fodere, io, i, bêcher
Minerva, f., Minerve
Opera, um, n., œuvres d'art
Tradere, didi, enseigner, livrer
Mars, Martis, m., Mars
Regere, diriger
Crinis, is, m., cheveu

Pandere, di, passum, dénouer
Protrahere, xi, ctum, traîner
A, hors de (abl.)
Camelus, i, m., chameau
Perdere, didi, perdre
Edere, didi, produire, publier

Diruere, ruiner
Antenor, m., Anténor
Petere, tivi, gagner
Ibi, là
Condere, didi, fonder
Successus, us, succès
Allicere, lexi, allécher
Dum, tandis que
Tentare, essayer

360. *Heri magnam partem hortuli fodi; hodie reliquam partem fodiam. — Antiqui dicebant Apollinem morbos expellere, Minervam operum initia tradere, Martem bella regere. — Barbari caput Alcibiadis Pharnabazo tradiderunt. — Cassandra a templo Minervæ passis crinibus protracta est. — Camelus, cupiens cornua, aures perdidit. — Animus hominis, sicut terra, nisi colitur, nullos utiles fructus edit. — Diruta Troja, Antenor Italiam petivit, ut ibi novam urbem conderet. — Multi sunt qui, aliorum successu allecti, dum eadem tentant, semetipsos perdiderunt. — Ea beneficia quæ accepimus, edamus; quæ dedimus, taceamus.*

Judas, Judas, æ, m.
Livrer, tradere, didi
Jugurtha, Jugurtha, m.
Luxe, luxus, us, m.
Oisiveté, inertia, f.
Rendre, reddere
Inspirer, indere, didi
Mutuel, mutuus

Ajouter, addere
Qualité, dos, dotis, f.
Avantage, bonum, n.
Antioche, Antiochia, f.
Renverser, evertere, ti, sum
Marseille, Massilia, f.
Fonder, condere, ditum

Phocéens, Phocenses
Marchand, mercator, m.
Égyptien, ægyptius
Bannir, expellere, pulsus
Rechercher, petere, ivi
Tâcher, reposer, niti, nisus sum

361. Judas, disciple de Jésus, livra son maître aux Juifs. — Jugurtha, dès qu'il eut grandi, ne se livra point au luxe et à l'oisiveté. — Celui qui ne sait pas rendre un bienfait est un mauvais homme. — La nature a inspiré aux hommes un amour mutuel. — Ajoute les qualités de l'esprit aux avantages du corps. — Antioche fut renversée par un tremblement de terre. — Tout le monde sait [que] Marseille a été fondée par les Phocéens. — Joseph fut vendu par [ses] frères à des marchands égyptiens. — Thémistocle, banni par ses concitoyens, rechercha l'amitié du roi des Perses. — J'ai tâché de vaincre. — Le salut de la cité reposait sur la vie d'un seul homme.

Verbes à liquide.

Gerere, gessi, gestum, accomplir, faire
Decernere, crevi, décider
Tandem, enfin
Vertere, ti, tourner
Tergum, n., dos
Se gerere, se conduire
Impie, en impie

Deserere, rui, abandonner
Prodere, didi, trahir
Vehemens, violent
Sublimis, altier
Convellere, i, vulsum, déraciner
Opprimere, pressi, accabler

Gigno, genui, genitum, mettre au monde
Ponere, posui, mettre
Duodeviginti, dix-huit
Quærere, sivi, demander à (ab.)
Existimare, estimer
Conserere, sevi, situm, planter

362. *Cæsar adulescens res ab Alexandro gestas legens flevit et causam interrogantibus amicis respondit : « Ea ætate qua Alexander Darium vicit, ego nondum quidquam egi. » — Pugna decerni non poterat; tandem hostes vulneribus debilitati terga verterunt. — Ille impie se gessit qui amicum aut deseruit aut prodidit. — Vehementi tempestate sublimis quercus convulsa est. — Triginta tyranni Athenienses gravi servitute oppresserunt. — Minerva e capite Jovis genita est. — Ibi pedem ne posueris. — Secundum bellum Punicum per annos duodeviginti adversus Hannibalem gestum est. — Cræsus a Solone quæsivit quem hominum beatissimum esse existimaret. — Arboribus consita est hæc regio. — Ave, Cæsar, morituri te salūtant.*

Cyrus, *Cyrus, i, m.*
Exposer, *exponere, sui, situm*
Par l'ordre de, *jussu*
Astyage, *Astyages, is*
Cynique, *cynicus*
Porter, administrer, *gerere, gessi, gestum*

Besace, *pera, f.*
Bâton, *baculum, n.*
Laisser croître, *promittere*
Barbe, *barba, f.*
Découvrir, *detegere*
Étouffer, *opprimere, oppressi*

Mépriser, *spernere, sprevi, spretum*
Efféminer, *effeminare*
Préférer, *anteponere*
Honte, *turpitudo, inis*
Imposer, *imponere*
Abandonner, *deserere, deserui*

363. Cyrus enfant fut exposé par l'ordre d'Astyage. — Les philosophes cyniques portaient une besace et un bâton; ils laissaient croître [leur] barbe et [leurs] cheveux. — Cicéron découvrit et étouffa la conjuration de Catilina. — Méprise les plaisirs; ils efféminent l'âme et le corps; si tu les méprises (f. ant.) tu seras heureux et fort. — Il préféra la mort à l'esclavage et à la honte. Préférons l'utilité commune à la nôtre. — Les Lacédémoniens imposèrent trente tyrans aux Athéniens; Thrasybule rendit à ceux-ci la liberté. — Ceux qui abandonnent leurs amis dans l'adversité sont méprisés.

Verbes en *so* et en *sso.*

Paciscor, **pepigi**, con-clure	tant de Crotone	Simulacrum, fantôme
Abdolonymus, i, m., Abdolonyme	Compesco, cui, refréner	Fumus, i, m., fumée
Ruri, à la campagne	Servulus, i, m., petit es-clave	Aura, f., air
Arcesso, ivi, faire venir	Exardesco, arsi, s'en-flammer	Evanesco, nui, s'éva-nouir
Creare, faire	Verber, eris, n., coup	Recalesco, lui, se ré-chauffer
Pythagoras, æ, m., Py-thagore	Iratus, irrité	Hilaritas, f., gaîté
Dissolutus, dissolu	Accedere, cessi, s'avan-cer	Enitesco, tui, devenir brillant
Crotoniates, æ m., habi-	Propius, plus près	Proficisci, fectus, partir

364. *Romani cum Carthaginiensibus fœdus pepigerant. — Abdolonymum ruri habitantem Alexander ad se arcessivit, ut eum regem crearet. — Pythagoras dissolutos Crotoniatarum mores auctoritate sapientiæ suæ compescuit. — Plato, cum in servulum quemdam ira exarsisset : « Necassem te verberibus, dixit, nisi iratus essem. » — Cum propius accessissem, simulacrum illud sicut fumus in auras evanuit. — Corpus motu et exercitatione recalescit. — Oculi ejus hilaritate enituerunt. — Dio obsecravit Dionysium ut Platonem arcesseret. — Socrate mortuo, Plato in Ægyptum profectus est.*

S'évaporer, s'évanouir, evanescere, nui	Magistrature, magistratus, us, m.	Enlacer, complecti
Se durcir, durescere	Suprême, summus	Venger, se venger de, ulcisci, ultus (acc.)
Faire venir, arcessere, ivi	Sortir, egredi, gressus	Acquérir, adipisci, adep.tus
Partir, proficisci, fectus	Oublier, oblivisci, litus
Cincinnatus, Cincinnatus, i, m.	Rencontrer, nancisci, nactus	Injure, injuria, f.

365. Leur souvenir s'est évanoui. — Le parfum des fleurs s'était évaporé. — L'eau se durcit par le froid. — On fit venir Cincinnatus de (*ab*) la charrue, pour qu'il reçût la magistrature suprême. — Sors de (*ex*) la ville; les portes sont ouvertes, pars. — La vigne enlace tout ce qu'elle a rencontré. — Achille vengea la mort de Patrocle, qu'Hector avait tué. — Socrate a acquis une grande réputation de sagesse. — Une grande flotte que commandait Alcibiade partit pour (*in*) la Sicile. — Nous partirons de (*ex*) cette vie pour une autre plus heureuse. — N'oublions pas les bienfaits de Dieu; je ne les ai pas oubliés. — Que (*quid*) sert de se venger des injures?

§ 175. — Quatrième conjugaison.

Agesilāus, i, m., Agési-
las
Pervenire, veni, arriver
Priusquam, avant que
Profectio, onis, f., dé-
part
Audire, entendre parler
Venire, veni, venir, al-
ler, arriver

Puerilis, puéril
Refercire, fersi, encombrer
Bellovaci, orum, Bello-
vaques
Redigere, egi, actum,
réduire
Ambiani, orum, Ambie-
nes

Dedere, dedidi, rendre
Sæpire, psi, enclore
Consolatio, onis, f., ré-
confort
Invenire, veni, trouver
Munire, munir
Aperire, rui, ouvrir
Segnius, moins vivement
Sentire, sensi, ressentir

366. *Agesilāus in Asiam pervenit, priusquam Per-*
sarum duces de profectione ejus audivissent. — In
Italiam si venero, quæ ibi perspexero, ea scribam ad te.
— Novit omnia vates, quæ sint, quæ fuerint, quæ mox
ventura sint. — Nonnulli veteres puerilibus fabulis li-
bros suos referserunt. — Cæsar, Bellovacis sub po-
testatem redactis, ad Ambianos pervenit, qui se suaque
omnia statim dediderunt. — Themistocles Athenas
novis mœnibus sæpsit. — Consolationem malorum
invenisti, quod patientia te muniveras. — Legiones
gladio sibi viam per hostes aperuerunt. — Homines
segnius bona quam mala sentiunt.

Pharnace, *Pharnaces, is*
Venir, *venire, veni, ven-*
tum
Ensevelir, *sepelire*
Un mort, *mortuus*
Jeter, *projicere, io*
Nu, *nudus*
Bien, *benigne*

Recevoir, *excipere, io*
Sentir, s'apercevoir, *sen-*
tire, sensi
Départ, *profectio, onis,*
f.
Délicatesse, *suavitas,* f.
Trouver, *reperire, ri*
Ratifier, *sancire, xi*

Crétois, *Cretensis*
Puiser, *haurire, hausi*
Se répandre, *effundi,*
fusus
Être permis, *licēre*
Enchaîner, *vincire, xi,*
vinctum
Aussi, *propterea*

367. Quand César eut défait le roi Pharnace, il
écrivit (*ad*) au sénat romain : « Je suis venu, j'ai vu,
j'ai vaincu. » — Les Parthes n'ensevelissent pas les
corps des morts, mais les jettent [tout] nus aux oiseaux
et aux chiens. — Si tu viens dans notre ville, tu seras
bien reçu par nous. — Ils s'aperçurent de (*de,* abl.)
mon départ. — Tu n'as pas senti la délicatesse de ce
mets. — Il est doux d'avoir trouvé un ami fidèle. —
Les anciens disaient [que] Jupiter même avait ratifié
les lois des Crétois.   L'eau que j'avais puisée s'est
répandue. — Il n'était pas permis d'enchaîner un citoyen romain : aussi Paul ne fut pas enchaîné.

Ordiri, orsus, comencer	Numerare, compter	Assentiri, assensus, approuver (dat.)
Contemplari, contempler	Metiri, mensus, mesurer	Oriri, ortus, s'élever, se lever
Tam... ut, tellement... que	Experiri, pertus, éprouver	Sepelire, pultum, ensevelir
	Ut..., ita, comme... ainsi	

368. *Omnia opera a Deo ordimini. — Avarum quemdam cognovi, qui magna cum voluptate divitias suas contemplabatur, et tam dives erat ut pecuniam non numeraret, sed metiretur. — Frater meus belli fortunam expertus est. — Pueris mentientibus ne unquam assensus sis (assenseris). — Orta discordia inter Græcas civitates, earum potentia debilitata est. — Quod orsus es, etiam finies. — Ut nos alios homines mensi erimus, ita illi nos metientur. — Orto jam sole, mulieres venerunt ad monumentum in quo sepultus erat Christus. — Si mihi in omnibus rebus semper assensus esses, mihi displicuisses.*

Mesurer, *metiri, mensus*	*ortus*	*sensus* (dat.)
Aune, *modulus, i, m.*	Attaquer, *adoriri*	Compter, *numerare*
Inimitié, *inimicitia, f.*	Aussitôt, *statim*	Univers, *universum, n.*
Marius, *Marius, i, m.*	Attendre, *opperiri, pertus*	Inévitable, *necessarius*
Sylla, *Sulla, m.*		Salle, *conclāve, is, n.*
Commencer, *ordiri, orsus*	Afin de, *ut* (subj.)	Étayer, *fulcire, fulsi, fultum*
De Numidie, *Numidicus*	Dyrrachium, *Dyrrachium, n.*	Colonne, *columna, f.*
Se lever, s'élever, *oriri,*	Approuver, *assentiri,*	De marbre, *marmoreus*

369. Que chacun se mesure à son aune. — Les inimitiés de Marius et de Sylla avaient commencé dès (*jam a*) la guerre de Numidie. — Quand le soleil se lève, les étoiles s'éteignent. — Les Romains, ayant aperçu les ennemis, les attaquèrent aussitôt. — César attendit l'arrivée de Pompée, afin de l'attaquer près de (*apud*) Dyrrachium. — Tout le monde a approuvé mon avis. — Qui a compté les étoiles? qui a mesuré la grandeur de l'univers? — Si tu avais commencé ton œuvre par (*a*) Dieu, tu aurais été plus heureux. — Il est inévitable qu'une guerre s'élève. — La salle était soutenue (étayée) par des colonnes de marbre.

Récapitulation sur les parfaits et supins irréguliers.

Prodere, didi, trans- | *Sponte sua*, volontaire- | *Mantua*, f., Mantoue
mettre | ment | *Calabri, orum*, m., la
Clam, secrètement | *Undare*, bouillonner | Calabre
Attica, f., Attique | *Fornax, ācis*, fournaise | *Tenēre*, posséder
Claudius, m., Claude | *Rumpere*, faire éclater | *Parthenŏpe, es*, f., Na-
Advenire, arriver | *Ætna*, m., Etna | ples
Jungere, réunir | *Redimere*, racheter | *Pascua, orum*, n., pâ-
Antequam, avant que | *Persuasum habere*, | turages
Legatus, i, m., député | avoir la conviction | *Rus, ruris*, n., campa-
Petere a, demander à | *Elogium*, n., épitaphe | gne
Dedere, soumettre | *Excudere, di*, composer | *Dux, ducis*, guerrier

370. *Thucydides memoriæ prodidit Themistoclis corpus clam in Attica ab amicis sepultum esse. — Claudius Nero Hasdrubalem, ex Hispania cum ingentibus copiis advenientem, priusquam cum Hannibale fratre se jungeret, oppressit. — Xerxes, antequam contra Græcos bellum gereret, legatos misit; ii legati a civitatibus Græciæ petiverunt ut sponte sua se dederent. — Vidimus undantem ruptis fornacibus Ætnam. — Captivi redempti non sunt, ut milites persuasum haberent sibi aut vincendum esse aut moriendum. — Hoc sibi elogium Virgilius excudit :* « *Mantua me genuit, Calabri rapuere, tenet nunc Parthenŏpe; cecini pascua, rura, duces.* »

Globe terrestre, *orbis* | **Faire**, *gerere, gessi* | **Poser**, *ponere, sui, situm*
terrarum | **Chance**, *fortuna*, f. | **Croire**, *credere, didi*
Couvrir, *cingere* | **Favoriser**, *favēre, favi* | **En vain**, *frustra*
Vêtir, *vestire* | (dat.) | **Enclore**, *sæpire, psi*

374. Dieu a fondé le globe terrestre; il a couvert le ciel d'astres brillants; il a vêtu la terre de fleurs, d'arbres, de moissons. Nous devons l'honorer et l'aimer, car il voit et entend ce que nous faisons, ce que nous avons fait, ce que nous ferons. — La chance favorise quelquefois des gens indignes. — Malheureux est celui qui manque d'amis. — Denys le tyran, banni de Syracuse, instruisait les enfants à Corinthe. — Thémistocle disait [que] la cité repose (est posée) non sur les édifices, mais sur les citoyens. — Celui-là est très heureux qui croit [que] nulle félicité n'est plus grande que la sienne. — En vain les Juifs avaient enclos de murs Jérusalem : leur ville fut prise.

Recte, comme il faut	*Convenire,* se réunir	*Properare,* se hâter de revenir
Sentire, penser	*Janus, i, m.,* Janus	*Syria, f.,* Syrie
Perperam, de travers	*Leonidas, æ, m.,* Léonidas	*Reperire, i, repertum,* trouver
Haurire, si, pulsor à (ex)	*Vestis, is, f.,* couvertures	
Planities, ei, f., plaine	*Operire, operui, opertum,* couvrir	*Vincire, xi, ctum,* enchaîner
Colloquium, n., entrevue	*Comperire, i,* apprendre	*Tremere, mui,* trembler

372. *Quidam recte sentiunt, perperam agunt. — Puram aquam ex hoc flumine hausimus. — In magnam planitiem Cæsar et Ariovistus ad colloquium convenerunt. — Romani templum Jani aperiebant, cum civitas in armis erat; claudebant, cum pax erat. — Leonidas Xerxi, qui scripserat : « Trade arma », respondit : « Veni et cape. » — Æger multa veste operiendus est. — Erat semper capite operto. — Milites eos sepeliunto qui in prœlio ab hostibus interfecti sunt. — Cæsar, cum mortem Sullæ comperisset, ex Asia in patriam suam properavit. — In Syria nigri leones reperiebantur. — Feræ vinctæ sunt : ne tremueris.*

Ne, *non*	**S'échapper,** *effugere*	**Acte,** *actum,* n.
Eprouver, *sentire, si*	**Ouvrir,** *reserare*	**Vitellius,** *Vitellius, i,* m.
Maintes fois, *sæpe*	**Fuyard,** *fugiens*	**Jeter,** *jacere, io, jeci, jactum*
Couvrir, *operire, rui*	**Brûler,** *cremare*	

373. Qui n'a éprouvé maintes fois la bienveillance de Dieu ? — Catilina et Verrès s'étaient couverts de crimes. — Le général fut condamné parce que les soldats tués dans le combat n'avaient pas été ensevelis. — Ils enchaînèrent le prisonnier, de peur qu'il ne s'échappât. — Nous avons ouvert nos portes aux fuyards. — Dans les temps anciens les corps n'étaient pas ensevelis, mais brûlés. — Les portes de la citadelle furent ouvertes aux ennemis par un esclave. — Les actes de César furent ratifiés par le sénat. — Beaucoup de choses ne seraient pas sanctionnées par des lois, si tous les citoyens étaient vertueux. — Le corps de Vitellius ne fut pas enseveli, mais jeté dans le Tibre.

Aperire, ui, **découvrir**	*Celeriter,* **promptement**	*Jurare,* **jurer**
Invenire, **trouver**	*Invidia,* f., **jalousie**	*Defendere,* **défendre**
Indefensus, **non défendu**	*Antigonus, i,* m., **Anti-**	*Rem male gerere,* **subir**
Meditari, **projeter de**	**gone**	**un échec**
In, **chez**	*Dedere, didi, ditum,* **li-**	*Queri, questus,* **se plain-**
Adoriri, **attaquer**	**vrer**	**dre**

374. *Cur capita operuistis? Ceteri omnes pueri capita aperuerant. — Multæ artes ab hominibus inventæ sunt. — Capita a Græcis non operiebantur. — Audito Gallorum adventu, Romanis magnus terror injectus est, et urbem indefensam deseruerunt. — Agesilāus jam animo meditabatur proficisci in Persas et ipsum regem adoriri, cum ab ephoris celeriter in patriam reverti jussus est. — Eumenes, invidia ducum quibuscum erat, Antigono est deditus, etsi exercitus juraverat se eum defensurum neque unquam deserturum esse. — Imperatori rem male gerenti exercitus non paret. — Non omnes servi de severitate domini questi sunt.*

Phénicien, *Phœnix, icis*	**Visage,** *os, oris,* n.	**Félicité,** *felicitas,* f.
Trouver, *invenire, ni*	**Élevé,** *sublimis*	**Mourir,** *defungi, func-*
Henri, *Henricus, i,* m.	**Ordonner,** *jubēre, jussi*	*tus*
Parisien, *Parisius*	**Regarder,** *tuēri*	**Se plaindre,** *queri, ques-*
Être pauvre, *egēre*	**Entier,** *integer, gra*	*tus*
Penché, *pronus*	**Être en deuil de,** *lugēre,*	**Descendants,** *posteri,*
Vers, *ad* (acc.)	*xi* (acc.)	*orum,* m.

375. Les Phéniciens ont trouvé l'art d'écrire. — Henri IV eut pitié des Parisiens, dont il avait assiégé la ville. — L'avare est toujours pauvre ; les enfants de Thémistocle furent pauvres. — Les autres animaux sont penchés vers la terre ; Dieu a donné à l'homme un visage élevé et [lui] a ordonné de regarder le ciel. — Les matrones furent pendant une année entière en deuil de Brutus, mort en combattant pour sa patrie. — Dieu a promis aux hommes pieux une félicité éternelle, qu'ils rencontreront dans le ciel. — Plusieurs des soldats qui sont partis à (*ad*) la guerre ne reviendront pas dans [leur] patrie. — Il n'y a rien de parfait sur la terre : nous nous en (*hoc*) plaignons, nos ancêtres s'en sont plaints, [nos] descendants s'en plaindront.

§ 177-178. — Verbe *fero*.

Ferre, porter, produire, supporter
Subsidium, n., secours
Palma, f., palmier
Optimus, excellent

Tus, turis, n., parfum
Arabia, f., Arabie
Auferre, abstuli, ablatum, emporter
Præferre, préférer

Differre, distuli, dilatum, différer
Offerre, obtuli, offrir
Sacrificium, n., sacrifice
Nonnunquam, parfois

376. *Asinus onus fert, ferebat, tulit, tulerat, feret, ferret; quisque suum onus ferat; ne tuleris arma contra patriam; spero te mihi subsidium laturum esse; scio sanctum Paulum primum aliud nomen tulisse; hæc dona fer ad patrem tuum. — Palmæ ferunt optimum fructum. — Navis amne ad mare fertur, ferebatur, feretur, lata est, lata erat, lata esset. — Cameli gravia onera ferunt. — Assuescat miles ferre duros labores. — Tura multa fert Arabia. — Ferrent æquo animo paupertatem homines, si saperent. — Mors puellam abstulit. — Mors servituti præferenda est. — Differunt æmulatio et invidia. — Sacerdos Deo sacrificium obtulit. — Falsa nonnunquam speciem veri ferunt.*

Porter, emporter, supporter, produire, *ferre*
Enseigner à, *docēre*
Secours, *subsidium*, n.
Ôter, *auferre, abstuli*

Apporter, *afferre, attuli, allatum*
Différer, *differre*
Vengeance, *ultio, onis*, f.
Bien des, *multi, æ, a*

Endurer, *perferre*
Enterrer, enlever, *efferre, extuli, elatum*
Avec pompe, *funere*
Noblement, *egregie*

377. Tu portes, tu portais, tu porteras, tu as porté les armes courageusement; portez mes paroles à votre maître; je porterais ce fardeau, si je pouvais; ils n'auraient pas porté ce fardeau. — L'âge emporte la mémoire. — Les feuilles sont emportées par le vent. — La Grèce a produit beaucoup de poètes. — L'habitude enseigne à supporter le travail. — Portons secours au malheureux. — La vieillesse ôte l'audace; elle apporte la prudence. — Il faut différer la vengeance. — La nuit a ôté la couleur aux objets. — Ulysse endura bien des maux. — Il fut enterré avec pompe. — Il enlevèrent toutes les armes de (*ex*) la maison. — Dion, qui avait noblement supporté l'adversité, ne put supporter la prospérité.

§ 179. — Verbe *fio*.

Fieri, être fait, se faire, devenir	*Suspiciosus*, soupçonneux	*Comburere*, *ussi*, rendre brûlant
Nihilum, n., le néant, rien	*Cultor*, m., cultivateur	*Aula*, f., cour
In, contre	*Siccus*, sec	*Calefacere*, chauffer
Polemo, *onis*, m., Polémon	*Libellus*, *i*, m., livre	*Cultura*, f., culture
Perditus, corrompu	*Madefieri*, devenir humide	*Concutere*, *io*, *ussi*, ébranler
Decipere, duper	*Tepefieri*, s'atiédir	*Aries*, *ĕtis*, m., bélier
	Calefieri, s'échauffer	*Patefacere*, ouvrir

378. *Fit, fiebat, factus est, fiet strepitus. — Ex nihilo nihil fieri potest. — Hoc non fiet. — Fit vis in me. — Fecit quod ei faciendum fuit. — Dixit Deus : Fiat lux! et facta est lux. — Polemo e perdito adolescente summus philosophus factus est. — Qui discit doctus fiet. — Juvenis es, senex fies. — Ignosce inimicis, amici fient. — Fit suspiciosus qui semel deceptus est. — Abdolonymus, pauper hortuli cultor, rex ab Alexandro factus est. — Pone in sicco libellos, ne madefiant. — Solum sole non tantum tepefit, sed etiam sæpe calefit et comburitur. — Petrus in aula principis sacerdotum se calefaciebat. — Terra cultura fit uberior. — Concussa ariĕte, porta tandem patefacta est.*

Se faire, devenir, *fieri*	Sang, *sanguis*, *inis*, m.	A l'avance, *ante*
Sembler, *vidēri*	Mouiller, *madefacere*	Liquide, *humor*, m.
Cadavre, *cadāver*, *eris*, n.	Convenir, *convenire*	Se liquéfier, *tabescere*
Découvrir, *reperire*, *i*, *repertum*	Médicament, *medicamentum*	Ouvrir, *patefacere*
	Atiédir, *tepefacere*	Approcher, *accedere*
		Préteur, *prætor*, m.

379. Beaucoup de choses se font qui semblaient ne pas pouvoir se faire. — Petit poisson deviendra grand. — Sois patient, et tous tes maux deviendront plus légers. — Nous savons [que] Dieu s'est fait homme, pour sauver les hommes. — J'ai étudié pour devenir savant. — Près du cadavre on découvrit un glaive [tout] mouillé de sang. — Il convient [que] le médicament soit toujours atiédi à l'avance. — Le liquide se durcit par le froid; atiédi par la chaleur il se liquéfie. — La porte s'ouvre, s'ouvrait, s'ouvrit. — N'ouvre pas la porte. — Beaucoup de gens deviennent meilleurs en vieillissant (la vieillesse approchant). — Je pense qu'on le fera préteur.

§ 180. — Verbes *volo, nolo, malo.*

NOTE. — Pour défendre, on peut, au lieu de *ne* avec le subjonctif parfait, se servir de *noli, nolite* avec l'infinitif.

Velle, vouloir	rence à tout	*Lysippus, i,* m., Lysippe
Nolle, ne vouloir pas	*Pingere, xi, pictum*	*Prius,* auparavant
Malle, aimer mieux	peindre	*Insultare,* insulter
Apelles, is, m., Apelle	*Fingere, xi, fictum*	*Uticensis,* d'Utique
Potissimum, de préfé-	modeler	*Indicium, n.,* marque

380. *Volo quod Deus vult; nolo quod Deus non vult : sic semper fit mea voluntas. — Alexander ab Apelle potissimum pingi et a Lysippo fingi voluit. — Alteri ne feceris quod tibi fieri non vis. — Qui vult imperare, prius parere discat. — Noli insultare miseris. — Cato Uticensis esse quam videri bonus malebat. — Idem velle et nolle indicium est amicitiæ. — Id si facere voluissem, fecissem. — Omnes laudari volunt. — Scire vultis quod dicere non licet. — Cur respondere nolunt? — Pueri noluerunt tacere. — Milites malunt bellum quam pacem. — Amicos, si volueris, habebis. — Nolite mea calamitate gaudere.*

Reprendre, *reprehende-*	Craindre, *timere*	Servir, *servire* (dat.)
re.	Sacrifier, *sacrificare*	Règle, *præceptum, n.*
Exempt, *expers, exper-*	Divinité, *numen, inis,* n.	De, au sujet de, *de* (abl.)
tis (gén.)	Idole, *idolum,* n.	Se fier, *confidere*

381. Si tu veux reprendre les autres, sois toi-même exempt de fautes. — J'aime mieux être aimé que d'être craint. — Le paresseux aime mieux ignorer que d'apprendre. — Les chrétiens ne voulaient pas sacrifier aux fausses divinités; ils aimaient mieux mourir que d'adorer les idoles. — Personne ne veut servir un maître injuste. — Je ne ferai pas ce que vous voulez. — Tu porteras ce fardeau, si tu veux. — Les enfants aiment mieux les exemples que les règles. — Alexandre aima mieux la gloire que l'argent. — Ne parle pas de ce que tu ne sais pas. — Ne vous fiez pas à la fortune. — Je sais [que] Caton d'Utique a mieux aimé mourir que de survivre à la liberté de [sa] patrie.

§ 181. — Verbe eo.

Ire, eo, aller
Breviter, brièvement
Rescribĕre, répondre
Regulus, i, m., Régulus
Exquisitus, raffiné
Redire, eo, revenir
Perjurus, parjure
Domi, chez soi
Remanēre, rester

Persæpe, très souvent
Inire, eo, commencer
Adolescentia, f., jeunesse
Vénire, eo, se vendre
Formica, f., fourmi
Colligere, legi, amasser
Decertare, lutter
Perire, eo, périr

Confitĕri, fessus, avouer
Abire, eo, s'en aller
Emittere, misi, lancer
Acquirere, sivi, acqué-
rir
Adire, eo, aborder
Transire, eo, passer
Exire, eo, sortir
Cito, vite

382. *Quidam ad amicum breviter scripserat : « Eo rus ». Rescripsit ille brevius : « I ». — Regulus maluit ad crudelissimum hostem et exquisita supplicia redire quam perjurus domi remanere. — Senes persæpe fastidiunt ea quæ ineunte adolescentia laudavere. — In magnis urbibus venit aqua. — Formicæ eunt redeuntque, ut frumentum colligant. — Spartani pueri, inter se decertantes, perire malebant quam victos se confiteri. — Nunc abi; cras redito. — Hiems abiit; ver adest; æstas ventura est. — Sagitta emissa vires acquirit eundo. — Ut adeas Africam, mare transeundum est. — Exi cito, si perire non vis.*

Au devant de, obviam (dat.)
Se coucher, cubare, ui, itum (§ 144)
Passer, transire, eo
Rouge, ruber, bra
Se servir, uti, usus (abl.)

Périr, perire, eo
Revenir, redire, eo
Visiter, obire, eo
Faire, engager, inire, ineo
Alliance, societas, f.
Se bien porter, valēre

Accomplir, obire, eo
Lutte, certāmen, inis, n.
Aborder, adire, eo
Grossir, augĕre, xi
Décroître, decrescere
Longer, præterire, eo
Mourir, interire, eo

383. J'allais, j'irai, j'étais allé, j'irais, je serais allé au devant de toi. — Allons nous coucher. — Les Hébreus passèrent la mer Rouge. — Quiconque se sert de l'épée périra par l'épée. — Le printemps revient; ma jeunesse ne reviendra pas. — Il est agréable de visiter les grandes villes. — Il ne faut pas faire alliance avec les méchants. — Je ferais ce voyage, si je me portais bien. — On accomplit un travail, on a traversé la mer, on engagera la lutte, qu'on aborde l'ennemi. — Cet homme ne peut être abordé. — Les rivières, grossies par les pluies, décroissent maintenant et longent [leurs] rives. — Peu de gens meurent de joie.

§ 182-183. — Verbes *queo* et *edo*.

Esse, manger	*Nucleus, i,* m., amande	*Scelestus*, criminel
Quantum, autant que	*Frangere*, casser	*Nequire, eo*, ne pouvoir
Milo, onis, m., Milon	*Nux, nucis,* f., noix	pas
Taurus, i, m., taureau	*Conservus, i,* m., com-	*Levis*, supportable
Humerus, i, m., épaule	pagnon d'esclavage	*Rubigo, inis,* f., rouille
Stadium, n., stade	*Rapere, io*, voler	*Exedere*, ronger
Pugnus, i, m., poing	*Bibere*, boire	*Tuto*, sans danger.

384. *Es quantum satis est : edendum est ut vivamus, non vivendum ut edamus. — Ea (telle) erat Milonis vis ut taurum humeris per stadium ferret, pugno exanimaret eodemque die esset. — Qui nucleum esse vult, frangat nucem. — Malus quidam servus conservo suo dedit hoc consilium : « Rape, bibe, es, fuge ». — Cibos varios est homo. — Sana este et bibite. — Boves herbam, leones carnem edunt. — Nequeunt dormire scelesti. — Talem cibum esse nequeo. — Quidquid mutari nequit levius fit patientia. — Ferrum rubigine exeditur. — Pauciores morbi essent, si homines simpliciora essent. — Coluber tuto estur.*

Manger, *esse, comesse*	**Pouvoir**, *quire*	**Immodérément**, *immo*
Avoir faim, *esurire*	**Ne pouvoir pas**, *nequire*	*dice*
Servir, *apponere*	**Soulager**, *opitulari* (dat.)	**Dégoût**, *fastidium*, n.
Ce qui, ce que, *quæ*	**Ronger**, *exedere*	**Dévorer**, *esse*

385. L'homme mange, mangera, a mangé du pain ; mange, mangeons, mangez des mets très simples. — Il est agréable à celui qui a faim de manger, à celui qui a soif de boire. — Soyez sobres, mangeant volontiers ce qu'on vous sert. — Si je pouvais faire cela, je le ferais. — Il est pénible de ne pouvoir soulager les malheureux. — J'ai fait ce que j'ai pu. — Le chagrin ronge le cœur. — Pourquoi ne mangez-vous pas ces mets ? — Dieu dit à Adam : « Tu ne mangeras pas de fruits de cet arbre. » — Enfants, ne mangez pas immodérément ; j'espère [que] vous mangerez ceci sans dégoût. — Le feu dévore les vaisseaux. — Pourquoi ne veux-tu pas manger ? Mange, bois sans crainte.

§ 184-187. — Verbes défectifs.

Aristippus, i, m., Aristippe
Premere, pressi, accabler
Abjicere, jeter
Inquit, dit-il
Nimius, de trop
Attingere, atteindre
Censorius, le censeur
Provectus, avancé
Cœpisse, s'être mis à, comencer
Meminisse, se souvenir
Amplius, plus de
Effluo, xi, s'écouler
Ex quo, depuis que
Sævire in, punir
Demonax, actis, m. Démonax
Ostendere, di, montrer
Plagosus, qui frappe
Odisse, haïr, détester
Inferre, apporter, donner

386. *Aristippus, cum servus ejus in itinere pecuniam ferens onere premeretur : « Abjice, inquit, quod nimium est, et fer quod ferre potes. » — Vulpes, cum uvam nequiret attingere, « Nolo, inquit, acerbam sumere. » — Cato Censorius, jam ætate provectus, litteris Græcis studere cœpit. — Memento te esse hominem. — Annorum amplius duo millia effluxerunt ex quo Lutetia habitari cœpta est. — Lacedæmonio cuidam flagris sævienti in servum : « Desine, inquit Demonax, similem te servo tuo ostendere. » — Plagosum magistrum oderunt omnes discipuli. — Vitam oderat : sibi mortem intulit. — Quando latinam linguam discere cœpisti?*

Dire oui, *aio*
Dire non, *negare*
Se souvenir, *meminisse* (acc.)
Injustice, *injuria*, f.
Il est doux, *juvat*
Avoir commencé, s'être mis à, *cœpisse*
Quand? *quando?*
Commencer, *incipere, io*
Se souvenir, *recordari* (acc.)
Haïr, *odisse*
Se gonfler, *tumescere*
Dis-je, *inquam*

387. L'un dit oui, l'autre dit non. — L'homme pervers se souvient des injustices, [mais] non des bienfaits. — César aimait mieux ne pas se souvenir des injustices que de s'en venger. — Souvenons-nous des bienfaits. — Il sera doux un jour de se rappeler ces choses. — Je me souviendrai de cela. — Il avait comencé à parler. — Quand comenceras-tu à te taire? — Souvenez-vous de la vanité des choses humaines. — Quand le coq chanta, Pierre se souvint de la parole de Jésus et se mit à pleurer. — Je hais, nous haïssons, ils haïssent, ils haïront les menteurs. — La mer comence, començait à se gonfler. — Tais-toi, [te] dis-je. — Pourquoi, disait-il, faut-il mourir?

§ 188-189. — Verbes *quæso, salve, cedo, fari.*

Menecrátes, is, m., Ménécrate
Gloriari, se vanter
Medēri, guérir (dat.)
Vesci, se nourrir de (abl.)
Caseus, i, m., fromage
Olus, eris, n., légume
Solēre, avoir coutume
Limen, inis, n., seuil

Inscribere, écrire sur
Salve, salut!
Quæso, je te prie
Forum, n., forum, place publique
Otiosus, inoccupé
Salvēre, être sain et sauf
Jubēre, jussi, inviter

Vale, adieu
Rursus, de nouveau
Quoties, combien de fois
Fari, dire, exprimer
Sapere, io, être raisonnable
Sentire, sensi, penser
Cedo, donne
Codex, icis, m., cahier

388. *Menecrátes gloriabatur se vulneribus mederi. — Scythæ lacte et melle vescebantur; pastores lacte, caseo, oleribus vescuntur. — Solebant veteres in domorum liminibus inscribere : Salve. — Dic, quæso, nomen istius hominis. — Accessi ad adolescentes in foro : « Salvete, inquam; quid otiosi estis? » — Salvere te jussi : cur meæ saluti non respondisti? — Dicebat, jam profecturus in exsilium : « Vale, o dulcissima patria; quando te rursus videbo? ». — Quæso, quoties idem dicendum est tibi? — Fabitur hoc aliquis. — Ego sapio et fari possum quæ sentio. — Cedo codicem, ut nomina legam.*

Diomède, Diomēdes, is
Se nourrir de, vesci (abl.)
Religion, religio, onis, f.
Guérir, medēri (dat.)
Bonjour, salve
Arriver, venire

Jeune homme, adolescens
Souhaiter le bonjour, salvēre jubes (acc.)
Habiter, colere
Je t'en prie, quæso

S'exprimer, fari
Donne, cedo
Adieu, vale, valete
Protéger, tuēri, tutari
Considérer, intuēri, aspicere

389. Les chevaux de Diomède, roi de Thrace, se nourrissaient de chair humaine. — La religion seule guérit les âmes. — Bonjour, jeune homme : tu arrives à propos. — Je le hais : je ne lui souhaiterai pas le bonjour. — Salut, Jérusalem, terre que Dieu même a voulu habiter! — Donnez-nous, Seigneur, nous vous en prions, la véritable sagesse. — Quand l'enfant naît, il ne sait pas s'exprimer. — Donne un seul exemple; donne, afin que je voie. — Adieu, chère maison; adieu, chers maîtres! — Je protège ceux qui m'ont protégé, je considère ceux qui m'ont considéré. — Combien de malades Jésus a guéris!

§ 190. — Verbes impersonnels.

Pluere, pleuvoir
Desistere, stiti, cesser
Lævus, gauche
Intonare, ui, tonner
Juvat, il est agréable
Pænitere, se repentir, avoir du regret
Serpens, ntis, f., serpent

Rusticus, paysan
Rigere, être raidi
Tollere, sustuli, ramasser
Tædere, se dégoûter
Ultro, volontairement
Se abdicare, abdiquer
Subdolus, hypocrite
Incendere, incendier

Miserere, avoir pitié
Grandinare, grêler
Ningere, neiger
Furari, voler
Pigere, avoir regret
Monitum, n., avertissement
Pigere, avoir du chagrin
Pudere, avoir honte

390. *Tota nocte pluere non destitit. — Læva cæli parte intonuit. — Juvat ea recordari quæ passi sumus. — Eum pænitet culpæ suæ. — Rusticum pænituit serpentem gelu rigentem sustulisse. — Diocletianus, cum eum imperii tæderet, ultro se abdicavit. — Qui se verbis subdolis laudari gaudet, eum mox pænitebit. — Scipionem Æmilianum Carthaginis incensæ miserebat, quæ diu æmula Romæ fuerat. — Toto cælo grandinat et ningit. — Furari non licet. — Nunc piget me quod sapientibus præceptorum meorum monitis non parui, qui mihi dictitabant : « Dum licet, labora! qui enim tempus, rem pretiosissimam, perdiderit, eum pænitebit. » — Fratris me piget pudetque.*

Plaire, libere
Convenir, decere
Mal à propos, prave
Honteux, pudens
Rougir, être honteux, me pudet

Se contenter de, sum contentus (abl.)
Il commence à faire jour, lucescit
Avoir peur, pavere
Tonner, tonare

Avoir pitié, me miseret
Être peiné, ennuyé, me piget
Être dégoûté, me tædet
Pécheur, peccator, m.
Repentant, pænitens

391. Il faut faire, non pas ce qui plaît, mais ce qui convient. — Certains, mal à propos honteux, aiment mieux ne pas savoir que d'apprendre. — Que personne ne rougisse de la pauvreté, dont se sont contentés des hommes éminents. — Il n'est permis à personne de pécher. — Autrefois il n'était pas permis aux femmes romaines de boire du vin. — Lève-toi, il comence à faire jour. — Beaucoup de gens ont peur, quand il tonne. — L'homme bon a pitié des autres. — Je suis peiné de n'être pas utile. — Il était ennuyé de n'avoir pas accepté. — Les vaincus sont honteux. — Ils sont dégoûtés de la vie. — Je fus dégoûté de ce discours. — Dieu pardonne au pécheur honteux et repentant.

Récapitulation sur tous les verbes irréguliers.

Rapere, io, entraîner	*Exanimis,* inanimé	*Privatus,* particulier
Refercire, fertum, remplir	*Armare,* armer	*Ulcisci, ultus,* venger
Communis, ordinaire	*Desilire, ui,* sauter	*Terentius,* m., Térence
Inter, au milieu de	*Ostiarius, i,* m., portier	*Comœdia,* f., comédie
Epulæ, arum, f., festin	*Fores, ium,* f., battants	*Menander, dri,* m., Ménandre
Patera, f., coupe	*Damnum,* n., perte	
Plenus, plein	*Resarcire, arsi,* réparer	*Colligere,* recueillir
Haurire, si, avaler	*Cognominare,* surnommer	*Studiosus,* passionné pour (gén.)

392. *Opinionibus vulgi rapimur in errorem. — Veterum philosophorum libri sententiis referti sunt vitæ communi utilibus. — Britannicus, cum inter epulas pateram vino plenam hausisset, repente exanimis cecidit. — Horatius Cocles armatus in Tiberim desiluit. — Cum ostiarius fores aperuisset, turba clientium intravit, dominum salutatura. — Athenienses damna quæ bello fecerant brevi resarserunt. — Ludovicus duodecimus, qui populi pater cognominatus est, privatas injurias nunquam ultus est. — Terentius, comœdiarum scriptor, in Græciam profectus est, ut Menandri opera colligeret. — Atticus usus est patre diligenti et litterarum studioso.*

Produire, *efferre*	Théâtre, *theatrum,* n.	Efféminé, *muliebris*
Abondant, *uber, eris*	Bâtir, *exstruere, xi*	Messeoir, *dedecēre* (acc.)
Baisser, *decrescere*	Comparer, *conferre, tuli, collatum*	Pythagoricien, *Pythagoricus*
Noé, *Noemus, i,* m.		
Lâcher, *emittere, isi*	Ingrat, *immemor beneficii*	Passé, *præteritus*
baguette, *virga,* f.		Ecole, *ludus, i,* m.
Olivier, *oliva,* f.	Parure, *ornatus, us,* m.	Alphabet, *litteræ, arum*

393. Les champs que l'on cultive bien ont coutume de produire des moissons plus abondantes. — Les eaux avaient commencé à baisser : Noé lâcha une colombe, qui revint et apporta une baguette d'olivier. — Quel théâtre, bâti par des mains humaines, pourra se comparer au spectacle de la nature ? — Tout le monde hait un ingrat. — Qu'on épargne les enfants et les vieillards. — Une parure efféminée messiet aux hommes. — Il n'était pas permis aux Pythagoriciens de se nourrir de la chair des animaux. — Le souvenir du temps passé n'est pas toujours agréable. — Denys le Tyran, devenu maître d'école, enseignait l'alphabet.

Sybarita, m., Sybarite	*Petulans*, effronté	*Busiris*, idis, m., Busiris
Opifex, icis, n., artisan	*Balneum*, n., bain	*Hospes*, itis, m., étran-
Tellus, uris, f., terrain	*Os*, oris, n., visage	ger
Adspicere, io, spexi, apercevoir	*Satisfacere*, faire des excuses	*Indoctus*, ignorant
		Peritus, docte
Pedem referre, reculer	*Gaudēre*, aimer (abl.)	*Uti*, usus, se servir de

394. *Sybaritæ in civitate sua opifices quorum ars cum sonitu exercetur non tulerunt. — Non omnis fert omnia tellus. — Oblatam occasionem arripe. — Viator, adspecto leone, pedem rettulit. — Quidam petulans in balneo Catonis os percussit, ignorans quis esset; cum deinde ei satisfaceret : « Non memini, inquit Cato, me percussum fuisse. » — Juvenes gaudent equis et canibus. — Busiris hospites immolare solitus fuit. — Cæsari portas claudere Massilia ausa est. — Indocti discant, et ament meminisse periti. — Populus romanus sero argento uti cœpit.*

Embaumer, *condire*	Persuader, *persuadēre, suasi*	Puisque, *cum* (subj.)
Faible, *parvus*		De demain, *crastinus*
Etincelle, *scintilla*, f.	Militaire, *militaris*	Lettre, *littera*, f.
Dédaigner, *contemnere, tempsi, temptum*	Succomber, *occumbere, cubui*	Eclaireur, *explorator*, m.
Exciter, *excitare*	Aujourd'hui, *hodie*	Rapporter, *referre*

395. Une paix certaine est meilleure qu'une victoire espérée. — Le magistrat est une loi parlante. — Les Égyptiens embaumaient les morts; nous, nous [les] ensevelissons. — Souvent une faible étincelle qu'on dédaigne (dédaignée) excite un grand incendie. — Nous apprenons en enseignant. — Les orateurs parlent pour persuader. — [C'est] Tullus Hostilius [qui] fonda la discipline militaire et l'art de faire la guerre. — Brutus succomba en combattant. — Fais aujourd'hui ce que tu peux faire, puisque le jour de demain est incertain. — L'orateur Démosthène ne pouvait pas dire la première lettre de l'art qu'il étudiait. — Les éclaireurs rapportèrent à César ce qu'ils avaient vu dans le camp des ennemis.

Papilio, onis, m., papillon	*Crastinus,* de demain	*Infimum,* n., le bas
Lumen, inis, m., flambeau	*Differre,* remettre	*Poculum,* n., coupe
Accendere, allumer	*Bellum inferre,* faire la guerre	*Stulte,* sottement
Advolitare, voler autour de (dat.)	*Antea,* auparavant	*Nimis,* trop
Gravior, important	*Auferre,* enlever	*Indulgere,* s'abandonner à
	Progredi, parvenir	*Obviam,* au devant de (dat.)
	Summum, n., faîte	

396. *Papilio luminibus accensis advolitat. — Graviores res in crastinum diem ne differamus! — Philippus, rex Macedonum, Persis bellum intulisset, nisi antea interfectus esset. — Si omnia quæ acciderunt æquo animo feres, gaudebo. — Quidquid in Sicilia pretiosum fuit, id Verres abstulit. — Si vis progredi ad summum, ordire ab infimo. — Cum adulescens quidam inter pocula de multis rebus stulte loqueretur et tacere nollet, Demosthenes : « Adolescens, inquit, cur non didicisti tacere ab eo a quo loqui didicisti ? » — Nolite dolori nimis indulgere. — Consuli e castris redeunti multi cives obviam ierunt.*

Poulet, *pullus, i,* m.	*Pausanias, Pausanias, æ,* m.	Septembre, *september, bris,* m.
Puisque, *quoniam*	Se retirer, *decedere*	Devoir, *debere*
Comme, *cum* (subj.)	Franchir, *transire, eo*	Avril, *aprilis, is,* m.
Habileté, *consilium,* n.		

397. Les hommes aiment mieux reprendre les défauts d'autrui que de corriger les leurs. — Le consul plongea dans l'eau les poulets sacrés et dit : « Puisqu'ils ne veulent pas manger, qu'ils boivent! » — Comme Philippe allait regarder (§ 144) les jeux, il fut tué par un certain Pausanias près du théâtre. — Annibal fut forcé par l'habileté et le courage de Scipion de se retirer de (*ex*) l'Italie et de revenir en Afrique. — Annibal franchit les Alpes, que personne avant lui n'avait franchies avec une armée. — Ne fais pas (ne veuille pas faire) au mois [de] septembre ce qui doit se faire au mois d'avril. — Il est honteux de mal finir une chose bien comencée.

ADVERBES

§ 192-193. — Adverbes de lieu.

Huc illuc, çà et là
Milvus, i, m., milan
Quidam, une sorte de
Naturalis, naturel
Ergo, aussi
Ubicumque, partout où
Nancisci, nactus, trouver
Frangere, briser
Quocumque, partout où

Prius, plutôt
Hic, huc, ici
Istic, là où tu es
Auferre, ôter
Hinc, d'ici
Adesse, venir
Eo, là
Unde, d'où
Eodem, au même lieu
Eminus, de loin

Cominus, de près
Petere, viser
Deorsum, en bas
Sursum, en haut
Levitas, f., légèreté
Ab, du côté de
Oriens, entis, m., orient
Qua, par où
Agger, eris, rempart
Præsens, entis, présent

398. *Huc illuc oculos vir malevolus volvit. — Milvo est quoddam bellum quasi naturale cum corvo; ergo alter alterius ubicumque nactus est ova frangit. — Ibimus quocumque nos fortuna feret. — Prius hic tu me quam istic videbis. — Aufer te hinc. — Huc ades. — Revertere eo unde venisti. — Ubicumque sumus, Deus nos nostraque opera videt. — Plurimæ eodem viæ ducunt. — Hostes sagitta eminus, hasta cominus petendi sunt. — Aliæ res pondere deorsum, aliæ levitate sursum feruntur. — Roma ab oriente, qua patebat, clausa est aggere Tarquinii Superbi. — Deus ubique præsens adest.*

Là, ibi, eo, illuc
Nulle part, *nusquam*
De tous côtés, *undique*
N'importe où, *ubivis*
On, *aut*
Où, *ubi, quo*

Se réfugier, *confugere, i*
Ailleurs, *alibi, alio*
Des deux côtés, *utrimque*
En avant, *porro*
En arrière, *retro*

Souper, *cenare*
Dehors, *foris*
Chez soi, *domi*
Se retirer, *se recipere*
A l'endroit même, *ibidem, eodem*

399. Nous retournerons à l'endroit (là) d'où nous sommes venus. — Nulle part tu ne verras de plus beaux monuments qu'en Italie. — La terre est entourée de tous côtés par la mer. — Il ne faut pas tout dire n'importe où ou en présence de n'importe qui. — Les abeilles suivent leur reine, partout où elle va. — Octave s'empara d'Alexandrie, où Antoine s'était réfugié. — Où es-tu? où vas-tu? — Je suis ici; je vais là; non pas ailleurs. — A (*in*) la bataille de Cannes, il y avait des deux côtés des troupes considérables. — Va en avant; je resterai en arrière. — Certaines gens aiment mieux souper dehors que chez eux. — Il se retira à l'endroit même d'où il était parti.

§ 194-195. — Adverbes de temps.

Noctu, de nuit	*Nunc... nunc*, tantôt... tantôt	*Infans, antis*, m., petit enfant
Interdiu, de jour	*Illuc*, là	*Tum*, puis
Aliquantisper, pendant quelque temps	*Utroque*, des deux côtés	*Postea*, plus tard
Primum, pour la première fois	*Quotannis*, chaque année	*Vir, viri*, homme fait
Apud, devant	*Continuus*, de suite	*Postremo*, enfin
Risus, us, m., rire	*Thessalia*, f., Thessalie	*Statim*, tout de suite
Excipere, accueillir	*Provocare*, provoquer	*Oblivisci*, oublier
	Primo, d'abord	*Esse*, arriver

400. *Sybaritæ noctu dormiebant, quiescebant interdiu. — Divisum imperium cum Pompeio Cæsar aliquantisper habuit. — Demosthenes, cum primum apud populum locutus est, risu est exceptus. — Nunc huc, nunc illuc, nunc utroque sine ordine currunt. — Quotannis vacamus a studiis duos menses continuos. — Cæsar, cum omnes copias undique in Thessaliam contraxisset, Pompeium quotidie ad pugnam provocabat. — Homo primo est infans, deinde puer, tum juvenis, postea vir, postremo senex. — Tributum beneficium statim oblivisci debes, acceptum nunquam. — Quid cras erit? Nescimus.*

De jour, *interdiu*	Des champs, *agrestis*	Rester, *remanère*
Pendant la nuit, *noctu*	Tantôt... tantôt, *modo... modo*	Sentiment, *sensus, us*
Nourriture, *esca*, f.		En peu de temps, *brevi*
Chercher, *quærere, sivi*	S'assembler, *congregari*	S'accroître, *crescere, crevi*
Plus tard, *postea*	Se disperser, *digeri*	
Demain, *cras*	Tant que, *quamdiu*	Maîtresse, *domina*, f.
Après-demain, *perendie*	Aussi longtemps, *tamdiu*	Tout, *totus*
Dernièrement, *nuper*		Tard, *sero*

401. Certains oiseaux dorment de jour et sortent pendant la nuit afin de chercher leur nourriture. — Bien des villes qui autrefois ont été florissantes ont été plus tard détruites. — Je répondrai demain ou après-demain à la lettre que j'ai reçue dernièrement de *(a)* mon ami. — L'homme des champs meurt d'ordinaire là où il est né. — Les nuages tantôt s'assemblent, tantôt se dispersent. — Tant que la chaleur reste en nous, aussi longtemps [y] restent le sentiment et la vie. — La cité romaine s'accrut en peu de temps; bientôt elle fut la maîtresse de toute l'Italie. — Mieux vaut apprendre tard que jamais.

§ 196-198. — Adverbes de quantité.

Æquus, juste
Parum, trop peu
Reverens, respectueux

Referre, reléguer
Ærarius, i, m., simple
  contribuable

Jam, désormais
Super, trop
Modestia, f., modestie

402. *Pluribus verbis ad te scribam, cum plus otii nactus ero. — Periculosum est quemquam plus posse quam æquum est. — Quidam eques, quia censori parum reverens responsum dederat, relatus est inter ærarios. — Thebanorum genti plus inest virium quam ingenii. — Nimis multa verba nocent. — Felicem esse dicemus non eum qui multam habet pecuniam, sed eum cui magna inest temperantia. — Jam satis nivis et grandinis in terram cecidit. — Jam mihi satis superque vitæ est. — Iis satis est pecuniæ qui sorte sua contenti sunt. — Tres virtutes maxime ornant adolescentem : modestia, amor veritatis, industria.*

Récolter, *colligere, egi*
Moins de, *pauciores*
Dernier, *proximus*
Particulier, *privatus*
Septime, *Septimus*
Sévère, *Severus*
Extrêmement, *admodum*

Assez, *satis*
Dignement, *digne*
Combien! que! *quam!*
Craindre, *metuere*
Nommer, *facere*
Suffrage, *suffragium*
Presque, *pæne*
Aussi...que, *tam...quam*

Rapace, *rapax, acis*
Autant que, *tantum quantum*
Profiter, *prodesse*
Peu, *parum*
Fort (adv.), *valde*
Empressé, *sedulus*
Beaucoup, *multum*

403. Nous avons récolté peu de fruits cette année, moins que l'année dernière. — Les édifices publics des anciens étaient plus ornés que [les édifices] particuliers. — Septime Sévère était extrêmement économe. — Jamais la fermeté des martyrs ne pourra être assez dignement louée. — Combien est malheureuse la vie de ceux qui aiment mieux être craints que d'être aimés ! — Cicéron fut nommé consul par les suffrages de presque tous les citoyens. — Certains hommes sont aussi rapaces que des loups. — La pluie nuit parfois autant que la grêle. — La science sans la vertu profite peu. — Que la vie est courte ! — Cet enfant est fort empressé. — Cicéron me plaît beaucoup.

Credere, se fier	*Tantummodo*, seule-	*Plurimum*, infiniment
Pervenire, parvenir	ment	*Afferre*, causer
Summus, extrême	*Stirps, pis*, f., racine	*Ingenium*, n., instinct
Temeritas, f., témérité	*Adulator*, m., flatteur	*Ars, artis*, f., adresse
Dissidēre, différer	*Vix*, à peine	*Eleganter*, avec goût

404. *Nemo nimiæ fortunæ credere debet. — Pauci perveniunt ad summam senectutem. — Temeritas a sapientia plurimum (maxime) dissidet. — Falsum est arbores tantummodo per stirpes suas ali. — —Regibus nimis multi adulatores sunt, sed non satis multi amici. — Maxima fortitudo in Minucio erat, sed minima prudentia. — Vix ea dixeram, cum in me impetum fecit. — Pax plurimum gaudii attulit civibus. — Numa non minus civitati profuit quam Romulus. — Apibus natura multum ingenii et artis tribuit. — Cæsar omnium fere scriptorum romanorum scripsit elegantissime. — Vix quemquam sua sorte contentum invenies.*

Très peu de, *paucissimi*	Jugement, *sapientia*, f.	Autant de, *tantus*
Hasard, *fortuna*, f.	Pas assez, *parum*	Tout à fait, *omnino*
Influence, *potestas*, f.	Peu de, *parvus, pauci*	Dépeupler, *vacuefacere*
Valeur, *virtus, utis*, f.	Etre nuisible, *nocēre*	En tout, *omnino*
Faconde, *facundia*, f.	Mais, *at*	Un peu, *paulum*

405. Les jeunes gens sont très peu avares; très peu de jeunes gens sont avares. — Les mauvais exemples font beaucoup de mal. — Dans un combat le hasard n'a pas moins d'influence que la valeur. — Catilina avait assez de faconde, pas assez de jugement. — Je n'ai pas besoin de beaucoup d'argent pour être heureux. — Peu de science est parfois nuisible. — Dans l'armée des Grecs il y avait moins d'hommes, mais plus de soldats que dans l'armée des Perses. — Tu as beaucoup de livres; j'en ai peu; mais j'ai autant de science que toi. — La ville fut tout à fait dépeuplée. — Ils étaient dix en tout. — Un peu de vin réjouit l'homme; beaucoup de vin lui est pernicieux. — Je n'ai que cela, je ne veux que cela.

§ 199-203. — Adverbes de manière.

Panthēra, f., panthère
Esurire, avoir faim
Pariter, également
Sævire, exercer sa rage
In, contre (acc.)
Diutius, plus longtemps

Longe, au loin, en long
Late, au loin, en large
Sapienter, sagement
Instituere, établir
Genus, eris, n., genre
Nonnulli, quelques-uns

Copiose, avec abondance
Narrare, exposer
Firmus, persévérant
Constans, résolu
Recte, bien
Aliter, autrement

406. *Panthēra, cum esŭrit, in pastores pecudesque pariter sævit. — Cicero, si diutius vixisset, alios libros scripsisset. — Fugientes hostes agros longe lateque vastaverunt. — Sapienter hoc a Deo institutum est, ut multa sint vitæ genera neque omnia omnibus placeant. — Sua quisque vitia facillime obliviscitur, alienorum memor est. — Orator multas res breviter dicat, nonnullas copiose narret. — Non raro iidem sunt firmissimi amici qui constantes inimici fuerunt. — Peccatum optime evitat, qui occasionem peccandi fugit. — Ille judicem timet qui male egit. — Quod recte non fecisti, aliter tibi faciendum est. — Olim homines in agris passim vagabantur*

Salluste, Sallustius, m.
En détail, accurate
Raconter, describere
Avec bienveillance, benigne
Accueillir, accipere

Librement, libere
Attentivement, attente
Soigneusement, diligenter
Avec acharnement, acriter

S'y attendre, exspectare
Établir, constituere
Régulièrement, ordinate
Hardiment, audacter
Convenir, convenire
Surtout, maxime

407. Salluste a raconté en détail la conspiration de Catilina. — César accueillit avec bienveillance les députés de toutĕ la Gaule. — Les bons citoyens parlent librement, mais on les entend rarement. — Les discours de Cicéron étaient très attentivement écoutés par les Romains. — Que les jeunes gens observent soigneusement les recommandations des vieillards. — Les ennemis soutinrent très longtemps le choc des Romains et se battirent plus longtemps et avec plus d'acharnement que les Romains [ne] s'y étaient attendus. — Dieu a tout établi bien et régulièrement. — Louons ceux qui se sont hardiment battus. — La solitude convient surtout à ceux qui écrivent.

§ 204. — Adverbes d'énonciation.

Juste, avec justice
Ne, est-ce que?
Latine, en latin
Compescere, cui, réprimer
Petulantia, f., insolence
Nonne, est-ce que... ne pas?

Fortasse, peut-être
Utrum...an, est-ce que... ou?
Nobilis, de bonne race
Ipse, seul
Umbra, f., ombre
Virga, f., verge
Ne... quidem, ne... pas

même
Concitare, exciter
Nimirum, sans doute
Haud, ne... pas
Conficere, faire
Subsistere, stiti, s'arrêter
Lacessere, ivi, harceler

408. *Socrates uxori cum lacrimis exclamanti : « Ergo injuste morieris ? » respondit : « Num tu juste malles ? » — Visne latine mihi respondere ? — Nemone compescet istius hominis petulantiam ? — Nonne decem millia Atheniensium Persarum centum millia fugaverunt ? — Este bono animo, amici; cras fortasse melius erit. — Utrum linguam latinam an græcam mavis ? — Quare vitia sua nemo libenter confitetur ? — Num duas habemus patrias ? — Nobilis equus ipsa umbra virgæ regitur, ignavus ne calcari quidem concitatur. — Cur bellum gerimus? nimirum nobis natura vitam longiorem dedit. — Nequaquam moritur cum corpore animus. — Rem haud facilem confecisti. — Cæsar substitit neque hostes lacessivit.*

Certainement, sane
Par hasard, casu
Est-ce que... ne pas, nonne?

Célébrer, nobilitare
Est-ce... ou, utrum... an?
Bien plus, immo
Ne... pas même, ne...

quidem
Peut-être, fortasse
Maharbal, Maharbal, alis, m.

409. Nous n'avons pas oublié et nous n'oublierons pas les bienfaits de Dieu. — Il y a certainement un Dieu. — Est-ce que le monde s'est fait par hasard? — Est-ce que les poètes ne veulent pas être célébrés après leur mort? — Est-ce par les richesses ou par la vertu que les hommes sont heureux? — Même dans les villes prises d'assaut, on épargne les enfants et les vieillards. — Ceux qui ont commis un grand crime ne peuvent reposer sans souci; bien plus, il ne peuvent pas même respirer sans crainte. — L'âme n'est-elle pas la maîtresse du corps? — Annibal aurait peut-être pris Rome, s'il avait obéi au conseil de Maharbal.

Récapitulation sur les adverbes.

Facere, agir
Beate, avec bonheur
Extremus, dernier
Proxime, dernièrement
Procul, loin, de loin
Movēre, movi, lever (le camp)
Iter, itineris, n., voyage
Maxime, le plus, surtout
Palæpolis, is, f., Palépolis
Neapolis, is, f., Naples
Librarius, i, m., secrétaire
Dictare, dicter
Parce, avec ménagement
Dispensare, employer
Detrectare, dénigrer
Superior, supérieur
Moderate, avec modération
Habēre, traiter
Clementer, avec bonté

440. *Bene sentire recteque facere satis est ad bene beateque vivendum. — Quod extremum fuit in ea epistula quam a te proxime accepi, ad id primum respondebo. — Romani, cum equitatum Gallorum procul vidissent, statim castra moverunt. — Cur heri ad me non venisti? Cras ad te veniam et tibi narrabo quid in itinere maxime me delectaverit. — Palæpolis fuit haud procul inde ubi nunc Neapolis sita est. — Cæsar epistolas quaternas simul librariis dictare solebat. — Tempus vitæ parce dispensandum est. — Detrectant homines maxime pares aut superiores. — Servis imperare moderate eosque clementer habere laus est.*

Préparer, comparare
Largement, large
Abondamment, copiose
Être vivant, animans, m.
Pâture, pastus, us, m.
Convenable, aptus
Le plus, maxime
Être allumé, deflagrare
Vainement, nequiquam
Personne ne... jamais,
nemo unquam
Aussi, quoque (après un mot)
De fond en comble, funditus

441. La nature a préparé largement et abondamment pour les êtres vivants la pâture qui était convenable à chacun. — Quand la colère est le plus allumée, [c'est] alors [que] nous devons le plus soigneusement retenir notre langue. — Il s'efforça vainement de rompre ses liens. — Le roi vient très souvent ici. — Certaines gens rient aujourd'hui, qui pleureront demain. — L'homme de bien ne peut ni dire ni souffrir un mensonge. — Personne n'a jamais pu voler comme les oiseaux. — Avant Annibal jamais personne n'avait passé les Alpes avec une armée. — César dit en mourant à Brutus : « Toi aussi, mon fils ». — La ville fut détruite de fond en comble.

PRÉPOSITIONS

Prépositions qui gouvernent l'accusatif.

Stomachus, i, estomac
Distribuere, distribuer
Erga, à l'égard de
Adversus, en face de
Speculum, n., miroir
Ornare, parer
Secundum, après

Amicus, cher
Per, au nom de
Optabilis, souhaitable
Ad unum, jusqu'au dernier
Salamis, inis, Salamine
Acriter, vivement

Suebi, orum, m., Suèves
Trans, au delà de
Cis, en deçà de
Rhenus, i, m., Rhin
Hiero, onis, m., Hiéron
Syracusani, orum, m., Syracusains

412. *Quale est officium stomachi? Ut cibum per omnes artus distribuat. — Manlius fuit severus erga filium. — Mulieres adversus speculum ornantur. — Secundum te nihil amicius est solitudine. — Philosophus dixit : « Quid est, per deos, optabilius sapientia? » — Omnes ad unum perierunt. — Apud Salaminem insulam a Græcis et Persis acerrime pugnatum est. — Suebi trans Rhenum, Galli et Helvetii cis Rhenum habitabant. — Hiero, rex Syracusanorum, per quinquaginta annos Romanis fidem servavit. — Lacedæmonii ab Epaminonda superati sunt anno trecentesimo sexagesimo secundo a. Ch.*

Sophocle, Sophocles, is, m.
Tragédie, tragœdia, f.
S'asseoir, considere, sedi
A côté de, propter
En face de, contra
Rivage, ora, f.

Après, secundum
Maître, præceptor, m.
Le plus, plurimum
Au pouvoir de, penes
Brouillard, nebula, f.
Fréquent, frequens
Autour de, circa

Affaire, negotium, n.
En dehors de, extra
De la maison, domesticus
Trajan, Trajanus, i, m.
D'entre, ex (abl.)
En dedans de, intra

413. Sophocle fit des tragédies jusqu'à une extrême vieillesse. — Nous nous assîmes à côté de la statue de Platon. — Nous devons être bienveillants envers tout le monde. — Avant la mort personne ne doit être nommé heureux. — La Bretagne est en face du rivage de la Gaule. — Après Dieu [c'est] à nos parents et à nos maîtres [que] nous devons le plus. — L'empire du monde entier est au pouvoir de Dieu. — Le brouillard est fréquent autour des rivières et des lacs. — Chez les anciens Égyptiens, les femmes s'occupaient des affaires en dehors des maisons, les hommes s'occupaient des maisons et des choses de la maison. — L'empereur Trajan, seul d'entre les Romains, fut enseveli en dedans de la ville.

Adversus, envers	*Tyrannis, idis,* f., tyrannie	*America,* f., Amérique
Infimus, le plus humble	*Singuli,* particuliers	*Occidens, entis,* m., occident
Summus, souverain	*Ad,* près de	*Ob,* à cause de
Penes, aux mains de	*Lacus, us,* m., lac	*Delictum,* n., infraction à la loi
Ultra, au delà de	*Trasimēnus,* Trasimène	*Multare,* punir
Pisistratus, i, m., Pisistrate	*Versus,* du côté de	*Gravis,* sévère
Potentia, f., puissance	*Contra,* en face de	

414. *Etiam adversus infimos justitia servanda est. — Multos per annos summa potestas penes tribunos militum fuit. — Pueri, si valent, ultra octo horas ne dormiant. — Athenienses, propter Pisistrati tyrannidem nimiam, postea singulorum civium potentiam timebant. — Ad lacum Trasimēnum Romani ab Hannïbale superati sunt; totus fere exercitus eorum deletus est. — Asia ad orientem versus, Africa ad meridiem versus contra Europam, America ad occidentem versus sita est. — Prope litus navigare sæpe periculosum est. — Populus Judæus ob aliquod delictum a Deo gravibus pœnis multatus est.*

En deçà de, *cis*	Perdiccas, *Perdiccas, æ,* m.	Glorieux, *gloriosus*
Cisalpin, *Cisalpinus*	Ptolémée, *Ptolemæus, i*	Subsister, *permanēre*
Au delà de, *trans*	S'emparer de, *occupare* (acc.)	Jusqu'à, *usque ad*
Transalpin, *Transalpinus*	Jadis, *olim*	Dernier, *ultimus*
Deshériter, *exheredare*	Raison, *causa,* f.	Taille, *corpus, oris,* n.
À cause de, pour, *ob*		Petitesse, *brevitas,* f.
		Tente, *tabernaculum,* n.

445. La Gaule qui était en deçà des Alpes se nommait Gaule Cisalpine; la Gaule qui était au delà des Alpes se nommait Gaule Transalpine. — Thémistocle fut déshérité par son père à cause de son luxe excessif. — Perdiccas partit contre Ptolémée, roi d'Égypte, afin de s'emparer de l'Égypte. — Chez les Romains les honneurs furent rares jadis et pour cette raison glorieux. — La vraie amitié subsiste jusqu'au dernier jour de la vie. — Les Gaulois, dont la taille était grande, méprisaient les Romains à cause de la petitesse de [leur] taille. — Entre toutes les vertus la justice et la piété sont les plus grandes. — Au dessus de la tente de Darius brillait l'image du soleil.

Prépositions qui gouvernent l'ablatif.

Procul a, loin de
Adhuc, encore
A, depuis, par suite de
Pyrenæi, orum, m., Py-
　rénées
Pertinēre, s'étendre
Calēre, être échauffé
Ferox, ocis, fier

Inhibēre, contenir
Interire, eo, périr
Timoleon, ontis, m., Ti-
　moléon
Ex, après, au sortir de
Otium, n., repos
De, à la suite de
Prandium, n., déjeûner

Pro, du haut de
Tribūnal, alis, n., tri-
　bunal
Pronuntiare, rendre un
　arrêt
Fiducia, f., confiance
Præ, devant, en raison
　de

416. *Catilina jacebat procul a suis, adhuc spi-
rans. — Aquitania a Garumna flumine ad Pyrenæos
montes pertinebat. — Milites calentes adhuc ab re-
centi pugna ferocesque victoria Cannensi inhibuit
Hannibal. — Carthago ab stirpe interiit. — Timoleon
ex maximo bello otium conciliavit toti insulæ. — Non
bonus somnus de prandio. — Pro tribunali pro-
nuntiat prætor. — Fiduciam orator præ se ferat. —
Præ frigore scribere non poteram. — Illum præce-
ptorem a puero audivi. — Hannibal a Carthaginiensibus ex Italia revocatus est, ut in Africa adversus P. Cornelium Scipionem bellaret. — Cicero
libros de amicitia et de senectute scripsit.*

Il convient, *decet*
Selon, *pro*
Mouvoir, *movēre*
De, par l'effet de, *præ*
Tacite, *Tacitus, i*, m.
Magnifiquement, *eximie*

Dans la suite, *postea*
Précipiter, *deficere*
Du haut de, *de*
Tarpéien, *Tarpeius*
Pour, *pro*
Reconnaissance, *gratia*

Entre, *ex*
Notion, *notitia*, f.
Au lieu de, *pro*
Victime, *victima*, f.
Apprécier, *æstimare*
D'après, *ex*

417. Il convient d'agir selon ses forces. — L'air se
meut avec nous. — De douleur je ne puis parler. —
Dans le livre de Tacite qui traite (*est*) de la Germanie,
les mœurs des anciens Germains sont magnifiquement
louées. — Manlius, qui avait sauvé des (*a*) Gaulois le
Capitole, fut précipité dans la suite du haut de la roche
Tarpéienne. — Pour tant et de si grands bienfaits que
nous avons reçus, nous devons à nos parents une très
grande reconnaissance. — Seul entre tous les animaux l'homme a la notion de Dieu. — Personne ne
naît sans défauts. — Le Christ est mort pour tous les
hommes. — Les Gaulois immolaient des hommes au
lieu de victimes. — Bien sot est celui qui apprécie un
homme d'après ses vêtements.

Prépositions qui gouvernent deux cas.

Sub, sous, au pied de (abl.)
Impius, criminel
Latēre, être caché
Sub, sous, à l'approche de, vers (acc.)
Inflammare, enflammer
Volucris, is, f., oiseau
Ferus, sauvage
In diem, au jour le jour
Ducere in, mettre au nombre de
Asphaltites, æ, m., Asphaltite
Mergere, si, mersum, enfoncer
Super, au sujet de
Alpes, ium, f., Alpes
Quatuordecim, quatorze
Philippica, f., Philippique
Fere, à peu près
Attalus, i, m., Attale
Rhodius, i, m., Rhodien
Gallīna, f., poule
Pullus, i, m., poussin
Fovēre, i, réchauffer

418. *Impia sub dulci melle venena latent. — Pompeius sub noctem naves solvit. — Orator in improbos populum inflammat. — Apes non, ut feræ volucres, in diem vivunt. — Dolor in maximis malis ducitur. — Nihil in Asphaltite lacu mergi potest. — Hac super re scribam ad te. — Oppidum illud sub Alpibus situm est. — Nihil mihi neque a te ipso neque ab alio quoquam de incendio urbis vestræ scriptum est. — Cicero in Antonium quatuordecim orationes scripsit, quæ Philippicæ nominantur. — Sub idem fere tempus et ab Attalo rege et a Rhodiis legati in Italiam venerunt. — Gallīna pullos sub alas vocat et sub alis fovet.*

Se cacher, se condere
S'enfoncer, condi
Si, tam
Ascagne, Ascanius, i, m.
Au pied de, sub
Au jour le jour, in diem
S'en aller, migrare
Voyageur, viator, m.
Dépouiller, spoliare
Vers, sub
De cavalerie, equestris
S'engager, oriri, ortus
Transporter, comportare
Bagage, sarcina, f.
Se tenir, sedēre
Rocher, rupes, is, f.
Elevé, altus

419. Les oiseaux se cachent dans les feuilles. — Le consul ordonna [que] les poulets furent plongés dans l'eau. — Rien ne s'enfonce si aisément dans le corps qu'une flèche. — Ascagne fonda une ville au pied du mont Albain. — L'homme avisé ne vit pas au jour le jour. — Beaucoup d'oiseaux, qui avant l'hiver s'en vont en d'autres contrées, reviennent vers nous au printemps. — Un voyageur fut pris et dépouillé par des larrons dans une forêt. — Vers la fin du combat de cavalerie s'engagea une bataille de fantassins. — Les Germains, avant le combat, transportaient leurs bagages dans un seul endroit. — Les aigles se tiennent sur les arbres et les rochers élevés.

Récapitulation sur les prépositions.

Dimicare, lutter
Summus, extrême
Contentio, onis, f., contestation
Pomponius, Pomponius
Ad, près de
Via Appia, voie Appienne

Lapis, idis, m., borne milliaire
Sepelire, enterrer
Possessio, onis, f., possession
Certamen, inis, n., débat
Est, il y a

Sermo, onis, m., discours
Factum, n., acte
Ex, à, d'après
Natura, f., caractère
Judæa, f., Judée
Carmēlus, i, m., Carmel
Mixtura, f., nuance

420. *Grati simus erga parentes, a quibus tot beneficia accepimus. — In bellis civilibus cives contra cives, patres contra filios dimicant. — In summo periculo inter incolas ipsos contentio orta est. — T. Pomponius Atticus ad viam Appiam apud quintum lapidem sepultus est. — Nos scribimus a sinistra manu ad dextram, Hebræi a dextra ad sinistram scribebant. — De Athenarum possessione propter pulchritudinem urbis inter duos deos, Neptunum et Minervam, certamen fuit. — Non ex sermonibus, sed ex factis vera hominis natura cognoscitur. — Est Judæam inter Syriamque mons Carmēlus. — Nullum est magnum ingenium sine mixtura dementiæ.*

Asdrubal, Hasdrubal, alis, m.
S'avancer, progredi, gressus
Triompher de, superare (acc.)

Océan, Oceănus, i, m.
Se jeter, influere, xi
Embouchure, caput
Corcyre, Corcyra, f.
Au dessous de, subter, infra

Près de, prope
Bouche, ostium, n.
Auprès de, juxta
Promener, circumferre, circumtuli
à travers, per

421. Après la mort d'Asdrubal, Annibal reçut de l'armée le commandement. — Alexandre s'avança jusqu'à l'Océan et triompha de toutes les nations de l'Asie. — Nous ne voyons pas tous les objets qui viennent sous nos yeux. — Le Rhin se jette dans l'Océan par plusieurs embouchures. — Timothée réduisit Corcyre sous la puissance des Athéniens. — La vertu a tout au dessous de soi. — Le sage voit tout au dessous de soi. — Il ne peut y avoir aucune amitié entre le maître et l'esclave. — Marseille fut fondée près des bouches du Rhône. — La mère de Jésus se tenait debout auprès de la croix. — Le peuple romain a promené ses armes à travers l'univers.

Particules de coordination.

Ideo, par là même
Autem, 1° mais, 2° or
Assiduitas, f., fréquence
Vilescere, lui, s'avilir
Mercator, oris, m., tra-
  fiquant
Merx, mercis, f., mar-
  chandise
Varius, divers
Vendere, didi, vendre
Effugere, io, s'enfuir
Ubique, partout
Nusquam, nulle part
Proximus, le dernier
Conciliare, unir
Longe, a, loin de
Igitur, donc
Aut, ou bien

422. *Olim honores rari fuere, ideoque pretiosi; postea autem assiduitate viluerunt. — Mercatores in alias terras eunt, ut varias merces vel emant vel vendant. — In illo prœlio non modo multi milites, sed etiam omnes fere duces interfecti sunt; pauci fuga salutem repererunt; ii qui non effugerant capti sunt. — Deus non habet corpus, ideoque, etsi ubique est, nusquam oculis eum videmus. — Tullus Hostilius non solum proximo regi dissimilis, sed ferocior etiam quam Romulus fuit. — Ratio et oratio homines inter se conciliat; neque ulla re longius absumus a natura ferarum. — Aut hoc aut illud; non autem hoc; illud igitur.*

Naître, orbi, ortus
Pouvoir, imperium, n.
Aussi, itaque.
Une foule de, plurimi
Parvenir, pervenire
Promptement, celeriter
Premier rang, principa-
  tus, us, m.
En effet, enim
Extrême, summus
Libéralité, liberalitas, f.
Connaissance, scientia, f.
Aussi bien... que, cum...
  tum
Art militaire, res mili-
  taris
Dès son enfance, a puero
Vivre, versari
Par conséquent, proinde,
  quocirca
Ou bien, aut
Sortir, exire, eo
Se tenir tranquille,
  quiescere

423. Presque toutes les guerres sont nées en vue ou du pouvoir ou des richesses. — Les Romains devaient à Cicéron le salut de l'État, aussi fut-il appelé père de la patrie. — Alcibiade, à qui la nature ou la fortune avait accordé une foule d'avantages, fut élevé dans la maison de Périclès et instruit par Socrate. — — Cimon, fils de Miltiade, parvint promptement au premier rang. Il avait, en effet, une grande éloquence, une extrême libéralité, une grande connaissance aussi bien du droit civil que de l'art militaire, parce que dès son enfance il avait vécu avec son père dans les camps. — Par conséquent ou bien qu'ils sortent, ou bien qu'ils se tiennent tranquilles. — Par conséquent il faut se taire.

Conjonctions de subordination

Hortulanus, i, m., jardinier	*Prior*, premier	*Injuste*, à tort
Servire, être au service de (dat.)	*Cinna*, æ, m., Cinna	*Inhumanus*, inhumain
Figulus, i, m., potier	*Conjurare*, comploter	*Dum*, pourvu que (subj.)
Adipisci, eptus, atteindre	*Afficere*, punir	*Præficere*, mettre à la tête de (dat.)
Facile, aisément	*Dum*, pendant que (ind.)	*Angustiæ*, arum, f., passage étroit
Fortuna, f., condition	*Fluvius*, i, m., rivière	*Circumire*, eo, ii, envelopper
	Simulacrum, n., image	
	Ferre opem, venir en aide	

424. *Asinus hortulano serviens, cum de hero suo questus esset, a Jove impetravit ut figulo venderetur. — Postquam honores adepti sumus, prioris fortunæ facile obliviscimur. — Augustus, cum Cinnam qui contra eum conjuraverat morte afficere posset, ei ignovit. — Canis, dum carnem ferens per fluvium natabat, in aquarum speculo videbat simulacrum suum. — Fer opem egentibus : injuste enim auxilium petes, nisi aliis tuleris. — Inhumanum est verbum illud Neronis : « Oderint me, dum metuant. » — Themistocles, communi classi Græcorum præfectus, angustias maris quæsivit, ne multitudine navium Persarum circumiretur.*

De même que... de même, *ut... ita*	Contrairement à, *contra*	Pendant que, *dum*
Avoir soin, *curare*	Ordonnance, *edictum*, n.	Être en vigueur, *vigere*
Manlius, *Manlius*, i, m.	Sage, *prudens*	Quoique, *quanquam* (ind.)
Faire périr, *necare*	Nul homme, *nemo*	Force, *vires, ium*, f.
	Afin que... ne pas, *ne*	

425. De même que les lois commandent aux magistrats, de même les magistrats commandent au peuple. — Avant la vieillesse, ayons soin de (*ut*) bien vivre ; dans la vieillesse, ayons soin de bien mourir. — Manlius, consul romain, fit périr son fils, parce qu'il avait combattu un ennemi contrairement à l'ordonnance de son père. — Nul homme sage ne punit parce qu'on a fait une faute, mais afin qu'on ne fasse pas de fautes. — La nation des Lacédémoniens fut vaillante, pendant que les lois de Lycurgue étaient en vigueur. — La mémoire diminue, si on ne l'exerce pas. — Quoique l'aigle soit surpassé en grandeur (abl.) par certains oiseaux, cependant il les surpasse tous en force et en courage.

Textes suivis.

Lupus et canis.

426. *Forte canis lupo macie confecto obvenit. Tum salutantes inter se substiterunt. Lupus interrogat : « Unde sic, quæso, nites ? » Canis respondit simpliciter : « Tu quoque pinguescere potes et feliciter vivere. Veni mecum. » Et eunt una. At subito lupus adspicit collum comitis sui. « Unde hoc, amice ? inquit. — Nihil est. — Dic, quæso, tamen. — Forte vides collum meum catena detritum. — Num tu alligari soles ? — Soleo. — Nonne quo vis vagaris ? — Non plane. — Vale igitur, » inquit lupus, et aufugit.*

Demosthenes.

427. *Demosthenes Atheniensis sine dubio summus orator fuit omnium Græcorum, in quo tantum studium fuit ut vitia et impedimenta naturæ diligentia industriaque superaret. Nam cum balbus esset, tamen studio suo perfecit ut nemo planius loqueretur quam ipse.*

Spartiatæ.

428. *Fortissimus ex trecentis Spartiatis qui in Thermopylis pro patria mortui sunt Dieneces fuit; is, cum Trachinius quidam dixisset : « Præ multitudine sagittarum barbarorum solem non videbitis », « Res bene se habet, inquit; ergo in umbra pugnabimus. »*

Asinus.

429. *Asinus, pelle leonis indutus, homines et bestias terrebat, tanquam verus leo esset. Sed forte aures ejus eminebant. Homines, cum asini aures conspicati essent, destiterunt specie ejus terreri, atque eum in pistrinum abduxerunt ex quo evaserat. Ibi graves pœnas fugæ solvit.*

Les membres et l'estomac.

430. Les membres du corps, ayant un jour comploté contre l'estomac, lui dirent : « Nous te nourrissons sans cesse de notre travail ; toi, tu jouis du repos ; toi, tu ne travailles pas ; nous ne te servirons plus et nous ne te fournirons plus de nourriture. » Mais, comme ils ne fournissaient pas de nourriture à l'estomac, tout le corps [en] fut affaibli. [C'est] alors seulement [que] les membres comprirent leur sottise.

Le lion, l'âne et le renard.

431. Le lion, l'âne et le renard chassaient un jour ensemble. Leur butin fut grand et le lion commanda à l'âne de (*ut*) le partager. L'âne partagea le butin de telle sorte que les parts fussent égales. Le lion, ayant aperçu ces parts égales, [en] fut tellement indigné qu'il mit sur-le-champ l'âne en pièces. Là dessus il confia au renard la charge de (*ut*) partager en deux le butin. Ce dernier assigna au lion une part si considérable qu'à peine lui restait-il à lui-même quelque chose. Alors le lion, louant son habileté, [lui] demanda pourquoi il avait accordé au lion une plus grosse part do butin. Le rusé renard répondit : « [C'est] le malheur de l'âne [qui] m'a rendu savant. »

Le loup et les bergers.

432. Un jour des bergers avaient immolé une brebis et célébraient un festin. Un loup les ayant aperçus s'écria : « Quel tapage ce serait, si j'avais mis en pièces un agneau ! Mais il est permis à ces gens-là de tuer impunément une brebis, pour célébrer un festin. » Alors l'un des bergers [lui] dit : « Il y a une grande différence entre toi et nous. La brebis que nous mangeons est à nous (est nôtre), et non pas aux autres (d'autrui). »

FIN.

LEXIQUE

LATIN-FRANÇAIS

Les noms en *a* de la première déclinaison, les noms en *um* de la deuxième ne peuvent se confondre avec d'autres et sont indiqués simplement par le nominatif singulier. Les adjectifs en *us*, en *ens* et en *is* ne sont désignés non plus que par le nominatif masculin.

Les verbes réguliers en *are*, *ēre* (*ui*, *itum*), *ire* ne sont indiqués que par l'infinitif présent. Il en est de même des verbes déponents réguliers en *ari*, *ēri*, *iri*.

Le signe — tient la place du mot dont il est question.

A

A, ab (abl.), de, loin de, hors de, depuis, du côté de, par.

Abdicare se, abdiquer.

Abdolonymus, i, m., Abdolonyme.

Abducere, xi, ctum, emmener.

Abesse, être absent, être éloigné.

Abire, eo, s'en aller.

Abjicere, io, jeci, jectum, jeter.

Absens, absent.

Absolvere, vi, lutum, terminer, absoudre.

Abstinere, s'abstenir de (abl.); — *a*, respecter.

Abundare, regorger de (abl.).

Abuti, usus, abuser de (abl.).

Ac, et.

Accedere, cessi, cessum, s'avancer, approcher.

Accendere, di, sum, allumer.

Accidere, di, arriver.

Accipere, io, cepi, ceptum, recevoir.

Accipiter, tris, m., épervier.

Accurate, avec soin.

Accusare, accuser.

Acer, cris, cre, vif, énergique.

Acerbus, âpre, amer, vert.

Achilles, is, m., Achille.

Acies, ei, f., 1° armée, 2° finesse.

Acquirere, sivi, situm, acquérir.

Acriter, vivement.

Acutus, aigu.

Ad (acc.), à, vers, jusqu'à, près de, pour.

Adamus, i, m., Adam.

Adeptus. Voir *Adipisci*.

Adesse, être présent, être là.

Adherbal, alis, m., Adherbal.

Adhibere, employer; — *modum*, garder la mesure; — *fidem*, ajouter foi.

Adhortari, exhorter.

Adhuc, encore.

Adimere, emi, emptum, enlever.

Adipisci, adeptus, acquérir, atteindre.

Adire, eo, aborder.

Aditus, us, m., accès.

Adjungere, xi, ctum, associer, ajouter.

Administrare, gouverner, accomplir.

Admodum, extrêmement, très.

Admonère, avertir.

Adolescens, entis, m., adolescent, jeune homme.

Adolescentia, f., jeunesse.

Adorare, adorer.

Adoriri, ortus, attaquer.

Adspicere, io, spexi, spectum, regarder.

Adulari (dat.), flatter.

Adulator, oris, m., flatteur.

Adulescens. Comme *adolescens.*

Advena, m. étranger.

Advenire, ni, ntum, arriver.

Adversari, être contraire.

Adventus, us, m., arrivée.

1. *Adversus* (acc.), contre, en face de, envers.

2. *Adversus,* contraire. *Adversæ res,* l'adversité.

Advolitare (dat.), voltiger autour de.

Ædificare, bâtir.

Ædificium, m., édifice, habitation.

Ædui, orum, m., Éduens.

Ægates, um, f., les Égates (îles).

Æger, gra, grum, malade, douloureux.

Ægrotare, être malade.

Ægrotus, malade.

Ægyptus, i, f., Égypte.

Æmilianus, i, m., Émilien.

Æmilius, i, m., Émile.

Æmula, f., rivale.

Æmulari, prendre pour modèle.

Æmulatio, onis, f., émulation.

Æneas, æ, m., Énée.

Æneis, idis, f., Énéide.

Æneus, d'airain.

Æqualis, égal (en âge), contemporain, du même temps.

Æquitas, atis, f., équité.

Æquus, équitable, juste; égal, serein. — *Æquo animo,* de bon cœur, avec sérénité, avec égalité d'âme.

Aer, aeris, m., air.

Ærarius, i, m., simple contribuable.

Æschylus, i, m., Eschyle.

Æstas, atis, f., été.

Æstivus, d'été.

Ætas atis, f., âge.

Æternus, éternel. *In æternum,* pour toujours, à jamais.

Ætna, f., Etna.

Afferre, attuli, allatum, apporter, causer.

Afficere, io, feci, fectum, affliger de, accabler de, combler de, punir de (abl.). — *Morbo affici,* être malade.

Affligere, xi, ictum, terrasser, briser, accabler.

Africa, f., Afrique.

Agamemno, onis, m., Agamemnon.

Ager, gri, m., champ, territoire.

Agere, egi, actum, faire, pousser, agir.

Agesilaus, i, m., Agésilas.

Agger, eris, m., digue, rempart.

Agmen, inis, n., troupe, bataillon. — *novissimum,* arrière-garde.

Agrestis, champêtre.

Agricola, m., laboureur.

Ala, f., aile.

Alacer, cris, alerte.

Alacritas, atis, f., empressement.

Alba, f., Albe (ville).

Albanus, Albain.

Albus, blanc.

Alea, f., dé.

Alere, ui, altum, nourrir.

Alexander, dri, m., Alexandre.

Alienus, d'autrui, étranger, emprunté.

Aliquando, quelquefois, parfois.

Aliquantisper, pendant qque temps.

Aliquis, a, od, quelque, quelqu'un; *aliquid,* quelque chose.

Aliter, autrement.

Alius, a, ud, autre, un autre; *alii... alii,* les uns... les autres.

Allicere, io, lexi, lectum, allécher.

Alligare, attacher.

Alloqui, cutus, s'adresser à (acc.).

Alpes, ium, f., Alpes.

Alter, era, erum, l'autre, l'un des deux. *Alter... alter,* l'un... l'autre.

Altitudo, inis, f., hauteur.

Altus, 1° haut; 2° profond. *Altum mare,* la pleine mer.

1. *Amare,* aimer.

1. *Amare*, amèrement.
Amarus, amer.
Amazon, onis, f., Amazone.
Ambiani, orum, m., Ambianes (du pays d'Amiens).
Ambo, æ, o, les deux, tous deux.
Ambulare, se promener.
America, f., Amérique
Amicitia, f., amitié.
Amicus, i, m., ami. *Amicus, a um*, cher.
Amittere, misi, missum, perdre.
Amnis, is, m., fleuve.
Amoenitas, atis, f., agrément.
Amoenus, pittoresque.
Amor, oris, m., amour.
Amphitrita, f., Amphitrite.
Amphora, f., amphore.
Amplius, plus,
Anacharsis, idis, m., Anacharsis.
Ancus, i, m., Ancus.
Anglus, i, m., Anglais.
Anguis, is, m., serpent.
Angustiæ, arum., f., passage étroit, défilé.
Angustus, étroit.
Anhelitus, us, m., respiration.
Anima, f., souffle de vie, âme.
Animal, alis, n., animal, être vivant, créature.
Animus, i, m., esprit, âme, cœur, courage. *Esse bono animo*, avoir bon courage.
Annus, i, m., an, année.
Anser, eris, m., oie.
Ante (acc.), avant, devant.
Antea, auparavant.
Antenor, oris, m., Anténor.
Antequam (subj.), avant que.
Antigonus, i, m., Antigone.
Antiquitas, atis, f., antiquité.
Antiquus, ancien, antique.
Antonius, i, m., Antoine.
Anulus, i, m., anneau.
Anus, us, f., vieille femme.
Apelles, is, m., Apelle.
Aper, pri, m., sanglier.
Aperire, rui, rtum, découvrir, ouvrir.
Apertus, ouvert.
Apis, is, f., abeille.
Apollo, inis, m., Apollon.
Apostolus, i, m., apôtre.

Apparere, paraître.
Appellare, appeler, nommer.
Apportare, apporter.
Appropinquare, approcher, s'approcher.
Apricus, ensoleillé.
Aptus, convenable, approprié.
Apud (acc.), chez, près de, à.
Aqua, f., eau.
Aquila, f., aigle.
Aquitani, orum, m., Aquitains.
Aquitania, f., Aquitaine.
Ara, f., autel.
Arabia, f., Arabie.
Arar, aris, m., Saône.
Arare, labourer.
Aratrum, charrue.
Arbitrari, juger, croire.
Arbitrium, m., jugement, décision
Arbor, oris, f. arbre.
Arbuscula, f., arbuste.
Arca, f., coffre, l'arche d'alliance.
Arcere, se défendre de (acc.).
Arcessere, ivi, itum, faire venir.
Archimedes, is, m., Archimède.
Archon, ontis, m., archonte.
Ardere, arsi, être brûlé, être en feu.
Ardor, oris, m., ardeur, chaleur.
Arena, f., sable.
Argentum, m., argent.
Arguere, incriminer, accuser de, trahir.
Ariadna, f., Ariane.
Aries, etis, m., bélier.
Ariovistus, i, m., Arioviste.
Arista, f., épi.
Aristides, is, m., Aristide.
Aristippus, i, m., Aristippe.
Aristoteles, is, m., Aristote.
Arma, orum, n., armes.
Armare, armer.
Arripere, io, pui, reptum, saisir.
Ars, artis, f., art, adresse, moyen. *Artes*, études, beaux-arts; conduite.
Artifex, icis, m., artiste.
Artemisium, n., Artémisium (cap).
Artus, us, m., membre.
Arx, arcis, f., citadelle.
Ascensus, us, m., montée.
Asia, f., Asie.
Asper, era, erum, rude, inflexible.
Asphaltites, æ, m., Asphaltite (lac).

Aspicere, *io*, *spexi*, *spectum*, apercevoir, considérer.
Assentiri, *sensus*, approuver (dat.).
Assequi, *cutus*, obtenir, atteindre.
Assiduitas, *atis*, f., fréquence.
Assiduus, continuel.
Assuescere, *evi*, s'habituer.
Assuetus, habituel.
Assurgere, *surrexi*, se lever devant (dat.).
Assyrius, *i*, m., Assyrien.
At, mais.
Ater, *tra*, *trum*, sombre.
Athenæ, *arum*, f., Athènes.
Atheniensis, athénien.
Atque, et.
Attalus, *i*, m., Attale.
Attendere, *di*, être attentif.
Attentus, attentif.
Attica, f., l'Attique.
Atticus, *i*, m., Atticus.
Attingere, *tigi*, atteindre.
Attonitus, bouleversé, stupéfait.
Auctor, *oris*, m., auteur.
Auctoritas, *atis*, f., autorité, influence.
Audax, *acis*, audacieux.
Audēre, *ausus sum*, oser.
Audire, entendre, écouter, entendre dire ; — *de*, entendre parler de.
Auferre, *abstuli*, *ablatum*, emporter, enlever, ôter.
Aufugere, *io*, *fugi*, s'enfuir, disparaître.
Augēre, *auxi*, *auctum*, augmenter, accroître.
Augustus, *i*, m., Auguste.
Aula, f., cour.
Aura, f., souffle, air.
Aureus, d'or.
Auricula, f., oreille.
Auris, *is*, f., oreille.
Aurum, n., or.
Aut, ou, ou bien.
Autem, mais, au contraire, or.
Autumnus, *i*, m., automne.
Auxilium, n., secours.
Avaritia, f., cupidité.
Avarus, cupide, avare.
Ave, salut !
Aversari, se détourner de, fuir.
Avis, *avis*, f., oiseau.
Avus, *i*, m., aïeul.

B

Bacchus, *i*, m., Bacchus.
Balbus, bègue.
Balneum, n., bain.
Barbarus, barbare.
Basis, *is*, f., piédestal.
Beate, avec bonheur.
Beatus, heureux, bienheureux.
Belgæ, *arum*, m., Belges.
Bellare, faire la guerre.
Bellicosus, belliqueux.
Bellovaci, *orum*, m., Bellovaques (pays de Beauvais).
Bellum, n., guerre.
Beneficium, n., bienfait.
Beneficus, bienfaisant.
Benevolus, bienveillant.
Benignitas, *atis*, f., bonté.
Benignus, bienveillant, bon, affectueux, indulgent.
Bestia, f., bête féroce, bête sauvage.
Bibere, *bi*, *itum*, boire.
Bini, *æ*, *a*, deux à la fois.
Bis, deux fois.
Blandiri, flatter (dat.).
Blanditiæ, *arum*, f., caresses.
Blandus, caressant.
Bonitas, *atis*, f., bonté.
Bonus, bon. *Vir* —, homme de bien. *Bonum*, bien, avantage.
Bos, *bovis*, m., bœuf.
Brennus, *i*, m., Brennus.
Brevis, court. *Brevi tempore*, en peu de temps, bientôt.
Brevitas, *atis*, f., brièveté.
Breviter, brièvement.
Britannia, f., Bretagne.
Britannicus, *i*, m., Britannicus.
Brutus, *i*, m., Brutus.
Busiris, *idis*, m., Busiris.

C

Cacumen, *inis*, n., cime.
Cadaver, *eris*, n., cadavre.
Cadere, *cecidi*, tomber.
Cæcus, aveugle.
Cædes, *is*, f., meurtre, carnage.
Cædere, *cecidi*, *cæsum*, tailler en pièces, abattre.

Cælum, n., ciel, climat.
Cæsar, aris, m., César.
Calamitas, atis, f., malheur.
Calcar, aris, n., éperon, stimulant.
Calcare, fouler.
Calefacere, io, feci, chauffer.
Calère, être chaud.
Calidus, chaud.
Callias, æ, m., Callias.
Callicrates, is, m., Callicrate.
Callidus, adroit.
Calor, oris, m., chaleur.
Camelus, i, m., chameau.
Campania, f., la Campanie.
Campanus, Campanien.
Campester, tris, de plaine.
Campus, i, m., plaine.
Candidus, blanc.
Canere, cecini, chanter.
Canis, is, m., chien.
Canities, ei, f., cheveux blancs.
Cannæ, arum, f., Cannes.
Cannensis, de Cannes.
Cantare, chanter.
Cantus, us, m., chant.
Caper, pri, m., chevreau.
Capere, io, cepi, captum, **prendre**.
Capillus, i, m., cheveu.
Capitolinus, capitolin, **du Capitole**.
Capitolium, n., Capitole.
Caprinus, de chèvre.
Captiva, f., captive.
Caput, itis, n., tête.
Carcer, eris, m., prison, cachot.
Caritas, atis, f., charité.
Carmelus, i, m., Carmel (mont.).
Carmen, inis, n., poème.
Caro, carnis, f., chair, viande.
Carpere, psi, ptum, cueillir.
Carthaginiensis, carthaginois.
Carthago, inis, f., Carthage.
Carus, cher.
Caseus, i, m., fromage.
Cassandra, f., Cassandre.
Cassius, i, m., Cassius.
Castigare, châtier.
Castra, orum, n., camp.
Casus, us, m., chute, événement, hasard.
Catena, f., chaîne.
Catilina, m., Catilina.
Cato, onis, m., Caton.
Cauda, f., queue.

Caudinus. Voir *Furculæ*.
Causa, f., cause. *Audiendi causa*, en vue d'entendre, pour entendre.
Cavère, cavi, éviter, prendre garde.
Caverna, f., trou, caverne.
Cavus, creux.
Cedere, cessi, cessum, reculer, lâcher pied.
Celeber, bris, bre, fréquenté.
Celer, eris, ere, prompt, rapide.
Celeritas, atis, f., célérité.
Celeriter, vite, promptement.
Celta, m., Celte.
Cena, f., repas, souper.
Censère, donner son avis, recenser.
Censor, oris, m., censeur.
Censorius, le censeur.
Centeni, æ, a, cent (à la fois).
Centum, cent.
Centurio, onis, m., centurion.
Certamen, inis, n., débat, lutte, rivalité.
Certare, être en lutte, rivaliser.
Certus, certain.
Cervus, i, m., cerf.
Cessatio, onis, f., relâche.
Ceteri, æ, a, les autres.
Charybdis, is, f., Charybde.
Chæronea, f., Chéronée (ville).
Christianus, chrétien.
Christus, i, m., le Christ, Jésus-Christ.
Chrysostomus, i, m., Chrysostome.
Cibus, i, m., nourriture, aliment, mets.
Cicada, f., cigale.
Cicero, onis, m., Cicéron.
Cimon, onis, m., Cimon.
Cincinnatus, i, m., Cincinnatus.
Cingere, xi, ctum, entourer, cerner, bloquer.
Cingetorix, igis, m., Cingétorix.
Cinis, eris, m., cendre.
Cinna, m., Cinna.
Circumfundere, fudi, fusum, entourer.
Circumire, eo, envelopper.
Circus, i, m., cirque.
Cis (acc.), en deçà de.
Cito, vite.
Civilis, de citoyen, civil.
Civis, is, m., citoyen, concitoyen.
Civitas, atis, f., cité, ville, république; droit de cité.

Clades, is, f., défaite.
Clam, secrètement.
Clamare, crier.
Clamor, oris, m., cris, clameur.
Clangor, oris, m., cri.
Clarus, éclatant, illustre, brillant.
Classis, is, f., 1° flotte; 2° classe.
Classiarius, i, m., marin.
Claudere, si, sum, fermer.
Clelia, f., Clélie.
Clemens, clément.
Clementer, avec bonté.
Cliens, entis, m., client.
Cœpisse, avoir commencé, s'être mis à.
Coercēre, contenir, réprimer, châtier.
Cogere, coegi, coactum, pousser, forcer, contraindre.
Cogitare, presser, songer.
Cogitatio, onis, f., pensée.
Cognominare, surnommer.
Cognoscere, ovi, cognitum, apprendre à connaître, reconnaître, apprendre (une nouvelle). *Cognovi,* je connais.
Colaphus, i, m., soufflet.
Colere, lui, cultum, 1° cultiver; 2° honorer.
Colligere, legi, lectum, recueillir, amasser.
Collis, is, m., colline, côteau.
Collocare, placer, mettre.
Colloquium, n., conversation, entretien, entrevue.
Collum, n., cou.
Color, oris, m., couleur.
Coluber, bri, m., couleuvre.
Columba, f., colombe.
Coma, f., chevelure.
Comburere, ussi, ustum, brûler.
Comedere, edi, manger.
Cominus, de près.
Comitari, accompagner.
Commeatus, us, m., 1° congé, répit; 2° provisions, convoi de vivres.
Commendare, recommander, confier.
Committere, misi, missum, commettre, engager.
Commodus, avantageux.
Communis, commun, ordinaire.
Commutatio, onis, f., changement.

Comœdia, f., comédie.
Comparare, se procurer, amasser.
Comperire, ri, rtum, apprendre.
Compescere, cui, réprimer, réfréner.
Complecti, plexus, embrasser.
Complēre, evi, remplir, accomplir, combler.
Compos, otis, maître de (gén.)
Conari, tâcher de.
Conatus, us, m., effort.
Conciliare, unir, conclure, procurer, gagner.
Concitare, exciter.
Concludere, si, sum, cerner.
Concordia, f., concorde.
Concurrere, curri, courir.
Concursus, us, m., choc. — *proelii,* — mêlée.
Concutere, io, cussi, ébranler.
Condere, didi, ditum, fonder.
Condicio, onis, f., condition.
Condire, assaisonner.
Conditor, oris, m., fondateur.
Conducere, duxi, louer (une maison).
Confestim, à l'instant.
Conficere, io, feci, fectum, faire, achever, exécuter, consumer. *Macie confectus,* d'une maigreur extrême.
Confirmare, affermir.
Confitēri, fessus, avouer.
Congredi, ior, gressus, livrer bataille à (cum).
Congruere, se rencontrer.
Conjungere, xi, ctum, unir.
Conjurare, conspirer, comploter.
Conjuratio, onis, f., conjuration, complot.
Conon, onis, m., Conon.
Conscientia, f., conscience.
Conscribere, psi, inscrire, enrôler.
Consciscere, scivi, donner (la mort).
Consectari, pourchasser.
Conserere, sevi, situm, planter.
Conservare, conserver.
Conservus, i, m., compagnon d'esclavage.
Consilium, n., projet, dessein; conseil; stratagème.
Consolari, consoler.
Consolatio, onis, f., réconfort.

Conspectus, us, m., présence, vue.
Conspergere, spersi, émailler de (abl.).
Conspicari, apercevoir.
Conspicere, io, spexi, spectum, apercevoir.
Constans, ferme, résolu.
Constantia, f., fermeté.
Constanter, fermement.
Constare, stiti, être d'accord avec (dat.); coûter.
Constituere, i, utum, organiser, résoudre de.
Consul, ulis, m., consul.
Consuescere, evi, s'habituer.
Consumere, mpsi, mptum, passer (le temps), user. *Consumi*, périr.
Contemnere, mpsi, mptum, mépriser.
Contemplari, contempler.
Contemptio, onis, f., mépris.
Contemptor, oris, m., contempteur.
Contendere, di, rivaliser.
Contentio, onis, f., contestation.
Contentus, satisfait, qui se contente de (abl.).
Continens, tempérant.
Continere, contenir. *Continens terra*, terre ferme, continent.
Continuus, qui se suit, qui est de suite.
Contio, onis, f., assemblée.
Contra (acc.), contre, en face de.
Contrahere, traxi, tractum, rassembler.
Contrarius, contraire, opposé.
Contumelia, f., affront.
Convellere, velli, vulsum, déraciner.
Convenire, veni, ventum, se réunir, convenir.
Convicium, n., injure, outrage.
Conviva, m., convive.
Copia, f., abondance, quantité; *copiæ, arum*, troupes, armée.
Copiose, avec abondance.
Copiosus, plein de ressources.
Cor, cordis, n., cœur.
Coram (abl.), en présence de, devant.
Corinthus, i, f., Corinthe.
Cornelius, i, m., Cornélius.
Cornu, us, n., 1° : corne; 2° : aile (d'une armée).

Corona, f., couronne.
Corpus, oris, n., corps.
Corruere, i, s'écrouler.
Corrumpere, rupi, ruptum, corrompre.
Cortex, icis, m., écorce.
Corvus, i, m., corbeau.
Cras, demain.
Crastinus, de demain.
Creare, créer, faire.
Credere, didi, ditum, croire, se fier à
Cremare, brûler.
Crepida, f., sandale.
Crescere, evi, grandir, croître.
Critias, æ, m., Critias.
Crinis, is, m., cheveux.
Crocodilus, i, m., crocodile.
Crœsus, i, m., Crésus.
Crotoniates, æ, m., Crotoniate (habitant de Crotone).
Cruciatus, us, m., torture.
Crudelis, cruel.
Cruor, oris, m., sang (versé).
Crus, uris, n., jambe.
Cubile, is, n., lit.
Culex, icis, m., moucheron.
Culpa, f., faute.
Cultor, oris, m., cultivateur.
Cultura, f., culture.
Cultus, us, m., culture, parure.
1. *Cum* (abl.), avec.
2. *Cum*, lorsque, comme, au moment où.
Cunctari, temporiser.
Cunctus, tout. *Cuncti*, tous, tout le monde; *cuncta*, toutes choses, tout.
Cupere, io, ivi, itum, désirer.
Cupiditas, atis, f., passion, ambition.
Cupidus, désireux, avide de (gén.).
Cur? pourquoi?
Cura, f., souci, soin.
Curare, avoir soin, s'occuper de, se soucier de (acc.); faire en sorte que (ut, subj.).
Currere, cucurri, courir.
Currus, us, m., char.
Cursus, us, m., course, cours.
Custodire, garder.
Custos, odis, m., gardien.
Cybela, f., Cybèle.
Cyclops, opis, m., Cyclope.
Cyrus, i, m., Cyrus.
Cyzicus, i, f., Cyzique (ville).

D

Dama, f., daim.
Damnare, condamner.
Damnum, n., dommage, perte, inconvénient.
Danubius, i, m., Danube.
Dare, dedi, datum, donner. — *pœnas,* subir un châtiment.
Darius, i, m., Darius.
Datames, is, m., Datamè.
David, idis, m., David.
De (abl.), de, à la suite de, sur, au sujet de.
Debēre, devoir.
Debilitare, affaiblir.
Decem, dix.
Decemvir, iri, m., décemvir.
Decēre, convenir (acc.).
Decernere, crevi, décider de.
Decertare, lutter.
Decies, dix fois.
Decimus, dizième.
Decipere, io, cepi, ceptum, tromper, duper.
Declarare, faire connaître.
Dedecus, oris, n., déshonneur.
Dedere, dedidi, rendre, soumettre, livrer.
Deditio, onis, f., soumission.
Deesse, faire défaut, manquer.
Defectio, ōnis, f., éclipse.
Defendere, di, sum, défendre.
Defensor, oris, m., défenseur.
Defessus, fatigué, épuisé.
Definire, limiter.
Deflagrare, être brûlé entièrement.
Deflēre, evi, déplorer.
Deficere, io, feci, fectum, manquer, reculer; — *a,* quitter le parti de, faire défection.
Degener, eris, dégénéré.
Deinde, ensuite, puis.
Delectare, réjouir, charmer, attirer. *Delectari,* être charmé par, aimer (abl.).
Delenire, séduire.
Delēre, evi, détruire, effacer.
Delicate, délicatement.
Delictum, m., infraction à la loi.
Delphicus, de Delphes.
Demandare, confier.

Demens, fou.
Dementia, f., folie.
Demosthenes, is, m., Démosthène.
Dens, dentis, m., dent.
Densus, dense, épais.
Deorsum, en bas.
Deridēre, si, sum, railler, tourner en ridicule.
Describere, psi, ptum, décrire, raconter (par écrit).
Deserere, ui, rtum, abandonner.
Deserta, orum, n., le désert.
Desertus, désert.
Desiderare, regretter, désirer.
Desiderium, n., regret, désir.
Designare, désigner.
Desilire, lui, sauter.
Desinere, sii, cesser de.
Desistere, stiti, cesser de.
Despectare, dédaigner.
Desperare, se désespérer.
Destituere, i, abandonner.
Destiti. Voir *desistere.*
Detegere, texi, tectum, découvrir.
Deterior, inférieur.
Deterrēre, détourner.
Detinēre, ui, tentum, captiver.
Detrectare, dénigrer.
Detritus, usé.
Deturbare, culbuter.
Deus, i, m., Dieu; *dii* ou *dei,* les dieux.
Dexter, tra ou *tera,* droit. *Dextera,* s. e. *manus,* main droite.
Diabolicus, diabolique.
Diana, f., Diane.
Dicere, dixi, dictum, dire, parler, nommer, appeler (d'un nom).
Dicionis (sans nom.), f., domination.
Dictare, dicter.
Dictator, oris, m., dictateur.
Dictitare, répéter.
Didici. Voir *discere.*
Dieneces, is, m., Diénécès.
Dies, ei, m. f., jour. *In diem vivere,* vivre au jour le jour.
Differre, distuli, dilatum, 1° différer, remettre à; 2° être différent.
Difficilis, difficile.
Difficultas, atis, f., difficulté.
Difficulter, difficilement.
Diffidere, fisus sum, se défier de (dat.).

Dignitas, atis, f., dignité.
Dignus, digne de (abl.).
Dilabi, lapsus, tomber en décadence.
Dilectio, onis, f., affection.
Diligens, soigneux, appliqué, actif.
Diligenter, avec soin, attentivement.
Diligentia, f., soin, activité, application.
Diligere, lexi, lectum, aimer, chérir.
Dilucide, clairement.
Diluvies, ei, f., inondation.
Dimicare, lutter, se battre, combattre.
Dio, onis, m., Dion.
Diocletianus, i, m., Dioclétien.
Diogenes, is, m., Diogène.
Dionysius, i, m., Denys.
Diruere, i, utum, renverser, ruiner.
Dis, Ditis, m., Pluton.
Discere, didici, apprendre; — *a,* de quelqu'un.
Discessus, us, m., séparation.
Disciplina, f., étude.
Discipulus, i, m., disciple, élève, écolier.
Discordia, f., discorde.
Discrimen, inis, n., différence.
Dispensare, employer.
Dissidere, sedi, différer.
Dissimilis, différent de (dat.)
Dissolutus, dissolu.
Distribuere, i, utum, distribuer.
Ditare, enrichir.
Diu (comp. *diutius,* sup. *diutissime*), longtemps.
Diuturnus, durable, de longue durée.
Diversus, différent.
Dives, itis, riche.
Dividere, si, sum, diviser, partager, séparer.
Divinus, divin.
Divitiacus, i, m., Divitiacus.
Divitiæ, arum, f., richesse, richesses.
Docere, ui, doctum, enseigner, instruire.
Docilis, facile à instruire.
Docilitas, atis, f., facilité à apprendre.
Doctrina, f., science.
Doctus, savant.
Dolor, oris, m., douleur.
Dolosus, fallacieux.

Dolus, i, m., ruse.
Domare, ui, itum, dompter.
Domi, à la maison, chez soi.
Domicilium, n., séjour.
Dominatio, onis, f., domination.
Dominus, i, m., maître.
Domus, us, f., maison, demeure.
Donare, 1° donner, accorder; 2° gratifier de (abl.).
Donec, tant que.
Donum, n., don.
Dores, um, m., Doriens.
Dormire, dormir.
Draco, onis, m., Dracon.
Druides, um, m., Druides.
Dubius, douteux. *Sine dubio,* sans conteste.
Ducere, duxi, ductum, conduire, mener. — *in matrimonium,* prendre pour femme. — *in,* mettre au nombre de (abl.).
Dulcedo, inis, f., douceur.
Dulcis, doux.
Dum, pendant que, tant que, tandis que (indic.); pourvu que (subj.).
Dumnorix, igis, m., Dumnorix.
Duo, æ, o, deux.
Duodecim, douze.
Duodecimus, douzième.
Duodevicesimus, dix-huitième.
Duodeviginti, dix-huit.
Duodequadragesimus, trente-huitième.
Duodequinquagesimus, quarante-huitième.
Durus, dur.
Dux, ducis, m., chef, général, guide. — *belli,* capitaine.

E

E, ex (abl.), de, au sortir de, du haut de, d'entre; d'après. à. *Ex quo,* depuis que.
Ebrietas, atis, f., ivresse.
Ebrius, ivre.
Ebur, oris, n., ivoire.
Ecclesia, f., église, assemblée des fidèles.
1. *Edere, didi, ditum,* publier, produire.
2. *Edere* ou *esse, edi, esum,* manger.

Educare, élever.

Educatio, onis, f., éducation.

Efficere, io, feci, fectum, faire, faire devenir, rendre (tel).

Effigies, ei, f., image.

Effugere, io, i, s'enfuir.

Egēre, manquer de (abl.); être dans le besoin.

Egestas, atis, f., dénument.

Egi. Voir *agere*.

Ego, mei, je, moi.

Egredi, ior, gressus, sortir.

Egregius, distingué, remarquable.

Ejicere, io, jeci, jectum, chasser, bannir.

Elabi, lapsus, s'échapper.

Eleemosyna, f., aumône.

Eleganter, avec goût.

Elegia, f., élégie.

Elephantus, i, m., éléphant.

Eligere, legi, lectum, choisir.

Elogium, n., épitaphe.

Eloquentia, f., éloquence.

Elpinice, es, f., Elpinicé.

Emendare, corriger.

Emere, emi, emptum, acheter.

Eminēre, se distinguer, se montrer, dépasser.

Eminus, de loin.

Emittere, misi, missum, lancer, envoyer.

Emollire, amollir.

Enim (se place après un mot), car, en effet.

Enitescere, tui, briller.

Ensis, is, m., épée.

Eo, là.

Eodem, là même, au même endroit.

Epaminondas, æ, m., Épaminondas.

Ephesius, d'Éphèse.

Ephorus, i, m., éphore (magistrat).

Epicurus, i, m., Épicure.

Epirus, i, f., Épire.

Epistola, f., lettre.

Epulæ, arum, f., festin.

Epulari, festoyer.

Eques, itis, m., cavalier, chevalier.

Equester, tris, tre, de cavalier, de chevalier, équestre.

Equitatus, us, m., cavalerie.

Equus, i, m., cheval.

Erga (acc.), envers, à l'égard de.

Erigere, rexi, rectum, relever, dresser.

Eripere, io, ui, reptum, enlever.

Errare, s'égarer, se tromper.

Error, oris, m., erreur, pérégrination.

Erubescere, bui, rougir.

Erudire, instruire.

1. *Esse*, manger. Voir *edere* 2.

2. *Esse*, sum, fui, être, exister, y avoir.

Esurire, avoir faim.

Et, et.

Etiam, même, aussi.

Etruscus, Étrusque.

Etsi, bien que (indic.).

Eubœa, f., Eubée (île).

Eumenes, is, m., Eumène.

Euripides, is, m., Euripide.

Europa, f., Europe.

Evadere, si, sum, 1° s'échapper; 2° devenir.

Evanescere, nui, s'évanouir.

Evangelium, n., Évangile.

Eventus, us, m., résultat, dénoument.

Evertere, ti, sum, ruiner.

Evitare, éviter.

Ex. Voir *e*.

Exanimare, faire expirer.

Exanimis, inanimé.

Exardescere, arsi, s'enflammer.

Exaudire, entendre.

Excelsus, élevé.

Excipere, io, cepi, ceptum, accueillir.

Excisio, onis, f., destruction.

Excitare, exciter; allumer.

Exclamare, s'écrier.

Excludere, si, sum, tenir éloigné de.

Excudere, di, sum, composer.

Exedere, di, esum, ronger.

Exemplar, aris, n., exemple.

Exemplum, n., exemple, modèle.

Exercēre, exercer, pratiquer.

Exercitatio, -onis, f., exercice.

Exercitus, us, m., armée.

Exheredare, déshériter.

Exiguus, petit, faible, en petite quantité.

Exire, eo, sortir.

Existimare, estimer, s'imaginer.

Existimatio, onis, f., estime, honneur.

Exitium, n., perte, ruine.
Exitus, us, m., issue, fin.
Exoptare, convoiter.
Exornare, embellir.
Expedire, tirer de, débarrasser.
Expellere, puli, pulsum, chasser.
Experiri, pertus, éprouver.
Expers, ertis, privé de (gén.).
Expilare, piller.
Explere, evi, etum, remplir.
Explicare, ui, citum, déployer.
Expromere, prompsi, faire paraître.
Expugnare, prendre d'assaut, forcer (une ville, un camp), venir à bout de.
Exquisitus, raffiné.
Exsilium, n., exil.
Exspectare, attendre.
Exstinguere, xi, ctum, éteindre.
Exstirpare, anéantir.
Exsul, ulis, m., exilé.
Extremus, dernier, extrême.
Exuere, i, utum, ôter (un vêtement).

F

Faber, bri, m., artisan.
Fabius, i, m., Fabius.
Fabricare, fabriquer.
Fabricius, i., m., Fabricius.
Fabula, f., fable.
Facere, io, feci, factum, faire, agir; rendre (tel).
Facies, ei, f., face, visage, aspect.
Facile, facilement, aisément.
Facilis, facile.
Facinus, oris, n., action. — *egregium*, exploit.
Factum, n., fait, acte.
Facundia, f., éloquence.
Fallere, fefelli, tromper. *Falli*, se tromper.
Falsus, faux.
Fama, f., renommée, bruit. — *est*, on raconte.
Fames, is, f., faim.
Familia, f., famille.
Familiaris, de la famille. *Res* —, patrimoine.
Fanum, n., temple.
Fari, dire.

Fastidire, prendre en dégoût, dédaigner.
Fastidium, n., dégoût, dédain.
Fatalis, du destin.
Fatigare, fatiguer.
Fatum, n., destin, destinée.
Fauces, ium, f., gorge.
Favere, favi, favoriser (dat.)
Fax, facis, f., torche.
Febris, is, f., fièvre.
Feles, is, f., chat.
Felicitas, atis, f., bonheur, félicité.
Feliciter, heureusement, dans la félicité.
Felix, icis, heureux.
Femina, f., femme.
Femur, oris, n., cuisse.
Fera, f., animal sauvage.
Ferax, acis, productif.
Fere, presque, à peu près.
Feriae, arum, f., vacances.
Ferire, frapper.
Ferox, ocis, intraitable, impétueux, fier.
Ferre, fero, fers, tuli, latum, porter, supporter, emporter, produire. *Prae se* —, montrer, manifester.
Ferrum, n., fer.
Fertilis, fertile.
Ferus, sauvage.
Fervidus, brûlant.
Fervor, oris, m., chaleur.
Fessus, fatigué.
Fetiales, ium, m., Féciaux (prêtres).
Fidelis, fidèle.
Fides, ei, f., foi, bonne foi, confiance, fidélité, loyauté, parole donnée, certitude.
Fiducia, f., confiance.
Fidus, fidèle.
Fieri, fio, factus sum, devenir, se faire, arriver.
Figulus, i, m., potier.
Figura, f., forme.
Filia, f., fille.
Filius, i, m., fils.
Fingere, finxi, fictum, façonner, modeler.
Finire, finir, terminer.
Finis, is, m., fin, frontière, limite.
Finitimus, qui touche à, limitrophe.
Firmus, solide, persévérant.
Flagitium, n., forfait.

Flagrum, n., fouet.
Flamma, f., flamme.
Flare, souffler.
Flatus, us, m., souffle. —
Flavus, jaune.
Flebilis, lamentable.
Flēre, evi, etum, pleurer.
Florēre, être florissant.
Flos, oris, m., fleur.
Fluctus, us, m., flot.
Flumen, inis, n., rivière, cours d'eau, courant, fleuve.
Fluvius, i, m., rivière, fleuve.
Focus, i, m., foyer.
Fodere, io, fodi, fossùm, creuser, bêcher.
Fœdus, eris, n., traité.
Folium, n., feuille.
Fons, fontis, m., source, fontaine.
Fores, ium, f., battants, porte (à deux battants).
Forma, f., forme.
Formica, f., fourmi.
Formidare, redouter.
Formido, inis, f., effroi.
Fornax, acis, f., fournaise.
Fortasse, peut-être.
Forte, par hasard, peut-être.
Fortis, courageux, brave, vaillant. Vir —, homme de cœur.
Fortiter, courageusement, vaillamment.
Fortitudo, inis, f., courage.
Fortuna, f., fortune, hasard, chance, condition.
Forum, n., place publique, forum.
Fossa, f., fossé.
Fovēre, fovi, réchauffer.
Fragmen, inis, n., débris.
Frangere, fregi, fractum, briser, casser ; abattre, écraser.
Frater, tris, m., frère.
Fraus, fraudis, f., perfidie.
Frenum, n., frein.
Frequens, nombreux.
Frigus, oris, n., froid.
1. *Frons*, frondis, f., feuillage.
2. *Frons*, frontis, f., front.
Fructus, us, m., fruit.
Fruges, um, f., moissons.
Frui, jouir de (abl.).
Frumentum, n., blé.
Frustra, en vain, inutilement.

Fuga, f., fuite.
Fugare, mettre en fuite.
Fugere, fugio, fugi, fuir, prendre la fuite.
Fulgēre, fulsi, briller.
Fulgor, oris, m., éclat.
Fulmen, inis, n., foudre.
Fumus, i, m., fumée.
Fundamentum, n., fondement.
Fundere, fudi, fusum, 1° verser ; 2° mettre en déroute.
Funis, is, m., corde, câble.
Fungi, functus, s'acquitter de (abl.)
Fur, furis, m., voleur.
Furari, voler, dérober.
Furculæ Caudinæ, les Fourches Caudines (défilé).
Futurus, futur ; futura, orum, n., l'avenir.

G

Galea, f., casque.
Gallia, f., Gaule, France.
Gallicus, de Gaule, de France.
Gallina, f., poule.
1. *Gallus*, i, m., Gaulois.
2. *Gallus*, i, m., coq.
Garumna, m., Garonne.
Gaudēre, gavisus sum, se réjouir de, aimer (abl.).
Gaudium, n., joie.
Gelu, us, n., gelée.
Gemere, ui, itum, gémir.
Gemitus, us, m., gémissement.
Gener, eri, m., gendre.
Gens, gentis, f., nation, peuplade.
Genu, us, n., genou.
Genus, eris, n., espèce, genre, race catégorie, nature.
Geometria, f., géométrie.
Gerere, gessi, gestum, faire, accomplir. — male rem, subir un échec.
Germanus, i, m., Germain.
Germania, f., Germanie.
Gignere, genui, genitum, mettre au monde. Gigni, naître.
Gladiator, oris, m., gladiateur.
Gladius, i, m., glaive, épée.
Gloria, f., gloire.
Gloriari, se glorifier, se vanter.
Gloriosus, glorieux.

Gorgias, æ, m., Gorgias.
Gracilis, effilé.
Græcia, f., Grèce.
Græcus, i, m., Grec.
Gramen, inis, n., gazon.
Gramineus, de gazon.
Grandinare, grêler.
Grandis, gros.
Grando, inis, f., grêle.
Gratia, f., grâce, reconnaissance, cadeaux.
Gratus, agréable, cher à, intéressant pour, reconnaissant.
Gravis, lourd, pénible, violent, sévère, offensant, important.
Grex, gregis, m., troupeau.
Gubernare, gouverner.
Gula, f., gueule, gourmandise.
Gustare, goûter.

H

Habēre, ui, itum, avoir, tenir, maintenir, traiter. *Haberi*, être regardé comme, passer pour. *Se habere*, être, aller. *Res bene se habet*; tant mieux.
Habilis, maniable.
Habitare, habiter.
Hærēre, hæsi, être fixé.
Hamilcar, aris, m., Amilcar.
Hannibal, alis, m., Annibal.
Hanno, onis, m., Hannon.
Hasdrubal, alis, m., Asdrubal.
Hasta, f., lance.
Haud, ne pas, non.
Haurire, hausi, haustum, puiser à (ex), avaler.
Hebræus, i, m., Hébreu.
Hedera, f., lierre.
Helena, f., Hélène.
Helvetii, orum, m., Helvètes.
Heraclides, æ, m., Héraclide.
Herba, f., herbe.
Hercules, is, m., Hercule.
Heri, hier.
Herodotus, i, m., Hérodote.
Hesternus, d'hier.
Hiberna, orum, n., quartier d'hiver.
1. *Hic*, hæc, hoc, ce, cet, celui-ci.
2. *Hic*, ici.
Hiemare, passer l'hiver.

Hiems, hiemis, f., hiver.
Hiero, onis, m., Hiéron.
Hierosolyma, orum, n., Jérusalem.
Hilaritas, atis, f., gaîté.
Hilota, m., ilote.
Hinc, d'ici.
Hirundo, inis, f., hirondelle.
Hispania, f., Espagne.
Hispanus, i, m., Espagnol.
Historia, f., histoire.
Hodie, aujourd'hui.
Homerus, i, m., Homère.
Homo, inis, m., homme.
Honestus, honorable, noble, glorieux.
Honor, oris, m., honneur, gloire.
Honorare, honorer.
Hora, f., heure.
Horatius, i, m., Horace. — *Cocles*, Horatius Coclès.
Hortari, exhorter.
Hortensius, i, m., Hortensius.
Hortulanus, i, m., jardinier.
Hortulus, i, m., jardinet. *Hortuli*, orum, villa.
Hortus, i, m., jardin. *Horti*, orum, parc.
Hospes, itis, m., hôte, étranger.
Hostia, f., victime.
Hostilius, i, m., Hostilius.
Hostis, is, m.; ennemi.
Huc, ici. *Huc illuc*, çà et là.
Humanus, humain.
Humerus, i, m., épaule.
Humilis, bas, humble.
Humus, i, f., terre, sol. *Humi*, à terre.

I

Ibi, là.
Ideo, pour cela, par là même.
Idus, uum, f., ides (division du mois).
Igitur, donc.
Ignavia, f., lâcheté.
Ignavus, lâche.
Ignis, is, m., feu.
Ignominia, f., déshonneur.
Ignorare, ignorer.
Ignoscere, ovi, pardonner.
Ilias, adis, f., Iliade.

Ille, a, ud, ce, cet; celui-là. *Ille...
hic,* le premier... le second.
Illuc, là.
Illudère, si, sum, ridiculiser.
Illustrare, éclairer.
Illustris, célèbre, illustre.
Imago, inis, f., image.
Imber, bris, m., pluie (d'orage),
averse.
Imbuere, i, utum, imprégner.
Imitari, imiter.
Immanitas, atis, f., rigueur.
Imminère, être imminent; menacer
(dat).
Immolare, immoler.
Immortalis, immortel.
Immo, bien plus, au contraire.
Impar, aris, inégal, impair.
Impavidus, intrépide.
Impedimentum, n., embarras, ba-
gage.
Impedire, empêcher, gêner.
Imperare, commander.
Imperator, oris, m., général en
chef, empereur.
Imperitus, incapable, sot.
Imperium, n., commandement, or-
dre, autorité, empire, pouvoir.
Summa imperii, le pouvoir su-
prême.
Impertire, assigner.
Impetrare, obtenir.
Impetus, us, m., choc, attaque, im-
pétuosité. *Impetum facere in,* se
jeter sur.
Impie, en impie.
Impiger, gra, infatigable.
Impingere, pegi, pactum, appliquer.
Impius, impie.
Implère, evi, etum, emplir.
Impotens, qui n'est pas maître de
(gén.).
Improbare, désapprouver.
Improbus, malhonnête, méchant.
Imprudens, sans défiance.
Impugnare, attaquer.
In (abl., acc.), en, dans, sur, parmi,
contre, envers, chez.
Inanis, vide, vain.
Incendere, di, sum, incendier.
Incendium, n., incendie.
Incertus, incertain.
Incidere, di, tomber.

Incipere, io, cepi, ceptum, com-
mencer.
Inclitus, fameux, insigne.
Incola, m., habitant.
Incommodus, gênant.
Incredibilis, incroyable.
Increpare, ui, gronder.
Incubare, ui, fondre sur (dat.).
Incultus, inculte.
Inde, de là.
Indefensus, non défendu.
India, f., Inde.
Indicare, dénoncer.
Indicere, xi, ctum, déclarer.
Indicium, n., indice, marque, dé-
nonciation.
Indigère, avoir besoin de (gén.,
abl.).
Indignus, indigne.
Indoctus, ignorant.
Indoles, is, f., caractère.
Induere, i, utum, revêtir, mettre (un
vêtement).
Indulgentia, f., indulgence.
Indulgère, ulsi, s'abandonner à, sa-
tisfaire (dat.).
Industria, f., activité, travail.
Industrius, laborieux.
Indutiomarus, i, m., Indutiomarus.
Inermis, sans armes, désarmé.
Inesse, être dans, être sur.
Infamia, f., déshonneur.
Infans, antis, m., petit enfant.
Infelix, icis, infortuné, malheureux.
Infensus, hostile.
Inferi, orum, m., enfers.
Inferre, intuli, illatum, apporter. —
bellum, porter la guerre dans,
attaquer (dat.).
Infimus, le plus bas, le plus humble.
Infimum, le bas.
Infinitus, infini.
Inflammare, enflammer.
Informare, former.
Ingenium, n., esprit, tempérament,
instinct, talent.
Ingens, considérable, grand.
Ingenuus, libre, libéral.
Ingredi, ior, gressus, entrer dans,
marcher sur (acc.).
Inhibère, contenir.
Inhumanus, inhumain.
Inimicus, i, m., ennemi.

Iniquitas, atis, f., 1° inégalité, 2° iniquité.

Iniquus, inique.

Inire, eo, commencer.

Initium, n., commencement. *Initio* au commencement.

Injicere, io, jeci, jectum, inspirer.

Injuria, f., injustice, injure.

Injuste, injustement, à tort.

Injustus, injuste.

Innocens, innocent.

Innumerus, innombrable.

Inopia, f., indigence, détresse, disette.

Inquam, dis-je.

Inscribere, psi, ptum, écrire sur.

Insculpere, psi, ptum, graver sur.

Insepultus, non enseveli, sans sépulture.

Insequi, cutus, poursuivre.

Inservire, s'assujettir à (dat.).

Insidiæ, arum, f., embûches, embuscade, surprise.

Insidiari, dresser une embuscade.

Insignis, éminent, insigne.

Insignire, illustrer.

Insitus, inné, naturel.

Insolitus, inaccoutumé.

Insperatus, inespéré.

Instituere, i, utum, établir, régler, résoudre de.

Insuetus, qui n'a pas l'habitude.

Insula, f., île.

Insultare, insulter (dat.).

Insuperabilis, infranchissable.

Intelligere, lexi, lectum, comprendre.

Inter (acc.), entre, parmi, au milieu de. *Salutare inter se,* se saluer l'un l'autre.

Interdiu, de jour.

Interdum, parfois.

Interesse, prendre part à, se trouver entre (dat.)

Interficere, io, feci, fectum, tuer, mettre à mort.

Interimere, emi, emptum, tuer, se défaire de.

Interire, eo, périr.

Interitus, us, m., mort, ruine, perte.

Intermissio, onis, f., interruption, cesse.

Interpellare, apostropher.

Interrogare, interroger, demander, questionner. *Interrogatus,* à qui on demandait.

Intestinus, intérieur, du dedans.

Intimus, intime, le plus profond.

Intonare, ui, tonner.

Intrare, entrer.

Intueri, considérer.

Inusitatus, insolite.

Inutilis, inutile.

Invadere, si, envahir, attaquer.

Invenire, veni, ventum, trouver, découvrir.

Invidia, f., envie, jalousie.

Invidus, envieux, jaloux.

Invisus, odieux, haï.

Invitare, inviter.

Ipse, a, um, même, moi-même, toi-même, lui-même; seul.

Ira, f., colère.

Iracundus, irascible.

Irasci, se mettre en colère, se fâcher, s'irriter contre (dat.).

Iratus, irrité.

Ire, eo, ivi, aller.

Irrepere, psi, se glisser.

Irridere, risi, se moquer de.

Irritamentum, n., aiguillon.

Irritus, vain, sans effet.

Is, ea, id, ce, cet, celui, il.

Istic, là (où tu es).

Ita, ainsi. *Ut... ita,* de même que... de même. *Ita ut,* de telle sorte que (subj.).

Italia, f., Italie.

Itaque, c'est pourquoi, aussi.

Item, de même.

Iterum, de nouveau.

Iter, itineris, n., chemin, voyage.

J

Jacere, être étendu, être gisant.

Jacere, io, jeci, jactum, jeter.

Jactare, faire entendre.

Jam, déjà, maintenant, désormais, bientôt. *Jam non, non jam,* ne plus.

Janua, f., porte.

Janus, i, m., Janus.

Jesus, Jesu, m., Jésus.

Joannes, is, m., Jean.

Jobus, i, m., Job.

Jocus, i, m., badinage.
Jubēre, jussi, jussum, ordonner, inviter. *Juberi,* recevoir l'ordre de (infin.).
Jucundus, agréable.
Judæa, f., Judée.
Judæus, i, m., Juif.
Judas, æ, m., Judas.
Judex, icis, m., juge.
Judicium, m., jugement.
Jugum, n., joug. *Mittere sub jugum,* faire passer sous le joug.
Jugurtha, m., Jugurtha.
Julius, i, m., Jules.
Jungere, junxi, ctum, réunir.
Junius, i, m., Junius.
Juno, onis, f., Junon.
Jupiter, Jovis, m., Jupiter.
Jurare, jurer.
Jurgium, n., dispute.
Jus, juris, n., droit.
Jussum, n., ordre, commandement.
Juste, avec justice.
Justitia, f., justice.
Justus, juste.
Juvare, juvi, jutum, aider. *Juvat* (inf.), il est agréable de.
Juvencus, i, m., jeune taureau.
Juvenis, is, m., jeune homme.
Juventus, utis, f., jeunesse.
Juxta (acc.), près de

L

Labi, lapsus, tomber.
Labor, oris, m., travail, fatigue.
Laborare, travailler, souffrir.
Lac, lactis, n., lait.
Lacedæmonius, i, m., Lacédémonien.
Lacessere, ivi, itum, harceler.
Lacrima, f., larme.
Lacus, us, m., lac.
Lædere, si, sum, endommager, blesser, offenser, violer, enfreindre.
Lætitia, f., allégresse.
Lætus, joyeux.
Lævus, gauche.
Lamentari, se lamenter.
Lapideus, de pierre.
Lapis, idis, m., pierre; borne milliaire.

Laqueus, i, m., corde, lacet (pour se pendre).
Largus, abondant.
Late, au loin.
Latebra, f., retraite, cachette.
Latēre, être caché.
Latine, en latin.
Latinus, latin.
Latona, f., Latone.
Latro, onis, m., larron, brigand.
1. *Latus,* large.
2. *Latus, eris,* n., côté, flanc.
Laudare, louer.
Laurus, i, f., laurier.
Laus, laudis, f., louange, approbation, estime; mérite, qualité.
Lectio, onis, f., lecture.
Lectus, i, m., lit.
Legatus, i, m., député, ambassadeur; lieutenant.
Legere, gi, lectum, lire; choisir.
Legio, onis, f., légion.
Lemnus, i, f., Lemnos (île).
Lenire, adoucir.
Lenis, doux.
Lentus, lent.
Leo, onis, m., lion.
Leonidas, æ, m., Léonidas.
Lepidus, joli.
Lepus, oris, m., lièvre.
Leuctra, orum. n., Leuctres (ville).
Levis, léger, supportable.
Levitas, atis, f., légèreté.
Leviter, légèrement.
Lex, legis, f., loi.
Libellus, i, m., livre.
Libenter, volontiers.
1. *Liber, era,* libre, indépendant.
2. *Liber, bri,* m., livre.
3. *Liber, beri,* m., Bacchus.
Liberalis, généreux.
Liberare, délivrer, exempter de (abl.).
Liberi, orum, m., les enfants (de qu'un).
Libertas, atis, f., liberté.
Libēre, plaire (impers.).
Librarius, i, m., secrétaire.
Licēre, être permis (impers.)
Lignum, n., bois.
Lilium, n., lis.
Limen, inis, n., seuil.
Lingua, f., langue.

Lis, litis, f., querelle, procès.
Litteræ, arum, f., 1° une lettre (missive); 2° lettres, belles-lettres, littérature.
Litus, oris, m., rivage.
Locus, i, m., lieu, endroit, place, terrain.
Longe, au loin. *Longe à,* loin de.
Longus, long. *Navis longa,* vaisseau de guerre.
Loqui, locutus, parler.
Lucēre, luxi, luire.
Lucerna, f., lampe.
Lucrum, n., gain.
Luctare, lutter.
Luctuosus, attristant.
Luctus, us, m., deuil.
Ludere, si, sum, jouer.
Ludovicus, i, m., Louis.
Ludus, i, m., jeu; école.
Luere, i, payer; — *pœnas,* subir un châtiment, être puni.
Lugdunum, n., Lyon.
Lugēre, luxi, pleurer, être en deuil.
Lumen, inis, n., lumière, flambeau.
Luna, f., lune.
Lupus, i, m., loup.
Luscinia, f., rossignol.
Lux, lucis, f., lumière.
Luxuria et luxuries, ei, f., luxe.
Lycurgus, i, m., Lycurgue.
Lycus, i, m., Lycus.
Lydia, f., Lydie.
Lysippus, i, m., Lysippe.

M

Macchabæus, i, m., Macchabée.
Macies, ei, f., maigreur.
Macedo, onis, m., Macédonien.
Macedonia, f., Macédoine.
Madescere, devenir humide.
Mæstus, affligé.
Magis, plus.
Magister, tri, m., maître.
Magistratus, tus, m., magistrat.
Magnifice, avec magnificence.
Magnificus, magnifique.
Magnitudo, inis, f., grandeur.
Magnus, grand, considérable.
Maius, i, m., mai.
Major, compar. de *magnus.*

Majestas, atis, f., majesté.
Male, mal.
Maledicus, médisant.
Maleficus, malfaisant.
Malesuadus, mauvais conseiller.
Malevolus, malveillant.
Malle, malo, malui, aimer mieux.
1. *Malum,* n., mal, malheur.
2. *Malum,* n., pomme.
Malus, mauvais, méchant.
Manducare, manger.
Mane, le matin, au matin.
Manēre, mansi, sum, rester.
Manifestus, évident.
Manlius, i, m., Manlius.
Mansuetus, bon, doux.
Mantinea, f., Mantinée.
Mantua, f., Mantoue.
Manus, us, f., main.
Marathonius, de Marathon.
Marcellus, i, m., Marcellus.
Marcus, i, m., Marcus.
Mardonius, i, m., Mardonius.
Mare, is, n., mer.
Maria, f., Marie.
Maritimus, de mer.
Marius, i, m., Marius.
Marmor, oris, n., marbre.
Maro, onis, m., Maron.
Mars, Martis, m., Mars.
Marsupium, n., bourse.
Martha, f., Marthe.
Martius, i, m., Martius.
Martyr, yris, m., martyr.
Massilia, f., Marseille.
Mater, tris, f., mère.
Materies, ei, f., matière.
Matrimonium, m., mariage.
Matrona, f., Marne.
Maturus, mûr.
Maxime, très, le plus, surtout.
1. *Maximus,* superl. de *magnus.*
2. *Maximus, i,* m., Maximus, Maxime.
Medēri, guérir (dat.).
Medus, i, m., Mède.
Medicus, i, m., médecin.
Mediterraneum mare, mer Méditerranée.
Meditari, projeter de.
Mel, mellis, n., miel.
Melior, compar. de *bonus.*
Melius, mieux.

Membrum, m., membre.

Meminisse, se souvenir de (acc.
gén.).

Memor, *oris*, qui se souvient de
(gén.)

Memoria, f., mémoire, souvenir.

Mendacium, n., mensonge.

Menecrates, is, m., Ménécrate.

Menelaus, i, m., Ménélas.

Mens, *mentis*, f., intelligence, esprit,
pensée.

Mensa, f., table.

Mensis, is, m., mois.

Mentiri, mentir.

Mercator, *oris*, m., marchand, tra-
fiquant.

Merces, edis, f., récompense.

Mercurius, i, m., Mercure.

Merēre, ui, ou *merēri*, *meritus
sum*, mériter. *Bene mereri de*, bien
mériter de.

Mergere, mersi, sum, enfoncer.

Meridies, ei, m., 1° le midi; 2° midi
(heure).

Merito, à juste titre.

Meritus, mérité.

Merx, mercis, f., marchandise.

Messias, æ, m., le Messie.

Messis, is, f., moisson.

Metallum, n., métal.

Metiri, *mensus*, mesurer.

Metuere, i, craindre, appréhender.

Metus, us, m., crainte.

Meus, mon, mien.

Micare, ui, étinceler.

Midas, æ, m., Midas.

Migrare, émigrer, partir; — *ex*,
quitter (un pays).

Miles, itis, m., soldat.

Mille, mille.

Millesimus, millième.

Milo, onis, m., Milon.

Miltiades, is, m., Miltiade.

Milvus, i, m., milan.

Minæ, arum, f., menaces.

Minerva, f., Minerve.

Minime, très peu, pas du tout.

Minimus (superl. de *parvus*), très
petit, le plus petit, le moindre.

Minister, tri, m., ministre.

Minor (compar. de *parvus*), plus
petit, moindre.

Minotaurus, i, m., Minotaure.

Minucius, i, m., Minucius.

Minuere, i, utum, diminuer, amoindrir.

Minus, moins.

Mirus, admirable.

Miscēre, ui, mixtum, mêler, troubler.

Miser, era, malheureux.

Miserēri, ritus, avoir pitié de (gén.).

Mìseret me, j'ai pitié de (gén.).

Miseria, f., misère.

Misericors, ordis, miséricordieux.

Misericordia, f., pitié.

Missio, onis, f., renvoi.

Mitis, doux, pacifique.

Mittere, misi, missum, envoyer.

Mixtura, f., mélange, nuance.

Moderate, avec modération.

Modestia, f., modération, réserve,
modestie.

Modo, seulement. *Non modo... sed
etiam*, non seulement... mais encore.

Modus, i, m., mesure; manière, façon.

Mœnia, ium, n., remparts.

Molestia, f., ennui.

Molestus, désagréable, ennuyeux.

Mollire, amollir, adoucir.

Molliter, mollement.

Mollities, ei, f., mollesse.

Monēre, avertir.

Monitum, n., avertissement.

Mons, *montis*, m., mont, montagne.

Monstrare, montrer.

Monstrum, n., monstre.

Monumentum, n., monument.

Mora, f., délai, retard.

Morbus, i, m., maladie.

Mori, ior, mortuus, mourir.

Mors, mortis, f., la mort.

Morsus, us, m., morsure.

Mortalis, mortel, humain.

Morum, n., mûre.

Mos, moris, m., habitude, usage.
Mores, mœurs, caractère, conduite; usages.

Motus, us, m., mouvement.

Movēre, movi, motum, mouvoir,
mettre en mouvement; émouvoir,
exciter.

Mox, bientôt.

Multa, f., amende.

Multare, punir.
Mulier, eris, f., femme.
Multitudo, inis, f., multitude, grand nombre.
Multum, beaucoup.
Multus, nombreux, en grande quantité, beaucoup de. *Multi,* plusieurs, bien des gens.
Mummius, i, m., Mummius.
Mundus, i, m., monde.
Munire, fortifier, protéger, munir.
Munus, eris, n., 1° tâche, rôle; 2° présent, don.
Murus, i, m., mur.
Mus, muris, m., rat, souris.
Musa, f., muse.
Musca, f., mouche.
Mutare, changer, modifier.
Mutus, muet.
Myrica, f., bruyère.

N

Nactus. Voir *nancisci.*
Nam, car.
Nancisci, nactus, trouver, atteindre.
Narbo, onis, m., Narbonne.
Narrare, raconter, exposer.
Nasci, natus, naître.
Natare, nager.
Natio, onis, f., nation.
Natura, f., nature, caractère.
Naturalis, naturel.
Naufragium, n., naufrage.
Nauta, m., matelot.
Navalis, naval.
Navigare, naviguer.
Navis, is, f., vaisseau, navire.
Ne (enclitique), est-ce que? *Estne?* Y a-t-il?
Ne (conjonction), que ne pas, de peur que (subj.). *Ne... quidem,* ne... pas même.
Neapolis, is, f., Naples.
Nec, et ne pas, ni.
Necare, faire périr, tuer, assassiner.
Necessarius, nécessaire.
Necessitas, atis, f., nécessité.
Negare, nier.
Negligere, glexi, glectum, négliger.

Negotium, n., affaire, occupation.
Nemo, m., personne... ne, ne... personne.
Nemus, oris, n., un bois.
Nepos, otis, m., 1° petit-fils; 2° Népos (nom propre).
Neptunus, i, m., Neptune.
Nequaquam, nullement.
Neque, et ne pas, ni.
Nequire, eo, ne pouvoir pas.
Nequissimus, misérable, scélérat.
Nere, nevi, filer.
Nero, onis, m., Néron.
Nervii, orum, m., Nerviens.
Nescire, ne savoir pas, ignorer.
Nex, necis, f., meurtre.
Nidus, i, m., nid.
Niger, gra, noir.
Nihil, n., rien... ne, ne... rien.
Nihilum, n., néant. *Ex nihilo,* de rien.
Nilus, i, m., Nil.
Nimirum, sans doute, apparemment.
Nimis, trop.
Nimius, excessif, trop de; de trop.
Ningere, xi, neiger.
Nisi, si ne pas, à moins que; si ce n'est, sauf.
Nitere, être brillant, florissant.
Nitidus, éclatant.
Nix, nivis, f., neige.
Nobilis, fameux; de bonne race.
Nobilitas, atis, f., noblesse.
Nocere, nuire. *Nocens,* coupable.
Noctu, de nuit.
Nocturnus, nocturne.
Nolle, nolo, nolui, ne vouloir pas.
Nomen, inis, n., nom, titre.
Nominare, nommer, appeler.
Non, non, ne pas, et non pas.
Nonaginta, quatre-vingt-dix.
Nondum, ne... pas encore.
Nonne? est-ce que ne pas?
Nonnullus, plus d'un. *Nonnulli,* plusieurs, quelques-uns.
Nonnunquam, parfois.
Nos, nous.
Noscere, novi, apprendre à connaître. *Novi, novisse,* connaître.
Noster, tra, notre, le nôtre.
Notus, connu de (dat.).
Novem, neuf.
Novitas, atis, f., nouveauté.

Novissimus, le dernier, qui est au bout.
Novus, nouveau.
Nox, noctis, f., nuit.
Noxius, nuisible.
Nubere, nupsi, nuptum, se marier à, prendre pour mari (dat.).
Nubes, is, f., nuage.
Nucleus, i, m., amande.
Nullus, nul... ne.
Num? est-ce que?
Numa, m., Numa.
Numen, inis, n., divinité.
Numerare, compter.
Numerus, i, m., nombre.
Numida, m., Numide.
Numitor, oris, m., Numitor.
Nummus, i, m., sesterce, pièce de monnaie.
Nunc, maintenant, *Nunc... nunc,* tantôt... tantôt.
Nunquam, jamais... ne, ne... jamais.
Nuntiare, annoncer.
Nuntius, i, m., messager, courrier; message, nouvelle.
Nuper, récemment.
Nurus, us, f., belle-fille, bru.
Nusquam, nulle part.
Nutrire, nourrir.
Nux, nucis, f., noix.

O

Ob (acc.), à cause de.
Obducere, xi, recouvrir.
Obesse, faire du tort, nuire, être nuisible.
Oblectamentum, n., agrément.
Obliquus, détourné.
Oblivio, onis, f., oubli.
Oblivisci, oblitus, oublier (acc. gén.).
Obnubere, nupsi, voiler.
Obœdire, obéir.
Obrepere, psi, s'approcher furtivement (dat.).
Obscurare, obscurcir.
Obscure, insensiblement.
Obsecrare, conjurer de, supplier.
Observare, observer.
Obses, idis, m., otage.

Obsidere, sedi, sessum, assiéger, bloquer.
Obsidio, onis, f., siège, blocus.
Obstupescere, pui, rester stupéfait.
Obtemperare, obéir.
Obvenire, veni, rencontrer (dat.).
Obviam, au devant de, à la rencontre de (dat.).
Occasio, onis, f., occasion.
Occidens, entis, m. l'occident.
1. *Occidere, cidi, casum,* tomber, se coucher (en parl. des astres).
2. *Occidere, cidi, cisum,* tuer.
Occupare, occuper, saisir, s'emparer de, envahir.
Ocior, plus rapide.
Octavus, huitième.
Octingenti, huit cents.
Octoginta, quatre-vingts.
Odiosus, odieux.
Odisse, odi, haïr, détester.
Odium, n., haine.
Odor, oris, m., odeur, parfum.
Offerre, obtuli, oblatum, offrir, présenter.
Officium, n., devoir, fonction.
Olfactus, us, m., odorat.
Olim, autrefois, un jour.
Oliva, f., olive, olivier.
Olus, eris, n., légume.
Omnino, entièrement, absolument.
Omnipotens, tout-puissant.
Omnis, tout. *Omnes,* tous, tous les hommes, tout le monde. *Omnia,* toutes choses, tout.
Onus, eris, n., fardeau, embarras.
Opem (sans nomin.), f., secours. *Opem ferre,* venir en aide. *Opes, um,* puissance fortune.
Opera, f., action.
Operire, rui, rtum, couvrir.
Operosus, travailleur.
Opinari, supposer.
Opinio, onis, f., opinion, réputation.
Opitulari, soulager (dat.).
Oportere, uit, falloir.
Oppidum, n., ville, place forte.
Opprimere, pressi, pressum, accabler.
Oppugnare, assiéger.
Oppugnatio, onis, f., siège, assaut.
Optabilis, souhaitable.
Optare, souhaiter.

Optimates, ium, m., nobles, grands.
Optime (sup. de *bene*), très bien, le mieux, parfaitement.
Optimus (sup. de *bonus*), très bon, le meilleur, excellent.
Opulentus, opulent, riche.
Opus, eris, m., œuvre, action, besogne, ouvrage.
Oraculum, n., oracle.
Orare, prier.
Oratio, onis, f., discours; langage, parole.
Orator, oris, m., orateur.
Orbis, is, m., cercle, globe, univers. *Orbis terrarum,* le globe terrestre, le monde, l'univers.
Ordiri, orsus, commencer; — *a,* commencer par.
Ordo, inis, m., ordre, rang.
Orgetorix, igis, m., Orgétorix.
Oriens, entis, m., l'orient, le levant.
Origo, inis, f., origine.
Oriri, ortus, se lever, s'élever.
Ornamentum, n., ornement.
Ornare, orner, parer.
Ornatus, us, m., insignes.
Orpheus, i, m., Orphée.
Os, oris, n., bouche, visage.
Ostendere, di, montrer.
Ostentatio, onis, f., ostentation.
Ostiarius, i, m., portier.
Ostium, n., porte.
Otiosus, oisif, inoccupé.
Otium, n., loisir, repos.
Ovis, is, f., brebis.
Ovum, n., œuf.

P

Paciscor, pactus sum ou *pepigi,* conclure.
Pæne, presque.
Pænitens, repentant.
Pænitet me, je me repens, j'ai du regret.
Paganus, i, m., païen.
Pagina, f., une page.
Pallium, n., manteau.
Palma, f., palmier.
Pandere, di, passum, dénouer.
Panis, is, m., pain.
Panthera, f., panthère.

Par, paris, égal, pareil. *Par est,* convient de.
Paradisus, i, m., Paradis.
Parare, préparer, procurer, causer. se préparer à (inf.).
Paratus, prêt.
Parca, f., Parque.
Parce, modérément, avec ménagement.
Parcere, peperci, épargner (dat.).
Parcus, économe.
Parentes, um, m., les parents, le père et la mère.
1. *Parere,* obéir.
2. *Parere, peperi,* 1° enfanter; 2° gagner.
Paries, etis, f., muraille.
Paris, idis, m., Pâris.
Pariter, également.
Pars, partis, f., part, partie, côté. *In omnes partes,* en tous sens. Au plur., *partes,* parti, rôle.
Parsimonia, f., économie.
Partiri, partager.
Parum, peu, trop peu.
Parus, i, f., Paros (île).
Parvus, petit.
Pascua, orum, n., pâturages.
Passer, eris, m., passereau.
Passim, çà et là.
Pastor, oris, m., berger.
Pater, tris, m., père. *Patres,* les sénateurs.
Patera, f., coupe.
Patere, être ouvert. *Patens,* exposé à.
Paterfamilias, patrisfamilias, m., père de famille.
Pati, ior, passus, souffrir, endurer.
Patiens, patient, capable d'endurer (gén.).
Patientia, f., patience.
Patria, f., patrie.
Patrius, de la patrie; des ancêtres.
Patroclus, i, m., Patrocle.
Patronus, i, m., patron.
Pauci, æ, a, peu nombreux, peu de; peu de gens. *Pauciores homines,* moins de gens.
Paulatim ou *paullatim,* peu à peu.
Paulo post, peu après.
Paulus, i, m., Paul.
Pauper, eris, pauvre.

Paupertas, atis, f., pauvreté.
Pausanias, æ, m., Pausanias.
Pavo, onis, m., paon.
Pax, pacis, f., paix.
Peccare, pécher, faire une faute.
Peccator, oris, m., pécheur.
Peccatum, n., péché, faute.
Pectus, oris, n., poitrine, cœur.
Pecunia, f., argent, somme d'argent.
1. *Pecus, oris,* n., troupeau (de bétail).
2. *Pecus, udis,* f., tête de bétail, une bête.
Pedes, itis, m., fantassin.
Pedester, tris, de pied.
Pejor (comp. de *malus*), pire, plus mauvais.
Pellere, pepuli, pulsum, repousser, chasser, faire plier.
Pellis, is, f., peau.
Pelopidas, æ, m. Pélopidas.
Peloponnesius, du Péloponèse.
Peloponnesus, i, f., m., Péloponèse.
Penes (acc.), aux mains de.
Penna, f., plume.
Per (acc.), par, à travers, pendant; au nom de.
Percrebesco, bui, se répandre.
Percutere, io, cussi, cussum, frapper.
Perdere, didi, ditum, perdre, faire périr.
Perdiccas, æ, m., Perdiccas.
Perfectus, parfait.
Perficere, io feci, fectum, achever; — *ut,* arriver à ce que (subj.).
Perfuga, m., transfuge.
Perfugium, n., refuge.
Pericles, is, m., Périclès.
Periculosus, dangereux.
Periculum, danger, péril.
Perire, eo, périr.
Peritus, habile.
Perjurus, parjure.
Permittere, misi, missum, remettre, permettre, confier.
Permultus, très nombreux.
Pernicies, ei, f., perte.
Perniciosus, funeste.
Perperam, de travers.
Perpeti, ior, pessus, endurer.
Persæ, arum, m., les Perses.
Persæpe, très souvent.

Persequi, cutus, poursuivre; — *bello,* traiter en ennemi.
Perseverare, persévérer.
Persuasum habere, avoir la conviction que.
Perspicere, io, spexi, observer minutieusement, pénétrer.
Pertinere ad, s'étendre jusqu'à.
Perturbare, déconcerter.
Pervenire, veni, ventum, arriver, parvenir.
Pessimus (sup. de *malus*), le pire, détestable.
Pestilentia, f., peste.
Pestis, is, f., fléau.
Petere, ivi, itum, viser, gagner (un lieu); *petere a,* demander à.
Petrus, i, m., Pierre.
Petulans, effronté.
Petulantia, f., insolence.
Pharao, onis, m., Pharaon.
Pharnabazus, i, m., Pharnabaze.
Philippus, i, m., Philippe.
Philologia, f., littérature.
Philosophus, i, m., philosophe.
Pietas, atis, f., piété.
Piger, gra, paresseux.
Piget me, j'ai regret, j'ai du chagrin.
Pignus, oris, n., gage.
Pindarus, i, m., Pindare.
Pingere, xi, pictum, peindre, barbouiller.
Pinguescere, s'engraisser.
Pinus, i, f., pin.
Piscis, is. m., poisson.
Pisidæ, arum, m., Pisidiens.
Pisistratus, i, m., Pisistrate.
Pistrinum, n., moulin.
Pius, pieux.
Placare, apaiser, réconcilier.
Placere, plaire. *Placet,* il plaît, il paraît bon de.
Placidus, paisible.
Plane, nettement, tout à fait.
Planities, ei, f., plaine.
Planta, f., plante.
Plantare, planter.
Plataeae, arum, f., Platées.
Plato, onis, m., Platon.
Plaudere, si, sum, applaudir (dat.)
Plautinus, de Plaute.
Plautus, i, m., Plaute

Plebs, plebis, f., plèbe, peuple.
Plenus, plein.
Plerique, la plupart de.
Plerumque, d'ordinaire, le plus souvent.
Plinius, i, m., Pline.
Ploratus, us, m., sanglot.
Pluere, pleuvoir.
Plumbum, n., plomb.
Plures, a, plus nombreux, plusieurs.
Plurimi, æ, a, un très grand nombre de, la plupart.
Plurimum, beaucoup, extrêmement.
Plus, plus, davantage.
Pluvia, f., pluie.
Poculum, n., coupe. *Inter pocula,* en buvant, dans un banquet.
Podagra, f., goutte (maladie).
Poena, f., châtiment, peine, punition.
Poema, atis, n., poème.
Poeta, m., poète.
Polemo, onis, m., Polémon.
Polliceri, promettre.
Polyphemus, i, m., Polyphème.
Pompeius, i, m., Pompée.
Pompilius, i, m., Pompilius.
Pomponius, i, m., Pomponius.
Pomum, n., fruit.
Pondus, eris, n., poids.
Ponere, posui, situm, mettre, placer, poser.
Pons, pontis, m., pont.
1. *Populus, i, m.,* peuple.
2. *Populus, i, f.,* peuplier.
Porta, f., porte (de ville, d'un camp).
Portare, porter.
Portius, i, m., Portius.
Portus, us, m., port.
Posse, potui, pouvoir.
Possessio, onis, f., possession.
Post (acc.), après.
Postea, dans la suite, plus tard.
Postquam, après que, quand.
Postremo, enfin.
Postulare, exiger, réclamer.
Potens, puissant, maître de (gén.).
Potentia, f., puissance.
Potestas, atis, f., pouvoir, droit.
Potior, préférable (abl.).
Potiri, s'emparer de (abl.).
Potissimum, de préférence à tout.
Præ (abl.), par l'effet de, en raison de, devant.

Præbere, présenter, fournir, accorder; — *aures,* prêter l'oreille.
Præceptor, oris, m., professeur, précepteur.
Præceptum, n., précepte, règle, injonction.
Præcipitare, précipiter.
Præcipuus, principal.
Præco, onis, m., héraut.
Præda, f., proie, butin.
Prædicare, publier, vanter.
Prædicere, dixi, dictum, prédire.
Prædives, itis, très riche.
Prædo, onis, m., brigand. — *maritimus,* pirate.
Præesse, être à la tête de, commander (dat.).
Præferre, préférer.
Præficere, io, feci, fectum, charger de, mettre à la tête de (dat.).
Præmium, n., récompense, prix.
Præmonere, avertir d'avance.
Præponere, posui, positum, mettre au-dessus de (dat.).
Præsagium, n., prédiction.
Præsens, présent. *Præsentia, ium, n.,* le présent.
Præsidium, n., défense, garnison.
Præstans, excellent, consommé. *Præstantior,* préférable à (abl.).
Præstare, stiti, fournir.
Prætor, oris, m., préteur.
Prævidere, di, sum, prévoir.
Prandium, n., déjeûner.
Pratum, n., pré.
Precari, prier.
Preces, um, f., prières.
Premere, pressi, pressum, accabler.
Pretiosus, précieux.
Pretium, n., prix. *Pretio,* à prix d'argent.
Priamus, i, m., Priam.
Primo, d'abord.
Primum, d'abord, pour la première fois.
Primus, premier.
Princeps, ipis, m., premier, éminent; prince, chef.
Principatus, us, m., premier rang, suprématie.
Prior, le premier (des deux), précédent.
Prius, auparavant, plutôt.

Priusquam, avant que (subj.).
Privatus, particulier.
Pro (abl.), pour; au lieu de; du haut de.
Probare, approuver.
Probitas, *atis*, f., probité, vertu.
Probus, honnête, vertueux.
Procedere, *cessi*, s'avancer.
Procella, f., ouragan, tempête.
Procul, loin; de loin; *procul a*, loin de.
Prodere, *didi*, *ditum*, transmettre; trahir.
Prodesse, *profui*, être utile, profiter à (dat.).
Proditor, *oris*, m., traître.
Proelium, n., combat.
Profectio, *onis*, f., départ.
Proficere, *io*, *feci*, avancer.
Proficisci, *fectus*, partir.
Profluere, *fluxi*, couler.
Profundus, profond.
Progenies, *ei*, f., rejeton, race.
Progredi, *ior*, *gressus*, s'avancer, parvenir.
Prohibere, empêcher; — *a*, écarter de.
Pronuntiare, rendre un arrêt.
Pronus, penché.
Prope (acc.), près de. *Propius*, plus près.
Properare, se hâter.
Propheta, m., prophète.
Propter (acc.), à cause de, le long de.
Prora, f., proue.
Proscribere, *psi*, *ptum*, proscrire.
Prosper, *era*, prospère.
Protagoras, *æ*, m., Protagoras.
Protrahere, *traxi*, traîner.
Provehere, *vexi*, porter en avant. *Provectus ætate*, avancé en âge.
Proverbium, m., proverbe.
Providentia, f., providence.
Providere, *vidi*, *visum*, pourvoir, faire provision.
Providus, prévoyant.
Provincia, f., 1° province; 2° Provence.
Provocare, provoquer.
Proxime, dernièrement.
Proximus, le plus rapproché, le dernier.

Prudens, avisé, éclairé, expérimenté, prudent.
Prudentia, f., prévoyance, calcul, prudence.
Prytaneum, n., le Prytanée.
Puber, *eris*, de l'adolescence.
Pudet me, j'ai honte de (gén.).
Puella, f., jeune fille.
Puer, *eri*, m., enfant. *A puero*, dès l'enfance.
Puerilis, puéril.
Pugna, f., bataille.
Pugnare, combattre; — *cum hoste*, combattre l'ennemi.
Pugnus, *i*, m., poing.
Pulcher, *chra*, beau.
Pulchritudo, *inis*, f., beauté.
Pullus, *i*, m., petit (des oiseaux), poussin.
Pulvis, *eris*, m., poussière.
Punicus, carthaginois. *Bellum punicum*, guerre punique.
Punire, punir.
Puppis, *is*, f., poupe.
Purus, pur.
Putare, penser, croire.
Puteus, *i*, m., puits.
Pyrenæi, *orum*, m., les Pyrénées.
Pyrrhus, *i*, m., Pyrrhus.
Pythagoras, *æ*, m., Pythagore.

Q

Qua, par où.
Quadraginta, quarante.
Quadringenti, *æ*, *a*, quatre cents.
Quærere, *sivi*, *situm*, chercher, demander.
Quæso, je te prie.
Qualis (interrog.), de quelle sorte? quel? — (relatif), que, tel que.
Quam, que.
Quando? quand?
Quanquam, bien que (indic.).
Quantus? combien grand? *Quantus*, (aussi grand) que.
Quantum, autant que.
Quartus, quatrième.
Quasi, comme.
Quater, quatre fois.
Quaterni, *æ*, *a*, quatre à la fois.
Quattuor ou *quatuor*, quatre.

Quatuordecim, quatorze.
Que (enclitique), et.
Quercus, us, f., chêne.
Queri, questus, se plaindre; — de, de.
Questus, us, m., plainte.
Qui, quæ, quod, qui, lequel; celui qui.
Quia, parce que (indic.).
Quicumque, quiconque, tout homme qui.
Quidam, certain; un certain, un.
Quidem, à la vérité. Ne... quidem, ne... pas même.
Quies, etis, f., repos.
Quiescere, evi, se reposer.
Quilibet, quelconque, n'importe qui.
Quindecim, quinze.
Quingenti, æ, a, cinq cents.
Quinque, cinq.
Quintus, cinquième.
Quis, quæ, quod? qui? lequel? Quid? quelle chose, quoi, en quoi?
Quisnam? qui donc?
Quispiam, quelque, quelqu'un.
Quisquam, quelque, quelqu'un; personne (indéf.).
Quisque, chaque, chacun.
Quisquis, quiconque, celui qui.
Quivis, quelconque, tout.
Quo, où.
Quocumque, partout où.
Quod, parce que, de ce que.
Quomodo? comment?
Quondam, autrefois.
Quoque, aussi.
Quot? combien de? Quot, (autant) que.
Quotannis, chaque année.
Quotidie, chaque jour, tous les jours.
Quoties, chaque fois que.
Quotus? en quel nombre? à quel rang?

R

Radere, si, sum, raser.
Radius, i, m., rayon.
Radix, icis, f., racine.
Ramus, i, n., rameau, branche.
Ramosus, rameux.

Rapere, io, rapui, raptum, enlever, voler, entraîner.
Rapidus, rapide.
Raptor, oris, m., ravisseur.
Raro, rarement.
Rarus, rare.
Ratio, onis, f., raison; moyen.
Recalescere, se réchauffer.
Recedere, cessi, battre en retraite.
Receptus, us, m., retraite.
Recessus, us, m., retraite.
Recipere, io, cepi, ceptum, recevoir. — se, se retirer.
Recordari, se rappeler; se souvenir de, de.
Recreare, ranimer.
Recte, comme il faut, bien.
Rectus, droit, raisonnable.
Recubare, bui, être étendu.
Recuperare, reprendre.
Recusare, refuser.
Reddere, didi, ditum, rendre.
Redigere, egi, actum, réduire.
Redimere, emi, emptum, racheter.
Redire, eo, revenir.
Reditus, us, m., retour.
Reducere, uxi, ctum, ramener.
Refercire, io, fersi, fertum, remplir de, encombrer de (abl.).
Referre, retuli, relatum, reporter, rapporter. — pedem, reculer.
Refertus, encombré, comblé de (abl.).
Reficere, io, feci, fectum, réparer.
Reformidare, redouter.
Regere, rexi, rectum, diriger.
Regina, f., reine.
Regio, onis, f., contrée, pays, région.
Regius, royal, de roi.
Regnare, régner, être roi.
Regnum, n., royaume, trône, royauté.
Regulus, i, m., Régulus.
Religio, onis, f., religion, scrupule religieux.
Relinquere, liqui, lictum, laisser.
Reliquus, restant, le reste de.
Remanere, mansi, rester.
Remedium, n., remède.
Removere, vi, motum, écarter.
Remittere, misi, missum, renvoyer.
Remus, i, m., Rémus.
Renovare, renouveler, recommencer.
Repente, soudain, subitement.

Repentinus, soudain, subit.
Reperire, *peri*, *pertum*, trouver.
Replere, *evi*, remplir.
Requies, *etis*, f., repos.
Requiescere, *evi*, se reposer.
Res, *rei*, f., chose, affaire, objet ; action, aventure ; intérêt. *Res, rerum*, puissance, État.
Resarcire, réparer.
Rescribere, *psi*, répondre.
Respicere, *io*, *spexi*, *spectum*, surveiller.
Respondere, *di*, *sum*, répondre.
Responsare, répondre.
Respublica, *reipublicæ*, f., république, État.
Restituere, *i*, *utum*, rétablir.
Rete, *is*, n., filet.
Reus, *i*, m., accusé.
Reverentia, f., respect.
Revereri, *itus*, respecter.
Reverti, *reversus sum* ou *reverti*, retourner.
Revocare, rappeler.
Rex, *regis*, m., roi.
Rhenus, *i*, m., Rhin.
Rhinoceros, *otis*, m., rinocéros.
Rhodanus, *i*, m., Rhône.
Rhodius, Rhodien, de Rhodes.
Ridere, *risi*, rire.
Rigare, arroser.
Rigere, être glacé, être raidi.
Rigor, *oris*, m., inclémence.
Ripa, f., rive, bord.
Risus, *us*, m., rire, sourire.
Rivus, *i*, m., ruisseau.
Robur, *oris*, n., force, vigueur.
Rogare, demander. — *legem*, proposer une loi.
Roma, f. Rome.
Romanus, Romain.
Romulus, *i*, m., Romulus.
Ros, *roris*, m., rosée.
Rosa, f., rose.
Ruber, *bra*, rouge.
Rubico, *onis*, m., Rubicon (rivière).
Rubigo, *inis*, f., rouille.
Ruere, *i*, se précipiter.
Rumpere, *rupi*, *ruptum*, rompre, briser.
Rupes, *is*, f., roche, rocher.
Ruptor, *oris*, m., violateur.
Rursus, de nouveau.

Rus, *ruris*, n., campagne. *Ruri*, à la campagne. *Rus ire*, aller à la c.
Rusticus, des champs ; grossier, paysan.

S

Sabinus, Sabin.
Sacer, *cra*, sacré, consacré, saint.
Sacra, *orum*, n., sacrifices, cérémonies sacrées.
Sacerdos, *otis*, m., prêtre.
Sacrificare, offrir un sacrifice.
Sacrificium, n., sacrifice.
Sæpe, souvent.
Sæpire, *sæpsi*, *sæptum*, enclore.
Sævire, exercer sa rage, sévir. — *in*, punir.
Sævitia, f., cruauté, rigueur.
Sævus, féroce, cruel.
Sagitta, f., flèche.
Sal, *salis*, m., sel, bon mot.
Salamis, *inis*, f., Salamine (île).
Salaminius, de Salamine.
Salix, *icis*, f., saule.
Salomon, *onis*, m., Salomon.
Saltare, danser.
Saltus, *us*, m., vallon boisé.
Saluber, *bris*, salutaire, salubre.
Salus, *utis*, f., salut.
Salutare, saluer.
Salve, salut ! bonjour !
Samnites, *ium*, m., Samnites.
Sanare, guérir.
Sanctus, saint.
Sanguineus, de sang, rouge.
Sanguis, *inis*, m., sang.
Sanies, *ei*, f., venin.
Sanitas, *atis*, f., santé.
Sanus, sain.
Sapere, *io*, *ivi*, être sage, être raisonnable.
Sapiens, sage.
Sapienter, sagement.
Sapientia, f., sagesse.
Sarmentum, n., sarment.
Satiare, rassasier.
Satis, assez. *Satis esse*, suffire. *Mihi satis est*, j'ai assez.
Satisfacere, *io*, *feci*, satisfaire (dat.) ; faire des excuses.
Saturnus, *i*, m., Saturne.

Saxum, n., bloc de pierre, rocher.
Scelestus, criminel.
Scelus, eris, n., crime.
Schola, f., école, classe.
Scientia, f., science, connaissance.
Scipio, onis, m., Scipion.
Scire, savoir.
Scopulus, i, m., écueil.
Scriba, m., copiste.
Scribere, psi, ptum, érire.
Scriptor, oris, m., écrivain, auteur.
— rerum, historien.
Scriptura, f., écriture.
Scutum, n., bouclier.
Scylla, f., Scylla (écueil).
Scyrus, i, f., Scyros (île).
Scythæ, arum, m., Scythes.
Se (acc. de sui), soi, se.
Secare, secui, sectum, fendre, couper.
Secundum (acc.), en suivant, après.
Secundus, 1° second, deuxième; 2° favorable. Res secundæ, la prospérité.
Sed, mais.
Sedare, adoucir, calmer.
Sedecim, seize.
Sedēre, sedi, sessum, être assis.
Sedes, is, f., séjour.
Sedulus, zélé.
Seges, etis, f., moisson.
Segniter, mollement; segnius, moins vivement.
Segnities, ei, f., nonchalance.
Semel, une fois, une seule fois.
Semper, toujours, sans cesse.
Sempiternus, éternel.
Senator, oris, m., sénateur.
Senatorius, de sénateur.
Senatus, us, m., sénat.
Senectus, utis, f., vieillesse.
Senex, is, vieux, vieillard.
Sensus, us, m., sens, sentiment.
Sententia, f., pensée, avis, maxime.
Sentire, sensi, sentir, ressentir, penser, s'apercevoir.
Separare, séparer.
Sepelire, ivi, sepultum, ensevelir, enterrer.
Septem, sept.
Septimus, septième.
Septingenti, sept cents.
Septuaginta, soixante-dix.

Sepulcrum, n., tombeau.
Sequana, m., Seine.
Sequani, orum, m., Séquanes.
Sequi, secutus, suivre.
Sermo, onis, m., dialogue, entretien, discours.
Sero, tard.
Serpens, entis, f., serpent.
Serpere, psi, se glisser.
Servare, sauver, garder.
Servire, être esclave; être au service de (dat.).
Servitus, utis, f., servitude esclavage.
Servius, i, m., Servius.
Servulus, i, m., petit esclave.
Servus, i, m., esclave, serviteur.
Sescentesimus, six centième.
Severitas, atis, f., sévérité.
Severus, sévère,
Sex, six.
Sextus, sixième.
Si, si.
Sibilare, siffler.
Sic, ainsi.
Siccus, sec.
Sicilia, f., Sicile.
Sicut, comme.
Sidus, eris, n., astre, constellation.
Signum, n., 1° signe; 2° statue.
Silva, f., forêt.
Similis, semblable.
Similitudo, f., ressemblance.
Simplex, icis, simple.
Simpliciter, sans détours.
Simul, en même temps.
Simulacrum, n., image, fantôme.
Simulatio, onis, f., faux semblant.
Sine (abl.), sans.
Sinere, sivi, laisser.
Singularis, rare, remarquable.
Singuli, un à un. Singuli cives, les particuliers.
Sinister, tra, gauche. Sinistra (s. e. manus), la main gauche.
Sisyphus, i, m., Sisyphe.
Sitire, avoir soif.
Situs, situé.
Socer, eri, m., beau-père.
Societas, atis, f., alliance.
Socius, i, m., allié, partisan.
Socrates, is, m., Socrate.
Sol, solis, m., soleil.

Solacium, n., consolation.
Solēre, solitus sum, avoir coutume de (inf.).
Solers, ertis, industrieux.
Solitudo, inis, f., solitude.
Solo, onis, m., Solon.
Solum, seulement. *Non solum... sed etiam*, non seulement.. mais encore.
Solus, seul.
Solvere, i, utum, délier, payer, dissiper. — *naves*, mettre à la voile. — *pœnas*, subir un châtiment, être puni.
Somniare, rêver.
Somnus, i, m., sommeil.
Sonare, ui, itum, retentir.
Sonitus, us, m., son, bruit.
Sons, sontis, coupable.
Sonus, i, m., son.
Sophista, m., sophiste.
Sophocles, is, m., Sophocle.
Soror, oris, f., sœur.
Sors, sortis, f., sort.
Spargere, sparsi, sum, disséminer.
Sparta, f., Sparte.
Spartanus, de Sparte.
Spartiates, æ, m., Spartiate.
Spatium, n., espace.
Species, ei, f., apparence, aspect, beauté.
Spectaculum, n., spectacle.
Spectare, regarder, considérer. *Spectantes*, les spectateurs.
Speculum, n., miroir.
Specus, us, m., caverne.
Spelunca, f., grotte.
Sperare, espérer.
Spes, spei, f., espérance, espoir.
Spirare, respirer.
Splendor, oris, m., splendeur, éclat.
Spondere, spopondi, sponsum, s'engager.
Sponte, spontanément, volontairement.
Sporades, um, f., les Sporades (îles).
Stabilire, consolider.
Stadium, n., stade.
Stagnare, être stagnant.
Stamen, inis, n., fil.
Stare, steti, statum, se dresser, être debout; s'arrêter.
Statim, aussitôt, sur-le-champ, tout de suite.

Statua, f., statue.
Statuere, i, utum, résoudre de.
Statura, f., taille.
Stella, f., étoile.
Stimulus, i, m., aiguillon.
Stirps, stirpis, f., racine. *Ab stirpe*, depuis la racine, complètement.
Stoicus, stoïcien.
Stomachus, i, m., estomac.
Strepitus, us, m., bruit, fracas.
Stringere, strinxi, strictum, serrer.
Studere, s'appliquer à, étudier (dat.).
Studiosus, passionné pour (gén.).
Studium, n, étude, ardeur, soin.
Stulte, sottement.
Stultitia, f., sottise.
Stultus, sot.
Suadere, suasi, conseiller (dat.).
Suavis, suave, délicieux, aimable.
Suavitas, atis, f., grâce.
Sub, sous, au-dessous de, au pied de (abl.); sous, à l'approche de, vers (acc.).
Subdolus, hypocrite.
Subesse, être sous (dat.).
Subito, subitement, tout à coup, brusquement.
Sublimis, haut, altier.
Subsidium, n., renfort, secours.
Subsistere, stiti, s'arrêter.
Subscribere, psi, souscrire.
Subtilis, subtil, fin.
Succedere, cessi, succéder.
Successus, us, m., succès.
Succumbere, cubui, succomber.
Succurrere, i, porter secours.
Suebi, orum, m., Suèves.
Suessiones, um, m., Soissonnais.
Suetonius, i, m., Suétone.
Sui, sibi, se, se, soi, lui-même.
Sulla, m., Sylla.
Sumere, sumpsi, ptum, prendre. — *supplicium de*, faire subir le supplice à.
Summa, f., total; — *imperii*, pouvoir suprême.
Summus, le plus grand, le plus haut, extrême, souverain, éminent, parfait. *Summum*, le haut, le faîte.
Sumptus, us, m., dépense.
Supellex, lectilis, f., mobilier.
Super, sur, au-dessus de, au sujet

de. Satis superque, assez et trop.
Superare, surpasser, défaire; triompher de, venir à bout de.
Superbia, f., orgueil.
Superesse, être de reste, rester, survivre.
Superior, qui a le dessus.
Supervacuus, superflu.
Supplex, icis, suppliant.
Supplicium, n., supplice.
Supra (acc.), sur, au-dessus de.
Supremus, suprême.
Surgere, surrexi, surrectum, se lever.
Sursum, en haut.
Sus, suis, m., pourceau, sanglier.
Suscipere, io, cepi, ceptum, entreprendre.
Suspiciosus, soupçonneux.
Sustinere, ui, tentum, soutenir, supporter.
Sustuli. Voir tollere.
Sutor, oris, m., cordonnier.
Suus, son, leur; le sien, le leur; Suum, son bien.
Sybaritae, arum, m., Sybarites.
Syracusae, arum, f., Syracuse.
Syracusanus, Syracusain.
Syria, f., la Syrie.

T

Tacere, se taire; taire.
Taciturnus, silencieux.
Tacitus, i, m., Tacite.
Taedium, n., ennui.
Taedet me, je me dégoûte de (gén.).
Talis, tel.
Talpa, f., taupe.
Tam... quam, aussi... que; tam... ut, tellement... que (subj.).
Tamen, cependant, néanmoins.
Tandem, enfin.
Tangere, tetigi, tactum, toucher.
Tanquam, comme, comme si.
Tantum, 1° autant; 2° seulement.
Tantummodo, seulement.
Tantus, si grand, aussi grand.
Tardus, lent.
Tarquinius, i, m., Tarquin. — Priscus, Tarquin l'Ancien — Superbus, Tarquin le Superbe.

Taurus, i, m., taureau.
Tegere, xi, ctum, couvrir.
Tellus, uris, f., terre, terrain.
Telum, n., trait, javelot, arme.
Temerarius, téméraire.
Temeritas, atis, f., témérité.
Temperantia, f., modération.
Temperare, tempérer.
Tempestas, atis, f., orage, mauvais temps.
Templum, n., temple.
Tempora, orum, n., tempes.
Tempus, oris, n., temps.
Tenebrae, arum, f., ténèbres.
Tener, era, tendre.
Tenere, ui, tenir, posséder. — memoria, garder dans sa mémoire, ne pas oublier, savoir par cœur.
Tentare, tenter, essayer.
Tenuis, mince, chétif.
Ter, trois fois.
Tepefieri, s'attiédir.
Terentius, i, m., Térence.
Tergum, n., dos. A tergo, par derrière.
Terminus, i, m., limite.
Terra, f., terre.
Terrere, épouvanter.
Terrester, tris, terrestre, de terre.
Terribilis, terrible.
Terror, oris, m., terreur, épouvante.
Tertius, troisième.
Testudo, inis, f., tortue.
Theatrum, n., théâtre.
Thebae, arum, f., Thèbes.
Themistocles, is, m., Thémistocle.
Theopompus, i, m., Théopompe.
Thermopylae, arum, f., Thermopyles.
Theseus, i, m., Thésée.
Thessalia, f., Thessalie.
Thrasybulus, i, m., Thrasybule.
Thucydides, is, m., Thucydide.
Tiberis, is, m., le Tibre.
Ticinum, n., Tésin (lac).
Tigris, is ou idis, f., tigre.
Timere, avoir peur de (acc.), craindre.
Timidus, timide, peureux.
Timoleon, ontis, m., Timoléon.
Timor, oris, m., peur, crainte.
Timotheus, i, m., Timothée.
Tingere, xi, ctum, teindre, tremper dans (abl.).

Titubare, chanceler, broncher.
Titus, i, m., Titus.
Toga, f., toge.
Tolerabilis, tolérable.
Tolerare, endurer.
Tollere, sustuli, sublatum, lever, ramasser; enlever, ôter.
Torrere, ui, tostum, rôtir, faire cuire.
Tot, autant de, tant de.
Totus, tout, entier, tout entier.
Trachinius, de Trachis.
Tractare, traiter.
Tractus, us, m., rangée.
Tradere, didi, ditum, livrer, enseigner.
Tragicus, tragique.
Trahere, traxi, tractum, tirer, attirer.
Trajicere, io, jeci, jectum, passer, faire passer.
Tranquillus, calme.
Trans (acc.), au delà de.
Transire, eo, passer, franchir.
Trasimenus, i, m., Trasimène (lac).
Trecenti, trois cents.
Tredecim, treize.
Tremere, ui, trembler.
Tres, tria, trois.
Treveri, orum, m., Trévires, de Trèves.
Tribuere, i, utum, accorder, imputer.
Tribunal, alis, n., tribunal.
Tribunus, i, m., tribun.
Triginta, trente.
Tripus, odis, m., trépied.
Tristis, fâcheux.
Tristitia, f., tristesse.
Troja, f., Troie.
Trojanus, Troyen, de Troie.
Tu, tui, tibi, te, tu, toi, te.
Tuba, f., trompette.
Tueri, protéger, considérer.
Tullia, f., Tullie.
Tullius, i, m., Tullius.
Tullus, i, m., Tullus.
Tum, alors, puis.
Tumultus, us, m., tumulte.
Tunc, alors.
Tunica, f., tunique.
Turba, f., foule.
Turbare, troubler.
Turbidus, agité, troublé.

Turpis, honteux.
Tus, turis, n., parfum, encens.
Turris, is, f., tour.
Tussis, is, f., toux.
Tutus, sûr. *In tuto*, en sûreté.
Tuto, sans danger.
Tuus, ton, tien.
Tyrannis, idis, f., tyrannie.
Tyrannus, i, m., tyran.
Tyrus, i, f., Tyr.

U

Uber, eris, fécond.
1. *Ubi?* où? *ubi*, où, là où.
2. *Ubi* (conj.), dès que.
Ubicumque, partout où.
Ubique, partout.
Ulcisci, ultus, venger, se venger de (acc.).
Ulixes, is, m., Ulysse.
Ullus, quelque, aucun.
Ultimus, le dernier.
Ultio, onis, f., vengeance.
Ultra (acc.), au delà de.
Ultro, de soi-même, volontairement.
Ululare, hurler.
Umbra, f., ombre.
Una, ensemble.
Undare, bouillonner.
Unde, d'où.
Undique, de toutes parts.
Unguis, is, m., griffe.
Unicus, unique.
Universus, tout. *Universi*, tous à la fois.
Unquam, quelquefois, jamais. *Non... unquam*, ne... jamais.
Unus, un, un seul. *Ad unum*, jusqu'au dernier.
Unusquisque, chacun.
Urbanus, de ville, citadin.
Urbs, urbis, f., ville; Rome.
Urere, ussi, ustum, brûler.
Urgere, ursi, presser, tourmenter.
Ursus, i, m., ours.
Usque ad (acc.), jusqu'à.
Usurpare, jouir de (acc.).
Usus, us, m., usage, besoin.
Ut, comme, de même que (indic.); que, afin que, en sorte que (subj.).
1. *Uter, utra*, lequel des deux?

1. *Uter, utris,* m., outre.
Uterque, l'un et l'autre.
Utervis, n'importe lequel des deux.
Uti, usus, se servir de, user de, avoir (abl.).
Uticensis, d'Utique.
Utilis, utile.
Utilitas, atis, f., utilité, intérêt, service.
Utinam, plût au ciel que (subj.).
Utroque, des deux côtés.
Utrum... an, est-ce que... ou bien?
Uva, f., raisin, grappe (de raisin).
Uxor, oris, f., épouse, femme (de quelqu'un).

V

Vacare, être exempt de (abl.).
Vacuare, dépeupler.
Vacuefacere, io, feci, dépeupler.
Vacuus, vide.
Vadere, aller.
Vagari, errer.
Valere, être fort, se bien porter, avoir du poids. *Vale,* porte-toi bien, adieu.
Valetudo, inis, f., santé.
Vallis, is, f., vallée.
Vallum, n., pointe piquante, retranchement, palissade.
Vanus, vain.
Varius, varié, divers.
Varus, i, m., Varus.
Vastus, vaste.
Vastare, ravager.
Vates, is, m., devin, prophète.
Vectigal, alis, n., impôt, revenu.
Vehemens, violent.
Vel, ou.
Velle, volo, volui, vouloir.
Velociter, avec vitesse.
Velox, ocis, prompt, agile.
Velum, n., voile.
Venatio, onis, f., chasse.
Venator, oris, m., chasseur.
Vendere, didi, ditum, vendre.
Venenifer, era, venimeux.
Venenum, n., poison.
Venerari, vénérer.
Venia, f., pardon.

1. *Venire, veni, ventum,* venir, arriver.
2. *Venire, eo,* se vendre.
Venter, tris, m., ventre.
Ventus, i, m., vent.
Ver, veris, n., printemps.
Verbera, um, n. pl., coups.
Verberare, frapper.
Verbum, n., parole; le Verbe.
Vercingetorix, igis, m., Vercingétorix.
Vere, vraiment, exactement.
Vereri, craindre, respecter.
Veritas, atis, f., vérité.
Vermiculus, i, m., ver.
Vero (se place après un mot), mais, au contraire, or.
Verres, is, m., Verrès.
Versari, se trouver, être souvent. — *cum,* fréquenter.
1. *Versus, us,* m., vers.
2. *Versus,* du côté de.
Vertere, verti, versum, tourner, faire tourner. *Verti,* se tourner, tourner.
Verus, vrai, véritable, véridique. *Verum,* n., le vrai.
Vesci, se nourrir de (abl.).
Vespa, f., guêpe.
Vespasianus, i, m., Vespasien.
Vespere, le soir.
Vester, tra, votre, le vôtre.
Vestigium, n., trace, pas.
Vestimentum, n., vêtement.
Vestire, vêtir, revêtir, couvrir.
Vestis, is, f., habits, vêtements.
Vestitus, us, m., costume.
Vetare, ui, itum, défendre de, interdire.
Veteranus, i, m., vétéran.
Vetus, eris, vieux, ancien.
Vetustas, atis, f., ancienneté, temps.
Vexare, tourmenter, désoler.
Via, f., voie, route, rue.
Viator, oris, m., voyageur, passant.
Vicem (sans nomin.), f., vicissitude, changement.
Vici. Voir *vincere.*
Vicies, vingt fois.
Vicinus, voisin de (dat.).
Victor, oris, m., vainqueur.
Victoria, f., victoire.
1. *Victus, us,* m., vivres, de quoi vivre.

2. *Victus.* Voir *vincere.*
Videre, vidi, visum, voir. *Videri,* être vu, paraître, sembler.
Vigēre, être vigoureux.
Vigilare, veiller.
Viginti, vingt.
Vilescere, être sans valeur, s'avilir.
Vincere, vici, victum, vaincre, être vainqueur.
Vincire, vinxi, vinctum, enchaîner.
Vinculum, n., lien. *Vincula,* prison, fers.
Vinea, f., vigne, vignoble.
Vinum, n., vin.
Viola, f., violette.
Violare, violer.
Violentus, violent.
Viperinus, de vipère.
Vir, viri, m., homme, mari, guerrier.
Virēre, être vert.
Vires, ium (pluriel de *vis*), f., force, forces.
Virga, f., verge.
Virgilius, i, m., Virgile.
Virgo, inis, f., vierge, jeune fille.
Virilis, viril.
Virtus, utis, f., vertu, valeur, mérite.
Vis, vim, vi, f., violence, force. Voir *vires.*
Viscera, um, n., entrailles.
Visitare, visiter.
Visus, us, m., vue.
Vita, f., vie.
Vitare, éviter.

Vitellius, i, m., Vitellius.
Vitis, is, f., vigne.
Vitium, n., défaut, imperfection, vice.
Vituperare, blâmer.
Vivere, vixi, victum, vivre.
Vivus, vivant.
Vix, à peine.
Vocabulum, n., mot.
Vocare, appeler.
Volare, voler, voltiger.
Volsci, orum, m., les Volsques.
Volucris, is, f., oiseau.
Voluntas, atis, f., volonté.
Voluptas, atis, f., plaisir, volupté.
Volvere, vi, utum, rouler.
Votum, n., vœu.
Vox, vocis, f., voix, parole, mot.
Vulgus, i, n., le vulgaire.
Vulgaris, banal.
Vulnerare, blesser.
Vulnus, eris, n., blessure.
Vulpes, is, f., renard.
Vultur, uris, m., vautour.
Vultus, us, m., visage.

X

Xenophon, ontis, m., Xénophon.
Xerxes, is, m., Xercès.

Z

Zephyrus, i, m., zéphyr.

LEXIQUE

FRANÇAIS-LATIN

Les noms en *a* de la première déclinaison, les noms en *um* de la deuxième, les adjectifs en *ens* ne peuvent se confondre avec d'autres et sont indiqués simplement par le nominatif singulier. De même les adjectifs en *us* et en *is* ne sont indiqués qu'au masculin.

Les verbes réguliers actifs en *are, ēre (ui, ĭtum), ire*, ou déponents en *ari, ēri (ĭtus sum), ĭri*, ne sont désignés que par l'infinitif présent. Toute autre indication est absolument superflue.

Les chiffres placés à la suite d'un mot latin indiquent les exercices où ce mot doit être spécialement employé.

Le signe — tient lieu du mot qui fait l'objet de chaque article.

A

A se rend par le datif en général; par *in*, quand il signifie dans; par *ad*, quand il signifie vers; par *ad* ou *apud*, quand il signifie près de.

Abandonner, *deserere, rui, rtum; destituere*, 251.

Abeille, *apis, is,* f.

Aboiement, *latratus, us,* m.

Abondance, *abundantia,* f.

Abondamment, *copiose.*

Abondant, *uber, eris.*

Abord (d'), *primum.*

Aborder, *adire, eo.*

Aboyer, *latrare.*

Absent, *absens.* Etre — de, *abesse ab* (abl.).

Abuser, *decipere, io, cepi, ceptum.* — de, *abuti, abusus* (abl.).

Accepter, *accipere, io, cepi, ceptum.*

Accomplir, *complēre, evi,* 231; *obire, eo,* 385.

Accord (être d'), *congruere,* 1.

Accorder, *tribuere, i, utum; donare; largiri,* 339, 341.

Accroître (s'), *crescere, crevi.*

Accueillir, *accipere, io, cepi, ceptum; tractare.*

Accusation, *crimen, inis,* n.

Accuser, *accusare.*

Acharné, *atrox, ocis.*

Acharnement (avec), *acriter.*

Acheter, *emere, emi, emptum.*

Acheteur, *emptor, oris,* m.

Achever, *conficere, io, feci, fectum; perficere.*

Achille, *Achilles, is,* m.

Acquérir, *adipisci, adeptus; parere, io, peperi, partum,* 312.

Acquitter (s') de, *fungi, functus* (abl.).

Acte, *factum,* n.; *actum,* n. 373.

Action, *factum*, n. Belles actions, *egregia facta*. Action oratoire, *actio, onis*, f.

Activité, *industria*, f.; *diligentia*, f.

Adam, *Adamus, i*, m.

Adieu, *vale, valete*.

Administrer, *gerere, gessi, gestum*.

Admirable, *mirandus; mirus*, 309.

Admirer, *mirari; admirari*, 329, 331, 333.

Adolescence, *adolescentia*, f.

Adolescent, *adolescens ou adulescens, entis*, m.

Adorer, *adorare*.

Adoucir, *lenire; mitigare*.

Adversaire, *adversarius, i*, m.

Adversité, *res adversæ, rerum adversarum*.

Affaiblir, *debilitare*.

Affaire, *res, rei*, f.; *negotium*, n., 413.

Affermir, *confirmare; stabilire*, 321.

Affirmer, *affirmare*.

Affranchir, *liberare*.

Affreux, *fœdus*.

Afin que, *ut* (subj.); afin que ne pas, *ne* (subj.); afin que personne ne, *ne quis* (subj.).

Agamemnon, *Agamemno, onis*, m.

Age, *ætas, atis*, f.

Agile, *agilis*.

Agir, *agere, egi, actum*.

Agiter, *agitare*.

Agneau, *agnus, i*, m.

Agréable, *jucundus; gratus*.

Agrément, *jucunditas, atis*, f.

Agriculture, *agricultura*, f.

Aider, *juvare, juvi*.

Aïeul, *avus, i*, m.

Aigle, *aquila*, f.

Aiguillon, *aculeus, i*, m.

Aiguiser, *acuere, i, utum*.

Aile, *ala*, f.

Ailleurs, *alibi, alio*.

Aimer, *amare; diligere, lexi, lectum*, 303; — (une chose), *delectari* (abl.). — mieux, *malle*.

Ainsi, *sic*.

Air, *aer, aeris*, m.

Airain, *æs, æris*, n.

Aisément, *facile*.

Ajouter, *addere, didi, ditum; adjicere, io, jeci, jectum*; — foi, *fidem adhibere*.

Albain, *Albanus*.

Alcibiade, *Alcibiades, is*, m.

Alerte, *alacer, cris*.

Alexandre, *Alexander, dri*, m.

Alexandrie, *Alexandria*, f.

Aliment, *cibus, i*, m.

Allégresse, *lætitia*, f.

Aller, *ire, eo, ivi, itum; vadere*, 347. S'en —, *abire; migrare*, 419. Je vais dire, *dicturus sum*. Aller et venir, *vagari*.

Alliance, *societas, atis*, f.; *fides, ei*, f., 355.

Allié, *socius, i*, m.

Allumer, *accendere, di, sum*; être allumé, *deflagrare*, 411.

Alors, *tum, tunc*; — que, *tum cum*; seulement —, *tum demum*.

Alouette, *alauda*, f.

Alpes, *Alpes, ium*, f.

Alphabet, *litteræ, arum*, f.

Amazones, *Amazones, um*, f.

Ambassadeur, *legatus, i*, m.

Ambigu, *ambiguus*.

Ame, *animus, i*, m.

Amende, *multa*, f.

Amender, *emendare*.

Ami, *amicus, i*, m. — (d'une chose), *amator*, 355.

Amitié, *amicitia*, f.

Amoindrir, *minuere, i, utum*.

Amour, *amor, oris*, m.

An, *annus, i*, m. Tous les —, *quotannis*.

Ancêtres, *majores, um*, m.

Ancien, *antiquus; vetus, eris*, 143, 413, 417. Les anciens, *veteres, um*, m.

Ane, *asinus, i*, m.

Animal, *animal, alis*, n. — sauvage, *fera*, f.

Anneau, *anulus, i*, m.

Année, *annus, i*, m. Chaque —, *quotannis*.

Annibal, *Hannibal, alis*, m.

Annoncer, *nuntiare; annuntiare*, 211.

Annuel, *annuus*.

Antioche, *Antiochia*, f. Les habitants d'Antioche, *Antiochenses, ium*, m.

Antoine, *Antonius, i*, m.

Antre, *antrum*, n.
Apaiser, *sedare*.
Apelle, *Apelles*, *is*, m.
Apercevoir, *conspicĕre*, *io*, *spectum*; *conspicari*, 369. S'apercevoir de, *sentire*, *sensi* de (abl.).
Apôtre, *apostolus*, *i*, m.
Apparence, *species*, *ei*, f.
Appeler, *vocare*; — (nommer), *appellare*; *nominare*. S'appeler, *nominari*; *vocari*, 257.
Appius, *Appius*, *i*, m.
Applaudissement, *plausus*, *us*, m.
Application, *industria*, f.; *studium*, n.
Appliquer, *adhibēre*. S'appliquer à, *studēre* (dat.); à faire (inf.).
Apporter, *afferre*, *attuli*, *allatum*; *apportare*.
Apprécier, *æstimare*.
Apprendre, *discere*, *didici*. — (enseigner), *docēre*, *ui*, *doctum*.
Approcher, *appropinquare* (dat.); *accēdere*, *cessi*, *cessum*, 379.
Approprié, *idoneus*.
Approuver, *probare*; *laudare*; *assentiri*, *assensus sum* (dat.).
Après, *post* (acc.); *secundum* (acc.), 413. D'après, *ex* (abl.).
Après-demain, *perendie*.
Apreté, *acerbitas*, *atis*, f.
Arabes, *Arabes*, *um*, m.
Araignée, *aranea*, f.
Arbre, *arbor*, *oris*, f.
Arc, *arcus*, *us*, m.
Arcadien, *Arcas*, *adis*, m.
Archias, *Archias*, *æ*, m.
Archimède, *Archimedes*, *is*, m.
Ardeur, *ardor*, *oris*, m. Plein d'—, *alacer*, *cris*.
Argent (métal), *argentum*, n.; (monnaie, somme), *pecunia*, f.
Arioviste, *Ariovistus*, *i*, m.
Aristide, *Aristides*, *is*, m.
Aristote, *Aristoteles*, *is*, m.
Armes, *arma*, *orum*, n. En —, *armatus*.
Armée, *exercitus*, *us*, m.; *copiæ*, *arum*, f. 221.
Armer, *armare*.
Arminius, *Arminius*, *i*, m.
Arpent, *jugerum*, n.
Arrêter (s'), *stare*, *steti*, *statum*.

Arrière (en), *retro*.
Arrivée, *adventus*, *us*, m.
Arriver, *venire*, *veni*, *ventum*; — (en parlant d'un évènement), *accidere*, *di*; *evenire*, *veni*.
Art, *ars*, *artis*, f. — militaire, *res militaris*.
Artisan, *faber*, *bri*, m.
Artiste, *artifex*, *icis*, m.
Ascagne, *Ascanius*, *i*, m.
Asdrubal, *Hasdrubal*, *alis*, m.
Asie, *Asia*, f.
Aspect, *facies*, *ei*, f.; *species*, *ei*, f. 237.
Assaisonner, *condire*.
Assaut, *oppugnatio*, *onis*, f. Donner l'— à, *oppugnare* (acc.). Emporter d'—, *expugnare*.
Assemblée, *contio*, *onis*, f.; *concilium*, n. 351.
Assembler, *congregare*; s'—, *congregari*.
Asseoir (s'), être assis, *sedēre*, *sedi*, *sessum*.
Assez, *satis*. Ne... pas assez, *parum*.
Assiéger, *obsidēre*, *sedi*, *sessum*.
Assigner, *constituere*, *i*, *utum*.
Assister à, *adesse* (dat.).
Associé, *socius*, *i*, m.
Assyrien, *Assyrius*, *i*, m.
Astre, *sidus*, *eris*, n.; *astrum*, n., 323, 371.
Astyage, *Astyages*, *is*, m.
Athènes, *Athenæ*, *arum*, f.
Athénien, *Atheniensis*.
Athlète, *athleta*, m.
Attacher, *figere*, *fixi*, *fixum*.
Attaquer, *impugnare*; *invadere*, *vasi*, 273; *adoriri*, *adortus*, 369.
Atteindre, *assequi*, *secutus*.
Attendre, *exspectare*; *opperiri*, *pertus*, 369.
Attente, *exspectatio*, *onis*, f.
Attentivement, *attente*.
Attentif, *attentus*; *diligens*.
Attribut, *insigne*, *is*, n.
Aucun, *ullus*. Aucun... ne, ne... aucun, *nullus*.
Audace, *audacia*, f.
Audacieux, *audax*, *acis*.
Augmenter, *augēre*, *auxi*, *auctum*.
Aujourd'hui, *hodie*; *nunc*, 333.
Auparavant, *prius*.

Auprès de, *juxta* (acc.).

Aussi, *etiam; quoque,* 411. Aussi bon que, *tam bonus quam;* aussi bien ceci que cela, *cum hoc tum illud.* Aussi nombreux que, *tot quot;* aussi grand que, *tantus quantus.* — (c'est pourquoi), *itaque.*

Aussitôt, *statim.*

Austère, *integer, gra.*

Autant... que, *tantum... quantum.* Autant de, *tantus, tot.*

Autel, *ara,* f.

Auteur, *auctor, oris,* m.

Automne, *autumnus, i,* m.

Autorité, *auctoritas, atis,* f.; *imperium,* n., 219, 363.

Autour de, *circa* (acc.).

Autre, *alius, a, ud;* (en parlant de deux), *alter, era, erum.* L'un... l'autre, *alter... alter; hic... ille.* Les uns... les autres, *alii... alii.* L'un et l'autre, *uterque.* Ni l'un ni l'autre, *neuter.* Les autres, *ceteri, æ, a; reliqui,* 241.

Autrefois, *olim; quondam,* 591, 401.

Autrement, *aliter.*

Autrui, *alii, orum,* m. D'autrui, *alienus.*

Avance (à l'), *ante.*

Avancer, *incedere, cessi, cessum; progredi, ior, gressus,* 421.

Avant, *ante* (acc.). En —, *porro.*

Avantage, *bonum,* n.

Avare, *avarus.*

Avarice, *avaritia,* f.

Avec, *cum* (abl.).

Aversion, *odium,* n. Avoir en —, *aversari.*

Avertir, *monère; admonère,* 295; — de, *de* (abl.).

Aveugle, *cæcus.*

Avide, *avidus; avarus.*

Avis, *consilium,* n.; *sententia,* f., 281.

Avisé, *prudens.*

Avoir, *habère.* Il y a, *est, sunt.*

Avouer, *confitèri, fessus.*

Avril, *aprilis, is,* m.

B

biler, *blaterare.*

cchus, *Bacchus, i,* m.

Bagage, *impedimentum,* n.; *sarcina,* f., 419.

Baguette, *virga,* f.

Bain, *balneum,* n.

Baisser, *decrescere, evi.*

Balloter, *jactare.*

Bannir de, *expellere, puli, pulsum* (abl.).

Barbare, *barbarus.*

Barbe, *barba,* f.

Barque, *navicula,* f.; *linter, tris,* f.

Bataille, *pugna,* f.

Bâtir, *ædificare; exstruere, uxi, uctum,* 393.

Bâton, *baculum,* n.

Battre, *profligare.* Se —, *pugnare.*

Beau, *pulcher, chra; egregius.*

Beaucoup, *multum; valde,* 287. Beaucoup de vin, *multum vini;* — de gens, *multi homines* ou simplement *multi.*

Beau-père, *socer, eri,* m.

Beauté, *pulchritudo, inis,* f.; *forma,* f. 223.

Bêcher, *fodere, io, fodi, fossum.*

Belge, *Belga,* m.

Belle-fille, *nurus, us,* f.

Belles-lettres, *litteræ, arum,* f.

Belliqueux, *bellicosus.*

Berger, *pastor, oris,* m.

Bergerie, *ovile, is,* n.

Besace, *pera,* f.

Besoin, *inopia* f., Avoir — de, *indigère* (abl.).

Bête, *bestia,* f. — féroce, *bestia,* f.

Bias, *Bias, antis,* m.

1. Bien (adv.), *bene (melius, optime).* Bien bon, *optimus.* Bien des rois, *multi reges.* Bien que, *quanquam* (indic.); *cum* (subj.), 331. Bien plus, *immo.*

2. Bien (subst.), *bonum,* n. Homme de —, *vir bonus.* Les gens de —, *viri boni* ou simplement *boni.* Faire du — à, *juvare, juvi* (acc.).

Bienfaisant, *beneficus.*

Bienfait, *beneficium,* n.

Bienheureux, *beatus.*

Bientôt, *mox; post breve tempus,* 271.

Bienveillance, *benevolentia,* f.; *benignitas, atis,* f. 245. Avec —, *benigne.*

Bienveillant, *benignus; benevolus,* 142.

Bithynie, *Bithynia*, f.
Blâmer, *vituperare*.
Blanc, *albus*.
Blancheur, *candor, oris*, m.
Blé, *frumentum*, n.
Blesser, *vulnerare*.
Blessure, *vulnus, eris*, n.
Bœuf, *bos, bovis*, m.
Boire, *bibere, bibi, bibitum*.
Bois, *lignum*, n. Un —, *nemus, oris*, n. De —, *ligneus*.
Boisé, *silvester, tris*.
Boisseau, *modius, i*, m.
Bon, *bonus (melior, optimus); benignus*, 157, 279.
Bonheur, *felicitas, atis*, f.
Bonjour, *salve*. Je te souhaite le —, *te salvère jubeo*.
Bonté, *bonitas, atis*, f.
Bord, *ora*, f.; *ripa*, f.
Bouclier, *clipeus, i*, m.; *scutum*, n., 221, 261.
Bouche, *os, oris*, n.; — (d'un fleuve), *ostium*, n.
Bourreau, *carnifex, icis*, m.
Bras, *bracchium*, n.
Brave, *strenuus*. Le —, *vir fortis*.
Braver, *sustinère*.
Brebis, *ovis, is*, f.
Bretagne, *Britannia*, f.
Brièvement, *breviter*.
Brigand, *latro, onis*, m.
Brillant, *fulgens*.
Briller, *fulgère, fulsi; micare, cui*, 345.
Briséis, *Briseis, idis*, f.
Briser, *frangere, fregi, fractum*.
Brouillard, *nebula*, f.
Brûler (sens actif), *urere, ussi, ustum; cremare*, 213, 373. — (sens neutre), *uri; flagrare*.
Bruit, *sonitus, us*, m.; *strepitus, us*, m.
Brutus, *Brutus, i*, m.
Bucéphale, *Bucephalus, i*, m.
Butin, *præda*, f.

C

Çà et là, *passim*.
Cabane, *tugurium*, n.
Câble, *funis, is*, m.

Cacher, *occultare; dissimulare; condere, didi*, 419. Se tenir caché, *latère*.
Cachot, *carcer, eris*, m.
Cadavre, *cadaver, eris*, n.
Cadeau, *donum*, n.
Caïn, *Caïnus, i*, m.
Calice, *calix, icis*, m.
Caligula, *Caligula*, m.
Calme, *placidus*.
Calmer, *placare; frangere, fregi, fractum*, 359.
Camp, *castra, orum*, n.
Campagne, *rus, ruris*, n.
Cannes, *Cannæ, arum*, f. De — *Cannensis*.
Capitole, *Capitolium*, n.
Caprice, *ludibrium*, n.
Captif, *captivus*.
Car, *nam; enim* (après un mot).
Caractère, *indoles, is*, f.; *mores, um*, m., 333.
Caresser, *mulcère, mulsi*.
Carie, *Caria*, f.
Carnage, *cædes, is*, f.
Carthage, *Carthago, inis*, f.
Carthaginois, *Carthaginiensis*.
Cassius, *Cassius, i*, m.
Catilina, *Catilina*, m.
Caton, *Cato, onis*, m.
Cause, *causa*, f. A cause de, *propter* (acc.); *ob*, 415.
Causer, *parare*.
Cavalerie, *equitatus, us*, m. De —, *equestris*.
Cavalier, *eques, itis*, m.
Ce, cet, *hic, ille, iste*. C'est, *est*.
Ceci, *hoc; hæc*, 299.
Céder, *obtemperare*.
Cèdre, *cedrus, i*, f.
Cela, *illud, id, ea, hæc*.
Célèbre, *nobilis*.
Célébrer, *celebrare; nobilitare*, 409.
Céleste, *cælestis*.
Celui qui, *is qui*; celui-ci, *hic*; celui-là, *ille*.
Cent, *centum*. Deux —, trois —, quatre —, cinq —, *ducenti, trecenti, quadringenti, quingenti*. Huit cents, *octingenti*.
Centième, *centesimus*; deux centième, *ducentesimus*; trois centième, *trecentesimus*.

Centurion, *centurio, onis*, m.
Cependant, *tamen.*
Cerbère, *Cerberus, i*, m.
Cercle, *orbis, is*, m.
Cérès, *Ceres, Cereris*, f.
Cerf, *cervus, i*, m.
Certain, *certus.* Un certain, *quidam.* Certaines gens, *quidam*, pl.
Certainement, *sane.*
César, *Cæsar, aris*, m.
Cesse (sans), *semper; sine intermissione*, 231.
Cesser de, *desinere, desii* (Infin.).
Chacun, *quisque, unusquisque.* — (avec un nom de nombre), *singuli.*
Chagrin, *mæror, oris*, m.; *ægritudo, inis*, f.
Chair, *caro, carnis*, f.
Chaleur, *æstus, us*, m.
Champ, *ager, agri*, m.; *arva*, n. pl., 347. Des champs, *agrestis.* — de bataille, *acies, ei*, f. Sur-le-champ, *statim.*
Chance, *fortuna*, f.
Changement, *vices, vicium*, f.
Changer, *mutare.*
Chant, *cantus, us*, m.
Chanter, *cantare; canere, cecini*, 253.
Chaque, *quisque.*
Char, *currus, us*, m.
Charge, *munus, eris*, n. Confier la — de, *negotium mandare ut* (subj.).
Chariot, *plaustrum*, n.
Charme, *suavitas, atis*, f.
Charmer, *delectare.*
Charrue, *aratrum*, n.
Chasse, *venatio, onis*, f.
Chasser (le gibier), *venari;* — (repousser), *pellere, pepuli, pulsum.*
Chasseur, *venator, oris*, m.
Chaste, *castus.*
Châtier, *castigare; coercere*, 257.
Châtiment, *pœna*, f.
Chaud, *fervidus.*
Chauve, *calvus.*
Chef, *dux, ducis*, m.; *princeps, cipis*, m.
Chemin, *iter, itineris*, m.; *via*, f.
Cher, *carus.*
Chérir, *diligere, lexi, lectum.*
Chercher, *quærere, sivi, situm.*
Chéronée, *Chæronea*, f.
Cheval, *equus, i*, m.

Chevelure, *coma*, f.
Cheveu, *capillus, i*, m.
Chèvre, *capra*, f.
Chevreau, *hædus, i*, m.
Chez, *apud* (acc.). Chez moi, chez toi, chez soi, *domi.*
Chien, *canis, is*, m.
Choc, *impetus, us*, m.
Choisir, *eligere, elegi, electum.*
Chose, *res, rei*, f.
Chrétien, *christianus.*
Christ, *Christus, i*, m.
Chute, *casus, us*, m.
Cicéron, *Cicero, onis*, m.
Ciel, *cælum*, m.
Cilicie, *Cilicia*, f.
Cime, *cacumen, inis*, n.
Cimon, *Cimon, onis*, m.
Cincinnatus, *Cincinnatus, i*, m.
Cinq, *quinque.*
Cinquième, *quintus.*
Cinquante, *quinquaginta.*
Cinquantième, *quinquagesimus.*
Cirque, *circus, i*, m.
Cisalpin, *Cisalpinus.*
Citadelle, *arx, arcis*, f.
Cité, *civitas, atis*, f.
Citoyen, *civis, is*, m.
Civil, *civilis.*
Clair, *clarus.* Il est —, *apparet.*
Clairement, *dilucide.*
Classe, *classis, is*, f.; *schola*, f.
Claudius, *Claudius, i*, m.
Clé, *clavis, is*, f.
Clément, *clemens.*
Cléopâtre, *Cleopatra*, f.
Cliquetis, *crepitus, us*, m.
Cœur, *animus, i*, m. Homme de —, *vir fortis.*
Cohorte, *cohors, ortis*, f.
Colère, *ira*, f. En —, *iratus.*
Collatin, *Collatinus, i*, m.
Colline, *collis, is*, m.
Colombe, *columba*, f.
Colonne, *columna*, f.
Combat, *prælium*, m. Mettre hors de —, *sauciare.*
Combattre, *pugnare; dimicare*, 340, 395. — quelqu'un, *cum aliquo.*
Combien, *quam, quantum.* — (de personnes ou de choses), *quot.*
Combler, *explere, evi, etum; replere*, 289.

Comédie, *comœdia*, f.
Comète, *cometes, æ*, m.
Commandant, *imperator, oris*, m.
Commandement, *imperium*, n.; *præceptum*, n., 257, 279.
Commander que, *imperare* (*ut* [subj.]); *præesse*, 181, 185, 365.
Comme (de même que), *sicut; tanquam*, 269, 430; — (au moment que), *cum* (subj.).
Commencement, *initium*, n.
Commencer, *incipere, io, cepi, ceptum; ordiri, orsus*, 369. Avoir commencé, *cœpisse cœpi*.
Comment, *quomodo*.
Commettre, *committere, misi, missum*.
Commun, *communis*.
Compagnie, *consuetudo, inis*, f.
Compagnon, compagne, *comes, itis*, m. f.
Comparer, *conferre, contuli, collatum*.
Compatissant, *misericors, cordis*.
Compenser, *pensare*.
Complaisant (être), *indulgere, dulsi*.
Compléter, *supplere, evi*.
Complice, *socius, i*, m.
Complimenteur, *blandus*.
Comploter, *conjurare*.
Comprendre, *intelligere, lexi, lectum; percipere, io, cepi, ceptum*, 317.
Compter, *numerare*.
Concentrer, *contrahere, traxi, tractum*.
Concitoyen, *civis, is*, m.
Concorde, *concordia*, f.
Condamner, *damnare*.
Condition, *conditio, onis*, f.
Conduire, *ducere, duxi, ductum*.
Confiance, *fiducia*, f.
Confier, *credere, didi; permittere, misi*, 265.
Conjuration, *conjuratio, onis*, f.
Conjuré, *conjuratus, i*, m.
Connaître, *cognoscere, novi, cognitum; novisse, novi*, 232.
Connu, *notus* (dat.).
Conon, *Conon, onis*, m.
Conseil, *consilium*, n.
Conséquent (par), *proinde; quocirca*.

Considérable, *magnus; ingens*, 349. Si — que, *tantus ut* (subj.).
Considérer, *intueri; aspicere, io, spexi, spectum*. — comme, *arbitrari*.
Consolation, *solacium*, n.
Consoler, *consolari*.
Construire, *construere, xi, ctum*.
Consul, *consul, ulis*, m.
Contempler, *contemplari*.
Contemporain, *æqualis*.
Contenir, *continere; coercere*, 353.
Contenter, *satisfacere, io, feci* (dat.). Se — de, *sum contentus* (abl.).
Continuel, *assiduus*.
Continuer, *pergere, perrexi*.
Contraindre, *cogere, coegi, coactum*.
Contraire, *contrarius*. Au — *autem* (après un mot).
Contrairement à, *contra* (acc.).
Contre, *adversus* (acc.); *contra* (acc.), 263, 271, 333, 339, 557, 450.
Contrée, *regio, onis*, f.
Convenable, *aptus*.
Convenablement, *recte*.
Convenir à, *decere* (acc.); *convenire*, (dat.), 407. Il convient de, *decet; par est; convenit*, 379.
Convive, *conviva*, m.
Coq, *gallus, i*, m.
Corbeau, *corvus, i*, m.
Corcyre, *Corcyra*, f.
Cordage, *funis, is*, m.
Corde, *funis, is*, m.
Corinthe, *Corinthus, i*, f.
Coriolan, *Coriolanus, i*, m.
Cornélius, *Cornelius, i*, m.
Corps, *corpus, oris*, n.
Corriger, *emendare; corrigere, rexi*, 259, 307.
Côté, *latus, eris*, n.; *pars, partis*, f. 261. À côté de, *propter* (acc.). De tous côtés, *undique*. Des deux — *utrimque*. Mettre de —, *abjicere io, jeci, jectum*.
Coucher (le), *occasus, us*, m.
Coucher (se), *recumbere, cubui, cubitum*; — (en parlant des astres), *occidere, di, casum*. Être couché, *cubare, bui, bitum*, 345.
Couler, *fluere, fluxi*.
Couleur, *color, oris*, m.

Couleuvre, *coluber, bri,* m.
Coup, *ictus, us,* m. Les coups, *verbera, um,* n.
Coupable, *sons, sontis; nocens,* 327.
Coupe, *poculum,* n.
Couper, *secare, ui, sectum.*
Courage, *fortitudo, inis,* f.; *virtus, utis,* f. 397.
Courageusement, *fortiter.*
Courageux, *fortis.*
Courir, *currere, cucurri.*
Couronne, *corona,* f.
Couronner, *coronare; cingere, xi, cinctum.*
Courroux, *ira,* f.
Cours, *cursus, us,* m. — d'eau, *flumen, inis,* n.
Course, *cursus, us,* m.
Court, *brevis.*
Coussin, *pulvinar, aris,* n.
Couteau, *culter, tri,* m.
Coutume, *consuetudo, inis,* f. Avoir —, *solere, solitus sum* (infin.).
Couvrir, *tegere, texi, tectum; cingere,* 371; *operire, operui, opertum,* 375.
Craindre, *metuere, i; timere,* 881; *vereri,* 333, 355.
Crainte, *metus, us,* m.
Crassus, *Crassus, i,* m.
Cratère, *crater, eris,* m.
Crèche, *cubile, is,* n.
Créer, *creare.*
Crétois, *Cretensis.*
Creuser, *fodere, io; fodi, fossum.*
Cri, *clamor, oris,* m.
Crier, *clamare.*
Crime, *scelus, eris,* n.
Critias, *Critias, æ,* m.
Croire, *credere, didi, ditum; putare,* 285, 287, 317.
Croître, *crescere, crevi.* Laisser —, *promittere, misi.*
Croix, *crux, crucis,* f.
Cruauté, *crudelitas, atis,* f.
Cruel, *crudelis; sævus,* 312; *acerbus,* 319.
Cueillir, *legere; carpere, psi,* 255, 307.
Cultiver, *colere, ui, cultum.*
Cupide, *avarus.*
Cupidité, *avaritia,* f.
Curiace, *Curiatius, i,* m.

Cydnus, *Cydnus, i,* m.
Cynique, *Cynicus.*
Cyrus, *Cyrus, i,* m.

D

Danger, *periculum,* n.
Dangereux, *periculosus.*
Dans, *in* (acc. abl.).
Danser, *saltare.*
Danube, *Ister, tri,* m.; *Danubius, i,* m.
Darius, *Darius, i,* m.
Dauphin, *delphinus, i,* m.
Davantage, *magis.*
De se rend par le génitif après un nom; par l'ablatif après un verbe; — (d'entre), *ex* (abl.); — (hors de, en venant de), *ex, ab* (abl.); — (par l'effet de), ablatif; — (au sujet de), *de* (abl.). Le temps de lire, *tempus legendi.*
Débat, *contentio, onis,* f.
Débiter, *promere, prompsi.*
Debout (être, se tenir), *stare, steti.*
Deçà (en) de, *cis* (acc.).
Déclarer, *indicere, dixi; profiteri, fessus,* 325.
Décocher, *torquere, torsi, torium.*
Déconseiller, *dissuadere, suasi.*
Découvrir, *detegere* — (trouver), *reperire, i, repertum.*
Décréter, *edicere, xi, ctum.*
Décroître, *decrescere, evi.*
Dédaigner, *despicere, io, spexi, spectum; despectare,* 225; *contemnere, tempsi,* 395.
Dedans (en) de, *intra* (acc.).
Déesse, *dea,* f.
Défaire, *solvere, vi, lutum;* — (son ennemi), *superare.*
Défaite, *clades, is,* f.
Défaut, *vitium,* n.
Défendre (protéger), *defendere, di, sum;* — (interdire), *vetare, tui, titum; prohibère,* 295.
Défense, *defensio, onis,* f.
Défenseur, *defensor, oris,* m.
Défilé, *angustiæ, arum,* f.
Dégoût, *fastidium,* n.
Dégoûté (être), *me tædet* (gén.).

Dehors, *foris; foras.* En — de, *extra* (acc.).

Déjà, *jam.*

Déjeuner, *prandium,* n.

Déjocès, *Dejoces, is,* m.

Delà (au) de, *trans* (acc.).

Délecter (se), *delectari.*

Délicatesse, *suavitas, atis,* f.

Délicieux, *suavis.*

Délier, *solvere, i, lutum.*

Délivrer, *liberare.*

Delphes (de), *Delphicus.*

Demain, *cras.* De —, *crastinus.*

Demander, *petere, ivi, itum; poscere, poposci,* 253. — (interroger), *interrogare aliquem.*

Démétrius, *Demetrius, i,* m.

Démocratie, *libertas, atis,* f.

Démolir, *diruere, i, utum.*

Démosthène, *Demosthenes, is,* m.

Denier, *denarius, i,* m.

Dénigrer, *detrectare; carpere, psi,* 257; *obtrectare,* 327.

Dénoncer, *indicare.*

Dénonciateur, *index, icis,* m.

Dénouer, *solvere, i, lutum.*

Dent, *dens, dentis,* m.

Denys, *Dionysius, i,* m.

Départ, *discessus, us,* m.; *profectio, onis,* f. 367.

Dépense, *sumptus, us,* m.

Dépeupler, *vacuefacere, io, feci, factum.*

Déplaire, *displicere.*

Déplorer, *deflere, evi, etum; lamentari,* 327; *deplorare,* 343.

Déployer, *explicare, cui, citum.*

Dépouiller, *spoliare; exuere, i, utum.*

Depuis, *ab* (abl.).

Député, *legatus, i,* m.

Dernier, *ultimus.* Ce —, *hic.*

Dernièrement, *nuper.*

Déroute (mettre en), *fugare; fundere, fudi, fusum,* 265.

Dès que, *ubi.*

Désagréable, *molestus.*

Désavantageux, *iniquus,* 243.

Descendants, *posteri, orum,* m.

Désespérer, *desperare.*

Déshériter, *exheredare.*

Déshonneur, *ignominia,* f.

Désintéressement, *integritas, atis,* f.

Désir, *cupido, inis,* f.; *cupiditas, atis,* f. 297.

Désirer, *cupere, io, ivi, itum; desiderare.*

Dessein, *consilium,* n.

Dessous (au) de, *infra* (acc.).

Dessus (au) de, *supra* (acc.).

Destinée, *fatum,* n.

Destruction, *interitus, us,* m.

Détail (en), *accurate.*

Détendre, *laxare; emollire.*

Déterminé, *certus.*

Détester, *detestari.*

Détourner de, *deterrere ab* (abl.).

Détruire, *delere, evi, etum.*

Dettes, *æs alienum, æris alieni.*

Deuil, *luctus, us,* m. De —, *lugubris.* Être en — de, *lugere, luxi* (acc.).

Deux, *duo.* Tous deux, *ambo.*

Deuxième, *secundus; alter.*

Devant, *ante* (acc.). Au devant de, *obviam* (dat.).

Dévaster, *vastare.*

Devenir, *fieri.*

1. Devoir (le), *officium,* n.

2. Devoir, *debere.* Je dois acheter bientôt, *mox empturus sum.* Je dois aimer Dieu, *Deus mihi amandus est* ou bien *Deum debeo amare.* Je dois mourir, *moriendum mihi est.*

Dévorer, *vorare; edere, edi, esum,* 385.

Diagoras, *Diagoras, æ,* m.

Diane, *Diana,* f.

Dieu, *Deus, i,* m. Les dieux, *dii* ou *dei,* gén. *deorum.*

Différence, *discrimen, inis,* n.; *differentia,* f.

Différent, *diversus.*

Différer, *differre, distuli, dilatum.*

Difficile, *difficilis.*

Difficulté, *difficultas, atis,* f.

Digne de, *dignus* (abl.).

Dignement, *digne.*

Diminuer (sens actif), *minuere, i, utum;* — (sens neutre), *minui.*

Dion, *Dio, onis,* m.

Diomède, *Diomedes, is,* m.

Dire, *dicere, dixi, dictum.* Dis-je, *aio, inquam.*

Diriger, *regere, rexi, rectum; dirigere, rexi,* 305; *præesse* (dat.).

Disciple, *discipulus*, i, m.
Discipline, *disciplina*, f.
Discours, *oratio*, onis, f.; *sermo*, onis, m., 323.
Discuter, *disputare*.
Disperser, *disjicere*, io, jeci. Se — *digeri*, *gestus*.
Disque, *orbis*, is, m.
Distinguer (se), *excellere*, ui.
Distribuer, *dispertire*.
Divin, *divinus*.
Divinité, *numen*, inis, n.
Diviser, *dividere*, si, sum; — en, in (acc.).
Division, *dissensio*, onis, f.
Dix, *decem*; dix chacun, *deni*.
Dixième, *decimus*.
Docilement, *modeste*.
Doigt, *digitus*, i, m.
Domaine, *praedium*, n.
Domination, *dominatus*, us, m.
Dommage, *damnum*, n.
Dompter, *domare*, domui, domitum; *subigere*, egi, subactum, 287.
Don, *donum*, n.
Donc, *igitur*.
Donner, *dare*, dedi, datum; *donare*, 192, 204, 206, 225. Donne, *cedo*, 389.
Dormir, *dormire*.
Douceur, *suavitas*, atis, f. Douceurs, *deliciae*, arum, f.
Douleur, *dolor*, oris, m.
Douter, *dubitare*.
Douteux, *incertus*; *anceps*, ipitis.
Doux, *dulcis*; — (de caractère), *mitis*. Il est — de, *juvat* (infin.).
Douze, *duodecim*.
Douzième, *duodecimus*.
Dracon, *Draco*, onis, m.
1. Droit (le), *jus*, juris, n.
2. Droit (en ligne droite), *rectus*; — (à droite), *dexter*, tra ou tera.
Dumnorix, *Dumnorix*, igis, m.
Dur, *durus*.
Durcir (se), *durescere*.
Durer, *durare*.
Dureté, *saevitia*, f.

E

Eau, *aqua*, f.

Ébranler, *concutere*, io, cussi, cussum.
Écarter, *arcère*; *prohibère*, 205, 207. S'écarter de, *deerrare ab* (abl.).
Ecbatane, *Ecbatana*, orum, n.
Échapper (s'), *effugere*, io, fugi.
Éclair, *fulgur*, uris, n.
Éclaireur, *explorator*, oris, m.
Éclipse, *defectus*, us, m.
Éclipser, *offundere*, fudi.
École, *ludus*, i, m. Maître d'école, *ludi magister*.
Écolier, *discipulus*, i, m.
Économe, *parcus*.
Économie, *parsimonia*, f.
Écouter, *audire*.
Écrier (s'), *exclamare*.
Écrire, *scribere*, psi, ptum.
Écrit, *scriptum*, n.
Écriture sainte, *Scriptura sacra*.
Écrivain, *scriptor*, oris, m.
Écrouler (s'), *corruere*, i.
Écu, *nummus*, i, m.
Écueil, *scopulus*, i, m. Plein d'—, *scopulosus*.
Écuyer, *armiger*, eri, m.
Édifice, *aedificium*, n.
Éduens, *Aedui*, orum, m.
Effacer, *delere*, evi, etum.
Efféminé, *muliebris*.
Efféminer, *effeminare*.
Effet (en), *enim* (après un mot).
Efforcer (s') de, *conari* (infin.).
Effort, *conatus*, us, m.
Effrayer, *terrere*. S'effrayer, *terreri*.
Effroi, *formido*, inis, f.
Égal, par, *paris*; *aequalis*, *aequus*.
Égarer (s'), *errare*; *deerrare*.
Église, *Ecclesia*, f.
Égorger, *jugulare*; *mactare*, 287.
Égypte, *Aegyptus*, i, f.
Égyptien, *Aegyptius*.
Élément, *elementum*, n.
Éléphant, *elephantus*, i, m.
Élève, *discipulus*, i, m.
Élevé, *excelsus*; *altus*, 219; *sublimis*, 375.
Élever, *tollere*, sustuli, sublatum; — (une statue), *statuere*, 249, 271. — (instruire, former), *educare*; *educere*, eduxi, 275.
Éloge, *laus*, laudis, f.

Éloigné (être), *abesse.*
Éloquence, *eloquentia,* f.
Élu, *electus.*
Embaumer, *condire.*
Embellir, *ornare; distinguere, tinxi, tinctum,* 525.
Embouchure, *ostium,* n.; *caput, itis,* n., 321.
Embrassement, *amplexus, us,* m.
Émigrer, *migrare.*
Éminent, *summus.*
Émouvoir, *movere, vi, motum.* S' —, *moveri.*
Emparer (s') de, *potiri* (abl.); *occupare* (acc.).
Empêcher, *prohibere* (inf.); *impedire,* 287; *vetare, tui, titum,* 345.
Empereur, *imperator, oris,* m. Être —, *imperare.*
Empire, *imperium,* n.
Emplir, *implere, evi, etum.*
Employer, *adhibere; usurpare,* 220.
Emporter, *auferre, abstuli, ablatum; ferre,* 371. — (faire mourir), *consumere, mpsi.*
Empressé, *sedulus.*
1. En (pronom) se rend comme de lui, d'elle, d'eux, de cela.
2. En (prépos.), *in* (abl. acc.). En hiver, *hieme;* en ce temps-là, *illo tempore.*
Encenser, *blandiri* (dat.), 341.
Enchaîner, *vincire, vinxi, vinctum.*
Enclore, *sæpire, sæpsi, sæptum.*
Encore, *etiam;* — (marquant le temps), *adhuc.* Ne... pas encore, *nondum.*
Endommager, *vitiare.*
Endroit, *locus, i,* m. Au même —, *ibidem, eodem.*
Endurer, *perpeti, tor, pessus; perferre,* 371.
Énée, *Æneas, æ,* m.
Énéide, *Æneis, idis,* f.
Enfance (dès son), *a puero.*
Enfant, *puer, eri,* m. Les enfants (de qqu'un); *liberi, orum,* m.
Enfin, *postremo; tandem.*
Enflammé, *incensus.*
Enflammer, *incendere, di, sum,* 363.
Enfoncer (s') dans, *condi in.*
Enfuir (s'), *aufugere, io, fugi.*
Engager, *hortari* (?) — la lutte, certamen inire, *ineo,* — la bataille, *pugnam committere, misi.* S'engager, *oriri, ortus.*
Engendrer, *generare.*
Engourdir, *sopire.*
Enlacer, *complecti, plexus.*
Enlever, *eripere, io, ui; efferre, extuli, elatum,* 377; *demere, dempsi, demptum,* 257.
Ennemi, *inimicus, i,* m. — (de guerre), *hostis, is,* m. — (adjectif), *hostilis.* L'armée ennemie, *hostium exercitus.*
Ennuyé (être) de, *me piget* (gén.).
Ennuyeux, *molestus.*
Énorme, *ingens.*
Enseignement, *doctrina,* f.
Enseigner, *docere, ui, doctum;* — à qqun, *aliquem;* à faire, *facere.*
Ensemble, *una.*
Ensevelir, *sepelire, ivi, sepultum.*
Ensuite, *deinde; postea.*
Entendre, *audire.* — dire, *audire.*
Enterrer, *efferre, extuli, elatum.*
Entier, tout entier, *totus; intéger, gra,* 375.
Entourer, *circumdare, dedi, datum; cingere, cinxi,* 261, 399.
Entraver, *impedire.*
Entre, *inter* (acc.). D'entre eux, *eorum* ou *ex eis.*
Entreprendre, *suscipere, io, cepi, ceptum.*
Entreprise, *inceptum,* n.
Entrer, *intrare; ingredi, ior, gressus,* 337, 347.
Entretenir, *conservare.* S' — de, *colloqui, locutus, de.*
Entretien, *sermo, onis,* m.
Entrevue, *colloquium,* n.
Envahir, *invadere, vasi; irrepere, psi,* 255.
Envers, *erga* (acc.); *in* (acc.); *adversus* (acc.), 341.
Envieux, *invidus.*
Environ, *circiter.*
Envoler (s'), *avolare.*
Envoyer, *mittere, misi, missum.*
Épaminondas, *Epaminondas, æ,* m.
Épargner, *parcere, peperci* (dat.).
Épée, *ensis, is,* m.; *gladius, i,* m. 271.
Éperon, *calcar, aris,* n.

Éphémère, *caducus* ; *fugax, acis*, 223.
Éphore, *ephorus, i, m.*
Épître, *epistola, f.*
Épouse, *uxor, oris, f.*
Époux, *conjux, ugis, m.*
Éprouver, *experiri, pertus* ; *sentire, sensi*, 373.
Équitable, *æquus.*
Ériger, *erigere, erexi, erectum.*
Erreur, *error, oris, m.*
Esclave, *servus, i, m.* Être — de, *inservire* (dat.).
Esclavage, *servitus, utis, f.*
Ésope, *Æsopus, i, m.*
Espace, *spatium, n.*
Espagne, *Hispania, f.*
Espèce, *genus, eris, n.* De toute —, *qualislibet.*
Espérance, *spes, spei, f.*
Espérer, *sperare.*
Espoir, *spes, spei, f.*
Esprit, *animus, i, m.* ; *ingenium, n.*, 307, 333 ; *mens, mentis, f.*, 257, 291, 310, 347. Le Saint-Esprit, *Spiritus sanctus, Spiritus sancti.*
Essayer, *tentare.*
Est-ce que ? *num ?* Est-ce... où, *utrum... an ?* Est-ce que..., ne pas, *nonne ?*
Estimer, *magni æstimare* ; — que, *existimare* (propos. infinitive).
Estomac, *venter, tris, m.*
Et, *et* ; *ac, atque* ; *que* (enclitique). Et ne pas, *nec, neque.* Et non pas, *non.*
Étable, *stabulum, n.* ; *cubile, is, n.*
Établir, *instituere, i, utum* ; *constituere.*
État, *respublica, reipublicæ, f.* ; *civitas, atis, f.*, 303, 305. Aux frais de l'État, *publice.*
Étayer, *fulcire, fulsi, fultum.*
Été, *æstas, atis, f.* D'été, *æstivus.*
Éteindre, *extinguere, tinxi, tinctum.* S' —, *extingui.*
Éternel, *æternus.*
Éther, *æther, eris, m.*
Étésiens (vents), *etesiæ, arum, m.*
Étincelle, *scintilla, f.*
Étoile, *stella, f.*
Étonnant, *mirus.*
Étouffer, *opprimere, pressi, pressum.*

Étrange, *insolens.*
Étranger, *alienus* ; *peregrinus*, 355. En pays —, *peregre.*
Étrangler, *jugulare.*
Être, *esse, sum, fui.* Être dans, *insum.* Est-il rien ? *estne quidquam ?* Est-ce que ? *num ?*
Étrurie, *Etruria, f.*
Étrusques, *Etrusci, orum, m.*
Étude, *studium, n.*
Étudier, *discere, didici* ; *studere* (dat.), 335.
Eumène, *Eumenes, is, m.*
Euphrate, *Euphrates, is, m.*
Évangéliste, *evangelista, m.*
Évanouir (s'), *evanescere, nui.*
Évaporer (s'), *evanescere, nui.*
Évident, *manifestus.*
Éviter, *vitare* ; *evitare*, 295.
Exciter, *excitare* ; *concitare.*
Exemple, *exemplum, n.*
Exempt de, *expers, ertis* (gén.). Être — de, *carere* (abl.), 245.
Exercer, *exercere.*
Exercice, *exercitatio, onis, f.*
Exil, *exsilium, n.*
Exilé, *exsul, ulis, m.*
Exiler (s'), *exsulare.*
Expirer, *exspirare.*
Explorer, *explorare.*
Exposé à, *obnoxius* (dat.)
Exposer, *exponere, posui, positum* ; *objectare*, 229.
Exprimer (s'), *fari.*
Expulser, *detrudere, trusi, trusum.*
Extérieur, *externus.* L'extérieur, *facies, ei, f.*
Extrême, *summus.*
Extrêmement, *admodum.*

F

Fable, *fabula, f.* La Fable (la mythologie), *fabulæ, arum, f.*
Face, *facies, ei, f.* En — de, *contra* (acc.).
Fâcheux, *molestus.*
Facile, *facilis.*
Façon, *modus, i, m.* De cette —, *sic.*
Faconde, *facundia, f.*
Faculté, *facultas, atis, f.*

Faible, *debilis*; — (petit), *exiguus*; *parvus*, 391.

Faiblesse, *debilitas, atis*, f. — (de caractère), *facilitas, atis*, f.

Faim, *fames, is*, f. Avoir —, *esurire*.

Faire, *facere, io, feci, factum*; *gerere, gessi, gestum*, 371; *agere, egi, actum*, 251; *intre, eo*, 383. Ne pas —, *omittere, misi*, 357. Se —, *fieri*.

Falloir, *oportere*.

Famille, *gentis, eris*, n. De bonne —, *ingenuus*.

Fantassin, *pedes, itis*, m.

Fardeau, *onus, eris*, n.

Fatigue, *labor, oris*, m.

Faustulus, *Faustulus, i*, m.

Faute, *culpa*, f.

Faux, *falsus*.

Favorable, *opportunus*; *secundus* 249.

Favoriser, *favere, favi* (dat.).

Fécond, *uber, eris*.

Fécondité, *ubertas, atis*, f.

Félicité, *felicitas, atis*, f.

Femme, *mulier, eris*, f.; *femina*, f. 413; — (épouse), *uxor, oris*, f.; *conjux, ugis*, f.

Fer, *ferrum*, n. De —, *ferreus*.

Fermer, *claudere, si, sum*.

Fermeté, *constantia*, f.

Fermier, *villicus, i*, m.

Féroce, *sævus*.

Férocité, *sævitia*, f.

Fertile, *fertilis*.

Festin, *convivium*, n.; *epulæ, arum*, f.

Feu, *ignis, is*, m. De —, *igneus*.

Feuillage, *frons, frondis*, f.

Feuille, *folium*, n.

Fiancer, *despondere, di, sum*.

Fidèle, *fidus*; *fidelis*, 279, 307.

Fidélité, *fides, ei*, f.

Fier (se), *fidere, fisus sum*; *confidere*, 343, 381.

Fièvre, *febris, is*, f.

Figuier, *ficus, i*, f.

Figure (géométrique), *forma*, f.

Filer, *nere, nevi*.

Fille, *filia*, f. Jeune —, *puella*, f.; *virgo, inis*, f. 357.

Fils, *filius, i*, m.

Fin, *finis, is*, m.; *exitus, us*, m. 301, 315.

Finir, *finire*.

Fixe, *certus*.

Flamme, *flamma*, f.

Flaminius, *Flaminius, i*, m.

Flatteur, *adulator, oris*, m. — (adjectif), *blandus*.

Fléau, *calamitas, atis*, f.; *malum*, n. 303.

Flèche, *sagitta*, f.

Fléchir, *flectere, flexi, flexum*; *mollire*, 281.

Fleur, *flos, floris*, m. Être en —, *florere*.

Fleuve, *amnis, is*, m.

Florissant, *florens*. Être —, *florere*.

Flot, *fluctus, us*, m.

Flotte, *classis, is*, f.

Flûte, *tibia*, f.

Foi, *fides, ei*, f.

Fois (une), *semel*; deux —, *bis*; trois —, *ter*; neuf —, *novies*. Maintes —, *sæpe*. Combien de fois? *quoties?*

Folie, *insania*, f.

Fond (de) en comble, *penitus*; *funditus*, 311.

Fondateur, *conditor, oris*, m.

Fonder, *condere, didi, ditum*.

Fondre sur, *ingruere in*. Faire —, *solvere, vi, lutum*.

Fontaine, *fons, fontis*, m.

Force, *vis, vim, vi*, f.; *robur, oris*, n. Forces, *vires, ium*, f.

Forcer à, *cogere, coegi, coactum* (infin.). — (un camp, une ville), *expugnare*.

Forêt, *silva*, f.

Forfait, *facinus, oris*, n.

Forgeron, *faber, bri*, m.

1. Fort, *validus*.

2. Fort (adv.), *valde, valide*. Fort beau, *pulcherrimus*.

Forteresse, *castellum*, n.

Fortifier, *munire*.

Fortune, *fortuna*, f. — (richesses), *fortunæ, arum*; *divitiæ, arum*.

Fortuné, *fortunatus*.

Fossé, *fossa*, f.

Foudre, *fulmen, inis*, n.

Fouet, *flagellum*, n.

Foule, *turba*, f. Une — de, *plurimi, æ, a*.

Fournir, *præbere*.

Fourrage, pabulum, n.
Foyer, focus, i, m.
Fracas, fragor, oris, m.
Fragile, fragilis.
France, Gallia, f.
Franchir, transire, eo.
Frapper, verberare; percutere, io, cussi, cussum, 271, 312.
Fréquent, creber, bra; frequens, 413.
Fréquenté, celeber, bris.
Fréquenter, versari cum (abl.).
Frère, frater, tris, m.
1. Froid (le), frigus, oris, n.
2. Froid, frigidus.
Front, frons, frontis, f.
Frontières, fines, ium, m.
Frugalité, frugalitas, atis, f.
Fruit, fructus, us, m.; — (des arbres), pomum, n. 60.
Fuir, fugere, io, fugi. Faire —, fugare.
Fuite, fuga, f. Mettre en —, fugare. Prendre la —, fugere, io, fugi.
Fulvie, Fulvia, f.
Funérailles, funus, eris, n.
Funeste, perniciosus; funestus.
Furieux, rabidus.
Fuyards (les), fugientes.
Futur, futurus.

G

Gage, pignus, oris, n.
Gain, lucrum, n.
Gaîté, hilaritas, atis, f.
Garde, custodia, f. Prendre —, cavere, cavi. Arrière-garde, novissimum agmen.
Garder, servare; custodire, 279.
Gardien, custos, odis, m.
Gauche, sinister, tra.
Gaule, Gallia, f. Des Gaules, gallicus.
Gaulois, Gallus, i, m.
Gazon, gramen, inis, n.
Gémir, gemere, ui, itum.
Gémissement, gemitus, us, m.
Gendre, gener, eri, m.
Gêner, impedire.
Général, dux, ducis, m.; imperator, oris, m. 341 — en chef, imperator.
Généreux, munificus.
Génie, ingenium, n.

Genre, genus, eris, n.
Gens, homines. — de bien, boni. Jeunes, — juvenes, adolescentes.
Germains, Germani, orum, m.
Germanie, Germania, f.
Glace, glacies, ei, f.
Glaive, gladius, i, m.
Glisser (se) parmi, serpere, serpsi per (acc.).
Globe terrestre, orbis terrarum.
Gloire, gloria, f.
Glorieux, honestus; praeclarus; decorus, 337; gloriosus, 415.
Gonfler (se), tumescere.
Goût, studium, n.
Gouvernement, respublica, f.
Gouverner, gubernare; regere, rexi, rectum, 304, 305.
Gracchus, Gracchus, i, m.
Grâce (déesse), Gratia, f.
Grand, magnus (major, maximus). Les grands, optimates, ium, m. Si —, tantus. Si — que tu sois, quantusvis.
Grandement, magnopere.
Grandeur, magnitudo, inis, f.
Grandir, adolescere, evi.
Grand-père, avus, i, m.
Gras, pinguis.
Gratifier de, donare (abl.).
Grave, gravis.
Grec, graecus.
Grèce, Graecia, f.
Grégoire, Gregorius, i, m.
1. Grêle (la), grando, inis, f.
2. Grêle (adj.), gracilis.
Grenouille, rana, f.
Griffe, unguis, is, m.
Gros, magnus; ingens, 265.
Grossir (sens actif), augere, auxi, auctum; — (sens neutre), augeri.
Grue, grus, gruis, f.
Guérir, sanare; mederi (dat.), 290.
Guerre, bellum, n. Faire la, — bellare.
Guerrier, bellicus.
Gueule, gula, f.
Guide, dux, ducis, m.

H

Habile, peritus.

Habileté, *prudentia*, f.; *consilium*, n., 397.
Habiller, *vestire*.
Habit, *vestis, is*, f.
Habitant, *incola*, m.
Habitation, *ædes, ium*, f. pl.
Habiter, *habitare; colere, colui, cultum*, 389.
Habitude, *consuetudo, inis*, f.
Habituer (s'), *consuescere, suevi*.
Hache, *securis, is*, f.
Haïr, *odisse, odi, osus sum*.
Hardiesse, *audacia*, f.
Hardiment, *audacter*.
Hasard, *fortuna*, f.; *casus, us*, m. Par —; *forte; casu*, 409.
Hâter (se), *festinare*.
Haut, *altus*. Du — de, *de* (abl.).
Hauteur, *altitudo, inis*, f. — (montagne), *culmen, inis*, n.
Hector, *Hector, oris*, m.
Helvètes, *Helvetii, orum*, m.
Henri, *Henricus, i*, m.
Hennissement, *hinnitus, us*, m.
Herbe, *herba*, f.
Héritage, *hereditas, atis*, f.
Héritier, *heres, edis*, m.
Hérode, *Herodes, is*, m.
Héros, *heros, ois*, m.
Hésiter, *cunctari*.
Hêtre, *fagus, i*, f.
Heure, *hora*, f.
Heureux, *felix, icis; beatus*, 237, 365, 413.
Heureusement, *beate*.
Hier, *heri*.
Historien, *rerum scriptor, oris*, m.
Hiver, *hiems, emis*, f.
Homère, *Homerus, i*, m.
Homme, *homo, inis*, m.; *vir, viri*, m.
Honnête, *integer, gra*.
Honnêtement, *bene*, 357.
Honnêteté, *integritas, atis*, f.; *probitas, atis*, f.
Honneur, *honor, oris*, m.
Honorer, *colere, colui, cultum; honorare*, 192.
Honte, *turpitudo, inis*, 363.
Honteux, *turpis; pudens*, 391. Etre — de, *me pudet* (gén.).
Horace, *Horatius, i*, m.
Horreur, *horror, oris*, m.

Hostilius, *Hostilius, i*, m.
Hôte, *hospes, itis*, m.
Huit, *octo*.
Huitième, *octavus*.
Humain, *humanus*.

I

Ibérie, *Iberia*, f.
Ibicus, *Ibicus, i*, m.
Ici, *hic, huc*.
Idole, *idolum*, n.
Ignorance, *ignorantia*, f.
Ignorant, *ignarus; indoctus*.
Ignorer, *ignorare*.
Ile, *insula*, f.
Iliade, *Ilias, adis*, f.
Ilion, *Ilium, i*, n.
Illustre, *præclarus*.
Image, *imago, inis*, f.
Imaginer (s'), *existimare*.
Imitateur, *imitator, oris*, m.
Imiter, *imitari*.
Immense, *immensus*.
Immodérément, *immodice*.
Immoler, *immolare; necare*, 432.
Immortel, *immortalis*.
Impétuosité, *impetus, us*, m.
Impie, *impius*.
Important, *gravis*.
Importer, *referre*. N'importe qui, *quilibet, quivis*.
Imposer, *imponere, posui, positum; imperare*.
Imprudent, *imprudens*.
Impunément, *impune*.
Incendie, *incendium*, n.
Incendier, *incendere, di, sum*.
Incertain, *incertus*.
Incident, *res, rei*, f.
Inconstant, *varius*.
Inconvénient, *incommodum*, n.
Incroyable, *incredibilis*.
Incursion, *incursio, onis*, f.
Indigence, *inopia*, f.
Indigent, *indigens*.
Indigne de, *indignus* (abl.).
Indigner (s'), être indigné, *indignari*.
Inespéré, *insperatus*.
Inévitable, *necessarius*.
Infanterie, *peditatus, us*, m.
Infirme, *invalidus*.

Inflexible, *immitis.*
Influence, *potestas, atis,* f.
Infortuné, *infelix, icis; infortunatus.*
Ingrat, *beneficii immemor, oris.*
Inimitié, *inimicitia,* f.
Inique, *iniquus.*
Injure, *injuria,* f.
Injuste, *injustus.*
Injustement, *injuste.*
Injustice, *injuria,* f.
Innocent, *innocens.*
Innombrable, *permultus.*
Inondation, *diluvies, ei,* f.
Inquiet, *inquietus.*
Inquiétude, *sollicitudo, inis,* f.
Inquiéter, *carpere, psi,* 235.
Insatiable, *insatiabilis.*
Insensé, *insanus.*
Insolence, *procacitas, atis,* f.; *pro-
tervitas, atis,* f.
Inspirer, *injicere, io, jeci, jectum;
indere, didi,* 361.
Instituer, *instituere, i, utum.*
Instruction, *institutio.*
Instruire, *erudire; docēre, doctum,*
353, 371.
Instruit, *doctus.*
Instrument, *instrumentum.*
Intègre, *integer, gra.*
Intelligent *ingeniosus.*
Intérêt, *res, rei,* f., 259.
Interprète, *interpres, etis,* m. f.
Interroger, *interrogare.*
Intraitable, *ferox.*
Intrépide, *impavidus.*
Inutile, *inutilis.*
Inutilement, *frustra.*
Inviter, *invitare.*
Ioniens, *Iones, um,* m.
Iphicrate, *Iphicrates, is,* m.
Irrité, *iratus.*
Isocrate, *Isocrates, is,* m.
Issue, *exitus, us,* m.
Italie, *Italia,* f.
Ithaque, *Ithaca,* f.

J

Jacob, *Jacobus, i,* m.
Jadis, *olim.*
Jamais, *unquam.* Ne... jamais, ja

mais... ne, *nunquam.* Jamais per-
sonne ne, *nemo unquam.*
Jambe, *crus, cruris,* n.
Janus, *Janus, i,* m.
Jardin, *hortus, i,* m.
Je, *ego, mei, mihi, me.*
Jeanne, *Joanna,* f.
Jérusalem, *Hierosolyma, orum,* n.
Jésus, *Jesus, u,* m.
Jeter, *jacere, io, jeci, jactum; abji-
cere, jeci,* 317; *spargere, sparsi,*
359; *projicere,* 338. Se — (en parl.
d'un fleuve), *influere, uxi.*
Jeu, *ludus, i,* m.
Jeune homme, *juvenis, is,* m.; *ado-
lescens, entis,* m., 389. Jeunes gens,
juvenes; adolescentes, 405. Plus
jeune, *junior.*
Jeunesse, *juventus, utis,* f.
Joie, *gaudium,* n.
Joli, *lepidus.*
Joseph, *Josephus, i,* m.
Jouer, *ludere, si, sum.*
Joug, *jugum,* n.
Jouir de, *frui* (abl.).
Jour, *dies; ei,* m. f. De —, *interdiu.*
Au jour le jour, *in diem.* Un jour,
olim; aliquando, 319, 430, 431,
432. Chaque —, tous les jours,
quotidie. Il commence à faire —,
lucescit.
Judas, *Judas, æ,* m.
Juge, *judex, icis,* m.
Jugement, *judicium;* — (sagesse),
sapientia, f.
Juger, *judicare; arbitrari,* 327.
Jugurtha, *Jugurtha,* m.
Juif, *Judæus, i,* m.
Jules, *Julius, i,* m.
Julie, *Julia,* f.
Junius, *Junius, i,* m.
Junon, *Juno, onis,* f.
Jupiter, *Juppiter, Jovis,* m.
Jusqu'à, *ad* (acc.); *usque ad,* 149,
415, 421.
Juste, *justus.*
Justice, *justitia,* f.

L

Là, *ibi, eo.* Être — (être présent),
adesse.

Labiénus, *Labienus, i, m.*
Laborieux, *industrius.*
Labourer, *arare.* Sans être labouré, *inaratus.*
Laboureur, *agricola, m.*
Lac, *lacus, us, m.*
Lacédémonien, *Lacedæmonius.*
Lâcher, *emittere, misi, missum.*
Là-dessus, *tum.*
Laine, *lana, f.*
Laisser, *relinquere, liqui, lictum;* — (avec un infin.), *sinere, sivi.*
Lait, *lac, lactis, n.*
Lampe, *lucerna, f.*
Lance, *hasta, f.*
Langue, *lingua, f.*
Languissant, *languidus.*
Large, *latus.*
Largement, *large.*
Larme, *lacrima, f.*
Latin, *latinus.*
Laver, *abluere, i, utum.*
Leçon, *documentum, n.*
Lecture, *lectio, onis, f.*
Léger, *levis.*
Légion, *legio, onis, f.*
Légitime, *legitimus.*
Légume, *olus, eris, n.*
Lentement, *lente.*
Léonidas, *Leonidas, æ, m.*
Lépide, *Lepidus, i, m.*
Lequel? *quis?* lequel des deux? *uter?*
Lettre (de l'alphabet), *littera, f.;* — (missive), *epistola* ou *epistula, f.; litteræ, arum, f.,* 239, 401. — (belles-lettres), *litteræ.*
Levée, *delectus, us, m.*
Lever (se), *surgere, surrexi, rectum;* — (en parl. des astres), *oriri, ortus.*
Libéral, *beneficus.*
Libéralité, *liberalitas, atis, f.*
Liberté, *libertas, atis, f.*
Libre, *liber, era.*
Librement, *libere.*
Licteur, *lictor, oris, m.*
Lien, *vinculum, n.*
Lier, *jungere, xi, ctum,* 251.
Lieu, *locus, i, m.* Au — de, *pro* (abl.).
Lieutenant, *legatus, i, m.*
Lièvre, *lepus, oris. m.*

Ligne, *linea, f.* Ligne de bataille, *acies, ei, f.*
Limite, *terminus, i, m.*
Limiter, *finire.*
Lion, *leo, onis, m.*
Liquéfier (se), *tabescere.*
Liquide, *humor, oris, m.*
Lire, *legere, legi, lectum; lectitare,* 219, 221.
Lis, *lilium, n.*
Lit, *lectus, i, m.*
Livre, *liber, bri, m.*
Livrer, *tradere, didi, ditum.*
Loi, *lex, legis, f.*
Loin de, *procul ab.* De —, *a longinquo,* 241.
Loire, *Liger, eris, m.*
Long, *longus.*
Longer, *præterire, eo.*
Longin, *Longinus, i, m.*
Longtemps, *diu (diutius, diutissime).* Aussi longtemps, *tamdiu.* Depuis —, *jamdudum.*
Lorsque, *cum* (indic. subj.).
Louange, *laus, laudis, f.*
Louer, *laudare.*
Louis, *Ludovicus, i, m.*
Loup, *lupus, i, m.*
Lourd, *gravis.*
Lueur, *lumen, inis, n.*
Lumière, *lux, lucis, f.; lumen, inis, n.,* 273.
Lumineux, *fulgens.*
Lune, *luna, f.*
Lutte, *certamen, inis, n.; luctatio, onis, f.,* 291.
Lutter, *dimicare.*
Luxe, *luxuria, f.; luxus, us, m.* 361.
Lyon, *Lugdunum, n.*
Lyre, *lyra, f.*
Lysandre, *Lysander, dri, m.*

M

Macédonien, *Macedo, onis, m.*
Magistrat, *magistratus, us, m.*
Magistrature, *magistratus, us, m.*
Magnésie, *Magnesia, f.*
Magnifique, *magnificus (magnificentior).*
Magnifiquement, *eximie.*
Main, *manus, us, f.* En venir aux

malus, *confligere, flixi, flictum;*
dimicare, 301.
Maint, *multus.*
Maintenant, *nunc.*
Maintenir en son pouvoir, *obtinēre.*
Mais, *sed; at,* 179, 225, 432; *autem*
(après un mot), 430.
Maison, *domus, us,* f.; *tectum* 287.
De la —, *domesticus.*
Maître (qui commande), *dominus, i,*
m.; — (qui enseigne), *magister, tri,*
m.; *præceptor, oris,* m., 413; — (qui
possède), *herus, i,* m. 279. Maître
de, *compos, otis* (gén.); qui n'est
pas — de, *impotens* (gén.).
Maîtresse, *domina,* f.
1. **Mal** (le), *malum,* m.
2. **Mal** (adv.), *male (pejus, pessime).*
Malade, *æger, gra; ægrotus,* 267.
Maladie, *morbus, i,* m.
Malheur, *calamitas, atis,* f.
Malheureux, *miser, era.*
Malhonnêteté, *improbitas, atis,* f.
Malice, *malitia,* f.
Malmener, *vexare.*
Manger, *edere, edi, esum; come-*
dere.
Manière, *modus, i,* m.
Manifester, *ostendere, di, sum.* Se —
apparēre.
Manipule, *manipulus, i,* m.
Manlius, *Manlius, i,* m.
Manquer, *deesse.* Manquer de, *carēre*
(abl.).
Mantoue, *Mantua,* f.
Marais, *palus, udis,* f.
Marathon (de), *Marathonius.*
Marbre, *marmor, oris,* n. De —, *mar-*
moreus.
Marcellus, *Marcellus, i,* m.
Marchand, *mercator, oris,* m.
Marcher, *ambulare.*
Marécageux, *paluster, tris.*
Marie, *Maria,* f.
Marin, *maritimus.* Un marin, *nauta,*
m.
Marius, *Marius, i,* m.
Mars, *Mars, Martis,* m.
Marseille, *Massilia,* f.
Marteau, *malleus, i,* m.
Martyr, *martyr, yris,* m.
Massacrer, *trucidare; obtruncare,*
255.

Matelot, *nauta,* m.
Matière, *materies, ei,* f.
Matin (le), *mane.*
Matinal, *matutinus.*
Matrone, *matrona,* f.
Mauvais, *malus.*
Méchanceté, *malitia,* f.
Méchant, *malus, improbus,* 319.
Médecin, *medicus, i,* m.
Médicament, *medicamentum,* n.
Médique, *Medicus.*
Médisant, *maledicus.*
Meilleur, *melior;* le —, *optimus.*
Mêler, *miscēre, ui, mixtum.*
Membres, *membra, orum,* n.
1. **Même** (adj.), *ipse.* De lui-même,
ipse. Le —, *idem.*
2. **Même** (adv.), *etiam;* — (devant un
superl.), *vel.* De même que... de
même, *ut... ita.* Ne pas même, *ne...*
quidem.
Mémoire, *memoria,* f.
Mener, *ducere, duxi, ductum.* Me-
ner hors de, *educere ex.*
Mensonge, *mendacium,* n.
Menteur, *mendax, acis.*
Mentir, *mentiri.*
Mépriser, *contemnere, tempsi, temp-*
tum; despectare, 217; *spernere,*
sprevi, spretum, 363.
Mer, *mare, is,* n. De la —, *maritimus,*
229.
Mère, *mater, tris,* f.
Méridional, *australis.*
Mériter, *merēre,* ou *merēri.* Bien —
de, *bene merēri de* (abl.).
Message, messager, *nuntius, i,* m.
Messied (il), *dedecet, uit, ēre.*
Mesure, *modus, i,* m.
Mesurer, *metiri, mensus.*
Métier, *ars, artis,* f.
Mettre, *ponere, posui, positum.* —
au monde, *parere, io, peperi.*
S'être mis à, *cœpisse.*
Mets, *cibus, i,* m.
Meurtre, *cædes, is,* f.
Meurtrir, *contundere, tudi, tusum.*
Miel, *mel, mellis,* n.
Mieux, *melius;* le —, *optime.*
Milieu (au) de, *inter* (acc.).
Militaire, *militaris.* Art —, *res mili-*
taris.
Mille, *mille.* Deux mille, *duo millia.*

Millième, *millesimus.*
Miltiade, *Miltiades, is,* m.
Mince, *tenuis.*
Minerve, *Minerva,* f.
Minotaure, *Minotaurus, i,* m.
Misère, *miseria,* f. ; *molestia,* 301.
Mobile, *mobilis.*
Modèle, *exemplar, aris,* n.
Modération, *modestia,* f.
Mœurs, *mores, um,* m.
Moi, *ego.*
Moindre, *minor ;* le —, *minimus.*
Moins, *minus ;* le —, *minimé.* Moins
  de gens, *pauciores homines.*
Mois, *mensis, is,* m.
Moisson, *messis, is,* f. Moissons,
  messes, ium ; fruges, um, 341, 371,
  393.
Mollesse, *mollities, ei,* f.
Moment (au) que, *cum.*
Mon, *meus.*
Monarchie, *regnum,* n.
Monde, *mundus, i,* m. ; — (la terre),
  orbis terræ. Tout le —, *omnes.*
Monnaie (pièce de), *nummus, i,* m.
Montagne, *mons, montis,* m.
Monter, *ascendere, di, sum.*
Montrer, *ostendere, di, sum ; mons-*
  trare.
Mordre, *mordère, momordi.*
1. Mort (la), *mors, mortis,* f. Mettre
  à —, *occidere, cidi, cisum ; necare,*
  201.
2. Mort (un), *mortuus.*
Mortel (qui meurt), *mortalis ;* — (qui
  donne la mort), *letalis.*
Mot, *verbum,* n. ; *vocabulum,* 269.
Motif, *causa,* f.
Mouche, *musca,* f.
Mouiller, *madefacere, io, feci, fac-*
  tum.
Mourir, *mori, ior, mortuus ; decede-*
  re, cessi, 265, 310 ; *defungi, func-*
  tus, 375 ; *interire, eo,* 383. Faire —,
  occidere, cidi, cisum.
Mouvement, *motus, us,* m.
Mouvoir, *movère, movi, motum.*
Moyen, *modus, i,* m.
Muet, *mutus.* Etre —, *silère.*
Multitude, *multitudo, inis,* f.
1. Mur, *murus, i,* m.
2. Mûr, *maturus.*
Muraille, *murus, i,* m.

Muse, *musa,* f.
Mutuel, *mutuus.*

N

Naissance, *ortus, us,* m. ; — (famille),
  genus, eris, n.
Naître, *nasci, natus ; oriri, ortus,* 421.
  Faire —, *conciliare.*
Naples, *Neapolis, is,* f.
Nation, *gens, gentis,* f.
Nature, *natura,* f.
Naturel, *insitus naturâ.*
Naturellement, *naturâ.*
Naufrage, *naufragium,* n.
Navigation, *navigatio, onis,* f.
Ne, ne pas, *non.* Ne ... que (équivaut
  à seulement), *solum, tantum.*
Nécessaire, *necessarius.* Il est —,
  necesse est, 231, 289, 291.
Nécessité, *necessitas, atis,* f.
Négligence, *negligentia,* f.
Négliger, *negligere* ou *neglegere, ne-*
  glexi, neglectum.
Neige, *nix, nivis,* f.
Népos, *Nepos, otis,* m.
Néron, *Nero, onis,* m.
Nerviens, *Nervii, orum,* m.
Neuf, *novem.*
Neuvième, *nonus.*
Ni, *nec, neque.*
Nid, *nidus, i,* m.
Nier, *negare ; inficiari,* 355.
Noble, *nobilis.*
Noblement, *egregie.*
Noblesse, *nobilitas, atis,* f.
Noé, *Noemus, i,* m.
Nœud, *nodus, i,* m.
Noir, *niger, gra.*
Noix, *nux, nucis,* f.
Nole, *Nola,* f.
Nom, *nomen, inis,* n.
Nombre, *numerus, i,* m. Un grand
  — de, *magnus numerus ; plurimi.*
Nombreux, *multi, æ, a.*
Nommer, *nominare ;* — (à une fonc-
  tion), — *creare ; facere,* 405.
Non, *non.* Non pas... mais, *non...*
  sed. Dire —, *negare.*
Nonchalance, *segnities, ei,* f.
Notion, *notitia,* f.
Notre, le nôtre, *noster, tra.*

Nourrice, *nutrix, icis,* f.
Nourrir, *alere, alui; nutrire.* Se —
de, *vesci* (abl.).
Nourriture, *cibus, i,* m.; *esca,* f.,
401.
Nous, *nos.*
Nouveau, *novus.* De —, *rursus.*
Nu, *nudus.*
Nuire, *nocēre* (dat.); *obesse,* 165,223.
Nuisible, *noxius.*
Nuit, *nox, noctis,* f. Pendant la —,
noctu. Passer la —, *pernoctare.*
Nul, *nullus.*
Nullement, *minime.*
Numa, *Numa,* m.
Numides, *Numidæ, arum,* m.
Numidie (de), *Numidicus.*

O

Obéir, *parēre; obtemperare,* 179,
188; *obœdire,* 277.
Objet, *res, rei,* f.
Obscurité, *umbra,* f.
Obscurcir, *obscurare.*
Observer, *observare.*
Obstacle, *impedimentum,* n. Faire
—, *obesse.*
Obtenir, *impetrare; assequi, cutus,*
34.
Occasion, *occasio, onis,* f.
Occuper, *occupare.* S'occuper de,
tractare (acc.); *curare* (acc.), 221,
413.
Océan, *Oceanus, i,* m.
Octave, *Octavius, i,* m.
Octroyer, *impertire.*
Odieux, *invisus.*
Odyssée, *Odyssea,* f.
Œil, *oculus, i,* m.
Œuf, *ovum,* n.
Œuvre, *opus, eris,* n.
Offenser, *lædere, si, sum.*
Offrir, *offerre, obtuli; exhibēre,* 245.
Oie, *anser, eris,* m.
Oiseau, *avis, is,* f.
Oisif, *otiosus.*
Oisiveté, *otium,* n.; *inertia,* f., 561.
Olivier, *oliva,* f.
Olympe, *Olympus, i,* m.
Olympie, *Olympia,* f.
Ombre, *umbra,* f.

Ombrage, *umbra,* f.
On lit, *legitur.* On aime la vertu,
virtus amatur.
Onde, *unda,* f.
Opiniâtre, *pertinax, acis.*
Opinion, *opinio, onis,* f.
Opportun, *opportunus.*
Opulence, *opes, um,* f.
Or, *aurum,* n. D'or, *aureus.*
Oracle, *oraculum,* n.
Orage, *tempestas, atis,* f.
Orateur, *orator, oris,* m.
Ordinaire, *assuetus.* D'—, *plerumque.*
Ordonnance, *edictum,* n.
Ordonner à quelqu'un de, *jubere
aliquem* (infin.).
Ordre, *ordo, inis,* m.; — (comman-
dement), *imperium,* n. Par l'ordre
de, *jussu.*
Oreille *auris, is,* f.
Organe, *index, icis,* m.
Orge, *hordeum,* n.
Orgueil, *superbia,* f.
Orgueilleux, *superbus.*
Ormeau, *ulmus, i,* f.
Orné, *ornatus.*
Ornement, *ornamentum,* n.
Orner, *ornare.*
Orphée, *Orpheus, i,* m.
Os, *os, ossis,* n.
Oser, *audēre, ausus sum.*
Otage, *obses, idis,* m.
Oter, *auferre, abstuli, ablatum;
detrahere, traxi, tractum,* 275; —
(un vêtement), *exuere.*
1. Où, *ubi, quo.* Par où, *qua.* D'où,
unde. N'importe où, *ubivis.*
2. Ou, *aut; vel,* 221. — (après une
interrog.), *an.*
Oublier, *oblivisci, oblitus* (acc. gén.).
Oublieux, *immemor, oris.*
Oui, *etiam.* Dire —, *aio.*
Ours, *ursus, i,* m.
Outil, *instrumentum,* n.
1. Outre (une), *uter, utris,* m.
2. Outre, *præter* (acc.). En —, *præ-
terea.*
Ouvert, *apertus.* Être —, *patēre.*
Ouvrage, *opus, eris,* n.
Ouvrier, *faber, bri,* m.
Ouvrir, *aperire, aperui, apertum
patefacere, io, feci, factum,* 379
S'ouvrir, *patefieri.*

P

Page (une), *pagina*, f.
Païen, *paganus*.
Pain, *panis*, *is*, m.
Paisible, *tranquillus*.
Paître (faire), *pascere, pavi, pastum*.
Paix, *pax, pacis*, f.
Palais, *ædes, ium*, f.
Palestine, *Palæstina*, f.
Paon, *pavo, onis*, m.
Par se rend par l'ablatif. Créé par Dieu, *a Deo creatus.*
Paraître, *videri, visus.*
Parc, *horti, orum*, m.
Parce que, *quod*; *quia*, 229, 285, 355.
Parcourir, *perlustrare.*
Pardon, *venia*, f.
Pardonner, *ignoscere, ovi, otum.*
Parents (père et mère), *parentes, um*, m.
Paresse, *pigritia*, f.
Paresseux, *piger, gra.*
Parfait, *perfectus.*
Parfois, *aliquando.*
Parfum, *odor, oris*, m.
Paris, *Lutetia*, f.
Parisien, *Parisius.*
Parjurer (se), *pejerare.*
Parler de, *loqui, locutus de* (abl.); *dicere, dixi*, 339.
Parmi, *inter* (acc.).
Parole (une), *verbum, n.*; — (langage), *oratio, onis*, f.
Paros (de), *Parius.*
Part, *pars, partis*, f. Faire — de, *impertire.* Prendre — à, *interesse* (dat.). Nulle —, *nusquam.*
Partage (recevoir en), *sortiri.*
Partager, *partiri*; — en, *in* (acc.).
Parthes, *Parthi, orum*, m.
Parti, *partes, ium*, f.
Particulier, *privatus.*
Partie, *pars, partis.*
Partir, *proficisci, profectus*; — pour, *in* (acc.).
Partout, *ubique.*
Parure, *ornatus, us*, m.
Parvenir, *pervenire, veni, ventum.*
Passer, *transire, eo*; — (le temps), *consumere, sumpsi, sumptum*; *agere, egi, actum*, 251. Passé,

præteritus. Faire —, *transvehere vexi*, 261.
Passereau, *passer, eris*, m.
Passion, *cupiditas, atis*, f.; *affectus, us*, m. 245.
Pasteur, *pastor, oris*, m.
Patient, *patiens.*
Patricien, *patricius.*
Patrie, *patria.*
Patrimoine, *res familiaris.*
Patrocle, *Patroclus, i*, m.
Pâture, *pastus, us*, m.
Paul, *Paulus, i*, m.
Pausanias, *Pausanias, æ*, m.
Pauvre, *pauper, eris.* Etre —, *egēre*, 375.
Pauvreté, *paupertas, atis*, f.
Payer, *solvere, i, lutum*; *persolvere*, 275.
Pays, *regio, onis*, f. Mon —, *mea patria.*
Paysan, *agrestis, is*, m.
Péché, *peccatum, n.*
Pécher, *peccare.*
Pécheur, *peccator, oris*, m.
Peigner, *comere, compsi, comptum.*
Peindre, *pingere, pinxi, pictum.*
Peine, *opera, f.*; — (châtiment), *pœna*, f. A peine, *vix.*
Pélopidas, *Pelopidas, æ*, m.
Peloponèse (du), *Peloponnesiacus.*
Pénates, *Penates, ium*, m.
Penché, *pronus.*
Pendant, *per* (acc.). Pendant que, *dum* (indic.).
Pénible, *gravis.*
Pensée, *cogitatio, onis, f.*; *mens, mentis*, f. 58, 275.
Penser, *putare*; *arbitrari*, 327.
Perdiccas, *Perdiccas, æ*, m.
Perdre, *amittere, misi, missum*; *pessumdare, dedi, datum*, 347.
Père, *pater, tris*, m. — de famille, *paterfamilias, patrisfamilias*, m. Beau-père, *socer, eri*, m.
Pérégrination, *error, oris*, m.
Péril, *periculum, n.*; *discrimen, inis, n.*
Périlleux, *periculosus.*
Périr, *perire, eo.* Faire —, *consumere, sumpsi*, 255; *interficere, io, feci*, 333; *necare*, 425.
Périssable, *caducus.*

Permis, licitus. Il est — de, licet (infin.).
Perroquet, psittacus, i, m.
Perses, Persæ, arum, m.
1. Personne (de la Sainte Trinité), persona, f.
2. Personne... ne, nemo, m.; — (sans négation), quisquam. Et personne ne, neque quisquam. Personne ne... jamais, nemo unquam.
Persuader, persuadēre, suasi, suasum.
Persuasion, persuasio, onis, f.
Perte, pernicies, ei, f.
Pervers, pravus.
Peste, pestilentia, f.
Petit, parvus (minor, minimus). Un — (des animaux), pullus, i, m.
Petitesse, brevitas, atis, f.
Peu, parum. Très peu, minime. Peu de vin, parum vini. — Peu de gens, pauci homines, ou simplement pauci. Très peu de gens, paucissimi homines. Un peu, paulum. Peu à peu, paulatim ou paullatim.
Peuple, pŏpulus, i, m.
Peuplé, celeber, bris.
Peuplier, populus, i, f.
Peur, timor, oris, m. Avoir —, timēre; pavēre, 391. De — que, ne (subj.).
Peut-être, forte; fortasse, 409.
Pharisien, Pharisæus, i, m.
Pharnace, Pharnaces, is, m.
Phéniciens, Phœnices, um, m.
Philippe, Philippus, i, m.
Philosophe, philosophus, i, m.
Philosophie, philosophia, f.
Phocéens, Phocenses, ium, m.
Pièces (mettre en), lacerare.
Pied, pes, pedis, m. De —, pedester, tris. Au — de, sub (abl.).
1. Pierre (une), lapis, idis, m.
2. Pierre, Petrus, i, m.
Piété, pietas, atis, f.
Pieux, pius.
Pigeon, columba, f.
Pilote, gubernator, oris, m.
Pirate, pirata, m.
Pire, pejor; le —, pessimus.
Pirée, Piræus, i, m.
Pitié (avoir) de, miserēri; miseritus sum (gén.); me miseret (gén.) 391.
Pittoresque, amœnus.
Place, locus, i, m. — (de guerre); place forte, oppidum, n.
Placer, collocare.
Plaindre (se), dolēre; queri, questus.
Plaine, campus, i, m.
Plainte, querela, f.
Plaire, placēre; Il plaît, libet, 391.
Plaisanterie, jocus, i, m.
Plaisir, voluptas, atis, f.
Planter, serere, sévi, satum; plantare, 221.
Platéen, Plataeensis.
Platon, Plato, onis, m.
Plaute, Plautus, i, m.
Pleurer, flēre, flevi, fletum.
Plier (sens neutre), flecti, flexus, 35?.
Plonger, mergere, mersi, mersum; — dans, in (acc.).
Pluie, pluvia, f.; imber, bris, m. 283, 347, 383, 403.
Plume, penna, f.
Plupart (la), plerique.
Plus, magis; plus, 259; amplius, 285. Plus de gens, plures. Le plus, maxime; plurimum, 413. Bien plus, immo. Ne plus, jam non.
Plusieurs, multi; plures; nonnulli, 525.
Plutôt, magis; — que, magis quam, 261.
Poème, poema, atis, n.; carmen, inis, n. 319.
Poésie, poesis, is, f.
Poète, poeta, m.
Poids, pondus, eris, n.
Poire, pirum, n.
Poirier, pirus, i, f.
Poison, venenum, n.
Poisson, piscis, is, m.
Poitrine, pectus, oris, n.
Politique, civilis.
Polycrate, Polycrates, is, m.
Pomme, malum, n.
Pompe, funus, eris, n.
Pompée, Pompeius, i, m.
Pont, pons, pontis, m.
Porséna, Porsena, m.
Port, portus, us, m.

Porte (de maison), *janua, f.*; — (de ville, d'un camp), *porta, f.*; *ostium* 347.
Porter, *ferre, tuli, latum; portare,* 259; *gerere, gessi, gestum,* 363. Se bien —, *valère.*
Poser, *ponere, posui, positum.*
Position, *locus, i, m.*
Posséder, *possidère, sedi, sessum.*
Possesseur, *possessor, oris, m.*
Poste, *locus, i, m.*
Postérité, *posteri, orum, m.*
Poule, *gallina, f.*
Poulet, *pullus, i, m.*
Pour se rend par le datif en général; — (en faveur de), *pro* (abl.); — (à cause de), *ob* (acc.); — (devant un infin.), *ad* et le gérondif en *dum,* ou *ut* et le subjonctif, 335, 379. Pour que, *ut* (subj.).
Pourceau, *sus, suis, m.*
Pourquoi, *cur?* C'est —, *propterea.*
Pourri, *puter, tris.*
Poursuivre, *persequi, cutus.*
Poussière, *pulvis, eris, m.*
1. Pouvoir (le) *potestas, atis, f.*; *facultas, atis, f.,* 235; *imperium, n.,* 423. Au — de, *penes* (acc.).
2. Pouvoir, *posse; quire,* 385. Ne — pas, *non posse; nequire,* 385.
Pratiquer, *colere, colui, cultum.*
Pré, *pratum, n.*
Précepte, *praeceptum, n.*
Précepteur, *praeceptor, oris, m.*
Précieux, *pretiosus.*
Précipiter, *dejicere, io, jeci, jectum.*
Prédire, *praedicere, dixi, dictum.*
Préférable à, *praestantior* (abl.).
Préférer, *anteponere, posui, positum.*
Premier, *primus.* Le — venu, *quivis, quilibet.*
Prendre, *capere, io; cepi, captum; sumere, sumpsi, sumptum,* 257. — d'assaut, *expugnare.*
Préparer, *parare; comparare,* 411.
Près de, *juxta* (acc.); *prope* (acc.), 421; *apud.*
Prescrire, *praecipere, cepi, ceptum.*
Présence, *conspectus, us, m.*
1. Présent (un), *munus, eris, n.*
2. Présent (adj.), *praesens.* Être —, *adesse.*

Présenter, *praebère.*
Préserver, *servare.*
Présider, *praesidère, sedi.*
Presque, *fere; prope,* 331; *paene,* 403.
Prêt, *paratus.*
Prêter, *praebère.*
Préteur, *praetor, oris, m.*
Prêtre, *sacerdos, otis, m.*
Prévoyance, *prudentia, f.*
Priam, *Priamus, i, m.*
Prier, *orare.* — que, *ut* (subj.). Je vous en prie, *quaeso.*
Prières, *preces, cum, f.*
Prince, *princeps, ipis, m.*
Printemps, *ver, veris, n.*
Prison, *carcer, eris, m.*
Prisonnier, *captivus.* Faire —, *capere, io; cepi, captum.*
Privé (particulier), *privatus.*
Prix, *pretium, n.*
Probité, *probitas, atis, f.*
Procès, *lis, litis, f.*
Procurer, *conciliare; praebère,* 239, 241.
Productif, *locuples, etis.*
Produire, *ferre, tuli, latum; creare; efferre,* 393.
Professeur, *praeceptor, oris, m.*
Profit, *utilitas, atis, f.*; *fructus, us, m.,* 341.
Profiter à, *prodesse, prosum.*
Profondeur, *altitudo, inis, f.*
Progrès (faire des), *proficere, io, feci.*
Proie, *praeda, f.*
Promener, *circumferre.* Se —, *ambulare.*
Promettre, *promittere, misi, missum; polliceri,* 333.
Promptement, *celeriter.*
Pronom, *pronomen, inis.*
Propos (à), *opportune.* Mal à propos, *prave.*
Proposer, *censère, ui, censum.*
Propre, *aptus.* Son propre, *suus.* C'est le — de, *proprium est.*
Prospère, *prosper, era.*
Prospérité, *res secundae, f. pl.*
Protéger, *tuèri; tutari.*
Providence, *providentia, f.*
Prudence, *prudentia, f.*; *consilium, n.*

Ptolémée, *Ptolemæus, i,* m.
Public, *publicus.*
Publicain, *publicanus, i,* m.
Publier, *prædicare.*
Puis, *deinde.*
Puiser, *haurire, hausi, haustum.*
Puisque, *quoniam* (indic.); *cum* (subj.), 295, 395.
Puissance, *potentia,* f.; *potestas, atis,* f., 251, 329, 421.
Puissant, *potens; validus.*
Punir, *punire;* — de, *afficere, io, feci* (abl.), 312, 313.
Punition, *pœna,* f.
Pur, *purus.*
Pyrrhus, *Pyrrhus, i,* m.
Pythagoricien, *Pythagoricus, i,* m.

Q

Qualité, *virtus, utis,* f.; *dos, dotis,* f. 361.
1. Quand? *quando?*
2. Quand, *cum* (ind. subj.); *quando* (indic.), 241.
Quantité, *copia,* f., *vis, vim, vi,* f.
Quarantième, *quadragesimus.*
Quatorzième, *quartus decimus.*
Quatre, *quatuor* ou *quattuor.*
Quatre-vingt-dix, *nonaginta.*
Quatre-vingtième, *octogesimus.*
Quatrième, *quartus.*
Que (combien), *quam; quantum.* — (après un comparatif), *quam.*
Quel (exclamatif), *quantus.*
Quelconque, *quilibet, quivis.*
Quelque, *aliquis; quisquam.* Quel-qu'un, *aliquis.* Quelque...que (avec un nom), *quicumque.* Quelque grand que, *quantuscumque.* De quelque nature que, *qualiscumque.* En quelque nombre que, *quotquot.*
Quelquefois, *aliquando.*
Queue, *cauda,* f.
1. Qui (relatif), *qui, quæ, quod.* Ce-lui qui, *is qui* ou simplement *qui.* Ce qui, ce que, *quod; quæ,* 283, 317, 339; *ea quæ,* 343. Tout homme qui, *quisquis;* tout ce qui, *quid-quid; omnia quæcumque,* 335.
2. Qui (interrogatif), *quis?* Qui donc? *Quisnam?* Qu'est-ce? *quid?*

Quiconque, *quicumque; quisquis.*
Quinte-Curce, *Q. Curtius (Quintus Curtius).*
Quinze, *quindecim.*
Quirite, *Quiris, itis,* m.
Quitter, *relinquere, liqui, lictum; migrare ex* (abl.).
Quoique, *quanquam* (indic.)

R

Rabattre, *contundere, tudi, tusum.*
Race, *progenies, ei,* f.; *genus, eris,* n. 217.
Racheter, *redimere, emi, emptum; emendare.*
Raconter, *narrare;* — (par écrit), *describere, psi.*
Rage, *rabies, ei,* f.
Railler, *irridere, risi, risum.*
Raisin, *uva,* f.
Raison, *ratio, onis,* f.; — (motif), *causa,* f. Avec, — *merito.*
Rame, *remus, i,* m.
Rameur, *remex, igis,* m.
Ramener, *reducere, duxi, ductum; revocare; redigere, egi, actum,* 251.
Rang, *ordo, inis,* m. Le premier — *principatus, us,* m.
Rapace, *rapax, acis.*
Rapide, *rapidus; celer, eris.*
Rapporter, *referre; commemorare,* 233.
Rare, *rarus.*
Rarement, *raro.*
Raser (une ville), *solo exæquare.*
Rassasier, *satiare.*
Rat, *mus, muris,* m.
Ratifier, *sancire, sanxi, sanctum.*
Ravager, *vastare.*
Ravir, *rapere, io, rapui, raptum.*
Réalité (en), *revera.*
Rebelle, *seditiosus.*
Recevoir, *accipere, io, cepi, ceptum;* — de, *ab* (abl.). Bien — *benigne excipere.*
Rechercher, *petere, ivi, itum,* 361.
Récolter, *colligere, legi, lectum.*
Recommandation, *præceptum,* n.
Recommander, *commendare.*
Recommencer, *renovare.*

Récompense, præmium, n.; merces, edis, f. 273.

Reconnaissance, gratia, f.

Reconnaître, agnoscere, novi, agnitum.

Récréer (se), delectari.

Reculer, loco cedere, cessi.

Redoutable, timendus; gravis, 341.

Redouter, timère.

Réduire, redigere, egi, actum.

Réfugier (se), confugere, io, fugi.

Refuser, negare; denegare; invidère, vidi, visum, 331. — de, nolle; recusare, 295.

Regarder, spectare; tuèri, 375. — comme, habère.

Région, regio, onis, f.

Règle, præceptum, n.

Règne, imperium, n.

Régner, regnare.

Régulièrement, ordinate.

Régulus, Regulus, i, m.

Reine, regina, f.

Rejeter, aspernari, 331.

Réjouir, delectare. Se — gaudère, gavisus sum (abl.).

Relâcher, solvère, i, lutum.

Relever, restituere.

Religieux, religiosus.

Religion, religio, onis, f.

Reluire, micare, ui.

Remarquable, conspicuus; insignis.

Remède, remedium, n.

Remords, pænitentia, f.

Remparts, mœnia, ium, n.; — (au figuré), præsidium.

Remplir, implère, evi, etum; complère.

Remporter, reportare.

Renard, vulpes, is, f.

Rencontrer, occurrere, i; nancisci, nactus, 365, 375.

Rendre, reddere, didi, ditum; — (faire devenir), facere, io, feci.

Renommée, fama, f.

Renverser, evertere, ti, sum; dejicere, io, jeci, jectum, 271.

Renvoyer à, remittere, misi, missum ad (acc.).

Repaire, receptaculum, n.

Répandre, effundere, fudi, fusum.

Repas, cena, f.

Repentant, pænitens.

1. Repentir, pænitentia, f.

2. Repentir (se), me pænitet (gén.).

Répéter, dictitare.

Répit, commeatus, us, m.

Répondre, respondère, di, sum; responsare, 211.

Repos, requies, etis, f.; otium n. 430. En —, quietus.

Reposer, quiescere, evi; — sur, nisi, nisus; in.

Reprendre (réprimander), reprehendere, di, sum.

Réprimer, coercère.

Réprouver, reprobare.

République, respublica, reipublicæ.

Réputation, fama, f.

Résoudre de, statuere; instituere; 259.

Respect, reverentia, f.

Respecter, venerari; verèri, 333; servare, 223.

Ressemblance, similitudo, inis, f.

Restant, reliquus.

Reste (le), reliqui, æ, a; le — de, reliquus.

Rester, manère, mansi; remanère, 401; — (être de reste), superesse.

Rétablir, restituere.

Retenir, retinère, ui, tentum; continère.

Retentir, sonare, ui, itum.

Retirer (se), recedere, cessi; concedere, 263; discedere, 345; se recipere, 399; decedere ex, 397.

Retour, reditus, us, m. De —, redux, ucis.

Retranchement, vallum, n.

Retrancher, demere, dempsi, demptum ex (abl.).

Revenir, redire, eo; reverti, reversus sum ou reverti, 335, 375, 419.

Revêtir de, induere (abl.).

Révolution (des astres), circuitus, us, m.

Rhin, Rhenus, i, m.

Rhodien, Rhodius.

Rhône, Rhodanus, i, m.

Riche, dives, itis.

Richesse, richesses, divitiæ, arum, f.

Ridicule (tourner en), illudere, lusi.

Rien (sans négation), quidquam.

Rien ne, ne... rien, nihil, n. De rien, nullius rei.

Rigide, *rigidus.*
Rire, *ridere, risi, risum.*
Rivage, *litus, oris,* n.; *ora,* f. 418.
Rivale, *æmula,* f.
Rive, *ripa,* f.
Rivière, *flumen, inis,* n.
Robuste, *robustus.*
Roche, rocher, *rupes, is,* f.
Roi, *rex, regis,* m.
Romain, *romanus.*
Rome, *Roma,* f.
Rompre, *rumpere, rupi, ruptum.*
Rond, *rotundus.*
Ronger, *exedere, edi, esum.*
Rose, *rosa,* f.
Roseau, *calamus, i,* m.
Rossignol, *luscinia,* f.
Rôtir, *torrere, ui, tostum.*
Rouge, *ruber, bra.*
Rougir, *erubescere, bui;* me pudet,
  391.
Rouler, *volvere, i, lutum;* — (sens
  neutre), *volvi.*
Route, *via,* f.
Royal, *regius.*
Royaume, *regnum,* n.
Rude, *rusticus.*
Ruine, *interitus, us,* m.
Ruiner, *solvere, vi, lutum.*
Ruisseau, *rivus, i,* m.
Ruse, *dolus, i,* m.
Rusé, *callidus.*

S

Sacré, *sacer, cra.*
Sacrifier, *sacrificare.*
Sage, *sapiens; prudens,* 425. Être —,
  sapere, io, ivi, 357.
Sagesse, *sapientia,* f.
Sagontins, *Saguntini, orum,* m.
Sain, *saluber, bris.*
Saint, *sanctus.*
Saisir, *arripere, io, ripui; reptum;*
  occupare, 217; *complecti, plexus,*
  359.
Saison, *tempus, oris,* n.
Salamine (de), *Salaminius.*
Salé, *salsus.*
Saleté, *incultus, us,* m.
Salien, *Salius.*
Salle, *conclave, is,* n.

Salluste, *Sallustius, i,* m. De —, *Sal-*
  lustianus.
Salomon, *Salomon, onis,* m.
Salubre, *saluber, bris.*
Saluer, *salutare.*
Salut, *salus, utis,* f.
Salutaire, *saluber, bris; salutaris,*
  347.
Samnites, *Samnites, ium,* m.
Sang, *sanguis, inis,* m.
Sanglier, *aper, apri,* m.
Sans, *sine* (abl.).
Santé, *valetudo, inis,* f.
Saône, *Arar, aris,* m.
Sardes, *Sardes, ium,* f.
Sarment, *sarmentum,* n.
Satellite, *satelles, itis,* m.
Sauvegarde, *tutela,* f.
Sauver, *servare.*
Sauveur, *Servator, oris,* m.
Savant, *doctus.*
Saveur, *sapor, oris,* m.
Savoir, *scire; novisse, novi.* Ne pas
  —, *nescire.*
Science, *scientia,* f.; *disciplina,* f.
Scipion, *Scipio, onis,* m.
Scythes, *Scythæ, arum,* m.
Second, *secundus.*
Secourir, *auxiliari* (dat.); *adesse*
  (dat.), 198.
Secours, *auxilium,* n.; *subsidium,*
  n. 377.
Sédition, *seditio, onis,* f.
Séduire, *delenire.*
Seigneur, *Dominus, i,* m.
Sein, *pectus, oris,* n.
Seine, *Sequana,* m.
Séjour, *domicilium,* n.
Sel, *sal, salis,* n.
Selon, *pro* (abl.).
Semaine, *hebdomas, adis,* f.
Semblable, *similis.*
Sembler, *videri, visus.*
Sénat, *senatus, us,* m.
Sénateur, *senator, oris,* m. Les
  sénateurs, *Patres.*
Sens, *sensus, us,* m. — (direction),
  pars, partis, f. Dans tous les —,
  in omnes partes.
Sentiment, *sensus, us,* m.
Sentir, *sentire, sensi.*
Séparer, *separare.*
Sept, *septem.*

Septembre, *september, bris,* m.

Septième, *septimus.*

Septime, *Septimius, i.* m.

Séquanes, *Sequani, orum,* m.

Serment, *jusjurandum, jurisju-
randi,* n.

Service, *beneficium,* n.

Servile, *servus.*

Servir (être utile), *prodesse ;* — (quelqu'un) *servire* (dat.) ; — (un mets),
apponere, posui, positum. Se —
de, *uti, usus* (abl.).

Serviteur, *famulus, i,* m. ; *servus,
i,* m., 273, 283.

Servius, *Servius, i,* m.

Sesterce, *sestertius, i,* m.

Seul, *solus.* Un seul, *unus.*

Seulement, *tantum, solum.* Alors
seulement, *tum demum.* Non —,
mais encore, *non solum, non tantum... sed etiam; non modo... sed
etiam,* 303.

Sévère, *severus; gravis,* 315.

Sévir, *saevire.*

1. Si (adv.), *tam.*

2. Si (conj.), *si.* Si ne pas, *nisi.* Je
demande si, *quaero num* (subj.).

Sicile, *Sicilia,* f.

Siège, *sedes, is,* f. ; — (d'une ville),
obsidio, onis, f.

Sien, le sien, *suus.*

Signe, *signum,* n.

Silence, *silentium,* n.

Simple, *simplex, icis.*

Simulacre, *simulacrum,* n.

Situation (d'une personne), *condicio,
onis,* f.

Six, *sex.*

Sixième, *sextus.*

Sobre, *sobrius.*

Société, *societas, atis* f.

Socrate, *Socrates, is,* m.

Sœur, *soror, oris,* f.

Soi, *sui, sibi, se.*

Soif, *sitis, is,* f. Avoir, — *sitire.*

Soigneusement, *accurate; diligenter,*
407, 411 ; *studiose,* 267.

Soin, *cura,* f. Avec, — *diligenter;
cum cura,* 277.

Soir (le), *vespere.*

Soixante, *sexaginta.*

Soixantième, *sexagesimus.*

Soixante-dix, *septuaginta.*

Soixante-dixième, *septuagesimus.*

Sol, *solum,* n.

Soldat, *miles, itis,* m.

Soleil, *sol, solis,* m.

Solide, *firmus.*

Solitude, *solitudo, inis,* f.

Sommeil, *somnus, i,* m.

Sommet, *culmen, inis,* n.

1. Son, *suus.*

2. Son (le), *sonus, i,* m.

3. Son (de blé), *furfures, um,* m.

Songer à, *cogitare* (acc.) ; *consulere,
ui, ltum* (dat.).

Sonore, *canorus; clarus,* 269.

Sophocle, *Sophocles, is,* m.

Sort, *sors, sortis,* f. Tirer au —, *sortiri.*

Sorte, *genus, eris,* n. De telle — que,
ita ut (subj.).

Sortir, *egredi, ior, egressus; exire,
eo,* 423. Faire —, *elicere, io, cui,*
359.

Sot, *stultus.*

Sottise, *stultitia,* f.

Souci, *cura,* f.

Soudain, *subito.*

Souffler, *flare.*

Souffrir, *pati, ior, passus.* — de,
laborare (abl.).

Souhaitable, *optabilis.*

Souhaiter, *optare.*

Soulager, *opitulari* (dat.).

Soulèvement, *tumultus, us,* m.

Soulever, *movere,* 349; *moliri,* 139,
341.

Soumettre, *debellare.*

Souper, *cena,* f.

Source, *fons, fontis,* m.

Sous, *sub* (abl.).

Soutenir, *sustinere, nui.*

1. Souvenir (le), *memoria,* f.

2. Souvenir (se), *recordari* (acc.) ; *meminisse* (acc.); *memor sum* (gén.),
223, 227, 293.

Souvent, *saepe (saepius, saepissime).*

Sparte, *Sparta,* f.

Spartiate, *Spartiates, ae,* m.

Spectacle, *spectaculum,* n.

Spirituel, *facetus.*

Statue, *statua,* f.

Studieux, *studiosus.*

Subir un châtiment, *poenas luere;
poenas dare, dedi, datum.*

Subsister, *stare, steti, statum;* per-
manère, *mansi,* 415.
Succès, *successus, us,* m. Avec —,
feliciter.
Succomber, *occumbere, cubui.*
Sucré, *dulcis.*
Sueur, *sudor, oris,* m.
Suffire, *satis esse.*
Suffisamment, *satis.*
Suffrage, *suffragium,* n.
Suite (dans la), *postea.*
Suivre, *sequi, secutus.*
Sujet (au) de, *de* (abl.).
Sujétion, *servitus, utis,* f.
Supplice, *supplicium,* n.
Suppliant, *supplex, icis.*
Supporter, *ferre; tolerare,* 221, 285.
Suprême, *summus.*
1. Sur, *in* (abl. acc.) ; — (au sujet de)
de (abl.).
2. Sûr, *tutus.*
Surnommer, *cognominare.*
Surpasser, *superare.*
Surtout, *maxime; imprimis.*
Survivre, *superesse; superstes sum.*
Suspendu (être) à, *pendère, pependi,
ex* (abl.).
Sylla, *Sulla,* m.
Syracuse, *Syracusæ, arum,* f.

T

Tacite, *Tacitus, i,* m.
Tâcher de, *niti, nisus* (inf.), 361.
Taille, *corpus, oris,* n.
Taire, *tacère.* Se —, *tacère.*
Talent, *facultas, atis,* f. 339 ; *peritia,*
f. 267.
Tanière, *latibulum,* n.
Tant que, *quamdiu,* 229, 401.
Tantôt... tantôt, *modo... modo; nunc...
nunc.*
Tapage, *tumultus, us,* m.
Tard, *sero.* Plus tard (dans la suite),
postea.
Tarente, *Tarentum,* n. De —, *Ta-
rentinus.*
Tarentins, *Tarentini, orum,* m.
Tarpéien, *Tarpeius.*
Tarquin, *Tarquinius i,* m.
Tarse, *Tarsus, i,* f.
Tartare, *Tartarus, i,* m.

Taureau, *taurus, i,* m.
Te, *te, tibi.*
Tel que, *talis qualis.* De telle sorte
que, *ita ut* (subj.).
Tellement que, *adeo ut* (subj.) ; *ita
ut* (subj.), 430.
Téméraire, *temerarius.*
Témérité, *temeritas, atis,* f.
Tempête, *procella,* f.
Temple, *templum,* n.; *ædes, is,* f.
Temps, *tempus, oris,* n. Mauvais —,
tempestas, atis, f. En peu de —,
brevi. De — en —, *interdum.* En
tout —, *omni tempore.*
Tendre, *tener, era.*
Tenir, *tenère, ui.* — bon, *stare, ste-
ti.* Se —, *sedère, sedi,* 419.
Tente, *tabernaculum,* n.
Tenter, *tentare; moliri,* 339.
Térence, *Terentius, i,* m.
Terre, *terra,* f. A —, *humi.*
Terrestre, *terrester, tris.*
Terreur, *terror, oris,* m.
Territoire, *ager, agri,* m.
Testament, *testamentum,* n.
Tête, *caput, itis,* n. Être à la — de,
præcsse (dat.).
Thalès, *Thales, etis,* m.
Théâtre, *theatrum,* n.
Thébain, *Thebanus.*
Thèbes, *Thebæ, arum,* f.
Thémistocle, *Themistocles, is,* m.
Théodose, *Theodosius, i,* m.
Thésée, *Theseus, i,* m.
Thétis, *Thetis, idis,* f.
Thraces, *Thraces, um,* m.
Thrasybule, *Thrasybulus, i,* m.
Thucydide, *Thucydides, is,* m.
Tibère, *Tiberius, i,* m.
Tibre, *Tiberis, is,* m.
Tiers, *tertia pars.*
Tigellin, *Tigellinus, i,* m.
Tigre (animal), *tigris, idis,* f. —
(fleuve), *Tigris, idis,* m.
Timide, *timidus.*
Timothée, *Timotheus, i,* m.
Tirer, *trahere, traxi, tractum; strin-
gere, strinxi, strictum,* 359. — de,
promere, prompsi ex, 257.
Tisser, *nère, nevi,* 233.
Tite-Live, *Titus Livius.*
Titus, *Titus, i,* m.
Toge, *toga,* f.

Toi, *tu, tui, tibi, te.*
Toile, *tela,* f.
Toit, *tectum,* n.
Tolérer, *tolerare.*
Tomber, *cadere, cecidi, casum.*
Ton, *tuus.*
Tondre, *tondere, totondi, tonsum.*
Tonner, *tonare, tonuit.*
Tonnerre, *tonitruum, tonitrus,* n.
Torture, *cruciatus, us,* m.
Torturer, *torquere, torsi, tortum.*
Toucher, *tangere, tetigi, tactum.*
Toujours, *semper.*
Tourment, *cruciatus, us,* m.
Tourmenter, *vexare; angere,* 315.
Tourner, *vertere, verti, versum;*
    — (sens neutre), *verti.*
Tout, *omnis; cunctus.* Tout entier,
    totus. Tous, *omnes; cuncti.* Tous
    ensemble, *universi.* Tout (toutes
    choses), *omnia.* En tout, tout à fait,
    omnino.
Toutefois, *tamen.*
Toux, *tussis, is,* f.
Tracer, *describere, psi, ptum.*
Trafiquer, *mercaturas facere, feci.*
Tragédie, *tragœdia,* f.
Traîner, *vehere, vexi, vectum.*
Traité, *fœdus, eris,* n.
Traitement, *curatio, onis,* f.
Traître, *proditor, oris,* m.
Trajan, *Trajanus, i,* m.
Tranquille, *tranquillus.* Se tenir —,
    quiescere, evi.
Transalpin, *Transalpinus.*
Transporter, *comportare.*
Travail, *labor, oris,* m.; *opus, eris,*
    n. 251, 339, 383.
Travailler, *laborare.*
Travers (à), *per* (acc.).
Treize, *tredecim.*
Tremblement, *motus, us,* m.
Trembler, *tremere, ui; trepidare,*
    213.
Trente, *triginta.*
Trentième, *tricesimus.*
Trépas, *obitus, us,* m.; *interitus, us,*
    m. 241.
Très, *maxime; admodum,* 227.
Trésor, *ærarium,* n.
Tribu, *tribus, us,* f.
Tribune (aux harangues), *rostra,*
    orum, n.

Triompher de, *superare* (acc.).
Triste, *acerbus.*
Tristesse, *tristitia.*
Troie, *Troja,* f. De — *Trojanus.*
Trois, *tres, tria.*
Troisième, *tertius.*
Tromper, *decipere, io, cepi, ceptum;*
    fallere, fefelli, 253. Se —, *errare;*
    falli, 317.
Trompette, *tuba,* f.
Trop, *nimis; nimium,* 310.
Trophée, *tropæum,* n.
Trouble (adj.), *turbidus.*
Troubler, *turbare.* Se —, *conturbari.*
Troupe, *manus, us,* f. Troupes (ar-
    mée), *copiæ, arum,* f.
Troupeau, *pecus, oris,* n.; (de bœufs)
    armentum, n.
Trouver, *invenire, veni, ventum;*
    reperire, reperi, repertum, 367.
Troyen, *Trojanus.*
Tu, *tu.*
Tuer, *occidere, cidi, cisum; necare,*
    179, 188, 198, 201, 239, 432; *inter-*
    ficere, io, feci, fectum, 273, 354,
    372.
Tullius, *Tullius, i,* m.
Tullus, *Tullus, i,* m.
Tumulte, *tumultus, us,* m.
Tunique, *tunica,* f.
Tyran, *tyrannus, i,* m.

U

Ulysse, *Ulixes, is,* m.
Un, un seul, *unus.* — (un certain),
    quidam, 355. Plus d'un, *nonnullus.*
    Un à un, *singuli.* L'un... l'autre,
    alter... alter. Les uns... les autres,
    alii... alii.
Unique, *unicus.*
Univers (tout ce qui existe), *univer-*
    sum, n.; — (le globe terrestre), *or-*
    bis, is, m.; *orbis terrarum,* 371.
User, *consumere, sumpsi,* 310. User
    de, *uti, usus* (abl.).
Utilité, *utilitas, atis,* f.
Utile, *utilis.* Être — à, *utilis sum;*
    prodesse, 227.
Utique (d'), *Uticensis.*

V

Vacances, *feriæ, arum,* f.
Vacarme, *strepitus, us,* m.
Vache, *vacca,* f.
Vaillamment, *fortiter.*
Vaillance, *fortitudo, inis,* f.
Vaillant, *fortis.*
Vain, *vanus.* En —, *frustra.*
Vaincre, *vincere, vici, victum.*
Vainement, *nequiquam.*
Vainqueur, *victor, oris,* m.
Vaisseau, *navis, is,* f.
Valeur, *virtus, utis,* f.
Vallée, *vallis, is,* f.
Valoir mieux, *melius esse.* Mieux
  vaut, *melius est.*
Vanité, *vanitas, atis,* f.
Vanter, *jactare.*
Varié, *varius.*
Variété, *varietas, atis,* f.
Varus, *Varus, i,* m.
Vase, *vas, vasis,* n.
Vaste, *vastus; amplus,* 221.
Vautour, *vultur, uris,* m.
Veiller, *vigilare.*
Vénal, *venalis.*
Vendre, *vendere, didi, ditum.*
Vénérer, *venerari.*
Vengeance, *ultio, onis,* f.
Venger, *ulcisci, ultus; vindicare.*
  Se — de, *ulcisci* (acc.).
Venin, *virus, i,* n.
Venir, *venire, veni, ventum.* Faire
  —, *arcessere, sivi, situm.*
Vent, *ventus, i,* m.
Vente (mettre en), *venumdare, dedi,*
  datum.
Vercingétorix, *Vercingetorix, igis,*
  m.
Verge, *virga,* f.
Vérité, *veritas, atis,* f.
Verrès, *Verres, is,* m.
1. Vers (un), *versus, us,* m.; *carmen,*
  inis, n., 233.
2. Vers (prépos.), *ad* (acc.); *in* (acc.),
  223; —(tel temps), *sub* (acc.).
Verser, *fundere, fudi, fusum.*
Vertu, *virtus, utis,* f.; *probitas, atis,*
  f., 285.
Vertueux, *probus.*
Vesta, *Vesta,* f.

Vestibule, *atrium,* n.
Vésuve, *Vesuvius, i,* m.
Vêtement, *vestis, is,* f. Les —, *vestis,*
  f. 349.
Vêtir, *vestire.*
Véturie, *Veturia,* f.
Vice, *vitium.*
Victime, *hostia,* f.; *victima,* f., 417.
Victoire, *victoria,* f.
Vie, *vita,* f.
Vieillard, *senex, is,* m.
Vielle, vieille femme, *anus, us,* f.
Vieillesse, *senectus, utis,* f.
Vieillir, *obsolescere, olevi.*
Vierge, *virgo, inis,* f.
Vieux, *vetus, eris;* — (en parl. des
  personnes), *senex, is.*
Vif, *acer, acris.*
Vigilance, *vigilantia,* f.
Vigne, *vitis, is,* f.
Vigueur, *robur, oris,* n.; *firmitas*
  atis, f. Être en —, *vigere.*
Ville, *urbs, urbis,* f.; *oppidum,* n.
Vin, *vinum,* n.
Vingt, *viginti.*
Vingtième, *vicesimus.*
Violence, *violentia,* f.; *vis,* f.
Violent, *violentus; vehemens,* 188.
Violette, *viola,* f.
Virgile, *Virgilius, i,* m.
Viril, *virilis.*
Visage, *vultus, us,* m.; *os, oris,* n.,
  375.
Visiter, *visitare; obire, eo,* 383.
Vite, *celeriter* (*celerius, celerrime*).
Vitellius, *Vitellius, i,* m.
Vivant, *vivus.*
Vivement, *acriter; celeriter,* 359.
Vivre, *vivere, vixi, victum; ver-*
  sari, 423.
Voile, *velum,* n., *carbasus, i,* m.
Voir, *videre; vidi, visum.*
Voisin, *vicinus.*
Voisinage, *vicinia,* f.,
Voiture, *rheda,* f.,
Voix, *vox, vocis,* f. Sans —, *mutus.*
1. Voler (voltiger), *volare.*
2. Voler (dérober), *furari.*
Voleur, *fur, furis,* m.,
Volontiers, *libenter.*
Volsques, *Volsci, corum,* m.
Volupté, *voluptas, atis,* f.
Votre, le vôtre, *vester, vestra.*

Vouer, *vovēre, vovi, votum.*
Vouloir, *velle, volo, volui.* Ne — pas,
  nolle.
Vous, *vos.* — (en parlant à une seule
  personne), *tu.*
Voyage, *iter, itineris,* n.,
Voyageur, *viator, oris,* m.,
Vrai, *verus.* Le vrai, *verum,* n., rec-
  tum, n., 317.
Vue (en) de, *causa* (gén.). En vue de
  faire, *faciendi causa.*

X

Xanthippe, *Xanthippa,* f.
Xénophon, *Xenophon, ontis,* m.
Xercès, *Xerxes, is,* m.

Z

Zèle, *studium,* n.
Zélé, *sedulus.*
Zéphir, *zephyrus, i,* m.

FIN

TABLE DES MATIÈRES

	Pages.
Emploi des cas	2
Première déclinaison	4
Deuxième déclinaison. Noms en *us*	7
— Noms en *er*	9
— Noms en *um*	11
— Adjectifs en *us, a, um*	13
— Récapitulation	15
Troisième déclinaison. Noms imparisyllabiques	18
— Nominatif en *s*	22
— Génitif exceptionnel en *ium*	24
— Noms parisyllabiques	26
— Accusatif en *im*	29
— Noms parisyllabiques neutres	30
— Génitif exceptionnel en *um*	31
— Récapitulation	32
Quatrième déclinaison	36
Cinquième déclinaison	39
Récapitulation sur les cinq déclinaisons	41
Noms irréguliers ou difficiles	44
Noms défectifs	47
Noms de sens variables	48
Noms grecs	49
Adjectifs des deux premières déclinaisons	50
Adjectifs imparisyllabiques	51
— Génitif pluriel en *um*	52
Adjectifs parisyllabiques en *is*	53
— en *er*	54
Récapitulation sur les adjectifs	55
Comparatifs et superlatifs	57
Adjectifs numéraux	67
Verbe *esse*	72
Composés de *esse*	74
Prosum et *possum*	76
Première conjugaison. Voix active	78
— Voix passive	85

	Pages
Pronoms	92
Deuxième conjugaison active	106
Troisième conjugaison active	116
Parfait en *i*	118
Parfait redoublement	119
Parfait en *si*	120
Parfait en *vi* ou *ui*	126
Verbes en *io*	128
Quatrième conjugaison active	131
Remarque sur la conjugaison active	134
Récapitulation sur la conjugaison active	135
Deuxième conjugaison passive. Supin en *elum*	137
Supin en *itum*	138
Troisième conjugaison passive	142
Verbes en *io*	148
Quatrième conjugaison passive	151
Remarques sur la voix passive	154
Verbes déponents. Première conjugaison	155
Deuxième conjugaison	158
Troisième conjugaison	159
Quatrième conjugaison	161
Verbes semi-déponents	163
Verbes irréguliers. Première conjugaison	164
Deuxième conjugaison	166
Troisième conjugaison	170
Quatrième conjugaison	175
Récapitulation sur les parfaits et supins irréguliers	177
Verbes *fero, fio, volo, eo, queo, edo*	180
Verbes défectifs	185
Verbes impersonnels	187
Récapitulation sur tous les verbes irréguliers	188
Adverbes	191
Prépositions	198
Particules de coordination	203
Conjonctions de subordination	204
Textes suivis	205
Lexique latin-français	207
Lexique français-latin	239

DIJON. — IMP. DARANTIERE